Liselotte von der Pfalz · Briefe

Liselotte von der Pfalz

Elisabeth Charlotte von der Pfalz · Duchesse d'Orleans · Madame

Briefe

Büchergilde Gutenberg · Frankfurt/Main · Wien · Zürich

© 1966 Langewiesche-Brandt, Ebenhausen bei München
Mit Genehmigung des Langewiesche-Brandt Verlages, Ebenhausen bei München
Dieser Ausgabe liegt die Auswahl von Wilhelm Langewiesche zugrunde,
die erstmals 1911 erschienen ist. Sie wurde 1958 neu bearbeitet
— um einige Briefe gekürzt, um andere, teilweise inzwischen neu aufgefundene,
ergänzt — von Margarethe Westphal.
Einband und Schutzumschlag: Kurt Weidemann, Stuttgart
Gesamtherstellung: Graphische Werkstätten Kösel, Kempten im Allgäu
ISBN 3 7632 1158 6 · Printed in Germany 1972

Einführung

Dem Kurfürsten Karl Ludwig von der Pfalz wurde nach dem Dreißigjährigen Krieg sein Erbe wieder zugesprochen: ein ausgeplündertes und verwüstetes Land. Indem er sich persönlich aufs äußerste einschränkte und unermüdlich plante und anregte, gewann er das Vertrauen der Pfälzer und unterstützte sie wirksam beim Wiederaufbau. Die zerstörten Ortschaften wurden neu errichtet, und das fruchtbare Land schien langsam zu neuer Blüte zu gelangen. Auch den Wissenschaften wandte der Kurfürst seine Fürsorge zu: als eine seiner vornehmen Aufgaben betrachtete er die Wiedererrichtung der Heidelberger Universität.
Karl Ludwig war mit Charlotte von Hessen-Kassel vermählt, die ihm einen Sohn gebar und – am 27. Mai 1652 – eine Tochter: Elisabeth Charlotte, «Liselotte», von der die nachfolgenden Briefe stammen. – Das kurfürstliche Paar paßte schlecht zueinander. Die Kurfürstin hatte sich eine heitere Hofhaltung vorgestellt und zeigte keinerlei Verständnis für die strenge Auffassung vom Fürstenamt, die sie bei ihrem übrigens hochgebildeten und geistreichen Gemahl fand. Nach Jahren ständiger Zerwürfnisse beschloß der Kurfürst die Scheidung von seiner Gemahlin. Obwohl diese nicht zustimmte, erklärte er seine Ehe als gelöst und heiratete Luise von Degenfeld, der er später den Namen eines ausgestorbenen Geschlechtes, der Raugrafen von der Pfalz, verlieh.
Die verstoßene Kurfürstin blieb noch mehrere Jahre in Heidelberg. Um die kleine Liselotte dem Zwiespalt zwischen Vater und Mutter zu entziehen, schickte sie der Kurfürst im Sommer 1659 nach Hannover zu seiner Schwester Sophie, der Gemahlin des Herzogs Ernst August von Braunschweig-Lüneburg. Dort verlebte Liselotte vier glückliche Jahre, die entscheidend für ihre ganze Entwicklung wurden. Unter der verständigen Aufsicht ihrer Hofmeisterin, Anna Katharina von Uffeln, und der Tante Sophie konnte sie alle ihre prächtigen Anlagen entfalten. Es herrschte ein heiterer und ungezwungener, eher bürgerlicher als höfischer Stil in Hannover; aber Liselotte hat später ihren Erzieherinnen Dank gewußt, daß sie sie bei all dieser Freiheit nicht ausarten ließen.
Nachdem Liselottes Mutter sich nach Kassel zurückgezogen hatte, wünschte Karl Ludwig die Rückkehr seiner Tochter (1663). An die Stelle der Jungfer Uffeln, die als Frau des Oberstallmeisters von Harling in Hannover

geblieben war, trat Ursula Kolb von Wartenberg, eine durchschnittliche, farblose Erzieherin. Doch war auch die Heidelberger Zeit fröhlich und lebendig. Die Elfjährige fand getreue Gespielen an den raugräflichen Stiefgeschwistern; besonders Carllutz wuchs ihr ans Herz. Auch an ihrem Vater hing sie mit großer Liebe, obwohl er sie in keiner Weise verwöhnte. — In dieser Zeit lernte Liselotte durch viele Ausfahrten und Aufenthalte das pfälzische Land kennen und lieben.

Mehrere Söhne bedeutender deutscher Fürstenhäuser, die sich um die Hand Liselottes bewarben, erhielten abschlägigen Bescheid. Dagegen stimmte der Kurfürst Karl Ludwig im Jahre 1671 einem Plane zu, der ihm durch Vermittlung seiner Schwägerin, der klugen Anna Gonzaga (Princesse Palatine) vorgelegt wurde: Liselotte sollte dem verwitweten Herzog Philipp von Orléans, dem Bruder Ludwigs XIV., angetraut werden. Karl Ludwig hoffte, durch Anknüpfung verwandtschaftlicher Beziehungen zum französischen Königshause sein Volk und Land vor dem kriegerischen Nachbarn zu sichern.

Im Herbst 1671 brachte der Kurfürst mit der Herzogin Sophie, dem Raugrafen Karl Ludwig und der Jungfer Kolbin die neunzehnjährige Liselotte nach Straßburg. Dort wurde der Heiratskontrakt unterzeichnet. In Metz erfolgte die Vermählung per procurationem und der Übertritt zur katholischen Kirche, der vom Kurfürsten brieflich pro forma mißbilligt wurde.

Liselottes Hausstand war vorwiegend mit französischen Höflingen und Bedienten besetzt, die meistens jährlich wechselten. Aus ihrer Heimat waren der Junker Wendt und der Oberstallmeister Étienne Polier de Bottens mitgekommen. Die Jugendfreundin Eleonore von Rathsamhausen hielt sich später als deutsche Hofdame fast jedes Jahr mehrere Monate bei ihr auf. Mit einigen Damen des französischen Adels und mit einigen deutschen Verwandten, die in Frankreich lebten, pflegte sie freundschaftlichen Umgang, während ihre Beziehungen zur eigentlichen Königsfamilie je länger je weniger über Förmlichkeiten hinausgediehen.

Dabei war Liselotte als Gemahlin «Monsieurs», als «Madame» eine der ersten Damen am Hof. Das Haus Orléans war die vornehmste Nebenlinie des regierenden Hauses Bourbon. Andere Nebenlinien waren die Häuser Condé und Conti. Den Sprößlingen dieser Familien und den Nachkommen seines legitimen Sohnes, also den Prinzen und Prinzessinnen von Geblüt, stellte Ludwig XIV. in seiner liberalen Auffassung von Rechtmäßigkeit seine Kinder von der Frau von Montespan im Rang gleich und vermählte mit Vorliebe die einen mit den anderen. Es war weniger Liselottes Sittenstrenge als ihr Adelsstolz, was sie hier wie in ähnlichen Fällen, von denen sie aus Deutschland hörte, zu vielfach ungerechter Beurteilung solcher «Bastarde» veranlaßte.

Auch ihr Urteil über Madame de Maintenon und – später – den Abbé Dubois dürfte nicht ganz gerecht sein, so wenig wie es ihr mitunter pauschales Urteil über «die Franzosen» ist: Liselotte kannte ja nur einen kleinen Ausschnitt Frankreichs; das Leben in den Städten war ihr nahezu, das auf dem Land war ihr gänzlich unbekannt. Sie lebte in den Königsschlössern Versailles und Marly, St. Germain und Fontainebleau, später vorwiegend in den Schlössern des Hauses Orléans, St. Cloud und Palais Royal (Paris), und unternahm so gut wie keine Reisen. Im übrigen gelten aber ihre Briefe als ungemein zuverlässige historische Quellen.

Unsere Auswahl aus den Briefen der Liselotte (und zwar nur aus denen, die sie in deutscher Sprache an ihre Verwandten und Freunde in Deutschland geschrieben hat) betont freilich nicht ihre historische Bedeutung, sondern will sie als ein menschliches und literarisches Dokument zeigen. Historische und biographische Anmerkungen sind also nur dann gegeben, wenn sie zum Verständnis des Textes nötig sind, und grundsätzlich nur dort, wo ein fragliches Stichwort zum erstenmal auftaucht. Die Anmerkungen befinden sich jeweils am Ende eines Briefes – ebenso die Übersetzungen eingestreuter französischer Sätze und Satzteile. Dagegen sind einzelne französische Vokabeln und Fremdwörter in dem Wörterverzeichnis am Schluß des Buches übersetzt; die meisten kommen so häufig vor, daß sie auch dem Leser, der des Französischen nicht mächtig ist, bald geläufig sein werden.

Der Text dieser Auswahl ist sorgfältig mit dem der wissenschaftlichen Ausgaben verglichen worden (vgl. das Literaturverzeichnis am Ende des Buches). Dabei wurden Zeichensetzung und Schreibweise, in einigen Fällen auch Wortformen dem heutigen Gebrauch angenähert. – Liselotte hat fast alles klein geschrieben, doch ohne Regel, wie sie überhaupt keine orthographischen Regeln kennt. In diesem Buch ist die Kleinschreibung als Charakteristikum beibehalten. Groß geschrieben werden lediglich Satzanfänge, Namen, Bezeichnungen für Gott, Anredeformen; Adelstitel – so folgerichtig wie möglich – dann, wenn sie an Stelle und im Sinne von Namen gebraucht werden. Kürzungen um wenige Wörter oder mehrere Sätze sind innerhalb eines Briefes einheitlich mit drei Punkten, am Anfang und Schluß eines Briefes jedoch nicht gekennzeichnet. Absätze in der Vorlage sind durch einen Gedankenstrich angedeutet.

Durchaus nicht von allen Liselotte-Briefen ist das Original erhalten; einige sind nur durch Abschriften oder frühe Abdrucke überliefert. Darum wäre eine buchstabengetreue Wiedergabe der Vorlagen nur scheinbar oder nur zum Teil authentisch. Zudem sollte ja mit dieser Ausgabe eine Lese-Ausgabe entstehen, die Liselottes Deutsch nicht als etwas Ur- oder Altertümliches, sondern als etwas Klassisches und höchst Lebendiges zeigt.

AN DEN KURFÜRSTEN KARL LUDWIG

Den Haag,[1] November 1659. Herzliebster papa, ich glaube Ihro Gnaden werden von ma tante schon vernommen haben, daß wir gesund sein hier vor acht tagen angekommen. Ihre Majestät die Königin ist mir gar gnädig, hat mir auch schon ein hundchen geschenket; morgen werde ich einen sprachmeister bekommen, der tanzmeister ist schon zweimal bei mir gewesen; ma tante sagt, wenn jemand hier ist, der wohl singen kann, soll ich auch singen lernen; werde ich also gar geschickt werden und hoffe ich, wenn ich die gnade wieder haben werde, papa die hände zu küssen, sollen Ihro Gnaden finden, daß ich fleißig gelernet habe. Das schälchen vor die Königin habe ich noch nicht überliefern können, weil mein zeug noch auf dem schiff und von unsern leuten auch noch zurücke sein; Gott gebe nur, daß sie nicht ersoffen sein, es wäre sonsten ein schlechter possen. Itzunder soll ich mit mein tanten bei die prinzess von Oranien gehen, muß deswegen endigen und küsse hiemit Ihro Gnaden gehorsamlich die hände mit demütiger bitte, mein lieber papa wolle mich in seiner gnade erhalten und glauben, daß Liselotte allzeit wird bleiben mit ... schuldigem respekt meines allerliebsten papas ganz gehorsamst untertänigste tochter und dienerin Elisabeth Charlott.

1 dort verbrachte die Herzogin Sophie mit Liselotte bei deren Großmutter, der ehemaligen Böhmenkönigin, den Winter

AN ANNA KATHARINA VON UFFELN

Amsterdam,[1] 19. Maius anno 1661. Mein allerliebste jungfer Offelen, ich habe nicht lassen können Euch zu weisen, daß ich besser an Euch gedenk als Ihr gemeint habt, und ich hoffe, daß Ihr auch so an mich gedenken werdet. Hiermit genung. Ich muß Euch auch klagen, daß mich die mucken so gebissen haben. Madalenchen² läßt Euch dienstlich grüßen. Wir haben gar eine lustige reise gehabt. Ich muß auch fragen, wie es mit mein klein vetterchen³ stehet. Ich hoff, daß wir Euch bald wiedersehen werden. Ich darf mich nicht entschuldigen, daß es nicht wohl geschrieben, denn Ihr wisset wohl, daß ich es noch nicht besser kann. Sage mein liebe jungfer Offelen adieu bis bald sehens; ich verbleibe allzeit Eure affektionierte freundin Elisabethe Charlotte.

1 geschrieben während eines späteren Besuches in Holland   *2* Liselottes Jungfer   *3* Georg Ludwig, ältester Sohn der Herzogin Sophie, später König von England

AN FRAU VON HARLING

Frankenthal, 15. September 1663.   Meine herzallerliebste jungfer Offelen. Daß ich Euch so lang nicht geschrieben, ist nicht aus vergessenheit geschehn, sondern weil ich so viel zu tun gehabt habe und auch mit der reis nach Frankenthal und mit dieser reis wider willen die post versäumt. Ich bitte, jungfer Uffel wolle ma tante von meinetwegen untertänig die hände küssen; desgleichen bitte meine entschuldigung bei meinem vetterchen zu tun, daß ich ihm nicht antwort, werde es im gedächtnis behalten und mit nächster post nicht vergessen; bitte mein liebe jungfer Offelen wolle alle gute freunde von meinetwegen grüßen, insonderheit monsieur Harling. Sie wolle auch der Landen sagen,¹ daß ich gehört habe, daß sie was junges kriegen will; wünsche viel glück darzu. Bedanke mich auch gar sehr vor die schöne sachen, die sie mir geschickt. Unterdessen versichere ich mein lieb jungfer Uflen, daß allezeit lieb behalten werde und verbleiben werde jungfer Ufelen gute freundin Elisabethe Charlott.

1 Fräulein von Landas, Hofdame der Herzogin Sophie

Friedrichsburg, 26. Oktober 1668.   Ich bin recht froh gewesen, wie ich gehöret habe, daß ma tante eine prinzessin¹ bekommen hat ... Euer brief muß gar lang unterwegens gewesen sein, weil ich ihn erst vorgestern bekommen hab ... Papa hat auch schon einen brief, aber mit rötelstein geschrieben, von ma tante bekommen ... Ich wollte gerne mehr schreiben, so weiß ich aber vor diesmal nichts neues, als daß ich itzunder in die silberkammer schicken will und mir ein paar trauben holen lassen; möchte wünschen, daß die prinzen und frau Harling hier wären und mit mir trauben äßen, denn es ihnen etwas rarers dort ist als uns hier.

1 Sophie Charlotte, die spätere Gemahlin Friedrichs I. von Preußen

Friedrichsburg, 4. November 1668. Ich bin von herzen erfreut gewesen, wie ich vernommen hab, daß ma tante und oncle mir die ehr getan und mich zu einer gevatterin erwählt haben, insonderheit weil ich weiß, daß sie mein patchen gar lieb haben, denn ma tante gern ein prinzess gehabt hätte. Bedanke mich auch gar sehr vor die müh, die frau Harling genommen hat, daß sie vor mich gestanden ist; möchte mein patchen gern sehen und mit ihr spielen. Meine hoffnung ist aber itzunder in den brunnen gefallen, denn ich habe gehofft, daß wir hier die gnad würden haben, ma tante aufzuwarten; nun sie aber, wie ich aus frau Harling schreiben sehe, nach Lüneburg gehen, fürchte ich, wird es noch lang nichts sein ... Bitte mein patchen von meinetwegen zu küssen, wie auch die prinzen. Hiemit adieu und viel glück auf die reis nach Lüneburg.

Heidelberg, 4. März 1670. Ich muß mein lieb frau Harling doch sagen, wie daß mein bruder und ich in unsrer rechnung sein zu kurz kommen: wir haben sollen auf die faßnacht lauter götter und göttinnen sein, und weilen es damals noch zu kalt war, ist es noch zehn tag aufgeschoben worden und hat als gestern acht tag sein sollen, und waren alle unsere kleider schon fertig. Mein bruder war Mercurius und ich Aurora, die Landas Diana, jungfer Kolb Ceres, summa summarum wir waren lauter götter, göttinnen, schäfer und nymphen. Die triumphwagen waren schon alle fertig, und hat nichts mehr gefehlt als nur donnerstag, daß wir es gespielt hätten, so kam eben mittwoch die zeitung, daß der könig in Dänemark gestorben. So seind aus lauter göttern lauter sterbliche menschen worden. Doch hat man uns alle auf sechs wochen vertröst und wann dann nichts darzwischen kommt, so kann mir frau Harling nur berichten, ob sie gerne frühe aufstehen will oder nicht, denn weil ich alldann die pforten des tags werde in meiner macht haben, will ichs nicht eher aufmachen als wann sie will. Wann wir spielen, will ich ihr auch ein exemplar schicken von allen personen und was sie im spiel gewesen. — Ich bitte, mein herzlieb frau Harling wolle doch am ältesten prinzen sagen, daß ich fürchte, wann die kleine prinzess von Hannover wird etwas größer werden, daß sie mir möge die schuhe austreten, und daß ich schon anfange, mit ihr um den prinzen zu eifern, aber daß er doch bedenken soll, daß ich die erste versprechung habe.

Schwetzingen, 12. April 1671. Mein bruder hat gestern geprotestiert, ich möchte doch nicht weinen wie letztmal, wann er weggehe, weil er an so ein gut ort gehet, wonach er so sehr verlangt hätte. So hab ich geantwortet: «Ich werde nicht weinen, daß Ihr nach Osnabrück geht, sondern daß ich nicht mitgehen darf.» ... Ich glaube, sie wird meinen bruder nicht mehr kennen, weil er seit den blattern sehr verändert ist... ich fürchte, die mäler werden ihm bleiben. Die prinzess von Dänemark[1] wird itzunder mehr auf sein gut gemüt als gesicht sehn müssen, denn dieses wird sie richtig finden. Frau Harling wirds auch wohl an ihm verspüren, wann er eine weil bei ihnen wird gewesen sein. Er hat mir auch gesagt, daß er sich auf sie verließ, daß, wann er etwa einige fehler begehen sollte, daß sie ihm wegen alter kundschaft sagen würde und noch als mit seine hofmeisterin sein. Was neues von hier ist, wird mein bruder und seine leut all sagen.

1 Wilhelmine Ernestine von Dänemark, seine Verlobte

Schwetzingen, 26. Mai 1671. Aus Ihrem lieben schreiben sehe ich, daß mein bruder nunmehr zu Osnabrück ankommen ist. Wie leid es mir ist, daß ich nicht mit dabei sein kann, halte ich wohl, daß mein lieb frau Harling wohl selber wird erachten können, ohne daß ichs viel beschreibe; freuet mich doch noch, daß ich mit dabei gewünscht werde, muß aber denken, daß es mir geht, als wie unser Herrgott zum reichen mann gesagt hat: ich habe mein gutes vor etlichen jahren empfangen und mein bruder bekommts erst itzunder. Jedoch habe ich noch hoffnung, sie allesamt bald hier zu sehen und muß mich also mit der hoffnung abspeisen, wiewohl es ein ziemlich mager essen ist. Ich höre wohl, mein bruder vertritt ganz meine stelle, bis auch auf das, daß er auch so gewaschen wird, wie frau Harling mich als gewaschen hat. Dieses tut ihm als einem hochzeiter gar wohl vonnöten, damit wann er zu seiner braut kommt, daß er glänzt wie ein karfunkelstein im ofenloch. Mein bruder kann mir nicht genung beschreiben, wie große gnade und ehr ihm widerfähret, und gefällt ihm das leben gar wohl. Er ist aber nicht närrisch hierin; ich weiß auch wohl, was es ist. Er hat mir auch gerühmt, wie der älteste prinz schon so brav zum ring rennen kann und auch den ring in die mitte hinweg genommen habe; summa summarum sein ganzer brief ist nichts anderes als wie er so wohl zufrieden, und wies ihm so wohl geht; das tanzen und spielchen spielen gefällt ihm auch gar trefflich wohl ... Mein lieb frau Harling muß noch nicht von alter sagen, denn weil sie noch so frisch und gesund ist und sich noch als mit lustig machen kann, muß sie sich gar nicht einbilden, daß sie alt sei; ich aber hoffe sie noch viel innerhalb zwanzig jahren zu sehen und mit ihr lustig zu sein. Mein bruder wird doch die hofmeisterschaft unter dem namen guten rats gar gern annehmen, ich ingleichen auch, wann ich nur möchte dabei sein. Ich bitte, mein lieb frau Harling wolle mich doch auch als bei ma tante und oncle in gnaden helfen erhalten und auch achtung haben, daß mein bruder, so anwesend, mich abwesende nicht ganz aussticht.

AN DIE HERZOGIN SOPHIE

St. Germain, 5. Februar 1672. Mein herzliebste ma tante wird durch madame de Wartenberg noch kein contrefait bekommen, denn das vor papa nicht einmal trocken war, um mitzuschicken, also hoffe ich, wann ich papa seins schicke, daß ich die vor Euer Liebden auch werd mitschicken können. Es wäre mir aber wohl tausendmal lieber, wann ichs selber bringen könnte oder Euer Liebden und oncle es hier abholen müßten, fürchte aber, daß keines geschehen wird, denn ich mir schwerlich einbilden kann, daß Euer Liebden und oncle werden herkommen, und daß ich mit dem König marschieren soll, wird ebensowenig geschehen, weil die Königin[1] hoch schwanger und in der zeit ins kindbett kommen wird. Es ist nicht, daß ich hier mehr spaziere oder stärker, als ich bei uns pflegte, aber die leute hier sein so lahm wie die gänse, und ohne den König, madame de Chevreuse[2] und ich ist kein Seel, so zwanzig schritt tun kann ohne schwitzen und schnaufen.

1 von Frankreich, Marie Thérèse   *2* eine Herzogin

AN FRAU VON HARLING

Versailles, 23. November 1672. Mein herzliebe frau von Harling. Ich habe in so langer, ewiger zeit nichts von Euch gehört, daß ich mir schier eingebildet, meine liebe frau Harling hätte ihrer zucht hier in Frankreich ganz vergessen, und habe also an monmaistre[1] seine frau gefragt, ob sie nicht wüßte, wie es komme ... Da hat sie mir geantwortet, daß Ihr nicht zu Osnabrück, sondern nach Oldenburg verreiset wäret. Das hat gemacht, daß ich auch noch so lange mit schreiben eingehalten habe, bis ich gedacht, daß Ihr wieder zu Osnabrück sein könnet. Ich hätte Euch auch gerne vordem geschrieben, aber ich bin zwei monat gar krank gewesen, wie Ihr wohl werdet gehört haben aus meinem brief an ma tante. — O, mein liebe jungfer Uffel! Wie kommt das einem rauschenblattenknechtchen so spanisch vor, wann man nicht mehr laufen und springen darf, auch gar nicht einmal in der kutschen fahren, sondern als in einer chaise muß getragen werden. Und wenn es bald getan wäre, so wäre es noch ein sach, aber daß es so neun ganzer monat fortwähren muß, das ist ein trübseliger zustand, und möcht ich schier sagen wie prinz Gustchen[2] vor diesem zu Heidelberg: «Groß hofmeisterin, ich möchte gern patience haben, ach wollt Ihr mir wohl patience geben», denn das ist, was ich itzunder am meisten nötig habe. Wann aber dies ei einmal ausgebrühet wird sein, so wollt ich, daß ichs Euch auf der post nach Osnabrück schikken könnte, denn Ihr versteht Euch besser auf dies handwerk, als alles was hier im ganzen land ist, und bin ich versichert mit meiner eigenen experienz, daß es wohl versorgt sein würde; aber hier ist kein kind sicher, denn die doktor hier haben der Königin schon fünf in die andere welt geholfen; das letzte ist vor drei wochen gestorben, und drei von Monsieur, wie er selber sagt, seind auch so fortgeschickt worden. Aber apropos von zucht: Wann Ihr mir was wollt zu ziehen geben, so müßt Ihrs mir bald schicken, nämlich einen pagen, denn morgen oder übermorgen wird einer von meinen pagen wehrhaft und ich werde die stelle so lange offen halten, bis ich wieder antwort von Euch bekomme, ob Ihr mir einen von Euren vettern schicken wollt oder nicht, denn eine sach will ich Euch nicht verhehlen: ich kann nicht gut davor sein, daß er, wofern er nicht katholisch ist, bei seiner religion wird bleiben. Wofern dieses aber ursach sein sollte, daß Ihr Euch scheuen würdet, einen von Eueren verwandten hierher zu schicken, so bitte ich, Ihr wollt doch an herrn präsidenten Hammerstein fragen, ob er mir einen schicken wollte, denn ich habs ihm auch versprochen... Ich habe Euch mit fleiß wegen der religion geschrieben, damit Ihr nicht gedenken möget, daß ich Euch irgend damit betrügen möchte, denn ich wollt Euch gern einen gefallen hierin erweisen... Was soll ich nun weiter sagen, ich weiß nichts neues; was schon alte zeitungen

sein, wißt Ihr sowohl als ich; lügen ist gesündigt, so bleibt mir
dann nicht viel mehr übrig zu sagen, als daß ich bitte, mein compliment aufs allerschönste und zierlichste bei den sämtlichen prinzen wie auch bei der prinzess abzulegen.

1 ihr Hofmeister, Jeme   *2* Friedrich August von Hannover

AN DIE HERZOGIN SOPHIE

St. Germain, 3. Dezember 1672. Ich sage nur dieses, daß Monsieur der beste mensch von der welt ist. Wir vertragen uns auch
gar wohl, er gleicht an keins von seinen contrefaits.

AN FRAU VON HARLING

St. Cloud, 30. Mai 1673. Ich bedanke mich vor das gute vertrauen,
so monsieur Harling und Ihr zu mir tragt, mir Eueren kleinen vettern[1] zu schicken. Seid versichert, daß ich alle sorge vor ihn tragen
werde, so viel ich kann. Es ist wohl ein artlich kind, nicht allein
Monsieur und ich, sondern alle menschen haben ihn lieb; er dient
schon wie einer von den andern und fängt an, französisch zu reden
und zu verstehen. Ich hab ihn à part von den andern in ein haus
logieren lassen, allwo die frau im haus sorg vor ihn hat, um ihn
alle tag zu kämmen, sein weißzeug zu waschen und ihn beten zu
machen. Ich lasse ihn auch ein klein bettchen mit einem pavillon
machen, damit er allein schläft, und er ißt an meiner jungfern tafel,
daß ihm also, wie ich hoffe, nichts mangelt. Damit Ihr seht, daß er
sein teutschschreiben noch nicht vergessen hat, so überschicke ich
Euch hierbei einen brief von ihm, welcher ohne zweifel trefflich
lauten wird. Er wird Euch auch schreiben, wie es ihm hier gefällt.
Seine erste dienste hier ist gewesen, daß er einer von den hübschesten jungfern hier im lande hat an tafel aufwarten müssen, welches
ihm dann nicht übel gefallen, denn sobald man von tafel aufgestanden, hat ihn die jungfer ein paarmal geküßt. Dieses hätte er gern
in eine gewohnheit gebracht; und als sie einmal nicht dran dachte,
stellte das kleine männchen sich vor sie und hielt ihr den backen

dar; sie sagte zu ihm: er wäre gar zu artlich, sie könne es ihm nicht abschlagen, und küßte ihn. Also seht Ihr wohl, daß er hier in Frankreich schon ganz ein galant geworden ist. Alle menschen wollen ihn bei sich haben, denn man findt ihn gar artlich. Er ist auch einmal mit Monsieur und mir spazieren gefahren: wir fanden ihn im garten spielen und Monsieur war angst, er möchte sich zu viel erhitzen, daß er davon krank könnte werden, drum ließ er ihn fangen und zu uns in die kalesche sitzen, und hat die ganze promenade so mitgetan. Wann sonsten die jungfern auch mit ausfahren, so sitzt er in ihrer kalesch und flötet den ganzen spazierweg durch. Alle kleinen mädchen seind von ihm verliebt bis auch auf monmaistre seine tochter, aber er ist gar cruel und will nichts mit ihnen zu schaffen haben. Er verzählt mir von seinen brüdern einen haufen und sagt, er habe einen, der wäre so schön, so schön, er hätte schöne, rote bäckelin, eine schöne, hohe nase, hübsche augen, aber ein unglück hätte er, nämlich eine hasenscharte am maul, welche ihn verhindere zu reden. Ich rede oft lang mit ihm, denn er ist gar zu artlich; wann er was verzählt, dann macht er so ein ernstlich gesichtchen dazu; das macht mich allemal lachen. Ich wollte, daß ich so geschickt wäre und könnte so ein artlich männchen, wie klein Harling ist, an den tag bringen, so würde ich ganz stolz mit sein. Es wird nun wohl bald an ein krachen gehen, denn ich bin all drei wochen im neunten monat; wann ich noch so viel zeit habe und nicht niederkommen bin, ehe monmaistre wieder weggeht, so will ich mein lieb frau Harling wieder mit ihm schreiben.

1 ihren sechsjährigen Neffen, Eberhard Ernst Franz von Harling, der als Page in die Dienste Liselottes trat und sich später als Offizier wiederholt auszeichnete

AN DEN RAUGRAFEN KARL LUDWIG

30. Juni 1673. Aus meinem bett, morgens um zehn uhr. — Herzlieber schwarzkopf, es freut mich im herzhäusele drinne, daß du, mein guter bub, ankommen bist. Keine entschuldigung! Ihr müßt heute gegen abend herkommen, Ihr mögts auch machen, wie Ihr wollt, denn es verlangt mich gar zu sehr, Euch zu sehen und zu embrassieren; nirgends, als hier, werd ich Euch sagen, was Ihr zu tun habt.

AN DIE HERZOGIN SOPHIE

St. Cloud, 5. August 1673. Was aber meinen kleinen[1] anbelangt, so ist er so schrecklich groß und stark, daß er met verlöff, met verlöff eher einem Teutschen und Westfälinger gleich sieht als einem Franzosen, wie Euer Liebden aus seinem contrefait ersehen werden, sobald er gemalt wird werden, denn ichs Euer Liebden alsdann schicken werde. Unterdessen bringt monmaistre Euer Liebden mein bären-katzen-affengesicht[2] mit. Alle leute hier sagen, daß mein kleiner bub mir gleicht, also können Euer Liebden wohl denken, daß es eben nicht so ein gar schön bürschchen ist, jedoch wenn er nur meinem patchen, Euer Liebden prinzess, gefällt, dann ist alles gut, weil sie doch, wie Euer Liebden mir schreiben, mit der zeit ein paar geben sollen ... und Euer Liebden erzählen, wie froh ich bin, nun reiten zu lernen, denn es sich trefflich wohl zu Liselotts rauschenbeuteligem kopf schickt, wie ma tante wohl weiß. Denn um die wahrheit recht zu bekennen, so bin ich eben noch nicht so gar sehr verändert.

[1] ihren ältesten Sohn, Alexander Louis   [2] ihr Bildnis

AN DIE RAUGRÄFIN LUISE[1]

Paris, 26. August 1673. Es hat mich erfreuet, aus der frau Raugräfin brief zu sehen, daß Carllutzchen so wohl mit seiner reise, die er getan und wonach er so sehr verlangt, zufrieden ist. Carllutzchen weiß wohl, daß ich ihn sehr lieb habe, derowegen hat er alles wohl aufgenommen, so ihm hier begegnet, welches aber nicht so viel dank würdig ist; hoffe, diese danksagung bei der frau Raugräfin besser zu verdienen, wenn er einmal wieder herkommt, um länger hier zu bleiben, welches, ich hoffe, bald sein wird. Unterdessen sei die frau Raugräfin versichert, daß ich seine, wie auch ihre affektionierte freundin bin! Elisabeth Charlotte.

[1] die zweite Gemahlin ihres Vaters

AN DIE HERZOGIN SOPHIE

St. Cloud, 10. Oktober 1673. Ich bin recht froh, aus Euer Liebden angenehmem schreiben vom 22. September zu sehen, daß Euer Liebden mit Monsieur und meinem contrefait, so Jeme mitgebracht, zufrieden sein. Was mein knäbelein anbetrifft, so hat er zwar keinen stinkenden kopf nicht, aber met verlöff, sine ohren stinken so wat as fule käse, hoffe aber, daß es ihm vergehn wird gegen die zeit, wann er mit meinem patchen hochzeit halten soll, weil sie ihn doch hübsch genung findt. Wann ich ihn ansehe, so fällt mir etliche mal ein, wie pate, herzog Georg Wilhelm, einmal zu mir gesagt hat: daß ich gut wäre zu essen, wann man mich wie ein spanferkel braten sollte, denn mein kleiner ist von fett so dick, gottlob, daß ich fürchte, daß er bald so dick als lang wird sein. Dieses aber fürchte ich doch noch nicht so sehr, als daß er nur gar zu viel abfallen und mager wird werden, wann er nun bald seine zähne bekommt. Ich dürfte Euer Liebden nicht so lang von diesem kind entretenieren, wann ich nicht wüßte, daß Euer Liebden die kinder lieben ... Zukünftige woche hoffe ich mit dem König auf die jagd zu reiten. Jordan[1] ist gar ein aufrichtiger, ehrlicher mann. Hinderson[2] hält auch gar viel von ihm. Sie ist krank gewesen, hat ein wenig die rote ruhr gehabt, aber nun befindet sie sich gottlob wieder ganz wohl, und ich glaube, daß es besser mit ihrer gesundheit geht als mit ihrem heirat. Sie dauert mich, denn es ist das beste mensch von der welt, wie Euer Liebden wohl wissen, und ich habe sie recht lieb, drum ist es mir recht leid, daß ohngeacht ihrer großen gottesfurcht es noch nicht recht rutschen will ... Euer Liebden schreiben sind ein teil von meinen reliquien, so ich am meisten verwahre, weil Euer Liebden die einzige Heilige sein, wodurch mir die große gnade von Gott erwiesen worden und welche mir am meisten guts getan haben.

1 ihr Beichtvater   *2* ihre Hofdame

Wilhelm von Oranien führte im holländischen Krieg (1672–1679) die Holländer gegen die Franzosen unter dem sog. «großen» Prinzen Condé.

In diesem Krieg wurde die Pfalz mehrfach von französischen Truppen unter Turenne gebrandschatzt

St. Cloud, 22. August 1674. Wann meine wünsche wahr könnten werden, so möchte ich Euer Liebden prinzesschen, mein patchen, lieber monsieur le Dauphin[1] als meinen sohn wünschen, denn das ist ein besser bissen und wäre es eben recht im alter, und Euer Liebden müßten jetzunder noch eine tochter bekommen und die dann an meinen ältesten sohn geben ... Gott gebe, daß unsere prinzess zu Heidelberg auch einmal anfangen möge, unserm guten exempel zu folgen. Zuvorderst aber ist ihnen zu wünschen, daß uns Gott den guten frieden wieder verleihen wolle, denn sonsten würde der papp in der guten Pfalz gar teuer werden, wann monsieur de Turenne noch mehr kühe wegnehmen sollte, welches aber, wie ich verhoffe, pate[2] nun wohl wehren wird ... In diesem augenblick ruft man mir, um nunter zu gehen, denn der König, Königin und monsieur le Dauphin wollen mich im durchfahren besuchen; sie kommen von Paris, allwo man heute das Te Deum gesungen wegen der schlacht, so monsieur le Prince gewonnen, denn er hat des prinzen von Oranien arrière-garde geschlagen und alle die bagage und viele gefangene bekommen ... Alle diese sachen seind schön und gut, aber teutsch heraus zu sagen, so wäre mir ein guter frieden lieber als dies alles, denn wann wir den hätten, so käme unsere gute Pfalz und papa zur ruhe.

1 dem ältesten Sohn des Königs, Louis, geb. 1661   *2* Herzog Georg Wilhelm von Celle. Er war dem Kurfürsten Karl Ludwig mit Truppen zu Hilfe gekommen

Paris, 22. Mai 1675. Gott sei lob und dank, nicht so sehr, daß er mich wieder vom tod erlöset, sondern daß er mir heute einmal einen tag bescheret, worinnen ich Euer Liebden meine ganz demütigste danksagung vortragen kann vor dero gnädiges briefchen, worinnen mir Euer Liebden mit so gar großer gütigkeit dero affection bezeugen und die traurigkeit, so Euer Liebden und oncle wegen meiner großen krankheit[1] gehabt. Ich glaube auch festiglich, daß Monsieur, papa, Euer Liebden und oncle mich eher vom fieber geholfen und wieder zu meiner vollkommenen gesundheit gebracht haben als messieurs Braye, Baylay, Tissot und Esprit, und glaube, daß die freude, mich von obgemeldten bedauert zu sehn, mehr meine milz purgiert hat als die zweiundsiebzig klistier, die mir letztere haben geben lassen. Die unerhörte menge menschen, so täglich zu mir kommen sein, haben mich verhindert bis auf heute, zu antworten. Hernach bin ich nach hof, da seind alle abschied acht ganzer tag nacheinander kommen, welche alle nach der armée gangen. Dabei stehet man hier erstlich um halb elf auf, gegen zwölf geht man in die meß, nach der meß schwätzt man mit denen, so sich bei der meß einfunden; gegen zwei geht man zur tafel. Nach der tafel kommen damens; dieses währet bis um halb sechs, hernach kommen alle mannsleute von qualität, so hier sein; dann spielet Monsieur à la bassette und ich muß an einer andern tafel auch spielen... oder ich muß die übrigen in die opéra führen, welche bis neun währt. Wann ich von der opéra komme, dann muß ich wieder spielen bis um zehn oder halb elf, dann zu bett. Da können Euer Liebden denken, wie viel zeit mir übrig blieben. Hinfüro aber werde ich fleißiger sein. Den zukünftigen samstag gehn wir nach St. Cloud, allwo ich nicht so viel gesellschaft haben werde, so mich an schreiben verhindern wird.

1 die Blattern

Versailles, 22. August 1675. Ich muß bekennen, daß ich (dieses aber sei unter uns gesagt) mich eben nicht hab betrüben können über die schlacht, so der marschall de Crequi gegen oncle und pate verloren hat.[1] Ich hab zwei dolle Heilige, welche den ganzen tag ein geras mit trummeln machen, daß man weder hören noch sehen kann; jedoch ist der älteste[2] seit vierzehn tagen etwas stiller gewesen, denn es seind ihm in der zeit fünf zähne durchgebrochen, worunter die augenzähne mit begriffen sein. Diesen herbst wird man ihn entwöhnen, denn er frißt ein groß stück brot aus der faust wie ein bauer. Der kleinste[3] ist noch stärker als er und fängt schon an, am leitband zu gehen und will springen wie sein brüderchen, ist aber noch als grindig. Aber ich denke, daß es genung ist

von den bürschen gesprochen... Zukünftigen montag gehen wir
nach Fontainebleau, allwo mich der König hinführt, weilen ich
noch nie dort gewesen. Ich hoffe, daß wir uns dort ein wenig lustig
werden machen, denn alles jagdzeug geht hin und die komödianten. Das schöne wetter, so nun ist, macht mich auch hoffen, daß
wir oft spazieren werden fahren.

1 am 11. August hatten Georg Wilhelm von Celle («Pate») und sein
Bruder, Ernst August von Braunschweig-Lüneburg (Gemahl der Herzogin Sophie, «Onkel»), die Franzosen bei Trier geschlagen   *2* Alexander Louis, geb. 2. Juni 1673   *3* Philipp, geb. 4. August 1674

St. Cloud, 14. September 1675. Ich bezeuge Euer Liebden meine
freude, daß Gott der allmächtige oncle, pate und unsern prinzen[1] so gnädiglich vor Trier vor unfall behütet hat. Als ich diese
zeitung erfuhr, durfte ich nicht so springen wie ich bei der gewon-
nenen schlacht getan hatte, weilen ich die einnehmung von Trier
vom König selber erfahren, welcher oncle und pate unerhört lobte,
und sagte auch, daß die gefangenen nicht genung rühmen könnten,
in was genereuse und auch zugleich tapfere hände sie gefangen wären. Hernach auch hab ich ihnen verzählt, wie genereux unser Prinz
in der schlacht sich verhalten, daß er nicht allein gegen den feind
gangen sei, sondern daß er auch so vielen das leben errettet hat,
worüber sich der König und Monsieur, als ich ihnen gesagt, daß er
kaum das fünfzehnte jahr erreicht hat, über die maßen verwundert. Ich weiß, daß es Euer Liebden auch nicht würde übel gefallen haben, wann sie hätten hören können, wie er von männiglich
ist admiriert worden... Ich muß bekennen, daß ich mich zu Fontainebleau überaus wohl divertiert, allein es ist mir diese freude
unerhört sauer eingetränkt worden, denn wie ich hierher bin kommen, hab ich mein ältestes kind schier aufm tod gefunden. Ich habe
zu Monsieur gesagt, wann ich meister wäre, so wollte ich meine
kinder in pension nach Osnabrück zu der frau von Harling schikken, denn alsdann würde ich versichert sein, daß sie nicht sterben
würden noch gar zu délicat würden erzogen werden, wie man hier
im lande tut, womit sie mich aus der haut fahren machen.

1 Georg Ludwig, Sohn Sophies

Paris, 2. Oktober 1675. Euer Liebden sehr wertes schreiben, so ich gestern empfangen, hat mich wohl von herzen erfreuet, weilen ich daraus erstlich ersehen, daß Euer Liebden mit oncle, prinzen und pate gott sei dank wieder glückliche ankunft seind erfreuet worden, und zum andern, daß Euer Liebden allerseits so gnädig mit mir zufrieden sein. Ich habe vorgestern eine rechte lust gehabt, monsieur de la Trousse zuzuhören, in was admiration er von diesen drei herren ist und alles, was er von ihnen rühmt, nicht allein an mich, sondern an alle menschen. Alle hofleute führen mir von ein tag zum andern von unsern herzogen gefangene her, um, wie sie sagen, leur cour bei mir zu machen, denn sie wissen jetzt alle, mit was vor lust ich von ihnen verzählen höre ... Ja, Monsieur selber führt sie mir her, weilen er weiß, daß ich lust drin nehme; ja, man meint, daß ich jetzt was gar besonders sein müsse, weilen ich fünf jahr bei Euer Liebden gewesen, worauf ich, um Euer Liebden keine schande anzutun, antworte, daß ich nicht zweifle, daß wann ich länger dort geblieben wäre, daß ich wohl besser wäre erzogen worden ... Allein daß ich leider gar zu jung weg wäre kommen. Ja, der ganze hof sieht mich drüber an, und ich höre im vorbeigehen, daß man sagt: «ces princes qu'on loue tant là sont oncles et cousin germain de Madame.» [1] Bin auch selber ganz hoffärtig; wann ich einen brief von Euer Liebden bekomme, lese ihn drei- oder viermal, und insonderheit, wo ich die meisten leute beisammen sehe, denn ordinari fragt mich eins, von wem der brief komme. Dann sage ich über die achsel: «de ma tante madame la duchesse d'Osnabruck»,[2] dann sehen mich alle menschen an wie ein kuh ein neu tor.

[1] diese Prinzen, die man so sehr lobt, sind Verwandte von Madame
[2] von meiner Tante, der Herzogin von Osnabrück (Sophie)

AN FRAU VON HARLING

St. Cloud, 20. April 1676. Es ist mir unmöglich gewesen, Euch eher als nun zu antworten, denn ich gar zu bestürzt gewesen bin über den unversehnen fall,[1] womit mich Gott der allmächtige heimgesucht hat, kann mich als noch nicht davon erholen. Jetzt seht Ihr wohl, daß ich nicht umsonst gewünscht, daß meine kinder unter Eueren händen sein möchten, denn ich hab mein unglück von weitem her kommen sehen. Man hält hier eine wunderliche anstalt mit den kindern und ich habe leider nur zu viel gesehen, daß es auf die länge kein gut tun würde. Mein unglück ist, daß ich gar nicht weiß, wie man mit kindern umgehen muß und gar keine experienz davon habe; drum muß ich glauben, was man mir hier vorschwätzet. Aber genung hievon, denn je mehr ich es nachdenke, je trauriger macht es mich; und jetzt hab ich keinen trost, denn Monsieur ist vergangenen donnerstag mit dem König nach der armée verreiset. Dieses alles wird auf die länge meiner milz kein gut nicht tun, und so lustig ich auch von natur sein mag, so hält es doch keinen stich bei dergleichen abscheulichem unglück; glaube nicht, daß man aus übermäßiger traurigkeit sterben kann, denn sonsten wäre ich ohne zweifel drauf gangen; denn was ich in mir empfunden, ist unmöglich zu beschreiben. Wann Gott der allmächtige diesem kind nicht absonderlich hilft, womit ich jetzt schwanger gehe, sonsten hab ich schlechte opinion von seinem leben und gesundheit, denn es unmöglich ist, daß es nicht etwas mit von meinem innerlichen schmerze empfunden. Aber apropos von schmerzen: ich hoffe, daß Ihr nunmehr wieder in vollkommener gesundheit sein werdet und Euern arm nicht mehr empfindet, insonderheit bei diesem schönen frühlingswetter. Aber in diesem augenblick ruft man mir zum nachtessen, drum kann ich nichts mehr sagen, als daß monsieur Harling meinen gruß hier findt und daß ich versichert bin, daß, wann er mich jetzt sehen würde, so würde er mich nicht mehr kennen, denn ich bin gar kein rauschenblattenknechtchen mehr und ist mir das rauschen abscheulich vergangen.

1 am 16. März war ihr ältestes Söhnchen gestorben

AN DEN RAUGRAFEN KARL LUDWIG

St. Cloud, 27. April 1676. Herzlieb Carllutzchen, weilen ich glaube, daß Ihr nun wieder im lande seid und derentwegen meine amme Euch wird zu sehen bekommen, so hab ich sie nicht weg wollen lassen, ohne ihr ein zettelchen an Euch mitzugeben, worinnen ich Euch erinnere, daß Ihr mich als lieb behalten sollt; denn ich hab Euch schwarzköpfel recht lieb und verbleibe allezeit Eure affektionierte freundin Elisabeth Charlotte.

AN FRAU VON HARLING

St. Cloud, 30. Mai 1676. Was mein großes unglück[1] anbelangt, so hab ich wohl gedacht, daß es Euch meinethalben leid tun würde; muß gestehen, daß ich es vor mein teil noch mit großer mühe verdauen kann, denn mir dieser fall gar zu hart ankommen ist. Ihr habt wohl recht, mein lieb frau von Harling, daß Ihr sagt, daß je älter man wird, je mehr lernt man die welt kennen und verspüret alle verdrießlichkeiten, so man unterworfen ist; denn auch jetzt, da ich noch nicht von diesem unglück zurechtkommen, ist Monsieur nach der armée, allwo er mir schon tausend ängsten eingejagt hat, indem er sich, wie man mir von allen orten her schreibt, so unerhört in den zwei belagerungen von Condé und hernach von Bouchain gewaget, welch letztere er selber angefangen und gott sei dank in kurzer zeit eingenommen und glücklich vollzogen hat. Und nun hab ich wieder eine andere sorg: man schreibt uns, daß viel leute in der armée krank werden, und wie Monsieur nicht weniger als die andern fatigiert und oft über vierundzwanzig stunden nicht vom pferde kommt und nicht schläft, so ist mir angst, daß er endlich auch krank wird werden, denn wie man sagt, so soll die campagne noch lange währen und der König denkt noch an keine zurückkunft. O das ist ja gar ein langwierig verdrießliches wesen, welches einem wohl, wie ich schon einmal geschrieben, das rauschen vertreibet und die milzkrankheit vor dem alter herbeibringet. Ich wünsche wohl von grund meiner seelen, daß wir bald einen guten frieden haben möchten, denn ich bin des krieges so müde, als wann ich ihn mit löffeln gefressen hätte, wie man als pflegt zu sagen. — Man kann nicht mehr verwundert sein, als ich es gewesen bin, als ich pate seine historie gehöret habe, und hätte sie mir ma tante nicht geschrieben, so hätte ich sie nicht glauben können, sondern gemeinet, daß pate seine feinde ihm eine solche historie aufbunden. Ich hab eine historie an ma tante geschrieben von dieser neugebackenen herzogin² welche sie Euch vielleicht verzählen wird: sie hat einen von meines herrn kammerdiener heiraten wollen, so sich Colin nennt und dessen sohn noch eben jetzt in der aufwartung ist. Das schickt sich schön mit einer herzogin von Celle ... Ich wollte, daß ich Euch meinen jetzigen überbliebenen de Chartres³ in einem brief könnte schicken, denn also wäre ich gewiß, daß er beim leben bleiben würde, aber so ist mir als angst und wollte gern ein jahr drei oder vier älter sein, damit daß ich dies kind wohl entwöhnet sehen möchte, denn das verstehen sie gar nicht hier im land und wollen sich auch nichts sagen lassen und schicken also ein haufen kinder in die andere welt, daß es nicht zu sagen ist, ich nicht weiß, ob sie es tun, weilen es so wunderlich in dieser welt zugeht, daß sie den armen kindern der mühe wollen entbehren, der welt elend zu betrachten; aber ich glaube, daß es vielmehr aus dumm- und nachlässigkeit geschicht, wie ich ein gar zu starkes exempel habe.

1 den Tod ihres ältesten Sohnes   *2* Eleonore d'Olbreuse war die Maitresse des Herzogs Georg Wilhelm von Celle. Dieser heiratete sie 1676, wodurch sie zur regierenden Herzogin erhoben wurde   *3* Liselottes zweiter Sohn, Philipp, Duc de Chartres, der spätere Regent

AN DEN RAUGRAFEN KARL LUDWIG

St. Cloud, 6. Juni 1676. Herzlieb Carllutz, ich sage nun nicht mehr Carllutzchen, denn wann man so ein kapabler offizierer ist, daß man ganze winterquartier ausdauert, dann ist man kein kind mehr und wäre es ja schimpflich, wann ich Euch nun als ein kind traktieren sollte. Aber wann Ihr hier wäret, glaube ich doch, daß ich Euch noch wohl etlichmal liebes schwarzköpfel heißen würde, welches sich wohl in dem schneegebirge bei Tirol nicht wird gebleicht haben. Daß Ihr mir aber schreibet, daß Euch die zeit lange dorten gefallen, kann ich leicht erachten, und es dauert mich Euer drum. Jedoch so findt man etlichmal mehr vergnügen in einem bauernhaus und -tanz, als in den größten palästen bei den schönsten ballets und bals. Dem sei nun, wie ihm wolle, so wünsche ich Euch aber doch, daß Ihr glücklich und content leben möget, an welchem ort Ihr Euch findet; denn Ihr wißt wohl, daß ich Euch jederzeit von kind auf lieb gehabt habe und auch noch habe. Seit dem brief, so Ihr mit meiner amme letztlich werdet empfangen haben, habe ich Euch nicht geschrieben, weilen ich glaube, daß Ihr jetzt wieder in dem felde seid und so viel zu tun habt wie eine maus ins kindbett und derowegen der zeit nicht werdet haben, meine brief zu lesen. Jedoch weilen Euer mama mir ein rezept von schwalbenwasser[1] vor die gichter geschicket, so habe ich Euch schreiben wollen und Euch zu meinem abgesandten machen, damit Ihr bei Eurer mama (solltet Ihr zu haus sein) selber, wo nicht, doch schriftlich mein compliment aufs zierlichste machen und meine danksagung ablegen. Bübel, vergiß es nur nicht! sonsten will ich dich abscheulich häupteln. Ich wollte, daß es friede wär, denn ich bin sehr müde vom krieg und die zeit fällt mir elementslang darbei; denn nun ist es allbereits bei der zwei monat, daß der König und Monsieur im felde stecken, ohne einmal gedenken, wiederzukommen; drum gibt's auch wenig neues und lauter alberdingens sachen. Drum will ich auch diesen brief schließen. Adieu, lieb Carllutz! glaubet, daß ich allezeit Eure affektionierte freundin verbleibe!

[1] wahrscheinlich Langenschwalbacher Wasser

AN FRAU VON HARLING

St. Cloud, 10. Oktober 1676. Ob ich zwar schon heute an ma tante einen großen brief geschrieben habe, welches einer von den ersten ist, so ich seider meinem kindbett[1] schreibe, so will ich doch diese post nicht vorbeigehen lassen, ohne Euch zu danken vor alle guten wünsche, so Ihr mir sowohl als meinem neugeborenen kind tut. Was mich anbelangt, so hab ich mich, seider ich niederkommen bin, gott sei dank über die maßen wohl befunden und bis auf die stunde nicht die geringste inkommodität gehabt, obzwar die kindsnöten diesesmal viel härter gewesen als die zwei andere mal; bin zehn stunden lang in den großen schmerzen gewesen, welches mich, um die wahrheit zu sagen, deromaßen abgeschreckt hat, daß ich gar nicht wünsche, eine orgelpfeife daher zu setzen, wie Ihr mir schreibt, denn sie kommen einem gar zu sauer an. Und wann sie denn nur noch leben blieben, dann wäre es noch eine sache, allein wann man sie sterben sieht, als wie ich das traurige exempel dies jahr experimentiert, dann ist wahrlich keine lust darbei. Was diesen meinen überbliebenen de Chartres, den ich Euch so manchmal wünsche, anbelangt, so ist er gott sei dank nunmehr in vollkommener gesundheit so wohl als sein schwesterchen, welche so fett ist wie eine gemäste gans und sehr groß vor ihr alter. Vergangenen montag seind sie beide getäufet worden und hat man ihnen Monsieurs und meinen namen geben, also daß der bub jetzt Philipp und das mädchen Elisabeth Charlotte heißt. Nun ist eine Liselotte mehr auf der welt; Gott gebe, daß sie nicht unglücklicher als ich sein möge, so wird sie sich wenig zu beklagen haben. Im übrigen aber so bin ich Euch auch sehr obligiert, daß Ihr sowohl als ich wünschet, meinen sohn bei Euch zu haben; ich glaube, daß wann ihn ma tante nun sehen sollte, würde er sie einen augenblick divertieren, denn er kann nun ganz reden und alleine gehen und den ganzen tag durch plaudert er einem den kopf so voll, daß man nicht weiß, wo man ist; er entreteniert immer den König und die Königin, wann sie herkommen.

1 am 13. September war Liselottes Tochter geboren, die spätere Herzogin von Lothringen

AN DIE HERZOGIN SOPHIE

St. Germain, 14. Dezember 1676. Euer Liebden bitte ich demütigst um verzeihung, daß ich in so langer ewiger zeit meine schuldigkeit mit schreiben nicht abgelegt habe... Nachdem ich aber hieher bin kommen, habe ich alle tage antworten wollen, aber allemal ist was dazwischen kommen, insonderheit verdrießliche visiten, die mir mein fall, so ich vom pferde getan, auf den hals gezogen, welche historie ich Euer Liebden doch verzählen muß. Wir hatten schon einen hasen gefangen und eine elster geflogen, derowegen ritten wir allgemach schritt vor schritt; mich deuchte, daß mein rock nicht recht unter mir war, drum hielt ich stille und bückte mich, um mich zurecht zu setzen, und in dem augenblick, daß ich in der posture bin, steht ein has auf, welchem alle nachjagen, und mein pferd, welches die andern jagen sieht, will auch hernach und springt auf eine seit, also daß ich, die schon halb aus dem sattel war, fund mich durch diesen sprung ganz auf einer seit, ergriff in aller eil den sattelknopf und behielt den fuß im steigbügel, in hoffnung mich wieder in den sattel zu heben; aber indem ich den sattelknopf ergreife, entfällt mir der zügel. Ich rief einen, der vor mir war, daß er mein pferd aufhalten sollte; dieser aber kam mit einer allzu großen furie auf mich los und machte also meinem pferd bange, welches aber nicht faul war, sondern sich gar bald auf eine andere seite wendete und durchging. Ich aber hielt mich feste so lange ich merkte und sah, daß die andern pferde nah bei mir waren; sobald ich mich aber alleine sah, ließ ich mich allgemach los und auf die grünen pelouse fallen, und dieses ist so glücklich abgangen, daß ich mir gott sei dank nicht das geringste wehe getan habe. Euer Liebden, die unsern König so sehr admirieren, daß er mir so wohl in meinen kindsnöten beigestanden, werden ihn dann noch auch wohl lieb haben in dieser rencontre, denn er war selber der erste bei mir, so bleich wie der tod, und ob ich ihm schon versicherte, daß ich mir gar kein wehe getan und nicht auf den kopf gefallen wäre, so hat er doch keine ruhe gehabt, bis er mir selber den kopf auf alle seiten visitiert und endlich funden, daß ich ihm wahr gesagt hatte; hat mich selber hier in mein kammer geführt und noch etliche zeit bei mir blieben, um zu sehen, ob ich aufs wenigst nicht taumelig wäre... Ich muß sagen, daß der König mir noch täglich mehr gnade erweist, denn er spricht mir überall zu, wo er mich antrifft, und läßt mich jetzt alle samstag holen, um medianosche[1] mit ihm bei madame de Montespan[2] zu halten. Dieses macht auch, daß ich jetzt sehr à la mode bin, denn alles was ich sage und tue, es sei gut oder überzwerch, das admirieren die hofleute auch dermaßen, daß, wie ich mich jetzt bei dieser kälte bedacht, meinen alten zobel anzutun, um wärmer auf dem Hals zu haben, so läßt jetzt jedermann auch einen auf dies patron machen und es ist jetzt die größte mode; welches mich wohl lachen macht, denn eben dieselben, so jetzt diese mode admirieren und selber tragen, haben mich vor fünf jahren dermaßen ausgelacht und so sehr mit meinem zobel beschrien, daß ich ihn seitdem nicht mehr hab antun dürfen. So gehts hier bei diesem hofe zu, wenn die courtisans sich einbilden, daß einer in faveur ist, so mag einer auch tun was er will, so kann man doch versichert sein, daß man approbiert werden wird; hergegen aber, wann sie sich das contrari einbilden, so werden sie einen vor ridicule halten, wenn er gleich vom himmel käme. Wollte Gott, daß es sich schicken könnte, daß Euer Liebden ein monat etliche hier sein und dieses leben sehen könnten: ich weiß gewiß, Euer Liebden würden oft von herzen lachen.

1 nächtliche Schmauserei *2* Maitresse des Königs

AN FRAU VON HARLING

St. Germain, 31. Januar 1677. Ich habe Euch schon von Paris aus antworten wollen, allein wegen aller visiten, so ich dort ablegen müssen, nicht dazu gelangen können, jetzt aber danke ich Euch gar sehr vor Euern guten neujahrswunsch. Ich aber möchte wünschen, gelegenheit zu finden, Euch meine dankbarkeit zu erzeigen, denn wann es an ein rechnen ginge, so habt Ihr mir in meiner jugend viel mehr guts getan, als ich Euch mein leben werde tun können; derowegen bin ich beschämt, wann Ihr, mein herzlieb frau von Harling, mir sagt, daß mir Gott vergelten solle alle gütigkeit, so ich Euch erweise, welche doch jetzt nur in gutem willen bestehet, und daß ich Euch noch als lieb habe, ist wohl das geringste, so ich tun kann. Was mein luftsprung anbelangt, so werde ich mich aufs möglichste vorsehen, damit es nicht mehr geschicht. Ich hatte dieselbe mode nicht angefangen, denn zwei tag vorher hatte eine von meinen jungfern mir das exempel gegeben ... Ich warte mit großem verlangen auf den pumpernickel und die mettwürste, welche ich auf Euere gesundheit essen werde, und ich bedanke mich zum voraus. Ich bilde mir ein, daß die prinzessinnen von Wolfenbüttel dem herzog Anton Ulrich gleichen, welcher auch weiße haar und augenlider hat. Ich finde dieses gar nicht schön und würde viel schöner finden, wenn Ihr mir einen langen brief schreibet, denn Eure briefe divertieren mich recht.

AN DIE HERZOGIN SOPHIE

Versailles, 4. November 1677. Ich gehe alle zwei tage und sehr oft zwei und drei tage nacheinander mit dem König auf die jagd, und wir jagen hier nicht weniger als zu Fontainebleau. Der lust von der hirschjagd ist unserm König jetzt ganz aufs neue ankommen, des bin ich recht froh und ich folge ihm, so oft es möglich ist, denn ich liebe die jagd ebensosehr wie Ihro Majestät und das ist ein rechter lust vor ein rauschenblattenknecht wie ich bin, denn man darf sich da nicht viel putzen noch rot antun allwie bei den bals. Aber apropos von bal: es ist mir lieb, daß Euer Liebden und dero prinzess, mein patchen, sich so wohl zu Antwerpen divertieret haben ... Gott gebe, daß wir uns in unsrer meinung betrogen finden mögen in dem, was unsere prinzess zu Heidelberg[1] anbelangt, um auch alle diskurse zu endigen, so man hält über die proposition, so Ihro Gnaden der Kurfürst an Ihro Gnaden die Kurfürstin mein frau mutter hat tun lassen, welche ich anfangs nicht hab glauben können, weilen ich von haus kein wort davon vernommen, nun aber nicht mehr zweifle, weil Euer Liebden mir es schreiben.[2] Dieses tut Ihro Gnaden dem Kurfürsten einen großen tort hier im lande, und man sagt auch, daß Ihro Gnaden sich nicht von Ihro Gnaden mein frau mutter scheiden könne, ohne daß es meinem bruder und mir tort und affront täte; derowegen habe ich Monsieur hierüber ganz alarmiert gefunden. Selbiger hat mir auch gesagt, daß diese sache dem König gar wunderlich vorkomme; ich habe aber Monsieur gebeten, geduld zu haben, bis daß ich recht erfahren möge, wie es um den handel stehe, denn ich kann schwerlich glauben, daß Ihro Gnaden der Kurfürst meinem bruder und mir wolle unrecht tun, erstlich aus väterlicher affektion, so ich jederzeit bei Ihro Gnaden vor uns beide gespürt, und zum andern, so kann ich noch viel weniger glauben, daß Ihro Gnaden uns begehren einen affront zu tun, weil wir Ihro Gnaden so nahe sein, daß derselbe affront wieder auf Ihro Gnaden fallen müßte. Zudem so weiß papa auch wohl, daß ich jetzt an einem ort bin, wo man solches wenig leiden würde. Dem sei nun wie ihm wolle, so wünsche ich doch von herzen, daß Ihro Gnaden der Kurfürst an dergleichen propositionen nicht mehr gedenken möchte, sondern den lieben Gott walten lassen ... Ich wünsche viel lieber, daß unsere ganze linie endlich verlöschen möge, als daß man Ihro Gnaden dem Kurfürsten sachen zumessen möchte, die Ihro Gnaden überall und insonderheit hier im land einen solchen großen tort täten ... Was die raugräflichen töchter anbelangt, so möchte ich von herzen wünschen, daß sie wohl versorgt sein möchten. Die Raugräfin entbot mir kurz vor ihrem tod durch meine amme: ich sollte Karoline,[3] meine pate, hier im lande verheiraten. Hier aber heiratet man sich nicht ohne geld, und weilen ich nicht weiß, ob sie reich sein oder nicht, habe ich auch nichts vor ihr suchen können, wenn aber solches papa ernst wäre, müßte man mir erst schreiben, was sie vermögen, vielleicht würde man alsdann jemand finden können. Aber weilen, wie Eure Liebden sagen, jetzt ein graf Wittgenstein um sie anhält, so wird solches auch wohl ohne zweifel vor sich gehen.

1 Gemahlin des Kurprinzen   *2* der alte Kurfürst, Liselottes Vater, suchte nach dem Tod der Raugräfin seine in Kassel lebende verstoßene Frau zur Anerkennung der Scheidung zu bewegen. Er wollte, da sein erbberechtigter Sohn kinderlos war, nochmals standesgemäß heiraten
3 die älteste Tochter der Raugräfin Luise

AN DEN KURFÜRSTEN KARL LUDWIG

St. Germain, 22. November 1677.   Weilen ich seit drei monat her die gnade nicht gehabt habe, einzigen brief von Euer Gnaden zu empfangen noch einiges wort von Euer Gnaden zu vernehmen, so habe ich aus respekt auch nicht schreiben dürfen und gefürchtet, daß meine briefe Euer Gnaden importunieren möchten; jedoch so habe ich ein kindliches vertrauen zu Euer Gnaden getragen und

Karl Ludwig von der Pfalz

mir dero vergangene güte und gnaden, so ich jederzeit gespüret, dermaßen vor die augen gestellet, daß ich nicht anders hab gedenken können, als daß diese schlimme kriegszeiten hieran schuldig wären, Euer Gnaden aber nicht destoweniger dero väterliche affection mir nicht entzogen, indem mein gewissen mir stets vorstellt, daß ich mich dero gnade nicht unwürdig gemachet, seit der zeit ich nicht mehr so glücklich bin, Euer Gnaden persönlich aufzuwarten. Diese gedanken haben verursachet, daß ich mich kontentiert habe, nur alle posten durch den Breton zu vernehmen, daß Euer Gnaden in vollkommener gesundheit sein, und unterdessen wünschte ich von ganzem herzen den frieden, in welchem ich hoffte, daß, wofern ich nicht gelegenheit fände, Euer Gnaden persönlich alsdann aufzuwarten, doch aufs wenigst mir der trost nicht mehr würde verweigert sein, alle woche oder aufs längste alle vierzehn tage durch Euer Gnaden gnädige schreiben dero beharrlichen gnaden versichert zu werden, ohne welche ich mein lebenlang nicht ruhig sein könnte. Ich war auch willens, Euer Gnaden nicht eher zu schreiben, bis ich durch eines dero gnädigen briefen gleichsam die erlaubnis empfinge. Nun aber zwingt mich hierzu meine untertänige kindliche affection, und glaube, daß ich mich unwürdig machen würde aller gnade, so ich jemalen von Eurer Gnaden empfangen, und aller versicherungen, so Euer Gnaden mir von der väterlichen zuneigung geben haben, wenn ich Euer Gnaden nicht wissen täte, welch ein wunderbar geschrei hier von Euer Gnaden geht, so vor Ihro Majestät des Königs und Monsieurs ohren kommen, welches, wie ich besorge, Euer Gnaden auf die länge in den gemütern großen tort tun möchte, denn man sagt, daß solches ohne exempel und eine unerhörte sache seie. Man gibt vor, daß Euer Gnaden meinem bruder ohne ursach ungnädig sein, selbigen sozusagen wie einen gefangenen halten, von ihm begehren, daß er unsere frau mutter, Ihro Gnaden die Kurfürstin, überreden solle, sich gutwillig von Euer Gnaden zu scheiden, und wofern sie sich dieses weigern, wollten Euer Gnaden par force eine andre gemahlin nehmen und dermaßen böse schriften von Ihro Gnaden unsrer frau mutter ausgehen lassen, welche uns allen schimpflich sein würden. Ich gestehe, daß ich, die (wie schon gesagt) Euer Gnaden güte gegen meinen bruder und mich so oft gespüret, diesen zeitungen schwerlich kann glauben zustellen, wie sehr man mich dieses auch versichern will, jedoch so bekenne ich, daß es mich in meiner seelen schmerzt, dergleichen zu hören, und fürchte, daß wann Monsieur und Ihro Majestät der König selbst persuadiert sein möchten, daß Euer Gnaden etwas unterfangen, so uns schimplich, es nicht gut finden und mittel suchen mich von einem affront abzuwaschen, um der ehren deren alliance würdig zu bleiben, welches vielleicht und wovor uns Gott behüten wolle, ärgere unglücke nach sich ziehen möchte, als wann mein bruder ohne erben sterben und die Pfalz in des herzogen von Neuburgs hände kommen. Aber mein bruder und seine gemahlin seind noch jung, derowegen noch hoffnung. Drum bitte Euer Gnaden auf meinen knien untertänigst und um Gottes willen, Euer Gnaden bedenken dieses recht, und wofern Euer Gnaden noch ein fünklein dero väterlichen affection vor meinen bruder und mich übrig haben, so erbarmen sie sich doch unser gnädigst, weilen ja, wofern dies geschrei wahr ist, nichts anderes draus erfolgen kann als lauter unglück, sowohl vor Euer Gnaden selbsten, als uns beiden. Vielleicht werden Euer Gnaden übelnehmen, daß ich so frei heraus schreibe, aber ich verlasse mich auf Euer Gnaden gerechtigkeit, welche mich nicht wird verdammen können, weilen mir hierinnen Euer Gnaden réputation viel mehr als meine eigene zu herzen geht, welches auch das einzige motif schier ist, so mich zu schreiben bewogen hat. Denn ich kann der sachen selbsten noch nicht glauben zustellen und also hab ich auch noch nicht nötig erachtet, Euer Gnaden vor meinen bruder und mich anzuflehn. Ich erwarte Euer Gnaden gnädigste antwort, um zu wissen, was ich auf dergleichen fragen zu antworten haben möchte, wofern Ihro Majestät der König und Monsieur mich ferner deswegen sprechen sollten, wie sie bisher getan, und unterdessen bitte ich Euer Gnaden nochmals ganz demütigst, zu glauben, daß ich lieber tausendmal sterben möchte, als so unglücklich zu sein zu erfahren, daß ich noch mein bruder kein teil mehr in dero väterlichen gnaden und affection hätten, weilen ich doch glaube, solches zu meritieren, indem ich bis in den tod verharren werde Euer Gnaden untertänige, gehorsame und ganz ergebene tochter und dienerin Elisabeth Charlotte.

AN DIE HERZOGIN SOPHIE

St. Germain, 24. November 1677. Euer Liebden wertes schreiben vom 26. Oktober habe ich zu end der vergangen woche zu Paris empfangen. Und weilen ich daraus ersehe, daß es Euer Liebden lieb ist, daß Corneille seine komödien wieder à la mode werden, so muß ich Euer Liebden sagen, daß man jetzt die allerältesten nacheinander spielt; und das ist der größte spaß, den ich zu Paris hab, wenn ich dorten bin. Der arme Corneille ist so froh darüber, daß er mir versichert, daß es ihn so sehr verjüngt hätte, daß er wieder noch eine hübsche komödie vor seinem end machen will. Möchte wünschen, daß ich so glückselig sein möchte, Euer Liebden in dieselbe zu führen; aber ich fürchte, daß der krieg länger währen wird als des guten alten Corneille sein leben.

St. Germain, 11. Januar 1678. Weilen heute in ganz Teutschland der neujahrstag gefeiert wird,[1] so denke ich, daß es auch noch nicht zu spät ist, Euer Liebden, dem hochlöblichen alten teutschen gebrauch nach, ein glückseliges, fried- und freudenreiches neues jahr zu wünschen, samt langes und gesundes leben. Mir selbsten aber wünsche ich den guten frieden, damit ich einstmals wieder so glücklich werden möge, Euer Liebden persönlich aufzuwarten. Denn es kommt mir ganz ungereimt vor, wann ich gedenke, daß es allbereits schon sechs jahr ist, daß ich Euer Liebden nicht einmal gesehen habe. Wenn aber einstmals wieder diese glückselige zeit herbeikommen wird, so bin ich versichert, daß ich Euer Liebden aufs wenigst eine stunde lang divertieren werde, wann ich Euer Liebden alles verzählen würde, wie es hier ist und zugeht, welches man sich unmöglich einbilden kann, es seie dann, daß man es höret und sieht und mit dabei ist, wie ich jetzt bin; glaube auch, daß, wann ich schon wieder etlich jahre in Teutschland bleiben sollte, daß ich doch nicht so bald ... diesen hof vergessen würde ... Wegen der historie vom divorce[2] werde ich alle tage zur rede gestellt. Daß Euer Liebden und oncle über mich lachen, daß ich jetzt so gut katholisch bin und so viel vom sacrement des ehestands halte, so schlägt mir aber solch sacrement wohl genung zu, um zu wünschen, daß es ewig währen und man kein mittel finden möge zur scheidung, denn wer mich von Monsieur scheiden wollte, täte mir keinen gefallen, drum können Euer Liebden wohl denken, daß mir eine solche mode, wenn sie aufkommen sollte, ganz und gar mißfallen würde ... Ich möchte von herzen wünschen, daß Ihro Gnaden der Kurfürst auch meiner meinung wären, setze aber auch dazu, daß Ihro Gnaden auch so vergnügt lebten als ich. Ich hoffe, mein bruder und unsere Prinzess werden sich einmal die sache lassen ernst sein und uns durch ein kindchen aus allen diesen lärmen helfen ... Man hat hier gar viel von des prinzen von Oranien hochzeit verzählt, und unter andern sagt man, daß er sich mit einem ganzen pantelon von ratine die erste nacht schlafen gelegt habe, und als ihn der könig von England gefragt, ob er das ratinen zeug nicht ablegen wollte, hat er zur antwort geben, daß seine gemahlin und er lange genung miteinander leben müßten, derowegen müsse sie sich an seine manieren gewöhnen, und er seie gewohnt, den ratinen pantalon zu tragen, drum woll er ihn auch jetzt nicht ausziehen. Und anstatt daß er mit dem König, Königin und braut sollte zu nacht essen, ist er in die stadt zum nachtessen gangen und hat den König bis nach mitternacht in der braut kammer, welche man zu bette gelegt hatte, warten lassen, und als ihn der König gefragt, wo er so lange geblieben, hat er geantwortet, daß er gespielt hätte nach dem nachtessen. Hat sich drauf in einen sessel geworfen, seinen kammerdiener gerufen und sich in selbiger seiner braut kammer ausziehen lassen. Mit allen diesen manieren wunderts mich nicht, daß die gute prinzessin stumm worden ist; sie gemahnen mich schier an die komödie von der bösen Käth ihrem mann.[3]

1 in Deutschland galt der Julianische Kalender, während man in Frankreich bereits nach dem Gregorianischen datierte   *2* die geplante Ehescheidung ihres Vaters   *3* «Der Widerspenstigen Zähmung»

AN DEN RAUGRAFEN KARL LUDWIG

St. Cloud, 13. Mai 1678. Herzlieb Carllutz, vor diesem hätte ich gesagt: «Ihr seid ein braver bub», aber nun Ihr so groß seid, sage ich: «Kerles, daß Ihr mir so einen lustigen brief schreibt!» Cantenac[1] wird Euch sagen, wie sehr ich nach Euch gefragt. Selbiger hat mir gesagt, wie Ihr nun so unerhört lang geworden und auch jetzt einen bart habt, das macht mich ganz zu einem alten mütterchen, wie mutter Anneken, wenn Ihr Euch noch dieser komödie erinnert. Adieu! schreibt mir hinfüro fleißig, wenn Ihr der zeit habt, und insonderheit, wenn Ihr in Holland sein werdt, und glaubt, daß ich Euch so lange lieb behalten werde, als Ihr mich! Darauf macht Eure rechnung und seid versichert, daß ich Eure affektionierte Freundin bin. Elisabeth Charlotte.

1 Sekretär ihres Vaters

AN DIE HERZOGIN SOPHIE

St. Germain, 24. Juli 1678. Ich habe alle Euer Liebden briefe wohl empfangen, wenn aber auch Euer Liebden letztes schreiben in andre hände als die meinigen geraten wäre, so können Euer Liebden doch versichert sein, daß man sie wegen der possen, so drinnen stunden, nicht würde vor töricht gehalten haben. Denn Euer Liebden réputation ist hier gar wohl etabliert in allem, aber insonderheit auch was den verstand betrifft. Zudem auch so ist man nicht so délicat hier im lande, sondern man spricht all frei genung von allerhand natürlichen sachen. Ich weiß einen galant, welchen ich aber nicht nennen will noch darf, welcher als mit seiner maitresse aufn kackstuhl geht, und wann eins von ihnen seine sachen verricht hat, dann setzt sich das andere drauf, und entretenieren einander auf diese weise. Und ein ander paar kenne ich auch, die einander als vertrauen, wenn sie ein klistier nehmen und vonnöten haben; ich habe solches mit meinen eigenen ohren gehört, und der liebhaber bekannte, daß er solches vonnöten, weilen er den abend zuvor zu viel gefressen hätte, so ihm ein groß magen-

wehe verursachte, drum wolle er ein klistier nehmen, um desto
besser wieder zu mittag zu essen, ohne dégout. Wenn das teutsche
täten, wie sollten die franzosen lachen, aber weilen sie es selber tun,
so ist es gar hoflich. Noch etwas muß ich Euer Liebden verzählen,
so mir am anfang sehr fremd ist vorkommen; man redt hier ohne
scheu von jungfer Catherine,[1] und die Königin, so so eine ehrbare
frau ist, spricht an öffentlicher tafel mit allen mannsleuten davon...
Daß Euer Liebden dann noch meinen, daß, wenn ich Monsieur habe,
daß ich dann nichts nach himmel und erde frage, so bin ich zwar
sehr gern bei ihm, und wenn es schon wahr wäre, daß ich nichts
nach himmel und nach erde fragte, so würde ich doch gar betrübt
sein, wenn Euer Liebden glauben wollten, daß sie unter der zahl
von himmel und erden mitgerechnet wären und ich nicht an mein
herzlieb ma tante gedächte. Nein! so vergessen und undankbar
ist Euer Liebden Liselotte nicht, und wenn ich gleich nicht schreibe
und von vielem lumpengesindel hier davon abgehalten werde, so
gedenke ich doch nichtsdestoweniger an Euer Liebden.

[1] Menstruation

AN FRAU VON HARLING

St. Cloud, 20. August 1678. Ich glaube, daß dieser brief ohne
zweifel sehr alt werden wird, jedoch so habe ich mademoiselle
de Montargis nicht weg wollen lassen, ohne sie Euch zu rekommandieren... Im übrigen so schicke ich Euch hiebei das verspro-
chene schächtelchen, worinnen ich mein bärenkatzenaffengesicht
eingesperrt, weilen ich gedacht, daß solches Euch, mein lieb jungfer Uffel, nicht unangenehm sein würde. Sie wollen einen hier
als hübscher malen als man ist; drum haben sie mich fetter gemacht, als ich in der tat bin, wie Ihr sehen werdet. Daß es aber
nicht sehr gleicht, ist meine schuld nicht, denn ich hab mich Euch
zu gefallen einen ganzen nachmittag dahergesetzt um mich malen
zu lassen, welches gar nicht divertissant ist, aber vor seine freunde
und insonderheit freunde, die man obligiert ist, wie ich Euch bin,
tut man wohl was, das man sonst nicht täte. Meinem patchen,

Eurer jetzigen kleinen Prinzess, schicke ich auch eine kirmes von St. Laurent, nämlich ein schreibzeug, worinnen ein wenig sackzeug ist, wie jetzt die mode und alle menschen im sack tragen. Es ist zwar kein schön präsent, allein kinder freut leicht was, drum hab ich gehofft, daß dies schreibzeug auch diesen effekt mit den kleinen bagatellen bei der Prinzess verursachen wird.

AN DIE HERZOGIN SOPHIE

Paris, 14. November 1678. Ich bin ganz stolz, daß Euer Liebden mich hübscher finden als mein contrefait, das ich an frau von Harling geschickt habe. Allein es ist jetzt sieben jahr, daß Euer Liebden mich nicht gesehen haben, und wenn mich Euer Liebden jetzt sehen sollten, würden sie vielleicht ganz contrari judizieren. Die jagden aber machen mich nicht so alt und häßlich als die kabale, welche mir seit die sieben jahre her so viele runzeln hatten ziehen machen, daß ich das gesicht ganz voll davon habe ... In diesem augenblick kommt Monsieur von Versailles und bringt zur neuen zeitung mit, daß wir zukünftigen April in Flandern reisen werden, von dar in Lothringen und von Lothringen ins Elsaß. Ich hoffe, daß ich alsdann nach Straßburg werde gehen, Ihro Gnaden den Kurfürsten, meinen bruder und seine gemahlin zu sehen. Euer Liebden sollten billig auch ein reischen hintun, und das wäre ein artlicher rendez-vous. Ich glaube, wenn dieses geschähe, daß ich vor freuden sterben würde. Aber was mir wohl hieran gefällt, ist, daß es kein schloß in der luft ist, sondern nach aller apparence geschehen wird. Um Gottes willen: Euer Liebden kommen doch dann auch nach Straßburg, um meine freude vollkommen zu machen! Alsdann werden Euer Liebden auch sehen, daß wir alle ebenso coiffiert sein als wie mademoiselle de Valence und Montargis, denn niemand in ganz Frankreich außer diejenigen, so immer lappen tragen, ist anders coiffiert. Wie würden Euer Liebden dann lachen, wenn sie mich mit den dinde-touffetten[1] sehen sollten!

1 etwa: alberne Frisur

Paris 3. Februar 1679. Wenn es aber Euer Liebden zu weit wäre, ins Elsaß und nach Straßburg zu kommen, so könnten mir Euer Liebden doch ein rendez-vous in Flandern geben, in welcher stadt es Euer Liebden am gemächlichsten wäre. Ich weiß aber nicht, warum oncle will, daß Euer Liebden auf ein solche reis so große unkosten anwenden sollen, sintemalen es Euer Liebden ja viel bequemer sein würde, incognito zu reisen. Und damit würden Euer Liebden allem gepräng los sein, welches ich wohl von herzen verfluchen würde, wenn es mich des glücks beraubt, Euer Liebden aufzuwarten, denn mich deucht, wenn ich Euer Liebden und oncle nur einmal wieder sehen könnte, so wollte ich hernach gerne sterben, jedoch nicht ohne daß ich meine reise auch zu Straßburg vollendet und papa, bruder und schwester gesehen. Damit ich aber wieder auf meinen text komme, so will ich Euer Liebden teutsch heraus bekennen, daß man hier ganz stinkhoffärtig ist und so hoch hinaus und nirgends an will, daß es nicht zu erdenken, noch zu sagen ist. Derowegen sehe ich wohl, daß es unmöglich ist, Euer Liebden in ihrem rechten stand zu sehen, denn mein herr bildt sich ein, daß kein vergleichen mit ihm und einigem kurfürsten zu machen sei; ich habe auch unter der hand ausgeforscht, ob man Euer Liebden keinen fauteuil geben würde ... aber davon will man gar nichts hören. Drum will ich Euer Liebden sagen, was meine meinung ist und was mittel ich gefunden, Euer Liebden zu sehen. Euer Liebden müßten incognito in eine stadt von Flandern kommen und mir entbieten, in welch haus Euer Liebden logieren ... dann will ich tun, als wenn ich nur das haus besehen ginge, wo Euer Liebden sein werden, will mich alsdann mit Euer Liebden und oncle in eine kammer einsperren, allwo ich nichts anderes als die alte Liselotte begehre zu sein, womit Euer Liebden alles machen können, was Euer Liebden beliebt, denn ich bin und werde bis in tod Euer Liebden leibeigen verbleiben. Und damit werden wir alles des verdrießlichen geprängs quitt sein. Mit meinen leuten bin ich nicht in sorgen, denn indem ich Monsieur das secret vertrauen werde, kann ich meine leute hinschicken, wo es mir gefällt, welche mich alsdann, wenn Euer Liebden meiner müde sein werden, wieder abholen werden. Und dieses leben kann ich also alle tag führen, so lang wir an einem ort still liegen werden. Ich bitte Euer Liebden, sie berichten mir doch aufs allerbaldeste, ob Euer Liebden dieser anschlag gefällt, und Euer Liebden seien nur nicht meinetwegen in sorgen, denn ich versichere Euer Liebden, daß ichs gar wohl so machen will, daß ich einen ganzen tag bei Euer Liebden alleine in ihrem hause verbleiben werde, ohne daß ein einziges mensch von meinen leuten dabei sein möge. Um gottes willen: Euer Liebden vergönne mir doch diese so unaussprechliche freude! ja, ich glaube, daß ich vor freuden werde ohnmächtig werden, wenn dieses angeht und ich Euer Liebden und oncle werde ansichtig werden. Ich hoffe, daß ich zu Straßburg es auch so werde machen, um Ihro Gnaden den Kurfürsten, meinen bruder und seine gemahlin zu sehen.

Dieser Besuch wurde nicht verwirklicht. Dagegen kam im August die Herzogin Sophie nach Frankreich. Sie hegte die Hoffnung, daß sie die Vermählung ihrer zehnjährigen Tochter mit dem Dauphin in die Wege leiten könnte; doch entschied sich dieser für die schon früher vorgeschlagene bayerische Prinzessin.

AN DEN KURFÜRSTEN KARL LUDWIG

St. Germain, 13. Mai 1679. Um nun wieder auf meinen schwarzkopf zu kommen, welcher nun, gottlob, bei mir ist, so hat ihn der König sehr wohl empfangen, als ihn Monsieur Ihro Majestät präsentiert. Gestern hat ihm der König von seinen pferden gelehnt, um auf der hirschjagd zu folgen, welche gnade er wenig fremden tut. Ihro Majestät finden, daß Carllutz gar gute Mienen zu pferd hat. Jetzt spielt er mit Mademoiselle blindekuhe... Nun müssen Euer Gnaden befehlen, wenn sie Carllutz wieder haben wollen; jedoch wann ich meine meinung sagen darf, so wird es ihm wohl gar nichts schaden, aufs allerwenigste sechs wochen oder zwei monat hier zu bleiben; dann das wird ihm schon die lefzen aufmachen lernen, zudem so wird er nirgends inkommodiert sein, denn Monsieur logiert ihn überall bei uns im haus ein, sowohl hier und zu Paris als zu St. Cloud.

AN DIE HERZOGIN SOPHIE

St. Germain, 1. November 1679. Mit dieser guten gelegenheit schicke ich auch die diamantenknöpf vom König.[1] Monsieur ists gar leid, daß er Euer Liebden nicht selber weisen kann, wie man es aufs kleid oder die ärmel nehmen muß, und er hat schon mit madame de Mecklenburg geratschlagt, die soll Euer Liebden ein papieren muster davon schicken. Dann wird oncle (wie ich hoffe) wieder fragen, was Euer Liebden mit dem dreck machen wollen. Wenn ich dürfte, wollte ich das auch wohl oft an Monsieur sagen.

1 Ein Geschenk aus Anlaß des Besuches der Herzogin Sophie

St. Cloud, 24. September 1680. Ob meine augen mir zwar vom vielen weinen so wehe tun, daß ich kaum recht draus sehen kann und also große mühe zu schreiben habe,[1] so habe ich doch unsern Prinzen[2] nicht weg können lassen ohne ihm ein schreiben an Euer Liebden mitzugeben, und ob zwar meine traurigkeit und schmerzen über den abscheulichen verlust, so wir getan, über die maßen ist, so deucht mir doch, daß sich mein herz ein wenig erleichtert, an jemand zu schreiben, so ebenso betrübt ist als ich bin und dieses große unglück mit mir teilt. Euer Liebden aber zu sagen, was ich empfinde und wie mir tag und nacht zumute ist, wäre wohl schwerlich zu beschreiben, aber Euer Liebden können solches leider wohl bei sich selbsten abmessen. Nun ich sichere gelegenheit habe, kann ich auch frei heraus reden, muß derowegen sagen, daß Euer Liebden noch glücklicher sein als ich, denn ob sie schon ebensoviel verlieren, so seind sie doch nicht obligiert, bei denjenigen zu leben, welche ohne zweifel an Ihro Gnaden des Kurfürsten selig tod ursach sein durch den chagrin, so sie ihm gegeben, und dieses ist mir hart zu verdauen. Euer Liebden sagen mir in dero letztem gnädigen schreiben, daß sie sich mit mir erfreuen, daß ich bei dem König bin, bei welchem ich so gerne bin. Ja, ehe er papa so verfolgt hatte, gestehe ich, daß ich ihn sehr lieb hatte und gerne bei ihm war, seitdem kann ich Euer Liebden wohl versichern, daß es mir sauer genung ankommen ist, und hinfüro mein leben lang ankommen wird; ja ich hätte mich auch nicht dazu resolvieren können, wenn er mir nicht selbst zu Fontainebleau versprochen, daß er es besser machen und ändern wolle, im fall ich nur wohl mit ihm lebte, und aus dieser ursachen hab ich in währender reise mein bestes getan, welches mir aber leider nicht gelungen ist, wie Euer Liebden sehen. Wenn mich Gott der allmächtige so glückselig machte und zu papa zöge, könnt mir wohl nicht besser geschehen, denn mein ganzes leben kann hinfüro nicht anders als elend sein, wie Euer Liebden wohl selber sehen. Wollte Gott auch, daß ich mit dem Prinzen zu Euer Liebden dürfte, denn ich wollte lieber mit Euer Liebden weinen, als hier bei allen den lachenden gesichtern zu sein, welche mir denn, wo es möglich wäre, meine traurigkeit noch überhäufen. Ich glaube auch, daß Ihro Liebden der Prinz kein regret hat, dieses land zu quittieren, und daran haben Seine Liebden wohl groß recht.

1 am 2. August war Liselottes Vater gestorben *2* Georg Ludwig, den Sohn der Herzogin Sophie

Im Frieden von Nymwegen (1678) hatte zwar Holland seine Unabhängigkeit bestätigt erhalten, im übrigen war aber Ludwigs XIV. allgemeines Kriegsziel erreicht: Frankreich mußte als bedeutendste Großmacht auf dem Festland gelten. Ludwig konnte es sich leisten, «Réunionskammern» einzusetzen, die für weitere Gebiete, deren er sich bemächtigen wollte, irgendwelche Rechtsfiktionen aufstellten. Auch kurpfälzisches Gebiet wurde davon betroffen, und der Kurfürst Karl Ludwig mußte es erleben, daß französische Beamte sich in Heidelberg niederließen. Liselottes Fürsprache beim König hatte keinen Erfolg; so war es ein Glück für ihren Vater, daß er starb.

AN DIE RAUGRÄFIN KAROLINE

St. Cloud, 13. Oktober 1680. Was aber Euch und Eure geschwister betrifft, so könnt Ihr wohl versichert sein und sie alle auch von meinetwegen versichern, daß ich Euch von ganzem herzen in alles dienen werde, was in meinem vermögen stehen wird. Und ob ich zwar wohl weiß, daß mein bruder von einem solchen guten naturell ist, daß er Euch, als Ihro Gnaden unseres herrn vaters selig kinder, nie verlassen wird, so hab ich ihm doch deswegen geschrieben und Euer interesse ihm stark rekommandiert. Ich weiß ganz und gar nichts von Euren affairen, kann also noch nicht recht sehen, worinnen ich Euch werde recht helfen können; derowegen wäre es ratsam, daß Carllutz eine reise hertäte, um mich von alles zu instruieren, damit wir miteinander überschlagen mögen, was zu tun ist... Ma tante von Osnabrück ist Euch allen auch sehr wohl geneigt und wird, wie ich versichert bin, auch ihr bestes vor Euch tun, und mit ihr werde ich als ratschlagen, worin ich Euch werde dienen können. Darauf könnt Ihr fest vertrauen, und daß ich allezeit Eure affektionierte freundin verbleiben werde.

AN DEN KURFÜRSTEN KARL

St. Cloud, 13. Oktober 1680. Caroline hat mir im namen aller kinder einen gar bedauerlichen brief geschrieben, aber ich weiß, daß Ihr von so gutem naturell seid, daß Ihr Euch, auch ohne daß ich Euch drum bitte, dieser armen kinder erbarmen werdet und sie nicht verlassen, denn es seind allebenwohl des Kurfürsten selig kinder, und weil sie nun ganz verlassen seind, ist es eine generosität, sich ihrer zu erbarmen. Denn ob wir beide zwar an Ihro Gnaden dem Kurfürsten, unsere tendresse anzurechnen, einen abscheulichen verlust getan, so muß man doch gestehen, daß diese arme blüt noch mehr verloren haben und ganz desesperiert sein müßten, wenn Ihr kein mitleiden mit ihnen habt. Aber wie schon gesagt, so kenne ich Euer gut gemüt wohl, bin also gar nicht vor ihnen in sorgen.

St. Cloud, 27. November 1680. Was die raugräflichen kinder anbelangt, so glaube ich, daß unsere frau mutter gar zu raisonnabel ist, um übel zu finden und sich zu alarmieren, daß ich vor die armen kinder rede. Denn ich begehre nicht, daß man sie préférablement vor Ihro Gnaden bezahlen solle, da behüte mich Gott vor! sondern ich erinnere Euch nur, daß Ihr sie nicht verlassen möget, weil es doch Ihro Gnaden des Kurfürsten, unsers herrn vaters selig, kinder sein, welche also mehr recht als andere und bediente haben, von Euch consideriert zu werden. Und dieses desto mehr, weilen Ihr auch noch dadurch an alle welt erweisen könnt den respekt, so Ihr vor Ihro Gnaden dem Kurfürsten selig gehabt habt, wodurch Ihr denn nichts anders als lob bekommen könnt. Denn sich der elenden anzunehmen, so Eurer hülf vonnöten haben, ist allerwegen löblich. Weilen denn also Euer interesse sich mit dem ihrigen einfindt, so habe ich nicht unterlassen können, Euch solches vorzutragen. Ihro Gnaden die Kurfürstin, unsere frau mutter, ist selber so généreuse, daß ich nicht zweifle, sie wird Euch hierzu mehr antreiben als zurückhalten, insonderheit weilen diese Kinder ihr ja im geringsten nichts schaden können. Bin also froh, daß Ihr mich versichert, daß Ihr raisonnabel mit ihnen handeln wollt. Denn wenn Ihr das tut, werden sie weder elend noch miserabel sein, und werdet Euch, wie schon gesagt, bei männiglich ein groß lob erwerben, zugleich alle Euere schuldigkeiten bei Ihro Gnaden der Kurfürstin, so bei Euch, und Ihro Gnaden dem Kurfürsten, ob er zwar leider im grab ist, zu vollziehen, wodurch dann nichts andres als Gottes segen folgen kann, welches Euch niemand von besserm herzen wünschet, als ich.

AN DIE HERZOGIN SOPHIE

St. Germain, 11. Dezember 1680. Ich fürchte, daß papa aus kummer und herzeleid gestorben ist, und daß, wenn der große mann und seine minister ihn nicht chagriniert hätten, hätten wir ihn länger auf dieser welt gehabt und ich hätte ihn vielleicht auch wieder einmal zu sehen bekommen... Es ist mir doch auch noch ein trost, daß Euer Liebden mir versichern, daß Ihro Gnaden der Kurfürst nicht vor seinem end ungnädig auf mich gewesen ist. Mich wundert aber, daß er Euer Liebden das dialogue nicht geschickt hat, so ich mit dem großen mann gehabt. Denn ich weiß gewiß, daß er solches wohl vierzehn tag vor seiner krankheit empfangen hat, und weilen er mir nicht drauf geantwortet und nur an Eck schreiben lassen, daß er solches empfangen, habe ich gefürchtet, daß er nicht content von mir seie ... Monsieur proposierte an die Königin, sie sollte ein vœu... vor ihres sohns gesundheit tun; ich aber sage zu Ihro Liebden, daß er viel eher dem König raten sollte, ein vœu zu tun, hinfüro gerechtigkeit zu üben und einem jedweden das seinige wiederzugeben und mit einem wort kein unrecht gut an sich zu ziehen, so würde sich sein sohn viel besser befinden.

AN FRAU VON HARLING

St. Cloud, 10. April 1681. Unterdessen muß ich Euch... noch sagen, daß ich nun eine alte mutter bin, denn mein sohn ist in hosen und wams, sieht all artlich aus. Ich wollte, daß Ihr ihn so sehen könntet, denn er ist nun viel menschlicher und raisonnabler als er war, wie ma tante hier war. Mein mädchen aber ist jetzt eines von den possierlichsten kindern, so Ihr jemalen gesehen, plaudert unerhört und alles, was ihr in kopf kommt; ist eine dolle hummel: weiß nicht, was endlich aus ihr werden wird. Verstand fehlt ihr nicht, aber sie ist sehr mutwillig, und ob sie zwar zwei jahr jünger ist als ihr brüderchen, so ist sie doch viel stärker und nach proportion größer vor ihr alter.

AN DIE HERZOGIN SOPHIE

St. Cloud, 13. April 1681. Ich habe seit etlichen tagen drei briefe von Ihro Gnaden der Kurfürstin empfangen, in welchen man mir, doch mit höflicher manier, vorwirft, daß ich mich der raugräflichen kinder so sehr annehme und so oft vor sie schreibe. Mein bruder hat mir noch nicht auf meinen brief geantwortet, aber die Kurfürstin, meine frau mutter, macht mir einen ganzen détail von der sache. Den kindern schreib ich nicht, denn das hilft ihnen nichts und irritiert nur meinen bruder und frau mutter. Carllutz werde ich raten, daß, weil oncle und Euer Liebden doch so gut sein wollen, ihm zu erlauben, denselben aufzuwarten, daß er bei ihnen bleiben solle, denn so viel ich aus der Kurfurstin brief verspüre, so haßt ihn mein bruder erschrecklich, jedoch sagt sie, daß er die mädchen lieb habe und daß mit der zeit Carllutz auch wohl wieder besser dran sein würde... Ich weiß gar schöne historien, davon muß ich Euer Liebden eine verzählen, so man mir vor drei oder vier tagen gesagt hat und welche vor drei wochen geschehen ist im jesuwitterkolleg; der chevalier de Lorraine sagt, daß er glaube, daß es sein sohn ist, der solche historie getan und daß er täglich dergleichen tue. Es ist ein écolier, der war gar mutwillig auf allerhand manier, und die ganze nacht lief er herum und schlief nicht in seiner kammer. Da dräueten ihm die herren paters, daß, wenn er nicht nachts in seiner kammer bliebe, wollten sie ihn unerhört streichen. Der bub geht zu einem maler und bitt ihn, er solle ihm doch zwei heilige auf die zwei hinterbacken malen, auf die rechte St. Ignace de Loyola und auf den linken hinterbacken St. François de Xavière; welches der maler tut. Damit zieht er fein hübsch die hosen wieder an und geht wieder ins collegium und fängt hundert händel an. Da kriegen ihn die paters und sagen: «pour cette foisci vous aurez le fouet».[1] Da fängt der jung an, sich zu wehren und zu bitten, aber sie sagen, es helf kein bitten. Da wirft sich der schüler auf die knie und sagt: «O saint Ignace, o saint Xavière, ayez pitié de moi et faites quelque miracle en ma faveur, pour montrer mon innocence!»[2] Damit ziehen ihm die paters die hosen ab, und wie sie ihm das hemd aufheben, um ihn zu streichen, sagt der bub: «je prie avec tant de ferveur que je suis sûr que mon invocation aura effet!»[3] Wie die paters die zwei gemalten heiligen zu sehn bekommen, rufen sie: «Miracle! celui que nous croyions un fripon, est un saint!»[4] damit fallen sie auf die knie und küssen den hintern, rufen alle schüler zusammen und lassen sie in zeremonie kommen, um den heiligen hintern zu küssen, welches sie alle getan.

[1] aber diesmal kriegst du die Rute [2] o heiliger Ignaz, o heiliger Xaver, habt Erbarmen mit mir und tut ein Wunder zu meinen Gunsten, um meine Unschuld zu beweisen [3] ich bete mit solcher Inbrunst, daß ich sicher bin, mein Flehen wird Erhörung finden [4] o Wunder, der, den wir für einen Schelm hielten, ist ein Heiliger

AN FRAU VON HARLING

Fontainebleau, 29. September 1681. Nun werde ich auch wohl wieder lange sein ohne schreiben zu können, denn der König bricht morgen hier auf, um in aller eil nach der belagerung von Straßburg zu reisen; die Königin aber, madame la Dauphine und ich werde ihnen in kleinen tagreisen folgen bis nach Nancy, allwo wir verbleiben werden... Adieu denn, mein herzlieb frau Harling; ich gehe packen. In welchem end der welt ich aber auch sein mag, so denkt doch, daß Ihr eine affektionierte freundin dorten habt.

Am 30. September ließ Ludwig XIV. die freie Reichsstadt Straßburg überrumpeln und besetzen, wobei einige bestochene Stadträte Dienste leisteten. Vom Kaiser war kein Beistand zu erwarten, also mußte die stolze Bürgerschaft den Untertaneneid schwören.

AN DEN RAUGRAFEN KARL LUDWIG

St. Germain, 1. Januar 1682. Herzallerlieb Carllutz, ma tante hat mir geschrieben, daß Ihr verwundert seid, daß Ihr in so langer zeit keinen brief von mir empfangen habt. Dieses ist aber aus zweien ursachen nicht geschehn, dessen die erste ist, daß ich wohl weiß, daß es Euch als gar beschwerlich ist, mit Eurer hand zu schreiben, drum habe ich Euch diese mühe ersparen wollen; die zweite aber ist, daß ich als gewartet, bis Ihr mir den brief antwortet, so ich Euch etlich tag vorher geschrieben, ehe ich Euch jasmin wieder geschickt, und welcher vom 26. Juni 1681 datiert war und wovon Ihr gar nichts gedacht, in dem, wo Ihr mir auf den antwortet, wo ich Euch durch jasmin geschrieben. Drum fängt mir an angst zu werden, daß Ihr ihn nicht möget empfangen haben; denn es waren hundert narreteien drinnen, so eben nicht gut wäre, daß es von anderen gelesen würde, als vom vetter Fana[1] und dergleichen possen, da war der brief ganz voll von, kann mir nicht einbilden, wo er muß hinkommen sein; denn auf die Hannoverpost hab ich noch nie keinen brief verloren, wäre unglücklich, daß dieser, so so doll geschrieben, der erste sei. Schreibt mir doch mit ehestem, was Ihr davon wißt, ob er in der tat verloren, oder ob Ihr vergessen habt, mir drauf zu antworten. Gott gebe, daß es das letzte seie ... Seitdem ich wieder hier nach St. Germain nach unserer reise kommen, hab ich Euer liebes schreiben vom 11. November empfangen. Ich glaube wie Ihr, daß Eure sache mit meinem bruder endlich einmal gut werden wird ... Ihro Gnaden die Kurfürstin, meine frau mutter, ist gar nicht verbittert gegen Euch; contrari, sie hat mir gesagt, daß sie Euere geschwister alle lieb hat. Caroline hat mir auch geschrieben, wie ich zu Straßburg war, und scheint all content von Ihro Gnaden zu sein. Ich habe mein bestes getan, um Euch bei meiner frau mutter zu rekommandieren, ihr auch gesagt, daß sie mir den größten gefallen von der welt erweisen würde, sich Eurer anzunehmen, und daß ich Euer gut gemüt wohl kennte, daß, wann sie Euch obligieren würde, würdet Ihr gar reconnaissant sein, und daß ich Euch von herzen lieb hätte ... Ich hätte wohl von herzen wünschen mögen, daß es sich hätte schicken können, daß ich Euch zu Straßburg hätte embrassieren können. Ich glaube, wir würden miteinander geheulet haben; denn wie ich bei dem ochsen bin vorbeigefahren, ist es mir eingefallen, wie ich Ihro Gnaden den Kurfürsten das letztemal da gesehen. Da ist mir das flennen so greulich ankommen, daß ichs nicht hab verhalten können, und der gute Coppenstein[2] und ich, wir haben mehr als eine stund miteinander geweint. Ich hab ihn ganz lieb drum. Der arme mensch war so froh, wie er mich sahe, daß er ganz bleich wie ein toter ward. Er hat Euch von herzen lieb; das ist auch noch eine ursach, warum ich viel auf ihn halte ... Ich vor mein teil weiß nicht, wie ich dieses angetretene jahr enden werde, allein das vergangene war wohl eines von den verfluchtesten jahren für mich, so ich mein leben durchbracht, auch hat es mich so rêveuse und melancholisch gemacht, daß mich schier niemand mehr kennt. Wendt[3] meinte vor ein woch drei, da ich mich etwas übel befund, daß ich sterben würde, weilen, wie er sagt, ich mich so veränderte; drum flennte er den ganzen abend. Ich kann Euch nicht sagen, was mich anliegt, allein Ihr kennt das land und den hof hier genung, um zu wissen, daß einem allerhand ungerechtigkeiten widerfahren können; also auch kann einem materie genung begegnen, melancholisch zu werden, so lustig man auch von natur sein mag. Aber seit ich verspüre, daß mir dieses so sehr an der gesundheit zusetzt, schlage ich mir alles so viel aus dem sinn, als mir nur möglich ist. Ja, wenn Ihr hier gewesen wäret, Ihr wäret meinethalben doll und rasend worden. Aber was hilfts? Man muß geduld haben. Hiemit auch einmal genung von diesem allem! Adieu, herzlieb Carllutz!

1 Erinnerung an Streiche aus der Zeit seines Pariser Aufenthalts   *2* kurpfälzischer Oberstallmeister   *3* Hofjunker Liselottes

AN DIE HERZOGIN SOPHIE

Paris, 23. Januar 1682. Euer Liebden erweisen an dem guten Coppenstein auch sowohl als an Carllutz dero so angeborene générosité; aber ich bin versichert, daß keiner solches Euer Liebden jemalen wird gereuen machen, denn Carllutz gemüt ist Euer Liebden nun bekannt und Coppenstein ist auch gar treu und aufrichtig, hoffe also, daß Euer Liebden von seinen diensten werden content sein. Carllutz wird sich wohl recht lustig bei dem heiligen christ gemacht haben, denn in seinem alter wird er nicht so bang davor sein als ich war, wie er zu Hannover zu mir kam. Es freut mich, zu sehen, daß Euer Liebden noch so fleißig an mich gedenken, daß sie auch sich noch alles erinnern, so ich in meiner kindheit getan. Wenn Euer Liebden meine tochter jetzt sehen sollten, sollte sie Euer Liebden noch wohl mehr daran gedenken machen, denn es ist ebenso eine dolle hummel wie ich war, in allen stücken, bis auch in den rock zu kacken und nichts nach der ruten zu fragen, mit einem wort: es ist eine rechte Liselotte. — Madame la Dauphine[1] ist schwanger, aber ich gar nicht und ebensowenig als ich es war, wie Euer Liebden hier waren; mehr sag ich nicht, denn, wie Euer Liebden wohl recht erinnern, es ist der post gar nicht zu trauen ... Euer Liebden haben groß recht, zu glauben, daß es mir an gutem willen nicht ermangelt, Euer Liebden befehl auszurichten und dem Cantenac zu helfen. Allein wie Euer Liebden auch mit einem sagen: der große mann tut nicht alles, worum ich ihn bitte, und insonderheit in bénéfice zu geben, denn da seind ihrer so viel, die danach schnappen. Mit dem bischof von Straßburg² aber will ich es versuchen und ihm Cantenacs wegen schreiben, ob er vielleicht ihn zu was mehreres gebrauchen möge, als pai pai und mai mai zu singen, wie Euer Liebden sagen, und worüber ich wohl von ganzem herzen gelacht habe.

1 die bayerische Dauphine, Marie Anna 2 Egon Fürst von Fürstenberg

St. Germain, 19. Februar 1682. Ich weiß wohl, daß man sich nur schaden mit traurigsein tut und seinen feinden einen großen gefallen, allein es sein doch etliche occasionen, wo man unmöglich lassen kann, sich etwas zu herzen zu ziehen. Und so sehr ich mich auch suche durch raison dagegen zu armieren, so befind ich mich doch gar oft attrapiert, denn ich habe nicht so viel verstand noch vivacité als Euer Liebden, um gleich meine partei zu nehmen und mich nach der welt zu akkommodieren. Ich gehe meinen geraden weg in Gottes namen fort und meine, wenn ich niemand nichts suche zuleid zu tun, so soll man mich auch mit frieden lassen. Und wenn ich denn sehe, daß ich auf allen seiten angefochten werde, dann verdrießt es mich, und wie ich denn schon ohnedas wenig geduld habe, so verliere ich dann mit diesen hudeleien noch die wenig geduld, so mir übrig bleibt. Und wie ich denn alles in meinem eigenen kopf hervor suchen muß, um mich aus dem labyrinth zu reißen, und gar nirgends weder rat noch hülf habe, indem alles so interessiert und falsch hier ist, daß man sich auf niemand recht vertrauen kann. Das macht mich dann rêveuse und grittlig, und wenn ich grittlig bin, geschwillt mein milz, und wenn es dann geschwollen ist, schickt es mir dämpf in kopf, so mich traurig machen, und wenn ich traurig bin, werde ich krank. Das seind etlich ursachen von meiner gehabten krankheit, allein den ursprung davon zu sagen und was mich chagriniert hat, das ist der feder nicht zu trauen, denn ich weiß gar gewiß, daß man die briefe liest und aufmacht. Mir tun sie auf der post die ehr... die briefe gar subtil wieder zuzumachen, aber der guten madame la Dauphine schickt

man sie oft in einem wunderlichen stand und oben zerrissen, und
weil ich das sehe, denke ich als wie in der heiligen schrift steht:
«Geschieht das am grünen holz, was wird am dürren werden.»
Ich versichere Euer Liebden, daß ich mich gar nicht zu Hannover
ennuieren sollte, wenn ich so glücklich sein könnte, dorten bei
Eurer Liebden und oncle zu sein, und so sehr ich auch die klöster
hasse, so wissen doch Euer Liebden wohl, daß ich mich nicht zu
Maubuisson ennuierte, so lang als Euer Liebden da waren. Auch
will ichs Euer Liebden wohl recht gestehen: alles ist nicht gold,
was glänzt und was man auch von der französischen libertät prahlen
mag, so seind alle divertissements so gezwungen und voller
contrainte, daß es nicht auszusprechen ist. Und über das, so bin
ich, seit ich hier im lande bin, so viel schlimme sachen gewohnt,
daß, wann ich einmal wieder an einem ort sein könnte, wo die
falschheit nicht so sehr regieret und die lügen nicht im schwang
sein und approbiert werden, so würde ich glauben, ein paradeis
gefunden zu haben. Daher lasse ich Euer Liebden selber gedenken,
ob ich mich (wenns möglich sein könnte, die wahl zu haben) besser
hier oder zu Hannover befinden würde. Ich habe auch schon von
andern gehört, daß Euer Liebden das schloß ganz verändern lassen;
ist mir nur leid, daß meine kammer und appartement verändert ist,
denn ich flattierte mich, daß dies, wenn es so wie vor diesem und
zu meiner zeit geblieben wäre, Euer Liebden würde als an dero
Liselotte erinnert haben, und daß Euer Liebden nicht durch meine
kammer würden gangen sein, ohne an mich zu gedenken... Es
scheint wohl, daß mein kredit schlecht bei meinem bruder jetzt ist,
weilen er Carllutz das seinige nicht gibt, worum ich ihn doch so hoch
gebeten; daß er aber bös auf mich ist, daß ich katholisch worden,
deswegen bin ich nicht in sorgen, denn ich bin versichert, daß,
wenn ich ihn nur einmal wieder sehen sollte, würden wir doch
gute freunde sein, denn ich bin persuadiert, daß er mich doch
wider seinen willen lieb hat.

Versailles, 10. Juli 1682. Wollte Gott, daß ich bei diesem ball
hätte sein können, so sie zu Herrenhausen gehabt haben; ich wollte

wohl von herzen all Monsieur seine edelgesteine und parures drum geben, wenn sie mein wären. Aber wenn das wäre, würde man mich allzeit so bald nicht wieder bei denen sehen, so man hier hält, und ehe Euer Liebden meiner wieder quitt würden, müßten sie mich mit prügeln aus dem hause jagen... Wollte Gott, es wäre mir erlaubt, jetzt gleich nach Hannover aufzubrechen und hinzuziehen, so wollte ich mich wohl nicht säumen und allzeit nicht bis morgen warten.

Versailles, 21. Juli 1682. Trost habe ich hoch vonnöten, denn ich bin wieder so launisch wie ein alter hund, und ich glaube, daß seider ein jahr hier der teufel sich in menschliche gestalt verwandelt hat, um mich aus der haut fahren zu machen und zu erlernen alles, was die teuflische und menschliche falschheit vermag. Und hierin bin ich nun so perfekt gelehrt, daß meine lehrmeisters mich nun wohl einmal in ruhe sollten lassen, denn ich weiß nun nur gar zu wohl und experimentiere solches nur täglich gar zu viel, was lügen sein, woran nicht ein einziges wort wahr an ist, was viel versprechen und nichts halten ist, was gute mienen sein, wenn man einem den größten affront von der welt präpariert, und einem heimlich die ehre abschneidet, ja was es ist, sich anzustellen, als wenn man was böses von einem glaube, da man doch in dem grund alles viel besser weiß, was es endlich ist, sich verwundern, warum man traurig ist, solches an alle menschen fragen, da man doch in seinem gewissen weiß, daß man täglich und stündlich ursach dazu gibt... Mein böser humor würde mir wohl bald vergehen, wenn man mir erlauben wollte, Euer Liebden eine zeitlang aufzuwarten, aber diese freude darf ich mir nicht machen, muß also diesen text auch quittieren, sonsten werden mir die grillen noch ärger im kopf steigen als sie schon sein. Wovon soll ich Euer Liebden denn weiter entretenieren?... In einer stund werden wir in eine opéra gehen, so man in der reitschule spielen soll. In etlichen tagen wird madame la Dauphine wohl eine andere musik machen, denn sie ist nun bei die fünf wochen in ihrem neunten monat und erwartet alle stund der niederkunft.[1] Ich bin nicht in denen sorgen, denn es ist nun vier jahr und mehr, daß man mich ganz züchtig läßt leben; dieses sage ich jetzt Euer Liebden, weilen ich glaube, daß ich hier eine sichere gelegenheit habe, denn auf der post würde ich es nicht wagen, so doll zeug hervorzubringen als in diesem brief stehet. Alleweil schlägt es sieben, und weilen ich Carllutz ein paar wort schreiben will, als werden mir Euer Liebden erlauben, zu schließen.

1 die Dauphine bekam am 6. August ihren ersten Sohn, Louis, Duc de Bourgogne

AN DEN RAUGRAFEN KARL LUDWIG

Versailles, 23. August 1682. Herzlieb Carllutz, ob ich zwar in einer solchen melancholie und unlust bin, daß es nicht auszusprechen ist, indem meine feinde Monsieur persuadiert haben, daß er die arme Theobon[1] von mir gejagt, wie vor etlich jahren die maréchalle de Clérembeau,[2] wie Ihr hier waret. Ihr wißt, wie schmerzlich mir solche sachen sein, und dieser affront ist noch mit größeren umständen zugangen als der erste, welches mich so touchiert, daß ich es unmöglich wiederholen kann. Ich glaube, sie werden mir endlich noch das leben ausquälen... Die armen leute haben kein ander crime, als daß sie mich lieb hatten. Wenn Ihr mich sehen solltet, so würde ich Euch jammern, denn ich bin in meiner seelen betrübt. Ich bin doch zu nichts nicht nutz, als denen unglück zuwege zu bringen, so mich lieb haben. Drum wenn Gott mich zu sich nehmen wollte, wäre es wohl am besten, denn ich bin des lebens greulich müde und satt.

1 und *2* Hofdamen Liselottes

AN DIE HERZOGIN SOPHIE

Versailles, 12. September 1682. Ich wollte tausendmal lieber in einem ort wohnen, wo böse geister und gespenster regierten, denn denen ließe unser Herrgott keine macht über mir. Diese verfluchten ritters-geister[1] aber, so nur gar zu viel fleisch und bein haben, denen läßt der König und Monsieur alle bosheit zu, so nur zu erdenken sein, welches ich täglich nur zu gewahr werde. Und obschon der ritter dem großen mann seinen sohn debauchiert, abscheulich von seiner tochter gesprochen und mich täglich verfolgt, so geschicht ihm doch über dies alles nichts und ist schier besser dran als andere, so nur ihren weg fortgehen. Ach wollte Gott, daß Euer Liebden wunsch wahr würde und daß ihn Lucifer bald in sein reich nehmen möchte; aber weilen er sich allein fürchten möchte, so wünsche ich ihm zu dieser reise noch einen gesellen, nämlich den marquis d'Effiat,[2] welcher wohl den weg wissen kann, denn aus seinen erschrecklichen lastern und sonsten noch bosheit kann ich nichts anders urteilen, als daß er schon des Lucifers untertan muß gewesen sein, auch ehe er menschliche gestalt an sich genommen hat und sich hierher begeben, um mich hier aus der haut fahren zu machen... Ich habe mademoiselle de Theobon sehr lieb und hätte mich wohl herzlich geschmerzet, daß man sie von mir tut, indem ich sie sehr treu vor mich befunden und sie stets gar ein groß attache vor mich gehabt hat, welches ich ihr mein leben dank wissen werde; allein so hätte ich mich doch eben so erschrecklich nicht betrübet, sondern die sach eben aufgenommen als wie man mir die maréchale von Clérembeau und Beauvais[3] weggetan hat, welche auch kein ander crime hatten als daß sie mir treu waren und gerne bei mir, eben wie Theobon. Damit aber dies letzt stückel, so meine feinde mir angetan, desto mehr kraft hätte, so haben sie es mit nachfolgenden umständen bestickt: nämlich sie haben drei monat vorher das geschrei ausgebreitet, daß ich eine galanterie hätte, und daß Theobon meine briefe trüge, und hernach machen sie, daß sie Monsieur wegjagt auf einen stutz, mit befehl, daß sie ihr leben kein commerce mehr mit mir haben solle, und der chevalier de Beuvron[4] wird nur weggejagt aus furcht, daß ich ihn sprechen möchte, um kommissionen an Theobon zu geben. Ich lasse Euer Liebden jetzt gedenken, was alle welt davon judizieren kann, und ob es mir nicht schmerzlich ist, mich ganz unschuldig zu wissen und doch eine solche schande zu erleben, ohne daß man mich einmal anhört, ob ich mich rechtfertigen kann oder nicht, wie sehr ich auch drum mit tränen gebeten... Was madame la Dauphine anbelangt, so bin ich über die maßen content von Ihro Liebden, denn sie ist recht gut und erweist mir alle Freundschaft, wo es ihr nur immer möglich ist. Die gute prinzess hat so treuherzig mit mir geweint, daß ich sie auch drum ganz lieb habe. Ich erstick schier, denn ich kann mit niemand recht offenherzig reden und jetzunder muß ich mich auch noch einhalten, denn ich darf der post nicht alles vertrauen, was ich Euer Liebden zu sagen habe. Aber mit meinem treuen Wendt[5] werde ich kein blatt vors maul nehmen, und weilen ich ihn die sechs jahr, so er bei mir ist, dermaßen befunden, daß ich ihm diesen titel wohl mit recht geben kann, so hab ich ihm auch befohlen, Euer Liebden alles zu sagen, was er hier gehört und gesehen hat... Euer Liebden denken, wie ich muß verändert sein und wie sehr mir alle die schimpf müsse zu herzen gehen. Ich bin resolviert gewesen, mein leben zu Maubuisson[6] zu schließen und hab den König drei tag kontinuierlich drum geplagt, auch so, daß er mir endlich gesagt hat, daß er sich absolut dagegen opposieren würde und daß ich mir solches aus dem kopf schlagen solle, denn er die tag seines lebens nicht drein consentieren würde, es möge mir auch begegnen, was da wolle.

1 Anspielung auf den Chevalier de Lorraine   *2* ein Günstling ihres Mannes   *3* Hofkavalier Liselottes   *4* Gardehauptmann Monsieurs   *5* Wendt sollte nach Hannover reisen   *6* Kloster bei Pontoise

AN FRAU VON HARLING

St. Cloud, 15. September 1682. Überbringer dieses wird Euch wohl nicht unbekannt sein, jedoch so muß ich ihm doch noch das zeugnis geben, daß er einer von den ehrlichsten, treuesten und wackersten menschen von der welt ist, hoffe also, daß es oncle nicht gereuen wird, ihm die gnad getan zu haben, vor einen hofjunker anzunehmen. Wäre ich nicht so unglücklich, daß Monsieur meinen feinden mehr glaubt als mir und derowegen niemand bei mir leidt von denen, so mir treu sein... sonsten hätte ich Wendt wohl nie von mir gelassen. Denn ich muß ihm das mit wahrheit nachsagen, daß, so groß profit als auch hier zu gewinnen ist, mir untreu zu sein und mich bei meinen feinden zu verraten, wie viele getan haben, so habe ich nicht allein nicht die geringste untreue an ihm verspüret, sondern er hat auch alles hasardiert und sich nicht verhehlet, daß er ganz mir ergeben seie. Und weilen Ihr, mein herzlieb frau von Harling, mich lieb habt, so zweifle ich auch nicht, daß Euch Wendt hierinnen gefallen wird; bitte Euch derowegen, mir den gefallen zu erweisen, ihm bei dem hof, wo er so ganz neu wird sein, mit Eurem guten rat beizustehen... Weilen ich dieses durch eine sichere gelegenheit schicke und derowegen auch viel offenherziger rede als durch die post, so bitte ich Euch, sagt doch an monsieur Harling von meinetwegen, daß er meinen kleinen Harling als fleißig warne, nicht in die hiesigen laster zu fallen. Ich habe zwar noch nichts an ihm gottlob verspüret, so mich könnte fürchten machen, jedoch... so kann man nicht genung davor warnen. Denn so viel als ich ihm auch davon sagen mag, möchte er vielleicht gedenken, daß mein eigen interesse mich reden macht; wenn er aber eben dasselbige von seinem oncle vernehmen wird, so wird er in sich selbsten denken können, daß, was ich ihm sage, vor sein bestes ist. Und dieses wünsch ich aus zweien ursachen: erstlich damit Harling desto perfecter werden möge und Ihr Euch nicht gereuen möget, mir das kind vertrauet zu haben, zum andern aber auch um mein eigen selbst willen.

AN DIE KURFÜRSTIN WILHELMINE ERNESTINE [1]

Versailles, 6. Dezember 1682. Herzallerliebste schwester. Ich hatte mir vorgenommen, Euer Liebden einen großen mächtigen brief durch den grafen von Schomberg [2] zu schreiben, aber wie das sprichwort laut: L'homme propose et Dieu dispose, [3] so ist es mir jetzt auch ergangen. Denn vorgestern kam er her und sagte, daß er bis dienstag abends weg würde, müßte also meine briefe montags haben. Selbigen tag konnte ich nicht schreiben, weilen bis sechs immer leute zu mir kamen, und um sechs mußt ich nauf zur Königin; denn es war jour d'appartement. Euer Liebden wissen nicht, was das bedeut, will es aber bald sagen, so bald ich werde ausgeredt haben. Gestern schrieb ich an meinen bruder und Carolina und wie ich anfangen wollte, an Euer Liebden auch zu schreiben, kamen meine kammerweiber, um mich zu putzen; denn um sieben war ein verfluchter ball, bei welchem ich wider meinen willen und dank sein mußte; denn ich hasse jetzt von allen divertissements nichts mehrers als das tanzen. Heute habe ich eine audienz gehabt von einem envoyé von Parma, darnach hab ich einen großen brief müssen an die königin in Spanien schreiben, und um acht muß ich mit madame la Dauphine in eine neue komödie. Bleibt mir also nichts als diese stunde überig; denn morgen gleich nach des Königs meß muß ich mit Ihro Majestät auf die jagd, und nach der jagd wird es was spät sein zu schreiben; denn es ist wieder jour d'appartement. Damit Euer Liebden aber begreifen mögen, was dieses ist, so müssen Euer Liebden wissen, daß der König hier eine große galerie läßt bauen, so von seinem appartement bis in der Königin ihres geht. Weilen aber solche galerie noch nicht ganz fertig ist, hat der König das teil, so ausgemacht und gemalet ist, unterschlagen lassen und einen salon davon gemacht. Alle montag, mittwoch und freitag seind jours d'appartement. Da versammeln sich alle mannsleute von hof ins Königs antichambre und alle weiber um sechs in der Königin kammer. Hernach geht man alle miteinander in den salon, wovon ich alleweil gesprochen; von dar in ein groß kabinett, allwo die violons sein vor die, so tanzen wollen. Von dar geht man in eine kammer, wo des Königs thron ist. Da findt man allerhand musik, konzerten und stimmen. Von dar geht man in die schlafkammer, allwo drei tafeln stehen, um karten zu spielen, vor den König, die Königin und Monsieur. Von dar geht man in eine kammer, so man wohl einen saal nennen kann, worinnen mehr als zwanzig tisch stehen mit grünen sammeten teppichen mit golden fransen, um allerhand spiel zu spielen. Von dar geht man in eine große antichambre, allwo des Königs billard steht; von dar in eine andre kammer, allwo vier lange tisch, worauf die collation ist, allerhand sachen, obstkuchen, confituren. Das sieht eben aus wie die christkindertafeln am christabende. Von dar geht man noch in eine andere kammer, wo auch vier andere tafeln stehen so lang als die von der collation, worauf viel karaffen mit gläser stehen und allerhand vins et liqueurs ... also die essen oder trinken wollen, halten sich in diese zwei letzten kammern. Sobald als man von der collation kommt, welche man stehends ißt, geht man wieder in die kammer, wo so viel tafeln stehen, und da teilt sich jedes zu seinem spiel aus, und wie mancherlei spiel da gespielt werden, ist nicht zu begreifen: landsknecht, trictrac, piquet, l'hombre, schach ... summa summarum was man nur erdenken mag von spielen. Wenn der König oder die Königin in die kammer kommen, steht niemand von seinem spiel auf. Die nicht spielen als wie ich und noch viel andere mehr, die schlendern herum, von einer kammer zu der andern, bald zu der musik, bald zu den spielen; denn es ist erlaubt hinzugehen wo man will; dieses währet von sechs bis um zehn, daß man zum nachtessen geht, und das ist, was man jour d'appartement heißt. Wenn ich Euer Liebden aber jetzt verzählen sollte, mit was vor magnificence alle diese kammern gemöblirt sein und welch eine menge von silbergeschirr drinnen ist, würde ich nimmer aufhören. Es ist gewiß, daß es meritiert gesehen zu werden. Dieses alles wäre wohl köstlich schön und divertissant, wenn man auch in diesem appartement ein vergnügtes gemüte mit sich brächte. Ob ich aber dessen ursach hab oder nicht, wird graf Mainart Euer Liebden verzählen können; denn er dessen ein schön échantillon gesehen in der zeit, so er hier gewesen. Mit diesen verdrießlichen historien aber will ich Euer Liebden nicht länger importunieren, denn ich bin persuadiert, daß Euer Liebden auch selber mehr vonnöten haben, daß man sie von was entretenieret, so distrahieren kann, als an die misere dieser welt zu gemahnen, die Euer Liebden, wie ich aus dero letztem werten schreiben sehe, nur gar zu bekannt ist. Euer Liebden müssen aber deswegen keinen so großen mépris vor dero leben und gesundheit haben. Ich kann Euer Liebden wohl mit wahrheit versichern, daß unangesehen den häufigen chagrin, so ich täglich empfunden, ich nichts destoweniger an dero gesundheit und vergnügen gedacht und viele voeux getan, daß solches so vollkommen sein möge, als ich es von ganzer seele wünsche. Im übrigen so bitte ich Euer Liebden, sie fordern Carlchen seinen brief ab, so ich ihm mit dieser gelegenheit schreibe; denn ich sage darinnen, was mich vom ehestand deucht; glaube, daß Euer Liebden auch wohl meiner meinung sein werden... Alleweil ruft man mir, um mit madame la Dauphine in die komödie zu gehen, muß derowegen vor diesmal schließen, befehle Euer Liebden in den schutz des Allerhöchsten und wünsche Euer Liebden alles, was zu dero vollkommenem vergnügen gereichen möge als Euer Liebden treue, ganz ergebene schwester und dienerin Elisabeth Charlotte.

1 von der Pfalz, ihre Schwägerin   *2* Graf Meinhart von Schomberg, der spätere Gemahl der Raugräfin Karoline   *3* der Mensch denkt, und Gott lenkt

AN DEN RAUGRAFEN KARL LUDWIG

La-Ferté-sous-Jouarre, 18. Juli 1683. Herzallerlieb Carllutz, vor ein tag oder vierzehn hab ich zu Bockenheim Euern brief vom 30. mai empfangen. Daß ich aber dorten nicht darauf geantwortet, dessen ursach könnt Ihr wohl leicht erraten; denn Ihr ohne zweifel wohl werdet vernommen haben, daß ich Ihro Gnaden meine frau mutter dorten gesehen, und weilen sie in einem Dorf blieben dreiviertel stund von Bockenheim, so bin ich alle tag auf- und abgefahren, hab also occupationen genung gehabt, um mich am schreiben zu verhindern... Apropos von unserm hof hier, eine gewisse person[1] hat mich gefragt, ob Ihr sie ganz vergessen hättet. Ich hab geantwortet «nein», aber Euer unglück wolle, daß Ihr nicht von ihr sprechen dürft. Da sagte sie, ich sollte ihr einen andern namen geben als den sie ordinari führt. Ich sagte: «Das ist schon geschehen und Ihr heißt prinzess Toutine.» Da lacht sie von herzen und sagte: «Je vous prie, Madame, quand vous écrivez à ce pauvre raugraff, dites-lui que Toutine lui fait ses compliments, qu'elle ne l'aime pas d'amour, comme on avait dit, mais de bonne amitié et qu'elle souhait qu'il lui conserve aussi celle qu'il lui a témoignée avoir!»[2] Das hab ich versprochen und halte es hiermit. Wenn Ihr mir antwortet, so setzt Euer compliment auf französisch, damit ich es weisen kann! Denn Ihr seht wohl, daß dieses, so sie Euch macht, eine antwort meritiert. Das ist alles, was ich Euch vor diesmal sagen werde. Adieu, herzlieb Carllutz! Behaltet mich als lieb und seid versichert, daß ich bis in tod Eure getreue und affektionierte freundin verbleibe Elisabeth Charlotte. — Alle unsere jungfern fragen gar oft, wie es Euch geht, und sagen, sie möchten Euch gerne wieder sehen; ich glaube, Toutine wäre auch wohl damit zufrieden.

1 vermutlich die zweite Stieftochter Liselottes   *2* ich bitte Sie, Madame, wenn Sie dem armen Raugrafen schreiben, sagen Sie ihm, daß Toutine ihn grüßen läßt, daß sie ihn liebt, wenn auch nicht so, wie man gesagt hat, aber aus guter Freundschaft, und daß sie wünscht, er möchte auch ihr dieselbe Zuneigung bewahren, welche er ihr immer bewiesen hat

AN DIE HERZOGIN SOPHIE

St. Cloud, 1. August 1683. Ich bin versichert, daß Euer Liebden verwundert werden sein, die abscheuliche zeitung zu vernehmen von Ihro Majestät unserer Königin so schleunigem und geschwindem tod. Ich gestehe, daß mir dieses recht zu herzen gangen, denn die gute Königin hat mir in allem mein chagrin die größte freundschaft von der welt erwiesen. Drum können Euer Liebden wohl leicht erachten, wie schmerzlich es mir muß gewesen sein, sie in vier tagen zeit, daß sie krank gewesen, vor meinen augen so den geist aufgeben zu sehen. Montag nachts bekam sie das fieber und vergangenen freitag um drei uhr nachmittags ist sie verschieden. Und das durch ignorance der doktoren, welche sie ums leben gebracht, als wenn sie ihr einen degen ins herz gestoßen hätten. Sie hatte ein geschwür unter dem linken arm; welches sie ihr durch viele aderlässe wieder ins leib getrieben haben. Und zuletzt haben sie ihr vergangenen freitag émétique geben, welches das geschwür hat innerlich aufbersten machen. Ist also gar geschwind und sanft gestorben. Ich bin so touchiert von diesem spectacle, daß ich mich nicht davon erholen kann. Der König ist erschrecklich betrübt, kann nicht hier dauern, wird also morgen nach Fontainebleau und wir andern auch.

Fontainebleau, 19. August 1683. Mir ist es auch wohl von grund meiner seelen leid gewesen, die gnade nicht zu haben, Euer Liebden in Teutschland aufzuwarten, allein ich habe Euer Liebden die proposition von einem rendez-vous nicht tun dürfen, weilen man hier alle tag sagte, daß oncle den krieg gegen den König hier wolle und deswegen truppen aufm fuß hätte, dachte also, daß in den zeiten ein rendez-vous gar mal à propos käme. Ich will doch noch nicht an der hoffnung verzweifeln, Euer Liebden noch einmal vor meinem end zu sehen, denn wenn ich mir das in kopf brächte, würde ich weder ruhig leben noch sterben können. Man sagt hier, daß der graf von Starhemberg sich brav in Wien wehrt;[1] selbiger wird mehr gloire und ehr von diesem krieg bekommen als der gute Kaiser, so so erbärmlich geflehet hat; es jammert mich doch seiner.
1 gegen die Türken

Fontainebleau, 29. August 1683. Was Euer Liebden sagen, daß sie erhoffen, daß mein esprit au-dessus de cela sei[1] und daß man seinen feinden am meisten verdruß antut, wenn man sie veracht, so wäre dieser lection wohl leicht zu folgen, wenn der verdruß von leuten herkäme, so weit entlegen wären. Weilen es aber mehr von Monsieur als von jemand anders herkommt und ihn seine freunde (welche just meine feinde alle sein) ihn dermaßen eingenommen, daß er mehr haß vor mich hat als die andern alle, als ist es unmöglich, daß ich nicht bisweilen chagrin sein muß. Wenn andere feinde einen hassen und leides tun, hat man den trost, daß man es ihnen heute oder morgen wieder vergelten kann; gegen diesen aber darf man sich nicht rächen, und wenn mans schon könnte und dürfte, wollte ich doch solches nicht, indem ihm, nämlich meinem herren, nichts so verdrießliches widerfahren kann, worinnen ich nicht auch mit part nehmen muß. Denn ist er chagrin, muß ich allen seinen bösen humor essuyieren, ist er sonst unglücklich, kann ihm nichts begegnen, welches mich nicht auch mit trifft. Alles, was ihm übels begegnet, muß ich partagieren; was ihm aber guts widerfähret, hieran habe keinen part. Denn bekommt er geld, so ist es vor seine freunde (meine feinde); ist er in faveur, so

employiert er es nur, um mich zu quälen und ihnen zu gefallen ...
Wenn ich einige occupation hätte, so würde mich solches von meiner unlust distrahieren, allein meine feinde haben hierin dermaßen vorgebaut, daß ich nichts in der welt sagen darf, und wenn ich nur an meine leute vor meinem herrn frage, wie viel uhr es ist, so fürcht er, es seie ein ordre und will wissen, was es ist. Was das mir vor einen respect unter den domestiques gibt, lasse ich Euer Liebden gedenken. Wenn ich zwei wort mit meinen kindern spreche, examiniert man sie eine halbe stunde, was ich ihnen gesagt ... Hätte ich ein seelenmensch noch bei mir, welchem ich mein herz eröffnen könnte und womit ich über diese sachen weinen oder lachen könnte, würde ich mich noch patientieren, allein darum hat man mir die gute schwarze jungfer fortgeschickt.

1 daß mein Geist über diesen Dingen stehe

Fontainebleau, 29. September 1683. In der letzten jagd, so wir zu Fontainebleau getan, wäre mir beinahe ein groß unglück widerfahren, wenn ich mich nicht geschwind meiner alten sprünge erinnert und vom pferde gesprungen wäre. Eine hirschkuh, welche von der jagd verscheucht war, drehte mit solcher ungestüme gerad auf mich los, daß, ob ich schon mein pferd mit aller macht aufgehalten, hab ich doch nicht so kurz einhalten können, daß die hirschkuh nicht im sprung dermaßen gegen meines pferdes maul geschossen, daß sie ihm die stangen, das gebiß und den zügel in stücke gerannt. Mein pferd war dermaßen erschrocken, daß es nicht mehr wußte, was es tate, schnaufte als ein bär und sprang auf eine seit. Als ich aber sahe, daß mein pferd kein gebiß mehr im maul hatte, drehte ich ihm den zügel ins maul, sprang herunter und hielt es so fest, bis meine leute mich ereilet. Hätte ich solches nicht eilends getan, hätte mir mein pferd unfehlbarlich den hals zerbrochen. Ich versichere Euer Liebden, daß sie an mir eine treue dienerin verloren hätten. Diese aventure hat ein solch geras bei hof gemacht, daß man zwei tag von nichts anders gesprochen ... Meine tochter ist eine rechte rauschenblattknecht, die kann nichts lernen, allein die zunge ist ihr wohl gelöst und spricht ins gelach hinein. Ich bin versichert, daß wenn sie das glück hätte, Euer Liebden und oncle zu entretenieren, würde sie dieselben ein wenig lachen machen, denn sie hat all possierliche einfäll. Ich darf mich nicht so sehr mit ihr familiarisieren, denn sie fürcht keinen seelenmenschen auf der welt als mich, und ohne mich kann man nicht mit ihr zurechtkommen. Sie fragt gar nicht nach Monsieur; wenn er sie ausfilzen will und da ich nicht dabei bin, so lacht sie ihm ins gesicht. Ihre hofmeisterin betrügt sie vom morgen bis in die nacht. Ich weiß nicht, was aus dem mädchen werden wird; sie hat eine greuliche vivacité. Wenn sie selbige wohl anwendt, wirds wohl gut sein, allein ich gestehe es, mir ist schier bang darbei, denn es ist hier ein wunderlich land. Ich wollte, daß ihr brüderchen und sie von humor tauschen könnten, denn er hat zwar auch verstand, aber er ist posé und ehrbar, wie ein mädchen sein sollte, und sie ist doll wie ein bub. Ich glaube, daß es aller Liselotten ihr naturel ist, so wild in der ersten jugend zu sein, hoffe, daß mit der zeit ein wenig blei in dem quecksilber kommen wird, wenn ihr mit der zeit das rasen so sehr vergeht, als es mir vergangen ist, seiderdem ich in Frankreich bin... Man sagt hier, daß der König in Polen[1] viel kisten mit geld in des Großwesirs seinen zelten gefunden und daß er vor sich allein vor acht millionen beute bekommen. Eine gute kist mit dukaten sollte unserm Raugraf[2] auch nicht schaden... Vor etlichen tagen, als ich meine hände wusch, verzählte mir madame de Durasfort, wie daß der verstorbene prinz von Tarent sich als hätte die hände waschen lassen und auch die arme durch zwei von seiner gemahlin jungfern; eine hieß Maranville und die andere d'Olbreuse. Darauf fragte sie mich, ob es wahr seie, daß diese letzte eine regierende fürstin wäre und so eine große fortune gemacht hätte; daß sie solches schwerlich glauben könnte, weilen sie gehöret, daß sich die teutschen fürsten nie mißheiraten. Ich gestehe, daß mich diese question pate und oncles halben ganz beschämt gemacht hat, habe derowegen geschwind von was anders gesprochen.

[1] Johann Sobieski, der das belagerte Wien entsetzt hatte [2] Karl Ludwig hatte am Feldzug teilgenommen, ebenso zwei Söhne Sophies

LISELOTTE

AN FRAU VON HARLING

Versailles, 5. August 1684. Ich habe Euch zwar in gar langer zeit nicht geschrieben, jedoch mit freuden Euere briefe empfangen und bin Euch über die maßen obligiert, in alles part zu nehmen, was mich betroffen. Nun ist Gott sei dank alles ziemlich still; Gott gebe, daß es möge bestand haben. An mir soll es nicht liegen, denn ich werde meinen äußersten fleiß tun, frieden und ruhe zu behalten und mich jederzeit dermaßen raisonnabel zu verhalten, daß es Euch nicht gereuen wird, mich erzogen zu haben. Ich würde mich auch glücklich schätzen, wenn ich Euch, mein herzlieb jungfer Uffel, meine dankbarkeit würde bezeugen können vor alles gutes, so ich von Euch genossen; weilen ich aber nicht glücklich genug hierzu bin, bitt ich Euch aufs wenigst doch, meinen guten willen anzusehen und persuadiert zu bleiben, daß ich bis an mein end Euere affektionierte freundin verbleiben werde.

AN DIE HERZOGIN SOPHIE

Versailles, 11. Mai 1685. -... daß der König seinen beichtsvater zu dem meinen geschickt hat und mir heute morgen hat einen erschrecklichen filz geben lassen über drei punkten. Der erste ist, daß ich zu frei im reden wäre und monsieur le Dauphin gesagt hätte, daß, wenn ich ihn nacket von den fußsohlen bis auf den scheitel sehen sollte, daß weder er noch niemand mich tentieren könnte. Zum andern, daß ich zugebe, daß meine jungfern galants hätten. Zum dritten, daß ich mit der prinzess de Conti[1] wegen ihrer galants gelacht hätte; welche drei stück dem König so mißfielen, daß, wenn er nicht betracht, daß ich seine geschwey wäre, hätte er mich vom hofe kongediert. Worauf ich geantwortet, daß was monsieur le Dauphin anbelangt, so gestehe ich, daß ich solches zu ihm gesagt hätte, indem ich nie gedacht, daß es eine schande seie, keine tentation zu haben, hätte auch nie gehört, daß es zu der modestie nötig seie. Was ich sonsten von kacken und pissen frei zu ihm gesprochen, dieses seie mehr des Königs schuld als die meine, indem ich ihn hätte hundertmal sagen hören, daß man in der familie von alles reden könnte, und daß er mich hätte sollen warnen lassen, wenn er es nicht mehr gut befund, indem es die leichteste sach von der welt zu korrigieren seie. Was den zweiten punkten anbelangt und daß meine jungfern galants hätten, so mischte ich mich in nichts von meinem hause, würde also nicht bei dem anfangen, so am schwersten in ordre zu bringen seie, aber daß doch solches nicht ohne exemple seie und daß jederzeit solches an höfen bräuchlich gewesen und daß also, wenn sie nur nichts täten, was gegen ihre ehr, ich nicht glauben könnte, daß solches weder ihnen noch mir tort tun könnte. Was den dritten punkten und seine tochter anbelangt, so wäre ich ihre hofmeisterin nicht, ihr zu wehren, wenn sie galants haben wollte, könnte auch nicht drüber weinen, wenn sie mir ihre aventures verzählte. Und weilen ich den König selber davon mit ihr sprechen hören und mit ihr lachen sehen, hätte ich gemeint, daß es mir auch erlaubt wäre. Aber madame la Duchesse könnte mein zeuge sein, daß ich mich nie in nichts gemischt hätte, wäre mir also gar schmerzlich, mich unschuldigerweis so übel vom König traktieret zu sehen und als wenn ich etwas erschreckliches verbrochen hätte, und solche wörter zu hören, welche mir gar nicht zukämen und welche zu hören ich nicht wäre erzogen worden. Ich habe Monsieur kein wort von dieser historie gesagt, denn ich weiß, wie Ihro Liebden sein, sie würden alles ärger machen; aber ich muß gestehen, daß ich wohl von herzen bös über den König bin, mich wie eine kammerfrau zu traktieren, welches seiner Maintenon[2] besser zukomme als mir, denn sie ist dazu geboren, aber ich nicht. Ich weiß nicht, ob es den König gereuet, mir die harangue gemacht zu haben, allein heute morgen, als er in die meß gangen, hat er mir freundlich zugelacht. Mir aber wars gar nicht lächerlich, hab derowegen wohl wieder wie ordinari eine tiefe reverenz gemacht, aber bitter sauer dreingesehen. Was weiter hieraus werden wird, werde ich Euer Liebden berichten, wenn ich es wissen werde. Hätte man mich so unschuldigerweis exiliert, glaube ich, daß ich durchgangen wäre und zu Euer Liebden kommen.

1 außereheliche Tochter des Königs, eine berühmte Schönheit   *2* die letzte Maitresse Ludwigs XIV. – Geb. 1635 als Françoise d'Aubigné. Gattin, dann Witwe des Komödiendichters Scarron. Von 1669 an Erzieherin der Kinder des Königs und der Frau von Montespan. Von Ludwig zur Marquise de Maintenon erhoben und nach dem Tode der Königin (1683) im geheimen mit ihm getraut

Am 26. Mai starb unvermutet Liselottes Bruder, der Kurfürst Karl, der Letzte des Hauses Pfalz-Simmern.

AN DIE KURFÜRSTIN WILHELMINE ERNESTINE

Versailles, 18. Juni 1685. Herzallerliebste schwester. Euer Liebden wertes schreiben vom 20. Mai habe ich vorgestern zu recht empfangen. Euer Liebden haben wohl ganz nicht nötig, mir entschuldigung zu machen, daß dero voriges schreiben nicht durchaus von dero eigenen hand gewesen ist. Mich hat nur wunder genommen, wie daß meine herzliebe schwester in der erschrecklichen bestürzung an mich haben gedenken können, und habe solches wohl vor ein rechtes zeichen Euer Liebden amitié vor mich gehalten, wovon ich über die maßen sehr touchieret bin. Ich kann Euer Liebden nicht aussprechen, wie sehr es mich noch schmerzet und wie wenig ich mich dran gewöhnen kann, meinen armen bruder selig in ein grab zu wissen. Ich weiß, daß er gar selig gestorben und sich wohl nicht wieder bei uns wünschet. Gott verleihe mir auch die gnade, wann meine stunde wird gekommen sein, so selig aus dieser welt zu scheiden. Aber für diejenigen, so ihn von herzen geliebet haben, als Euer Liebden, unsere frau mutter und mich, ist es wohl ein erschreckliches und unleidliches unglück. Allein wie Euer Liebden wohl weislich sagen, weil es Gottes wille so gewesen, müssen wir uns wohl endlich darin ergeben. Gott gebe, daß wir ihn nur durch der doktoren ignoranz und nicht durch jemandes bosheit verloren haben; denn seine krankheit war gar wunderlich, insonderheit die mühe, so man genommen, ihn Euer Liebden und seiner frau mutter zu entziehen. Ich fürchte als, daß etwas dahinter gestocken; denn man hat ihn ja Euch beiden nicht wieder sehen lassen, bis er den garaus gehabt hat und nicht mehr zu helfen war. Nun, Gott der gerechte richter aller menschenherzen ist solches wissend. Selbiger wolle denen es belohnen, so an diesem unglück schuldig sein, Euer Liebden aber stärke, macht und trost verleihen, solches alles zu überstehen. Er wolle auch tausendfältig in freuden wieder ersetzen, was sie an dero frau mutter und meines armen bruders tod vor leide ausstehen.

St. Cloud, 30. Juni 1685. Herzallerliebste schwester. Euer Liebden wertes schreiben vom 11. dieses monds habe ich vor etlichen tagen zu recht empfangen, aber unmöglich eher als nun darauf antworten können, weilen ich eine reise nach Maubuisson getan habe, allwo ich drei tage gewesen, und in dem humor, wie ich nun bin, hat mich diese einsamkeit gar nicht mißfallen, welche mir doch zu andern zeiten ein abscheu gewesen wäre. Ma tante, die äbtissin,[1] und ich haben auch sehr gemoralisiert miteinander und wohl betrachtet, was Euer Liebden melden, nämlich daß alles in dieser welt wohl lauter unbeständigkeit und eitelkeit ist. Die gute fürstin führt aber ein so strenges, frommes und gottseliges leben, daß sie ohne zweifel auch wohl ein seliges end haben wird. Ich habe sie auch sehr touchiert über unsern verlust gefunden, und ob sie zwar an schier nichts mehr in dieser welt attachiert ist, so liebt sie doch ihr haus sehr, derowegen eben so betrübt, als wenn sie meinen bruder seligen gekannt hätte. Und ob sie schon eine nonne ist, so hat sie doch nicht alle mönchereien wie andere haben, sondern ist gar raisonnabel und hat großen verstand und viel von Ihro Gnaden meines herrn vaters selig manieren. Sie hat mich gefragt, ob Euer Liebden wieder in Dänemark würden; weilen ich aber Euer Liebden schreiben erst in meiner zurückkunft empfangen, habe ich ihr nichts hierauf sagen können. Ich kann mir gar leicht einbilden, herzallerliebste schwester, wie es Euer Liebden zumute muß sein, wenn sie alle die leute werden ankommen sehen; und ob der alte Kurfürst[2] zwar ein herr voller meriten ist und auch gar généreux, so ist es doch schmerzlich, ihn an meines brudern platz zu sehen, ja es graust mir recht darüber, wenn ich nur dran gedenke. Monsieur hat Euer Liebden durch den abbé de Morel geschrieben, welchen der König wegen meiner interessen an den neuen Kurfürsten schicket; ich aber nicht, weilen dieser abbé erst mittwoch von hier verreisen wird und ohne zweifel lange unterwegs sein, also mein brief gar zu alt würde geworden sein. Vor alle guten wünsche, so Euer Liebden mir tun, bin ich Euer Liebden über die maßen obligiert; wenn alle die, so ich Euer Liebden hergegen tue, reüssieren, werden Euer Liebden gewiß wieder trost und freude empfangen von Gott dem allmächtigen. Was meines bruders testament anbelangt, höre ich, daß es gar wunderlich vom Langhans[3] soll aufgesetzt sein worden; wenn es aber nicht nach rechtem brauch ist, mag es wohl umgeworfen werden. Doch alles wird sich endlich ausweisen.

1 Luise Hollandine, eine Schwester von Liselottes Vater; sie war katholisch geworden und seit 1664 Äbtissin zu Maubuisson   *2* der Nachfolger ihres Bruders, Philipp Wilhelm von Pfalz-Neuburg   *3* kurfürstlicher Hofprediger

AN DIE RAUGRÄFINNEN LUISE UND AMALIE ELISABETH

Versailles, 17. Juli 1685. Herzliebe Luise und Amalie. Vor vierzehn tagen hat mir madame de Schomberg Euren brief überliefert, woraus ich sehe, daß Euch meines armen bruders selig tod nicht weniger als mich verwundert und betrübt hat. Ich für meinen teil gestehe, daß ich wohl nie gedacht, diese traurige zeit zu erleben; denn mein bruder selig schien ja so gar stark und gesund zu sein. Allein so sehr als uns dieser erschreckliche fall auch schmerzt, müssen wir uns doch wohl endlich in den willen des Allerhöchsten ergeben, welchen niemand ändern kann. Für alle gute wünsche, die Ihr mir tut, bin ich Euch sehr verbunden, und würde mir gewiß eine große freude sein, wenn ich gelegenheit finden könnte, Euch sämtlich, wie auch Euren brüdern, zu dienen, und Euch meine affection zu erweisen. Seid versichert, daß in allem, was bei mir stehen wird, Ihr mich allezeit in diesen sentimenten finden werdet. Im übrigen so muß ich Euch sagen, daß, weil Euer brief von Staufeneck datiert ist, daß ich nicht zweifle, daß Ihr den herrn

Ferdinand von Degenfeld[1] oft sehet: bitte Euch derowegen, ihn von meinetwegen zu grüßen, und ihm zu sagen, da er mir vor diesem, und als ich noch zu Heidelberg war, viele freundschaft erwiesen, daß ich derowegen hoffte, daß er nicht würde verändert sein, und mir also wohl noch die freundschaft erweisen, eine bitte zu gewähren, in einer sache, worin er, wie ich glaube, mir mehr nachricht geben könne, als sonst jemand in der welt. Die bitte, so ich an ihn tue, ist, daß er mir doch wolle berichten, was ich eigentlich von meines bruders erbschaft zu prätendieren habe; denn man vermeint hier, daß alle allodial-güter mein sein sollen; man weiß aber nicht alle die länder und güter, so dazu gehören. Bitte derowegen herrn baron Ferdinand, daß wofern ihm solches bewußt wäre, mir es zu berichten. Würde ihm sehr dafür obligiert sein, und sollte ja die Raugrafschaft sich mit darunter befinden, kann ich Euch von nun an wohl versichern, daß Ihr alle, die raugräflichen kinder, nichts dabei verlieren werdet. Habe schon deswegen bei Monsieur Liebden vorgebaut. Es wäre also, wie mich deucht, Euer aller interesse, lieber in meine als in fremde hände zu fallen, denn ich, wie schon gesagt, nie zugeben werde, daß Euch der geringste tort geschehe. Sollte aber die Raugrafschaft dem herzog von Neuburg zufallen, so schreibt mir, worin ich Euch sonst dienen kann; denn ich allezeit hiezu willig und bereit bin. Wenn Ihr mir wieder schreibt und Euch herr baron Ferdinand vielleicht einigen auftrag an mich gibt, wie ich ihn darum gebeten, so macht doch nicht so viele zeremonien und schreibt mir nur schlechtweg, wie Carllutz. Dies ist alles was ich Euch für dieses mal sagen kann. Adieu, herzliebe Luise und Amalia. Seid versichert, daß ich allezeit Eure affektionierte freundin verbleibe. Elisabeth Charlotte.

[1] Oheim der Raugräfinnen

AN DIE KURFÜRSTIN WILHELMINE ERNESTINE

Chambord, 19. September 1685. Ihre Gnaden der Kurfürst, mein herr vater selig, muß erschrecklich nach meiner abreis von Heidelberg verändert und gar veraltet sein, weilen er, wie Euer Liebden berichten, an dem itzigen Kurfürsten muß geglichen haben. Vor einundzwanzig jahren habe ich Seine Liebden gesehen; glich aber damalen nicht an Ihro Gnaden dem Kurfürsten selig; hatte viel ein länger gesicht, war sehr rot, ganz graue haar und gar wenig zähn im mund, war auch viel länger von taille als Ihro Gnaden mein herr vater. Worinnen aber einige gleichnis sein kann, ist es in den augen; denn beide hatten dunkelblaue augen und viel verstand drinnen. Kann also mir wohl einbilden, daß, wenn der Kurfürst selig älter geworden und der itzige, wie man mir sagt, eine perücke genommen, daß also sich einige gleichnis finden kann. Wie Euer Liebden aber wie auch Ihro Gnaden meine frau mutter bei allem diesem wesen wie auch den neuen hof zu sehen zumute muß sein, kann ich mir gar leicht einbilden. Mir schaudert's, wenn ich nur daran gedenke, will geschweigen, wie es denen zumute muß sein, so sich selber dabei befinden. Der Kurfürst ist ein wackerer, gar vernünftiger und verständiger herr und seine gemahlin gar eine gute fürstin. Der jetzige Kurprinz[1] hat auch gar ein gut gemüt; allein dieses ungeacht so kann man doch nicht lassen einen abscheu zu haben, andere an unsres guten Carlchens selig platz zu wissen. Aber ich sage leider Euer Liebden hier nur, was sie schon allzuwohl wissen, auch beklage ich Euer Liebden wohl von ganzem herzen.

1 Johann Wilhelm, von *1690–1716* Kurfürst

AN DIE HERZOGIN SOPHIE

Fontainebleau, 1. November 1685. Ich sage Euer Liebden ganz demütigsten dank vor dero gnädige vorsorg wegen dero und oncles meinung über meines bruders testament. Ich erfahre hier wenig, was man in der sache macht, durch den Breton aber hab ich vernommen, daß abbé de Morel ganz gesinnet ist, meines bruders testament umzustoßen und sich auf Ihro Gnaden des Kurfürsten meines herrn vater selig testament zu berufen.[1] Die copie, so mir Carllutz geschickt, hat man auf französisch gesetzt und sie obgedachtem abbé geschickt; selbiger fordert und sucht die originals. So viel ich aber in allem von diesen sachen begreifen kann, so wird es der-

maßen auf die länge naus kommen, daß ich glaube, daß ich lang
werde verfault sein, ehe die sache wird ausgemacht werden. Ich
glaube, der König hier hält mich noch für huguenot, denn er hat
mir kein wort davon gesprochen, daß er mein interesse in des
Papsts[2] hände gibt, und hätte mirs Monsieur nicht ungefähr verzählt, als die sach schon geschehen war, wüßte ich noch nichts davon. Jedoch muß man dazu schweigen, damit es nicht noch ärger
wird. Der König ändert in allem so erschrecklich, daß ich ihn nicht
mehr kenne, ich sehe aber wohl, wo alles herkommt, allein es ist
kein mittel darvor, muß also nur geduld haben. Und damit die,
so mir übel wollen, nicht zu froh sein mögen, wenn sie mich traurig sehen sollten, so laß ich mich nichts merken und stelle mich gar
lustig an. Im grund aber schmerzt mich doch, daß man mich so
traktiert. Dieses aber alles, was ich hier sage, ist nur vor Euer Liebden oder aufs meiste vor oncle und sonsten vor niemand. Sollte
man aber auf der post so curieux sein, diesen brief zu öffnen und
zu lesen, so werden sie meine meinung sehen und ich also der mühe
enthoben sein, ihnen selbige mit der zeit zu sagen.

1 das letztere war günstiger für Liselotte, bot aber den Franzosen Anlaß, sich in die pfälzischen Angelegenheiten zu mischen. Vielleicht hatte
sich ihr Bruder deshalb von seinen Räten bestimmen lassen, die Erb-
ansprüche Liselottes stark zu beschränken *2* der Papst sollte in der
Erbangelegenheit den Schiedsrichter abgeben

Versailles, 15. März 1686. Seit ein paar monat her bin ich sehr
traurig gewesen und das hat mich verhindert, daß ich in so langer
zeit meine schuldigkeit mit schreiben nicht bei mein herzlieb ma
tante abgelegt habe. Denn alle die historien zu verzählen, das darf
ich nicht tun, weilen alle briefe auf der post gelesen werden. Damit ich aber Euer Liebden jetzt den rechten grund sage, so müssen
Euer Liebden wissen, daß einer von meines herrn favoriten und
welcher sein oberstallmeister ist,[1] die mühe genommen hat, meiner
ersten jungfer ein kindchen zu machen, welches sie hat abtreiben
wollen; weilen sie aber schon drei monat schwanger, hat es nicht
so genau hergehen können, daß sie nicht gar krank dran worden,
und ist die sache also herauskommen. Um nun zu wehren, daß ich

sie nicht wegjagen möge, hat dieser schöne herr mir hundert händel bei meinem herrn angemacht, welcher ohnedas nur schon gar zu große pente hat, mich übel zu traktieren. Ja er hat Monsieur dermaßen gegen mich aufgereizt, daß Monsieur mir selber böse offices bei Ihro Majestät dem König geleistet. Und mit all diesem getuns bin ich bisher gehudelt worden, ja dieser oberstallmeister hat die insolence gehabt, mir drohen zu lassen, mich ins größte unglück zu bringen, wofern ich ein wort gegen die jungfer sagte.

1 der Marquis d'Effiat

Versailles, 28. April 1686. Ich gestehe Euer Liebden offenherzig heraus, daß ich in meinem leben gar zu wenig hoffnung zu was gutes und gar zu lange weil ordinari habe, um mit so großer geduld, als es billig sein sollte, alle ungerechtigkeiten und zwang auszustehen, deren man nur gar zu viel hier hat. Denn wenn man entweder einige hoffnung zu was besseres oder sonst etwas täglich hat, so okkupieren oder divertieren kann, o alsdann kann man leicht alles übels, so einem begegnet, in den wind schlagen, indem das erste in alles tröstet, das ander aber an sein unglück verhindert zu gedenken. Wenn man aber keines von beiden haben kann, kommt einem der chagrin bitter hart an, und die geringste traurigkeit, so dann noch dazu schlägt, akkabliert ganz und gar, und so ist es mir auch ergangen. Auf alles, was mir Euer Liebden sagen, daß man trost schöpfen kann, vor die seinigen zu beten, wenn sie tot sein, hierauf wollte ich Euer Liebden wohl antworten, wenn ich es persönlich tun könnte, schriftlich läßt es sich aber gar nicht tun.

AN DIE KURFÜRSTIN WILHELMINE ERNESTINE

St. Cloud, 17. Mai 1686. Herzallerliebste schwester. Vor etlichen tagen hat mir Ihro Liebden der kurprinz von Sachsen Euer Liebden wertes schreiben vom 8. April überliefert, bin Euer Liebden wohl zum höchsten verobligiert vor alle tendres sentiments, so meine herzliebe schwester mir darinnen bezeugen. Dieses hat mich über die maßen sehr getröstet, aber gar nicht surpreniert; denn mir Euer Liebden gutes gemüte samt allen anderen tugenden dermaßen bekannt ist, daß ich wohl nicht habe zweifeln können, daß Ihro Gnaden meiner frau mutter selig tod Euer Liebden würde zu herzen gangen sein und daß Euer Liebden mich auch beklagen würden und mitleiden mit mir haben. Sage Euer Liebden auch demütigen dank vor alle guten wünsche, so sie mir tun, und wenn Euer Liebden hergegen alles begegnet, so ich deroselben wünsche, werden Euer Liebden nicht allein alles bisher gehabte unglück und betrübnis ganz ersetzet werden, sondern Euer Liebden wird auch alles zufallen, so dero herz begehret und sie nur selbsten zu dero vergnügen erdenken können. Von allen unsern verlusten aber will ich nichts mehr schreiben, denn das erneuet einem nur allen schmerzen wieder. Mich hatte die betrübnis dermaßen accabliert, daß ich ein tag vierzehn krank gewesen, habe aber nur drei tag das kontinuierliche fieber gehabt mit kleinen redoublements abends. Mit Gottes hilfe und einer guten diät hab ich mich endlich aus diesem allen herausgerissen ... Ich habe diesen ganzen winter durch so erschrecklich viel chagrin gehabt, daß ich gemeint, ich müßte drin vergehen, war also incapable zwei linien zu schreiben, und mit lamentationen wollte ich Euer Liebden nicht beschwerlich fallen, contrari, ich dachte als, daß sich die zeiten einmal ändern möchten und ich Euer Liebden alsdenn was schreiben könnte, so Euer Liebden divertieren möchte. Nach der zeit aber weiß ich nichts erfreuliches, muß derowegen schließen, bitte Euer Liebden aber zuvorderst dero armen, alten Liselotte nicht zu vergessen und mir allezeit ein plätzchen in dero précieuse amitié zu behalten, auch festiglich zu glauben, daß ich deroselben bis ins grab ganz ergeben sein werde und jederzeit verbleiben Euer Liebden treue, ganz ergebene schwester und dienerin Elisabeth Charlotte.

AN DIE HERZOGIN SOPHIE

St. Cloud, 18. Mai 1686. Ob ich schon den ganzen tag alleine bin, wird mir die zeit doch nicht zu lange, und habe doch den trost, daß, wenn ich nicht in gesellschaft bin, so kann ich doch versichert sein, daß man mir meine wörter nicht übel ausgelegt und keine spionen sehe, so einem unter die nase gucken, um zu erraten, was einer gedenkt, wie es jetzt die mode ist.

Versailles, 4. Juni 1686. So sehr als man hier auch von grandeur prahlen mag, so seind sie doch so karg in was bar geld angeht, als an keinem ort in der welt, und oft dermaßen, daß es eine schande ist. Es wundert mich gar nicht, daß es allen Teutschen fremd vorkommt, zu sehen, daß Monsieur sich allein in die erbschaftssache mischt, denn sie wissen die französischen ehepakten nicht, welche aber dermaßen beschaffen sein, daß alles, was dem weib in währendem leben ihres mannes zukommt, ingemein mit dem manne zugehört und der mann als maître de la communauté... ist herr und meister über alles, kann damit tun und hantieren, wie er es gut findet, ohne daß es das weib übel nehmen darf. Stirbt aber der mann, so kann das weib das ihrige, so der mann vertan, wieder von des manns gut nehmen, aber so lange sie beide leben, ist der mann herr über alles, und das ist oft die ursach, daß es zu Paris so viel ehescheidungen gibt, aber jetzt in dieser erbschaft auch die ursach, daß ich gar nichts ohne Monsieur dezidieren kann, ob zwar solches in meinem namen muß ausgeführet werden. Denn wenn dem nicht so wäre, können Euer Liebden wohl gedenken, daß ich nicht so kindisch würde gewesen sein, mich nicht um das meine zu bekümmern und Monsieur darin allein walten zu lassen... Ich sehe leider wohl, wo alles das meinige hingehen wird, aber wo kein mittel ist, muß man wohl schweigen.

Versailles, 11. Juni 1686. Ich weiß nicht, wo ma tante von Maubuisson aufgefischt hat, daß meine tochter schön soll sein, denn sie ist gar häßlich von gesicht, aber nicht übel geschaffen, also muß ma tante von Maubuisson sie nicht recht angesehen haben; verstand aber fehlt ihr nicht und wenn sie das glück haben könnte, Euer Liebden aufzuwarten, würde sie Euer Liebden divertieren, denn das maul ist ihr brav gelöst. Aber meines sohns figure ist besser anzusehen; er ist was seriöser als sein schwesterchen, aber all ebenwohl nicht melancholisch noch timide; es ist gar ein gut kind, docil und tut alles was man will; mein tochter ist nicht so docile, sondern viel mutwilliger, schlägt ihrem namen Liselotte nicht übel nach und wohl so eine dolle hummel als ich vor diesem war.

AN DIE HERZOGIN SOPHIE

St. Cloud, 26. Juni 1686. Im übrigen so möchte ich wohl von grund meiner seelen wünschen, daß alle itzigen devoten (ich hätte schier gesagt bigotten) Euer Liebden predigt möchten folgen und alles suchen, so einigkeit und ruhe bringen möchte. Allein bisher seind das ihre maximen gar nicht, sondern man sucht nur alles gegeneinander zu hetzen: mann gegen weib, vater gegen sohn, domestiquen gegen dero herren und was dergleichen mehr sein mag, so auch in der tat alles unlustig und unglücklich macht, und möcht man wohl in diesem stück sagen wie der alte Rabenhaupt: «Bonjour, Monsieur, Sie hausen wie der teufel!» Auch ist ein ander alt teutsch sprichwort, welches ich jetzt wohl verspüre, welches sagt: «Wo der teufel nicht hinkommen kann, da schickt er ein alt weib hin,» welches wir alle, so in der königlichen familie sein, wohl erfahren. Aber genung hiervon; ein mehrers wäre nicht ratsam. Was ich aus Euer Liebden predigt tröstliches vernehme, ist, daß ich mehr religion habe als alle großen devoten, denn ich lebe so wohl ich kann und tue niemand nichts zuleid, und wenn ich nicht eher in dem Mercure galant[1] komme, bis daß ich meinen nebenchristen und nächsten plage, werden Euer Liebden mich noch lang nicht darinnen lesen.

1 eine Monatsschrift

Versailles, 2. August 1686. Es ist gewiß, daß er[1] gar kein raillerie mehr leiden mag und ist so ernstlich geworden, daß einem ganz angst dabei ist. Auf die person, worauf Euer Liebden das sprichwort sagen: daß der schnee so bald auf einen kuhfladen fällt als auf ein rosenblatt, hat man seit kurzer zeit devisen gemacht, aber sie lauten wohl nicht so, sondern wenn man sie glauben sollte, ist sie alles wert. Man sagt, daß der sie gemacht hat, solle eine pension davor bekommen haben. Aber genung hiervon, ich mach es schier wie die jungfer Kolbin mir als pflegte zu verzählen von einem pfarrherrn, so herr Biermann hieße, welcher als pflegte zu sagen: «genung und übergenung von diesem allen», wenn er drei stunden lang gepredigt hatte.

1 der König

Versailles, 11. August 1686. Unser König ist nun was krank, und man sagt, es möchte wohl ein viertägig fieber draus werden. Wenn dem also ist, so bewahr uns Gott, denn er wird wohl noch hundertmal grittliger werden als er schon ist. Ja, wer nichts mit diesem hof hier zu tun hätte, der müßte sich halb krank lachen, zu sehen, wie alles hergeht. Der König bildt sich ein, er seie dévot, weil er bei kein jung weibsmensch mehr schläft, und alle seine gottesfurcht besteht in grittligsein, überall spionen zu haben, so alle menschen falsch antragen, seines bruders favoriten zu flattieren und in general alle menschen zu plagen. Das alte weib, die Maintenon, hat ihren spaß, alles, was vom königlichen haus ist, dem König gehaßt zu machen und darüber zu regieren, außer Monsieur, den flattiert sie bei dem König und macht, daß er wohl mit ihm lebt und alles tut, was er von ihm begehrt... Hinterwärts aber ist diesem alten weib bange, daß man meinen mag, daß sie Monsieur estimiere; derowegen, sobald als jemand vom hof mit ihr spricht, sagt sie den teufel von ihm: daß er zu nichts nutze seie, der debauchierteste mensch von der welt, ohne secret, falsch und untreu. Die Dauphine ist unglücklich, und ob sie schon ihr bestes tut, dem König zu gefallen, wird sie doch aus anstiftung des weibes täglich sehr übel traktiert und muß ihr leben mit langerweil und schwangersein zubringen. Ihr Herr, monsieur le Dauphin, frägt nach nichts in der welt, sucht sein divertissement und plaisir wo er kann und wird erschrecklich débauchiert. Monsieur ist es nicht weniger, und seine einzige application ist, mir böse offices bei dem König zu leisten und mich überall zu verachten, seine favoriten zu recommandieren und selbigen gute bontraitement vom König... zuwege zu bringen. Seine kinder aber zu befördern, da denkt er nicht an. Ich vor mein teil muß also auf die défensive leben, denn alle tage macht man mir neue händel, welche ich doch durch meine conduite suche zu meiden soviel mir nur möglich sein kann. Prinz Carl[1] hat mich in allen stunden gesehen, der kann Euer Liebden sagen, wie ich meine zeit zubringe und ob was an meiner conduite zu tadeln ist; jedoch hab ich täglich was neues. Das alte weib hat schon mehr als zehnmal madame la Dauphine wollen gegen mich aufrupfen und gesagt, daß sie absolut mit mir freundschaft brechen müßte, wenn sie wollte, daß sie sie wohl bei dem König setzen sollte. Als aber madame la Dauphine hat wissen wollen, was sie gegen mich zu sagen finde, hat sie ihr nichts antworten können. Unterdessen aber muß ich sowohl durch des weibs unverdienten haß bei dem König, als auch meiner alten feinde haß bei Monsieur leiden. Das ist mein zustand, welchen, wenn ich die zeit hätte, Euer Liebden mit einem größern détail zu verzählen, bin ich versichert, daß Euer Liebden solches schier vor unglaublich halten würden ... Durch die post hätte ich Euer Liebden dieses alles wohl gar nicht schreiben dürfen, wie sie wohl gedenken können, allein durch diese sichere gelegenheit habe ich es nicht lassen können. Wenn Euer Liebden noch wissen wollen, wie ferner der hof beschaffen ist, so muß ich sagen, daß alle minister das weib flattieren und suchen durch hundert bassesses wohl bei ihr zu sein; alle andern leute, so in einem raisonnablen alter sein und ehrliche männer, seind traurig; sie haben kein geld, sie fürchten sich alle vor den spionen, welche unzählbar sein; sein malcontent und können sich doch nicht helfen. Alle jungen leute in general seind erschrecklich débauchiert und allen lastern ergeben, lügen und betrügen fehlt ihnen nicht und meinen, es wäre ihnen eine schande, wenn sie sich pikieren sollten, ehrliche leute zu sein; was sie aber tun, ist saufen, débauchieren und wüsteneien sagen, und wer am ungeschicktesten unter ihnen ist, davon halten sie am meisten und der ist am besten estimiert. Durch dies alles können Euer Liebden leicht urteilen, wie große lust es hier am hof vor ehrliche leute geben muß. Ich fürchte aber, daß, wenn ich meinen récit vom hof noch länger fortführen sollte, würde ich Euer Lieb-

den eben eine solche langeweil geben, als ich gar oft empfinde, und dieses endlich eine ansteckende krankheit werden.
1 Karl Philipp von Hannover, Sohn Sophies, der den Brief überbrachte

St. Cloud, 13. Mai 1687. Euer Liebden betrügen sich wohl sehr, wenn sie meinen, daß meine sorgen und mühe, so ich in Monsieurs währender krankheit genommen, Ihro Liebden möchten attendriert haben. Durchaus nicht: denn er ist nicht sobald wieder gesund worden, so hab ich dessen haß wohl gewahr worden ... Daß Euer Liebden zu wissen begehren, ob es wahr ist, daß der König mit madame de Maintenon geheiratet ist, so kann ich Euer Liebden dieses wahrlich nicht sagen. Wenig leute zweifeln dran; allein solang solches nicht deklariert wird, habe ich mühe, solches zu glauben. Und wie ich sehe, daß die heirat hier im lande beschaffen sein, glaube ich, daß, wenn sie geheiratet wären, würde die liebe nicht so stark sein als sie nun ist. Jedoch so gibt vielleicht das secret ein ragoût, so andere leute nicht haben in dem öffentlichen ehestand.

St. Cloud, 1. Oktober 1687. Ich kann Euer Liebden doch dieses nicht verschweigen, daß der hof jetzt so langweilig wird, daß man schier nicht mehr dabei dauern kann. Denn der König bildt sich ein, er seie gottsfürchtig, wenn er macht, daß man nur brav langeweile hat und gequälert ist. Seines sohns gemahlin macht er durch die alten weiber, so um sie sein, so quälen, daß es unaussprechlich ist. Als zum exemple: ihre kinder seind krank, derowegen wäre die gute fürstin gerne noch etlich tag länger hier geblieben, um bei ihnen zu sein. Hierüber filzt man sie aus und sagt, sie wolle hierbleiben, um nicht bei dem König zu sein. Sagt sie dann, daß sie mit will, so machen die weiber das geschrei gehen, sie frage nichts nach ihren kindern und hätte sie nicht lieb, summa summarum: alles, was man tut, ist unrecht. Ich vor mein teil kann nicht glauben, daß unserm Herrgott mit alter weiber lieb und grittligsein kann gedienet sein, und wenn das der weg zum himmel ist, werde ich mühe finden, hineinzukommen. Es ist eine elende sach, wenn man seiner eigenen raison nicht folgen und sich auf alles nur nach interessierten pfaffen und alten courtisanen richten will; das macht den ehrlichen und aufrichtigen leuten das leben bitter sauer. Aber was hilfts; hiezu ist kein rat. Ja, wenn Euer Liebden sehen sollten, wie alles nun zugeht, würden sie von herzen drüber lachen. Die aber in dieser tyrannie stecken, wie die arme Dauphine und ich, denen kommt die sach wohl ridicule, aber doch wohl nicht so gar lächerlich vor.

AN FRAU VON HARLING

Versailles, 18. November 1687. Ich hab Eure besserung mit freuden vernommen. Man kann sich nie vor unnütz in der welt schätzen, wenn man all sein leben so viel guts darinnen getan hat wie mein lieb jungfer Uffel. Und dann soll man wünschen zu leben, um seine guten freunde nicht mit seinem tod zu betrüben. Und warum soll Euch bange zu leben sein? Mit der resignation in den willen Gottes, so Ihr habt, kann Euch ja kein unglück recht anfechten, und es ist doch noch besser leben als sterben, denn da kommt man doch nur zu bald an... Man tut mir nun weder guts noch bös; Gott gebe, daß es nur so bleiben möge, so werde ich schon zufrieden sein. Meinen Harling habe ich nun wieder seit sieben tagen bei mir in frischer gesundheit; mein sohn und seine leute können nicht genung rühmen, wie wohl er sich in der schlacht gehalten. Ich hatte sehr vor ihn gebeten, daß er möchte befördert werden in seinem regiment, aber die faveur von madame de Maintenon und ihre rekommandation haben mehr gegolten, ohne ruhm zu melden, als die meine.

Versailles, 8. Januar 1688. Vergangenen montag nachts ist meinem Harling ein unglück zu Paris begegnet, welches ich erst gestern abends erfahren, und hat mich im anfang sehr erschreckt, habe gleich zu ihm geschickt, aber heute erfahren, daß er Gott sei dank ganz außer gefahr ist, habe Euch auch sein accident nicht eher berichten wollen, bis ich eigentlich erfahren, in welchem stand er ist und wie alles abgeloffen. Sein unglück hat sich so zugetragen: Vergangenen montag nachts kam er aus der stadt und wollte nach haus, denn er logiert zu Paris bei meinem oberstallmeister; er hat sich wegen der kälte in einen ganz neuen mantel eingewickelt; auf einmal fühlt er, daß man ihn von hinten in arm nimmt und fest hält, sieht sich um und sieht zwei kerls, so ihm seinen mantel nehmen und der dritte die hände in seinen sack stecken und ihm den beutel nehmen will. Darauf zieht er den degen aus und fährt auf die drei kerls los; die ziehen ihre degen auch aus, und indem Harling einen verwundt, stoßen die andern zwei zu, einer verwundt ihn am arm, der ander aber stößt ihn durch den leib, hätten ihn auch vollends ermordt, wenn nicht ungefähr eine kutsche daher gefahren wäre, welche die schelmen hat weg laufen machen. Mein leibbalbierer hat Harling verbunden und versichert mir gar sehr, daß kein gefahr bei ihm seie und alles gar glücklich abgangen; hat sehr viel blut verloren, welches ihn was schwach macht... Harling ist so beliebt hier, daß alle menschen von dem größten bis auf den geringsten ihn sehr beklagen; gestern sprach man von nichts anderst den ganzen abend. Das ist alles was ich vor diesmal sagen kann, denn ich muß in die kapell zum abendgebet, so man alle donnerstag hält und wo der König auch in geht, werde Gott vor meinen Harling bitten.

St. Cloud, 13. April 1688. Hiermit kommt der kleine Harling angestochen, wie Ihr es begehrt. Ich habe an seinem offizier vor zwei monat urlaub gefordert; länger darf er nicht ausbleiben. Ich zweifle nicht, daß Ihr gar content von ihm sein werdet, denn verstand fehlt ihm gar nicht und hat gar ein gut, ehrlich, treu und aufrichtig gemüt. Ich habe ihn recht lieb und wird mir schwer werden, die zwei monat seiner zu missen. Jedoch so gönne ich Euch den trost, ihn zu sehen, von herzen, denn ich habe gar keine schande von dieser meiner zucht, denn er ist hier bei jedermann bekannt und beliebt. Er ist lobenswürdig insonderheit in dieser zeit, da die jugend hier allen abscheulichsten lastern so erschrecklich ergeben ist, und ist es wohl was rares, daß er sich so hat erhalten können.

AN DIE HERZOGIN SOPHIE

St. Cloud, 14. April 1688. Die gute frau von Harling und ihr mann haben begehrt, daß ich ihren neveu schicken möge, um mit seinen brüdern zu teilen, weilen ihr vater vergangen jahr gestorben ist. Diese gute und sichere gelegenheit habe ich nicht versäumen wollen, Euer Liebden ganz mein herz zu entdecken, und alles zu sagen, was mich plaget, so ich der ordinari post nicht vertrauen darf. Muß mein herzlieb ma tante also bekennen, daß ich eine zeit her gar unlustig bin, ob ich mich dessen zwar so wenig merken lasse, als es mir immer möglich ist. Man hat mir vertrauet die rechte ursache, weswegen der König den ritter von Lothringen und den marquis d'Effiat so wohl traktiert, nämlich weil sie ihm versprochen haben, daß sie Monsieur persuadieren wollen, daß er den König ganz untertänig bitten solle, der Montespan ihre kinder [1] mit den meinen zu verheiraten, als nämlich meine tochter an den hinkenden duc du Maine und meinen sohn mit mademoiselle de Blois. Die Maitenon ist in diesem falle ganz vor die Montespan, weilen sie diese bastarde erzogen und den hinkenden buben so lieb hat als ihr eigen kind... Nun denken Euer Liebden, wie mir dabei zumute muß sein, daß ich meine tochter allein sollte so gar übel versorgt sehen, da doch ihre schwestern so gut verheirat sein.[2] Sollte doch der duc du Maine kein kind von doppeltem ehebruch sein und ein rechtmäßiger prinz, so möcht ich ihn doch nicht zum schwiegersohn, noch seine schwester zur schwiegertochter haben, denn er ist abscheulich häßlich und lahm und hat sonsten schlimme qualitäten an sich, karg wie der teufel und gar kein gut gemüt. Seine schwester hat wohl ein gut gemüt, ist aber so erschrecklich kränklich und hat stets so blöde augen, daß ich glaube, daß sie endlich blind wird werden. Und über dies alles seind sie bastarde von doppeltem ehebruch, wie schon gesagt, und kinder von dem bösesten und verzweifeltsten weibe, so die erde tragen mag. Nun lasse ich Euer Liebden gedenken, wie sehr ich dieses wünschen kann. Was das ärgste ist: ich darf Monsieur von der sache nicht recht heraus sprechen, denn er hat die schöne gewohnheit an sich, daß, wenn ich ihm ein wort sage, solches gleich dem König anzutragen, viel dazuzusetzen und mir bei dem König hundert händel anzumachen. Bin also in großen nöten und weiß nicht, wie ich es anfangen soll, diesem unglück zu entgehen. Unterdessen kann ich nicht lassen, mich innerlich zu quälen, und allemal, wenn ich diese bastarde sehe, geht mir das blut über. Auch lasse ich mein herzlieb ma tante gedenken, wie es mich schmerzen muß, meinen einzigen sohn und meine einzige tochter als die victimes von meinen ärgsten feinden zu sehen, welche mir täglich alles üble antun und getan haben, ja gar die ehre durch ihre falschen diskurse haben abschneiden wollen. Denn man sagt, daß der d'Effiat versprechung habe, duc zu werden, und der ritter eine gar große summe gelds bekommen solle. Und unterdessen erhebt man sie in den himmel durch hundert gute traktamenten; mich aber traktiert man gar schlecht und scheint es, daß man mir schier gnade tut, daß man mich so hinleben läßt ... Ja ich selber werde vielleicht über dieser sache exiliert werden, denn spricht mir Monsieur ernstlich davon, so werde ich nicht unterlassen, ihm meine meinung zu sagen, welche er dann dem König auf seine ordinari manier vorbringen wird, solches auch seinen favoriten nicht verhehlen, welche es dann bei dem König (welchem sie nun stetig an den ohren liegen) wohl vor mich herumdrehen werden. Ja, sollte der König selber mich zu etonnieren mir von der sache reden, so werde ich ihm selber teutsch heraus bekennen, daß mir die sach gar nicht ansteht, welches ihn dann ohne zweifel sehr verdrießen wird, mit welchem respekt ich auch diesen abschlag drehen mag. Also mag ich mich nur gefaßt halten, daß mir hinfüro allerhand widerwärtiges zufallen wird. Ich bitte Euer Liebden tausendmal um vergebung, daß ich Euer Liebden mit solchen langweiligen und widerlichen diskursen entreteniere. Allein, meine herzlieb ma tante, weilen Euer Liebden mir so gar gnädig sein und kein mensch hier ist, dem ich genung vertrauen darf, um mein herzeleid zu klagen, so habe ich gedacht, daß Euer Liebden es nicht in ungnade aufnehmen würden, daß ich durch diese so gar sichere gelegenheit mein herz erleichtere. Denn Harling ist mir gar getreu, wird gewiß diesen brief in keine andern hände als Euer Liebden ihre überantworten. Ich bitte, Euer Liebden sagen doch an niemand nichts hiervon, als oncle und die gute frau von Harling und antworten mir auch nichts hierauf durch die post, sondern nur durch meinen Harling, wenn er wieder zurückkommt. Was soll ich Euer Liebden nun noch weiter sagen; nichts gutes weiß ich, denn der hof wird jetzt durch die kontinuierlichen heucheleien so langweilig, daß man schier nicht mehr dauern kann. Und unterdessen daß man allen menschen mark und bein ausmergelt, um sie (wie man sagt) zur tugend und gottesfurcht zu bringen, wählt der König die lasterhaftesten leute von der welt, um stets damit umzugehen als nämlich die Lothringer und den d'Effiat. Ich habe nicht erfahren können, ob der König die Maintenon geheiratet hat oder nicht; viele sagen, daß sie seine frau seie und daß der erzbischof von Paris sie zusammengeben habe im beisein von des Königs beichtvater und der Maintenon bruder; andre aber sagen, es sei nicht wahr, und man kann unmöglich erfahren, was dran ist. Was aber gewiß ist, ist, daß der König nie vor keiner maitresse die passion gehabt hat, so er vor diese hat, und es ist etwas wunderliches, zu sehen, wenn sie beisammen sein; wenn sie an einem ort ist, kann er keine viertelstund dauern, ohne sie ins ohr zu sprechen und heimlich mit ihr zu reden, ob er zwar den ganzen tag bei ihr gewesen ist. Sie ist ein böser teufel, so von jedermann sehr gesucht und gefürchtet wird, aber wenig beliebt ist. Der guten madame la Dauphine, welche wohl die beste prinzess von der welt ist und ein gut, aufrichtig gemüt hat, der macht sie oft hundert händel an, ob selbige zwar ihren besten fleiß tut, sie zu gewinnen; hergegen aber hat das weib den Dauphin ganz an sich gezogen, um sich noch desto mehr von aller welt und insonderheit von der Dauphine fürchten zu machen. Das ist der stand, in welchem der jetzige hof nun ist... Was weiter von diesem allen werden wird, wird die Zeit lehren.

1 die Kinder des Königs und der Frau von Montespan. Da der rechtmäßige Gemahl der letzteren noch lebte, so hätten nach französischem Gesetz ihre Kinder als die seinen gelten müssen   *2* die Kinder aus Monsieurs erster Ehe. Die eine war mit dem König von Spanien, die andere mit dem Herzog von Savoyen verheiratet

AN DEN RAUGRAFEN KARL LUDWIG

St. Cloud, 17. Mai 1688. Herzallerlieb Carllutz, es ist schon etliche tage, daß ich Euren werten brief vom 23. April empfangen habe, unmöglich aber eher, als nun, darauf antworten können. Denn ich war eben zu Versailles, als ich ihn bekam, und weilen wir einen ganzen monat gewesen, ohne dort zu sein, habe ich so viel visiten bekommen, auch mich wieder so fleißig in den jagden eingestellt, daß ich keine zeit vor mir selber habe haben können, um zu schreiben... Weilen Ihr nun ohne zweifel wieder in Griechenland sein werdet, wenn Ihr diesen brief empfangen werdet (weilen Ihr mir schreibt, daß Ihr in vier tagen verreisen werdet), so bitte ich Euch, mein herzlieb Carllutz, berichtet mir doch, was Ihr all schönes dort gesehen habt und sehen werdet, und ob noch viel rest von der antiquität dorten zu sehen ist und ob noch gebäu instand sein, wodurch man sehen könnte, was die städte vor diesem gewesen sein. Und weilen ich nicht zweifle, daß so viel zu schreiben Euch gar viel wegen Eurer hand inkommodieren würde, auch wegen Eurem kommando wohl vielleicht keine zeit haben möchtet, so befehlet nur einem von Euren leuten, eine relation zu machen, und schickt mir dieselbige. Denn ich gestehe, daß ich eine rechte curiosité habe, um zu wissen, wie Athene und Korintho nun beschaffen sein... Sollte man mir geben, was mir in der Pfalz gebühret, versichere ich Euch, daß ich keine ruhe haben würde, bis daß Ihr Euch dessen auch empfinden möget... In allem, worinnen ich Euch und Euern geschwistern werde dienen können, werde ich mich nicht versäumen, denn ich habe Euch alle lieb, aber Ihr seid mir aber doch der liebste von allen.

Im Jahre 1685 hatte Ludwig XIV. das Edikt von Nantes aufgehoben, durch das den Protestanten in Frankreich freie Religionsausübung zugesichert gewesen war. Hunderttausende wurden zur Emigration gezwungen. Das beschleunigte die Bildung einer Abwehrfront gegen Ludwigs Aggressionen, der nicht nur protestantische Staaten beitraten (Schweden, Brandenburg, Sachsen, Hannover, Holland), sondern auch der Kaiser, Spanien und Savoyen. Später trat auch England diesem Bündnis bei.

AN DIE HERZOGIN SOPHIE

St. Cloud, 26. September 1688. Euer Liebden sagen mir nicht, wie der Kurprinz[1] heißt und welchen namen man ihm gegeben hat. Ich wollte, daß Ihro Liebden der Kurfürst seine gevattern, als nämlich unsern König und den Kaiser, vergleichen möchte; das würde mir besser gefallen als alle seine schönen demanten, und das sollte eine zeremonie sein, so mir sehr wohl gefallen sollte. Unterdessen ist unser Dauphin nun ein kriegsmann worden und gestern nach der armée verreist, Philippsburg zu belagern und einzunehmen. Er sagte zu mir, nach Philippsburg wolle er Mannheim und Frankenthal einnehmen und vor mein interesse den krieg führen. Ich antwortete aber: «Si vous en prenez mon avis, vous n'irez pas, car je vous avoue que je ne puis avoir que de la douleur et nulle joie de voir qu'on se serve de mon nom pour ruiner ma pauvre patrie.»[2] Und so haben wir einander adieu gesagt... Ihro Liebden die Kurfürstin[3] haben wohl groß recht, Euer Liebden dero Kurprinzen nach Hannover in der guten frau von Harling hände zu geben; an keinem ort kann er erzogen werden, wo er gesunder und stärker könnte werden als da, und wir alle, so der frau von Harling zucht sein, seind dessen ein gut exempel.

[1] der am 15. August geborene Kurprinz Friedrich Wilhelm, Enkel Sophies; deren Tochter Sophie Charlotte hatte den Kurfürsten von Brandenburg, den späteren König Friedrich I. von Preußen, geheiratet
[2] wenn Sie meinen Rat hören wollen, so gehen Sie nicht hin; denn ich gestehe Ihnen, daß ich nur Schmerz davon haben kann, zu sehen, wie man sich meines Namens bedient, um mein armes Heimatland zugrunde zu richten   [3] von Brandenburg

Fontainebleau, 8. Oktober 1688. Samstags fuhren wir mit dem König auf die schweinsjagd. Ich war aber in großen sorgen auf dieser jagd, denn wir hatten zeitung von Paris bekommen, daß meine tochter wieder umgeschlagen wäre. Ich habe Monsieur schon viermal gebeten, mich nach Paris zu lassen, um ein wenig sorg vor das arme kind zu haben; er hat mir es aber bisher nicht erlauben wollen, und das wegen einer kabale, denn die Grancey,[1] die sich in alles mischt, will mir einen doktor geben, und den bin ich eben nicht willens von ihren händen zu nehmen. Damit daß dieser doktor doch möge von Monsieur genommen werden, tut man ihn zu meiner tochter; also wenn mein doktor weiß sagt, sagt dieser schwarz, und das arme kind muß drüber leiden. Wäre ich aber zu Paris, würde ich examinieren, was am nützlichsten sein könnte, und mich an dem halten, ohne partialität. Drum sticht man Monsieur im kopf, mir zu wehren, nach Paris zu gehen. Muß also meine einzige tochter wegen der kabalen interesse hinrichten sehen, welches mich in der seelen schmerzt, und kann nicht lassen, mein herz bei mein herzlieb ma tante auszuschütten. Jedoch hab ich mich nicht enthalten können, ein paar wort zu sagen, welches Monsieur gar übel genommen. Kann also nichts tun als mein armes kind Gott dem allmächtigen zu befehlen... Montags empfing ich noch gar schlimme zeitung von meiner tochter, welches mich denn nicht weniger tränen vergießen machte... abends mußte ich ins appartement mit roten augen. Dienstags fuhren wir wieder mit dem König auf die jagd, kamen erst nachts wieder; mittwoch rennten wir wieder den hirsch, aber meine unlust verjagte ich gar nicht, wie Euer Liebden leicht gedenken können... Ich wollte von grund meiner seelen, daß ich den armen raugräflichen kindern dienen könnte. Ich wollte es von herzen gerne tun, allein was kann ich tun? Man erlaubt mir nicht, vor meine eigenen kinder zu sorgen. Sie werden jetzt noch mehr zu beklagen sein, denn dieser elende krieg kann ihnen wohl nichts nutzen und mir ebensowenig... Daß meine kinder niemand als mich fürchten, ist nur gar zu wahr, denn Monsieur will sich nie die mühe geben, ihnen ein einzig wort zu sagen; ihre hofmeister und hofmeisterin seind beide die albernsten und sottesten leute, so in der welt mögen gefunden werden. Die kinder fehlen gottlob nicht von verstand und könnens nicht lassen, ihre vorgestellten auszulachen, also muß ich wohl ihnen sagen, was sie tun oder lassen sollen. Sie fürchten mich also, allein sie haben mich doch lieb dabei, denn sie seind raisonnable genung, um zu sehen, daß, was ich ihnen sage, vor ihr bestes ist. Ich filze selten, aber wenn es sein muß, geb ichs dicht; das macht desto mehr impression. Wenn sie meinem rat folgen werden, werd ich nichts übles aus ihnen ziehen ohngeacht alle bösen exempel, so die armen kinder stets vor sich sehen. Aber dies ist auch ein text, welchen man mit stillschweigen muß vorbeigehen; komme derowegen an die coiffures. Ich bin versichert, daß, wenn Euer Liebden sehen sollten, mit was mühe und sorgen sich die weiber nun abscheulich machen, würden Euer Liebden von herzen darüber lachen. Ich vor mein teil kann dieser maskeraden ganz nicht gewohnen, aber alle tag setzt man sich höher auf; ich glaube, daß man endlich wird gezwungen sein, die türen höher zu machen, denn sonsten wird man nicht mehr in den kammern aus- und eingehen können. Wenn die weiber in cornettes sein, sehen sie eben aus wie die Melusine, so ich in einem alten buch gemalt gesehen, so Ihro Gnaden, der Kurfürst selig, in seiner bibliothek zu Heidelberg hatte; mich deucht, ihr schweif am rock wird endlich auch zur schlangen werden wie jene. Wenn solches der Grancey widerführe, nähme michs kein wunder, denn sie hat schon eine schlangen- und otternzunge, welche mich nur gar zu oft sticht. Es ist aber auch wohl einmal zeit, daß ich diese lange epistel endige.

1 Erzieherin im Hause Orléans und Maitresse des Chevalier de Lorraine

Am 12. August war der Raugraf Karl Ludwig bei der Belagerung von Negroponte am Fieber gestorben.

Ludwig XIV. war unter dem Vorwand, die Pfalz für seine Schwägerin zu erobern, in das Land eingefallen. Auf Louvois' Anordnungen wurde ein Gürtel «verbrannter Erde» geschaffen, und die französischen Truppen verübten ungeheure Grausamkeiten. Der dadurch ausgelöste Krieg dauerte bis 1697.

Fontainebleau, 10. November 1688. Freitag ist mir die betrübte zeitung von meines lieben Carllutz tod kommen, welches mich denn in einen stand gesetzt, wie Euer Liebden wohl leicht denken können, bin zweimal vierundzwanzig stund gewesen, ohne daß es in meinem vermögen war, von weinen aufzuhören, wie Euer Liebden beide prinzen[1] Euer Liebden werden vielleicht geschrieben haben, denn sie waren eben hier bei mir. Ob ich zwar jetzt nicht mehr so kontinuierlich weine wie die ersten tage, so fühle ich doch eine innerliche melancholie und betrübnis, daß ich wohl spüre, daß ich den guten Carllutz noch nicht so bald verschmerzen werde. Und was noch meine unlust vermehrt, ist, daß ich alle tag hören muß, wie man sich präpariert, das gute Mannheim zu brennen und bombardieren, welches der Kurfürst, mein herr vater selig, mit solchem fleiß hat bauen lassen; das macht mir das herz bluten. Und man nimmt mir es noch hoch vor übel, daß ich traurig darüber bin ... Die zehn tage, wie ich zu Paris krank war, hat der König nicht nach mir fragen lassen; ich hab ihm geschrieben, hat mir aber nicht geantwortet. Wie ich wieder herkommen, war ich curieuse um zu wissen, was das bedeutet, ließ derowegen unter der hand nachforschen und erfuhr, daß der König bös über mich seie wegen eines diskurs, so ich mit dem duc de Montausier gehalten. Den will ich Euer Liebden verzählen: Monsieur de Montausier kam zu mir in madame la Dauphine kammer und sagte: «Madame, monsieur le Dauphin est votre chevalier, il va vous conquérir votre bien et vos terres.»[2] Erstlich antwortete ich nichts hierauf; hernach sagte er: «Il me semble, Madame, que vous recevez bien froidement ce que je vous dis.»[3] Ich antwortete: «Monsieur, il est vrai que vous me parlez de la chose du monde de laquelle j'aime le moins à entendre parler, car je ne vois pas qu'il me revienne grand profit que mon nom serve pour la perte de ma patrie, et bien loin d'en ressentir de la joie, j'en suis très fâchée; je n'ai pas l'art de dissimuler, mais je sais me taire, — ainsi si on ne veut pas que je dise ce que je pense, il ne faut pas me faire parler.»[4] Dieses, wie man mir sagt, hat der alte gar übel gefunden und es an andere verzählt, die es dem König gesagt, welcher es endlich auch gar in ungnaden aufgenommen. Aber ich kann nichts davor; warum geht man auch so wunderlich mit mir um! Will sein herr bruder die augen nicht auftun, um zu sehen, wie man uns das unsrige nimmt, kann ich doch den meinigen nicht wehren, die wahrheit zu sehen und sich nichts weis machen zu lassen.

[1] Christian und Ernst August von Hannover [2] der Dauphin ist Euer Ritter, er erobert Euch Eure Güter und Besitztümer [3] es scheint

mir, daß Ihr das, was ich sage, sehr kühl aufnehmt   4   ja, mein Herr, es ist wahr, daß ich Eure Worte kühl aufnehme, denn Ihr sprecht von der Sache, von der ich am wenigsten gern sprechen höre, nämlich, daß mein Name zum Verderb meines Heimatlandes dient. Ich bin weit entfernt, darüber Freude zu empfinden; ich bin sehr zornig darüber. Die Kunst zu heucheln verstehe ich nicht, aber ich kann schweigen. Also: wenn man nicht will, daß ich sagen soll, was ich denke, so darf man mich nicht sprechen machen

Versailles, 20. März 1689. Euer Liebden wissen wohl, daß ich nichts ungerners tue als lamentieren, und allebenwohl, wenn man so traurig ist, als ich leider seit einer langen zeit her bin, kann man sich dessen schwerlich enthalten, und wes das herz voll ist, geht der mund leicht über. Mir kommt die traurigkeit noch schwerer an als ein anderes, denn mein herzlieb ma tante weiß wohl, daß ich es nicht von natur bin; allein wenn einen das unglück so auf allen seiten überhäuft, kann man doch nicht lassen, solches zu empfinden. Kaum hatte ich mich über des armen Carllutz tod ein wenig erholt, so ist das erschreckliche und erbärmliche elend in der armen Pfalz angangen, und was mich am meisten daran schmerzt, ist, daß man sich meines namens gebraucht, um die armen leute ins äußerste unglück zu stürzen. Und wenn ich darüber schreie, weiß man mirs gar großen undank und man protzt mit mir drüber. Sollte man mir aber das leben darüber nehmen wollen, so kann ich doch nicht lassen, zu bedauern und zu beweinen, daß ich sozusagen meines vaterlands untergang bin und über das alle des Kurfürsten, meines herrn vater seligen sorge und mühe auf einmal so über einen haufen geworfen zu sehen an dem armen Mannheim. Ja ich habe einen solchen abscheu vor alles, so man abgesprengt hat, daß alle nacht, sobald ich ein wenig einschlafe, deucht mir, ich sei zu Heidelberg oder zu Mannheim und sähe alle die verwüstung, und dann fahr ich im schlaf auf und kann in zwei ganzen stunden nicht wieder einschlafen. Dann kommt mir in sinn, wie alles zu meiner zeit war, in welchem stand es nun ist, ja in welchem stand ich selber bin, und dann kann ich mich des flennens nicht enthalten. Was mir noch schmerzlich ist, ist, daß der König just gewartet hat, um alles ins letzte elend zu bringen, bis ich vor Heidelberg und Mannheim gebeten... Ich habe auch wohl gedacht, daß unserer guten Königin in Spanien tod Euer Liebden zu herzen gehen würde;[1] ich kanns auch noch nicht verdauen, und ob ich zwar nach dem exempel aller Ihro Majestät nahen und hohen verwandten jetzt wieder bei allen divertissements bin, so komme ich doch ebenso traurig wieder davon, als ich dazu gangen bin, und nichts kann mich divertieren von meiner unlust... Aber ich will Euer Liebden nicht länger mit meinen melancholischen gedanken unterhalten und von was anders reden. Euer Liebden werden ohne zweifel all wissen, daß der König in Engelland[2] nicht mehr hier ist. Als ich von Ihro Majestät abschied nahm, befahlen sie mir, Euer Liebden dero komplimente zu machen und zu sagen, daß er jetzt so viel zu tun hätte, daß er Euer Liebden unmöglich schreiben könnte. Wenn man den guten König sieht und spricht, jammert er einen zwar sehr, denn er scheint die gutheit selber zu sein, allein es kann einen nicht wunder nehmen, daß ihm widerfahren ist, was wir jetzt sehen. Die Königin aber scheint viel verstand zu haben und gefällt mir recht wohl. Der prince de Wales ist gar ein artig kind, gleicht ganz an die contrefait von dem verstorbenen König in Engelland, sehr lebhaft und hübsch von gesicht. Wer die beiden Könige jetzt unterscheiden will, kann von dem prinzen von Oranien sagen, daß er König *in* Engelland ist, unserer aber ist der König *aus* Engelland...

P. S. Mit Euer Liebden gnädiger erlaubnis rekommandiere ich mich gehorsamst an oncle. Die brandenburgischen truppen haben die Franzosen ein wenig geputzt; was ich hierauf gedenke, läßt sich der feder nicht vertrauen, Euer Liebden aber wohl leicht erraten.

1 Liselottes älteste Stieftochter war am 12. Februar gestorben, vermutlich durch Gift   2 König Jakob II. war von den Engländern abgesetzt, sein Schwiegersohn Wilhelm von Oranien auf den Thron berufen worden. Ludwig XIV. nahm den Exkönig in Frankreich auf

Versailles, 14. April 1689. Ob ich schon dem kurfürsten zu Pfalz nichts übels gönne, so ist doch nicht, was mich schmerzt, daß man die arme Pfalz so übel zugerichtet hat, seitdem sie in seinen händen ist, sondern was mich darin grollet, ist, daß man die armen Pfälzer in meinem namen betrogen, daß die armen unschuldigen leute aus affection vor den Kurfürst, unsern herrn vater selig, gemeint, sie könnten nicht besser tun, als sich willig ergeben, und daß sie mein sein würden und glücklicher leben als unter dem jetzigen Kurfürsten, weil ich noch von ihrer rechten herren geblüt bin, und daß sie sich nicht allein in dieser ihrer hoffnung betrogen finden und ihre affection sehr übel rekompensiert sehen, sondern auch, daß sie in ein ewiges elend und misere dadurch geraten seind. Das schmerzt mich, daß ich es nicht verdauen kann. Hätte ich hier etwas, so mich sonsten erfreuen könnte, so würde ich vielleicht unangesehen alles elendes, so man erlebt, doch noch wohl etlichmal lustig sein können; aber eben dieselbigen leute, so an meines armen vaterlandes unglück schuldig sein, verfolgen mich persönlich hier auch, und kein tag vergeht, daß man nicht was neues verdrießliches hat. Und mit diesen leuten allen muß man sein leben bis ans end zubringen. Und wenn sie einem nur sagen wollten, was sie wollen, könnte man sich danach richten; aber man sagt einem nichts, und alles, was man sagt und tut, findet man übel. Ich wollte lieber, daß man mich heimlich schlüg und daß ich danach quitt davon wäre, als daß man mich so zergt, wie man tut, denn das quält einem das mark aus den beinen und macht einem das leben ganz verdrießlich. Ich habe noch was andres gemerkt, nämlich daß, wenn der König fürchtet, daß Monsieur könnte bös über ihn werden, als zum exempel, wenn er seinem bastard große gouvernementen gibt und ihm nichts, wenn er willens ist, eine bitte abzuschlagen, so Monsieur dem König getan, oder wie jetzt, wenn er ihn hier sitzen läßt, ohne ihm eine einzige armée anzuvertrauen und kein kommando gibt, und was dergleichen mehr sein mag, dann flattiert der König die Lothringer und alle meines herrn favoriten, mich aber traktiert er sehr übel und mit mépris, und weilen Monsieur diese lieb hat und mich haßt, bezahlt man ihn auf diese weise. Womit denn Monsieur sehr wohl zufrieden ist und weiter nichts begehrt... Aber ich will Euer Liebden nicht länger mit meinen lamentationen verdrießlich fallen und von was anders reden. Apropos daß Euer Liebden sagen, daß unser König in Engelland Euer Liebden jammert und daß die pfaffen alles verderben, wo sie macht haben, so muß ich Euer Liebden ein schön dictum schreiben, so ich heute gelernt habe und welches Euer Liebden gewiß besser divertieren wird als meine klagen: «Le prince d'Orange gouverne tout / Le cardinal de Furstenberg brouille tout / Le roi de France demande tout / Le Pape refuse tout / L'Espagne perd tout / L'Allemagne s'oppose à tout / Les jésuites se mêlent de tout / Si Dieu ne met ordre à tout / Le diable emportera tout.»[1] Die dieses gemacht haben, hatten ebenso gute opinion von den herren jesuwittern als Euer Liebden, wie Euer Liebden sehen.

[1] Der Prinz von Oranien beherrscht alles / der Kardinal Fürstenberg entzweit alles / der König von Frankreich beansprucht alles / der Papst verweigert alles / Spanien verliert alles / Deutschland widersetzt sich allem / die Jesuiten mischen sich in alles. / Wenn Gott nicht alles in Ordnung bringt / wird alles der Teufel holen

St. Cloud, 20. Mai 1689. Es würde mir nicht wohl anstehen, Euer Liebden nicht beizufallen, daß Monsieur der beste herr von der welt ist, allein so werden Euer Liebden mir doch wohl erlauben, nur zu sagen, daß Euer Liebden ihn zu wenig gesehen haben, um perfekt davon zu judizieren, und daß ich wohl was mehreres davon weiß, indem ich, wie das teutsche sprichwort sagt, schier schon zwei küchenbuben oder simmern[1] salz mit ihm gefressen, ihn auch dermaßen examiniert, daß ich ihn jetzt wahrhaftig perfekt kenne, und also vielleicht nur gar zu wohl weiß, was ich zu erwarten habe. Aber dieses seind gar zu langweilige historien, will derowegen nur davon stillschweigen und von was anders reden. Wer sich trösten könnte, nicht allein unglücklich zu sein, würde großen trost hier finden... Euer Liebden sagen, daß man einem alles nehmen kann, ausgenommen ein fröhlich herz. Wie ich noch in Teutschland war, hätte ich es auch wohl so gemeint, seit ich aber in Frankreich bin, hab ich leider nur zu sehr erfahren, daß man einem dieses auch nehmen kann. Wenn die, so einen chagrinieren

wollen, unter einem seind und man nicht davon zu dependieren
hat, kann man sich wohl salvieren mit verachtung, wenn sie aber
über einem herr und meister seind und man keinen schritt in seinem leben tun kann, ohne von ihnen zu dependieren, ist die sach
wohl nicht so leicht als man es sich einbilden könnte. Wenn meine
kinder in meiner macht stünden, würden sie mir große freude verursachen; aber wenn ich denke, daß meine tochter schon mit solchen leuten umringet ist, daß ich kein wort vor ihr sagen darf, aus
furcht, daß man mir händel machen möchte, und ich sehe, daß
Monsieur fest im sinne hat, den marquis d'Effiat meinem sohn vor
hofmeister zu geben, welcher mein ärgster feind ist und mir meinen sohn so sehr aufreizen wird, als er bisher schon Monsieur getan, muß ich gestehen, daß die kinder mir mehr chagrin als freuden geben. Der König hat Béthune[2] nicht erlauben wollen, Polen
zu quittieren und meines sohns hofmeister zu werden, fürchte also
gar sehr, daß es obgedachter marquis werden wird, welcher der
débauchierteste kerl von der welt ist, und insonderheit auf die
schlimmste art. Wird er meines sohns hofmeister, mag ich nur versichert sein, daß er ihn alles lehren wird, so am ärgsten in der welt
ist, welches mich denn wenig erfreuen wird. Was meine tochter
anbelangt, so fürchte ich sowohl als Euer Liebden, daß der leidige
krieg wohl verhindern wird, daß sie den kurprinzen zu Pfalz nicht
bekommen mag. Jedoch so kann ich nicht unterlassen, solches zu
wünschen, denn es mir ein rechter trost sein würde, zu gedenken,
daß Ihro Gnaden des Kurfürsten, meines herrn vater selig, enkel
wieder in der Pfalz regieren würden und meine tochter keinen hinkenden bastard zum mann haben würde. Unsere raugräflichen kinder seind wohl unglücklich, alles das ihrige so zu verlieren; hätte
ich geld, wollte ich ihnen von grund meiner seele gerne was schikken, aber Euer Liebden können sich nicht einbilden, in welchem
elenden stand ich selber bin: ich hab nur hundert pistolen monats;
ich kann nie weniger als eine pistole geben; in acht tagen geht
mein geld in obst, briefe von der post und blumen drauf. Wenn
mir der König was gibt, muß ich die alten schulden bezahlen, und
er gibt mir nichts, als zum neujahr, und Monsieur nie keinen ein-

zigen heller; will ich die geringste bagatelle kaufen, muß ichs entlehnen, also ist es mir ganz unmöglich, präsenten zu geben. Sollte ich zwar Carl Moritz[3] herkommen lassen und einen abt aus ihm machen, wird er doch keine benefiz bekommen, welche jetzt gar rar werden. Madame de Maintenon wird wohl niemand protegieren, so mir zugehört, darauf ist nichts zu hoffen; ihr haß (welchen ich doch nie verdient) ist gar zu groß gegen mir; seitdem sie so in gnaden, hat ja der König mir rund abgeschlagen, den raugraf Carllutz in diensten zu nehmen, wird wohl seinen gebrüdern nicht gnädiger sein.

1 Scheffel *2* der Marquis de Béthune war französischer Gesandter in Polen *3* Liselottes Stiefbruder

St. Cloud, 5. Juni 1689. Ob ich zwar nun schon wohl gewohnt sein sollte, das arme vaterland in brand zu wissen, indem ich seit langer zeit her von nichts anders höre, so kann ich doch nicht lassen, allemal wenn man mir aufs neue einen ort nennt, so verbrennt ist worden, solches zu bedauern und mit schmerzen anzuhören. Es ist wohl eine große charité an Euer Liebden, den armen Pfälzern almosen zu geben. Letztmal hat mir Monsieur was gesagt, das mich recht in der seele verdrossen hat und ich bisher nicht gewußt hatte, nämlich, daß der König alle kontributionen in der Pfalz in meinem namen aufgenommen; also werden die armen leut meinen, ich hätte von ihrem unglück profitiert und wäre an allem ursach, und das betrübt mich recht von herzen. Wollte Gott, daß es wahr wäre, daß man mir alles das geld geben hätte, so man aus der armen Pfalz gezogen, und daß man mich damit gewähren ließe: die armen raugräflichen kinder und die armen Pfälzer würden sich gewiß besser dabei befinden. Aber die wahrheit ist, daß ich weder heller noch pfennig davon hab zu sehen bekommen ... Ich muß gestehen, seitdem ich sehe, daß die pfaffen so gar unchristlich sein und überall nichts als barbareien begehen machen oder auf wenigst nicht abwehren, wo sie es tun sollten, kann ich sie nicht mehr vertragen und seind mir alle ein solch abscheu worden, daß, ehe ich jemand von meinen angehörigen sehen sollte, so ein pfaff sein würde, mag ich ihn noch lieber sein brot betteln sehen. Aber dies ist ein text, bei welchem ich mich nicht lang aufhalten muß, denn sollte man es auf der post lesen, würde man ohne zweifel sagen, daß ich dragoner vonnöten hätte, um mich zu bekehren, muß derowegen von was anders reden... Monsieur de Rebenac[1] hat die ambassade von Constantinopel in gnaden abgeschlagen. Ich habe mit ihm wegen der guten seligen königin in Spanien tod gesprochen; es ist nur gar zu wahr, daß sie ist in rohen austern vergiftet worden. Unsere madame la Dauphine ist wohl nicht vergiftet, aber sie wird je länger je baufälliger, und es ist mir todbang, daß es nicht lang währen wird. Im anfang sagten die doktoren, um ihre cour zu machen an etliche alte weiber, so ich nicht nennen mag, Euer Liebden aber wohl raten können, daß madame la Dauphine hypochondrisch seie und sich nur einbildt, daß sie krank wäre. Damit haben sie das übel so einfressen lassen, daß ich fürchte, daß nun schwerlich rat wird zu finden sein. Nun sie aber ganz bettlägerig ist, müssen die doktoren wohl gestehen, daß es eine rechte krankheit ist; aber sie seind gar ignorant und wissen nichts als purgieren, aderlassen und klistieren, und damit ist madame la Dauphine nicht geholfen. Wenn uns Gott nicht sonderlich hilft, fürchte ich, daß wir erster tagen etwas abscheuliches noch hier erleben werden; es graust mir, dran zu gedenken, denn ich habe die gute madame la Dauphine von herzen lieb.

1 französischer Gesandter in Spanien

Versailles, 24. Juli 1689. Daß Euer Liebden sagen, daß die jungfern nun alle fräulein sein wollen, das erinnert mich an Ihro Gnaden den Kurfürsten selig, welcher, wie er sahe, daß die neuburgischen jungfern sich alle fräulein nennen ließen, sagte er: sie wollen niemand nicht betrügen; wenn man sie jungfern hieße, möchten sie es vielleicht nicht sein. Die rechten armen fräulein, nämlich die raugräflichen, dauern mich wohl von herzen, allein ich weiß keinen rat vor die armen kinder. Daß Euer Liebden und oncle sagen, daß ich ihnen einen affront tue, wenn ich sage, daß ich alt bin, so würde ich mich vielleicht nicht so alt dünken, wenn ich mich auch divertieren dürfte, aber die langeweile und der kontinuierliche zwang machen einen älter in einem jahr, als man sonsten in zehn wird, wenn man in freiheit lebt und sich lustig macht.

Versailles, 26. August 1689. Euer Liebden müssen wissen, daß meine widerwärtige partei Monsieur in den kopf gebracht hat, seinen oberstallmeister zu meines sohnes hofmeister zu machen. Weilen mir aber mit ganz Frankreich bewußt ist, daß dieser mensch einer von den ehrvergessensten und débauchiertesten kerlen von der welt ist, hab ich Monsieur gebeten, meinem sohn einen anderen hofmeister zu geben, und meine ursachen seind diese, daß es mir deucht, daß es meinem sohn keine ehre sein könnte, daß man meinen sollte, daß er des d'Effiat maitresse sei, denn es ist gewiß, daß kein größerer sodomit in Frankreich ist als dieser, und daß es ein schlechter anfang vor einen jungen prinzen seie, mit den ärgsten débauchen von der welt sein leben anzufangen. Auf diesen punkt hat Monsieur geantwortet, er müsse zwar gestehen, daß d'Effiat débauchiert gewesen wäre und die jungen lieb gehabt hätte, allein daß es schon viel jahre wäre, daß er sich von diesem laster korrigiert hätte. Ich sagte, daß noch gar wenig jahre wäre, daß ein hübscher junger Teutscher, so hier wäre, mir entschuldigung gemacht, daß er nicht so oft zu mir käme, als er es wünschte, daß d'Effiat ihn zu sehr plagte, wenn er ins Palais Royal käme. Also wäre er nicht so lange jahre korrigiert, als seine freunde sagten. Aber gesetzt, daß er etlich jahre gewesen wäre, ohne dies laster zu vollziehen, glaubte ich nicht, daß man meinen einzigen sohn müßte zur prob geben, um zu sehen, ob der herr oberstallmeister seinen pagen abgesagt hätte oder nicht, und derowegen von denen, so des d'Effiat conversion nicht wüßten, vor einen verdorbenen und verlorenen menschen müßte angesehen sein; welches ihm ein schlechte reputation geben würde. Daß es mir fremd vorkomme, daß ein kerl, so fast vor zwei jahren noch ohne einigen respekt, noch vor Monsieur noch vor mich, einer von meinen jungfern ein kind angestellt und sie ins haus hier ins kindbett lassen kommen, auch noch seine kammer im Palais Royal voller huren und buben hätte, meines sohns hofmeister sein sollte; welches meinem sohn ein schlecht exempel geben könnte; daß ich aber noch mehr ursachen hätte, Monsieur zu bitten, diesem menschen meinen sohn nicht anzuvertrauen: daß er mein ärgster feind seie, daß Monsieur sich noch wohl erinnern könnte, wie ich ihm vor seinen augen überwiesen alles, was er auf mich gelogen hätte, daß er mich ja auf den knieen vor Monsieur selber hätte deswegen um verzeihung gebeten, daß also mir nichts in der welt schmerzlicher sein könnte, als meinen einigen sohn die récompense zu sehen von allem übel, so dieser gottlose mensch mir zuwegen gebracht und mich um die ehre durch seine lügen bringen wollen und Monsieurs ewigen haß auf mich ziehen, daß ich also nichts als haß auch von meinem sohn müßte gewärtig sein, wenn er einen solchen hofmeister haben würde; daß Monsieur herr und meister seie, und meinen sohn in welche hände er wollte geben könnte, allein daß d'Effiat sein leben weder meine approbation noch consentement haben würde. Und wenn mein unglück wollte, daß man meinem sohn diesen hofmeister gebe, so müßte man nicht vor übel nehmen, daß ich mich bei der ganzen welt entschuldigte und zu erkennen gäbe, daß es ohne meinen willen geschehen. Anfangs sagte Monsieur, madame de Maintenon hätte die sach sehr approbiert und hätte den König drin konsentieren machen; ich antwortete, das wäre ein schlimm zeichen vor Monsieur und meinen sohn, denn weilen Ihro Majestät zugeben, daß er in diese hände fiele, wäre es ein zeichen, daß er nichts mehr nach meinem sohn fragte, denn dem König alle des d'Effiat laster so wohl bekannt wären, daß er mir selber oft davon gesprochen hätte, wie es auch in der tat wahr ist, daß, was madame de Maintenons approbation anginge, sollte Monsieur selbige in diesem stück vor suspect halten, indem die liebe, so sie vor monsieur du Maine hat, welchen sie erzogen und wie ihr eigen kind liebt, groß genung seie, um zu wünschen, daß er meinen sohn an tugenden übertreffen würde, derowegen gar gern konsentieren, daß d'Effiat meines sohns hofmeister seie, aber daß dieses Monsieur eben die augen öffnen sollte und weisen, wie wenig dieser hofmeister tüchtig vor seinen sohn seie. Anfangs als d'Effiat sahe, daß ich mich so sehr opponierte, sagte er, er wollte es nicht sein, hernach aber gereute es ihn, und er suchte die sach mehr als nie. Monsieur hatte mir schon sagen lassen, doch mit etwas verdruß, daß d'Effiat nicht hofmeister sein wollte und nicht sein würde, weilen er es nicht wollte, aber die sach wäre gar nicht meinetwegen zurückgangen. Ich antwortete in lachen, daß Monsieur mir die mühe durch dies kompliment sparte, ihm zu danken, daß ich aber eine solche freude hätte, daß ich nicht würde lassen können, nicht allein Monsieur, sondern auch d'Effiat selber davor zu danken. Ich war selbigen abend wieder gutes muts und meinte, es wäre alles gut; hernach aber schickte man mir Monsieur seinen beichtvater, und als ich nach Paris ging, sagte mir die comtesse de Beuvron,[1] daß Monsieur ihr auch seinen kanzler geschickt, um mir eine proposition vorzutragen; weilen aber leider all eins seind, so will ich sie Euer Liebden hier sagen und auch meine antwort; doch der unterschied von beiden war, daß des beichtsvaters kommission nicht so erschrecklich hart war, als die von der comtesse de Beuvron. Ob der gute jesuwit mir die sach adouciert nach seinem belieben, weiß ich nicht. Monsieur ließ mir sagen: daß er ganz resolviert hätte, den d'Effiat zum hofmeister zu machen, ich möchte meinen konsens drin geben oder nicht; derowegen würde ich wohl tun, mich in der sach zu ergeben, daß, wofern ich die sach mit agrément täte, wollte er mir eine carte blanche geben, um drauf zu schreiben, was ich nur begehrte, er wolle auch die comtesse de Beuvron wiedersehen, sie wohl traktieren und alles suchen, was er tun könnte, mir zu gefallen. Sofern ich mich aber opiniatrieren würde und sagen, daß die sach wider meinen willen geschähe, so würde es nichts desto weniger geschehen, aber der unterschied würde sein, daß er mich mein leben unglücklich machen wollte, der comtesse de Beuvron verbieten, mich nie zu sehen, mir alles abschlagen, was ich von ihm begehren möchte, mir allen dégout geben, so immer möglich sein kann, allen éclat machen, so mir zuwider sein könnte, und dadurch wohl erweisen, daß er herr in seinem hause seie... Seitdem hat der König einen hofmeister vor monsieur le duc de Bourgogne gewählt; welches wohl einer von den tugendhaftesten menschen von der welt ist;[2] derowegen hab ich an Ihro Majestät geschrieben und gebeten, sie möchten doch auch eine wahl vor meinen sohn tun, hat mir aber weder mit worten noch schreiben geantwortet. Was aus diesem allen noch werden wird, wird die zeit lehren. Monsieur protzt ein wenig, aber ich tue ganz wie ordinari und als wenn nichts vorgegangen wäre, und bin so höflich, als mir immer möglich ist. Alle tag schickt man mir noch leute, um mich zu persuadieren. Es wundert mich, daß Monsieur nicht an Euer Liebden geschrieben, um dero hülf auch zu ersuchen, aber ich glaube, er darf es nicht tun, und daß Euer Liebden vielleicht werden gehört haben, daß man diesen d'Effiat auch beschuldigt, feue Madame das gift gegeben zu haben, so der chevalier de Lorraine von Rom durch Morel geschickt hatte wie man sagt; welche accusation, sie seie falsch oder wahr, doch noch ein schöner ehrentitel ist, um ihm meinen sohn zu vertrauen.

1 Liselottes Hofdame, geb. Theobon   *2* Fénélon, Erzbischof von Cambrai

Philipps Gouverneur wurde der Marquis d'Arcy, sein Präzeptor der Abbé Dubois, der spätere Kardinal; beide waren treffliche Erzieher.

St. Cloud, 21. September 1689. Damit Euer Liebden aber die suite von dieser historie wissen mögen, so habe ich mit dem König gesprochen. Ihro Majestät sagen, daß es lauter lügen wären, daß man sagte, daß er d'Effiat zu seines neveu hofmeister haben wollte. Contrari, er hätte Monsieur ein ganz jahr lang schon davon abgehalten. Worauf ich geantwortet, daß ich Ihro Majestät untertänig bäte, diese güte noch vor meinen sohn zu haben und ihm einen ehrlichen mann auszusuchen und selbigen Monsieur proponieren; welches mir der König versprochen. Seitdem hat man mir wieder aufs neue dräuen wollen; ich habe aber gesagt, daß ich mich nicht fürchte, hätte schier das sprichwort allegiert: «Wer von dräuen stirbt, den muß man met verlöff met verlöff mit fürzen begraben.» Ich habe ihnen zu verstehen gegeben, daß ich wohl wüßte, daß sie gelogen hätten. Seitdem ist alles still, und unter der hand hab ich erfahren, daß der König mir sein versprechen hält und daß zu hoffen ist, daß mein sohn einen andern hofmeister bekommen wird. Gott gebe, daß man uns einen ehrlichen mann geben mag! Béthune hat der König vonnöten und der kann es nicht sein, welches mir sehr leid ist. Denn ich bin persuadiert, daß, wenn er es gewesen wäre, hätte ich nicht zu fürchten gehabt, daß er mir meinen sohn gegen mich würde gehässig machen.

St. Cloud, 30. Oktober 1689. Gestern hat man mir was verzählt, so mich recht attendriert hat und habe es nicht ohne tränen anhören können: nämlich, daß die armen leute zu Mannheim sich alle wieder in ihre keller retiriert haben und darinnen wohnen, als wie in häusern, ja alle tag markt halten, als wenn die stadt noch in vorigem stand wäre. Und wenn ein Franzos in Heidelberg kommt, gehen die armen leute haufenweise zu ihm und fragen nach mir, fangen hernach an, von Ihro Gnaden dem Kurfürsten, meinem herrn vater, zu reden und von meinem bruder selig, und weinen die bittere tränen; den jetzigen Kurfürsten aber haben sie nicht lieb.

Versailles, 10. Dezember 1689. Ich glaube nicht, daß ein böserer teufel in der welt kann gefunden werden, als sie ist mit aller ihrer dévotion und heuchelei, befinde, daß sie das alte teutsche sprichwort wohl wahr macht, nämlich: «Wo der teufel nicht hinkommen kann, da schickt er ein alt weib hin.» Alles unheil kommt von dieser zott; ich vor mein teil habe mich ihrer wohl gar nicht zu rühmen, und sie hat keine größere freude, als wenn sie entweder madame la Dauphine oder mir etwas übles bei dem großen mann anmachen kann. Ja, wenn Euer Liebden alles wissen sollten, wie es hergeht, würden sie solches vor unglaublich halten. Bis ich Euer Liebden aber völlig davon informieren kann, ist es wie ich glaube besser, daß ich von diesem text stillschweige, nur das noch sage, daß es wohl zu wünschen wäre, daß sich das weib um nichts als ihre jungfern in dem stift[1] bekümmerte... Ich scheine wohl destiniert, alles zu verlieren, was ich von meinen verwandten haben sollte: alles land hat der König verbrennt, alles bar geld hat Mon-

sieur zu sich gezogen, ohne mir weder heller noch pfennig davon
zu geben. Dieses aber würde ich mich leicht getrösten, wenn man
mich nur sonsten mit frieden ließe und nicht plagte, wie man täglich tut.

1 das Stift St. Cyr zur Erziehung adliger Mädchen, das die Maintenon
gegründet hatte

Versailles, 8. Februar 1690. Ich fürchte sehr, daß wir sie nicht
lange behalten werden, welches mich in der seelen schmerzen sollte,
denn ich habe sie von herzen lieb, und die gute madame la Dauphine meritiert wohl, einen glücklicheren stand zu haben als sie
hat. Man bringt sie aus traurigkeit ums leben. Man tut alles, was
man kann, um mich auch in selbigen stand zu bringen, allein ich
bin eine härtere nuß als die madame la Dauphine, und ehe mich
die alten weiber werden aufgefressen haben, mögen sie wohl etliche zähne verlieren ... habe große sorge vor meine gesundheit,
um sie toll zu machen. Das alte weib ist aufs wenigst ein jahr fünfzehn, wo nicht zwanzig älter als ich, drum denke ich, daß wenn ich
geduld habe und nur vor meine gesundheit sorge, werde ich das
vergnügen haben, sie vor mir in die andere welt ziehen zu sehen.

Versailles, 12. Juni 1690. Mittwoch nach dieser abscheulichen
zeremonie[1] seind wir nach Marly, allwo wir bis samstag geblieben. Dorten hätte mir zwar wohl die betrübnis vergehen sollen,
denn es gar das ordinari leben war: alle kammern voll spieler, nachmittags die jagd, abends die musik; allein wenn ich ja die wahrheit
bekennen soll, so hat mich dieses viel trauriger gemacht. Denn wie
ich niemand dorten gefunden, so nach mir fragt, und ich gesehen,
wie bald man hier die toten vergißt, hat mich die arme madame
la Dauphine wieder aufs neue gejammert ... Ich habe wohl gefürchtet, daß, wenn Euer Liebden wieder nach Hannover kommen würden, daß sie wieder traurig würden werden,[2] denn alles,
was einen an seinen verlust erinnern kann, macht einen alles wieder verneuern und den schmerzen aufs neue empfinden. Und nichts
erinnert einen mehr, als die örter, wo man die leute, so einem lieb
gewesen, am meisten gesehen. Wollt Gott, Euer Liebden könnten

ein so hartes gemüt haben und die ihrigen so wenig lieben, als wie der große mann, sein sohn und sein bruder. Denn sie betrüben sich um nichts, es mag ihnen auch sterben, wer da will. Ja es ist zu verwundern, wie hart diese leute sein. Wenn sie es par force d'esprit täten, möchte man es ihnen vielleicht wohl noch dank wissen und sie admirieren, allein das ist es gar nicht, denn solange sie das spectacle vor augen sehen, schreien sie, und sobald sie aus der kammer sein, lachen sie wieder und denken hernach nimmer dran. Ich werde ganz ungeduldig drüber, denn ich kann diesem exemple nicht folgen, und ob man es schon für eine faiblesse hält, betrübt zu sein, so ist es doch auch ein zeichen von einem guten gemüte.

1 Begräbnis der Dauphine, die am 20. April gestorben war   *2* der Sohn der Herzogin Sophie, Karl Philipp, war im Januar im Türkenkriege gefallen

Versailles, 30. Juli 1690. Als der könig in Engelland[1] wieder in seiner kutsche war und nach St. Germain fahren wollte, fand er einen von seinen kammerdienern hundert schritt vom schloßtor, der brachte ihm die zeitung, daß man in ganz Irland vor gewiß sagte, daß der marschall von Schomberg in der schlacht geblieben und der prinz von Oranien an seinen wunden gestorben seie. Seitdem aber hat man erfahren, daß alles wahr ist, was man von dem armen marschall von Schomberg gesagt, daß aber der prinz nur gar wenig verwundet seie. Was aber diese zeitung von seinem tod vor eine freude unter dem pöbelvolk verursachet, ist unmöglich zu beschreiben, und ob man schon commissaires du quartier geschickt hat, um ihre raserei abzuwehren, ist es doch unmöglich gewesen. Sie haben zweimal vierundzwanzig stunden gerast, nichts getan als fressen und saufen, und alle leute, so vorbeigingen, haben sie gezwungen zu trinken; sie haben freudenfeuer gemacht und geschossen, raketen ausgeworfen und maskeraden gemacht. Etliche haben ein begräbnis zugericht und alle vorbeigehenden zu des prinzen von Oranien begräbnis geladen; andere haben eine figur von stroh und wachs gemacht, so sie den prinzen von Oranien geheißen, und haben die ganze nacht danach geschossen. Die cordeliers haben auch ein groß feuer vor ihr kloster gemacht und seind herausgangen, haben einen kreis gemacht und um ihr feuer gesprungen und gesungen und getanzt. Ja, wenn ich Euer Liebden alle narreteien verzählen sollte, so man zu Paris getan, müßte ich ein groß buch schreiben. Aber was wunderlich ist, ist, daß unseres Königs autorität, so absolut als sie auch ist, doch dieses nicht hat verwehren können, denn sobald jemand sagen wollte, daß dieses eine narretei sei, ist man seines lebens nicht sicher gewest.

1 Jakob II. hatte versucht, mit Hilfe Frankreichs und der katholischen Iren England zurückzuerobern, war aber geschlagen worden

St. Cloud, 20. August 1690. Weilen ich sehe, daß die hiesigen narreteien Euer Liebden ein wenig divertieren, so schicke ich Euer Liebden hierbei alle lieder, so jetzt gesungen werden, welches eben keine ehrengedichte für unsern armen könig in Engelland sein, und Euer Liebden werden dadurch sehen, daß, ob sie schon hier im land den König lieb haben und den prinzen von Oranien hassen, so estimieren sie doch diesen letzten viel mehr als den ersten, wie es die lieder ausweisen. Vergangenen donnerstag haben wir den armen König und die Königin hier gehabt; die Königin war gar sérieuse, der König aber gar lustig. Er hat mich wieder nach Euer Liebden gefragt. Ich weiß nicht, wer die flatteurs müssen gewesen sein, so dieses Königs verstand so sehr vor diesem müssen gelobet haben, denn soviel ich davon judizieren kann, so ist wenig darhinter... Je mehr man diesen König sieht und von dem prinzen von Oranien reden höret, je mehr excusiert man den prinzen und sieht man, daß er estimabel ist. Euer Liebden werden viel leicht denken, daß alte lieb nicht rost,[1] aber es ist gewiß, daß ein verstand, wie der seine ist, mir besser gefällt als ein schön gesicht.

1 Wilhelm von Oranien war im Haag Liselottes Spielkamerad gewesen

St. Cloud, 23. August 1690. Ob der große mann schon viel schlachten gewinnet, so ist er doch nicht weniger grittlig. Die alten weiber machen ihm bang vor dem teufel, damit sie ihn allein behalten mögen und er nach keiner jüngeren sehen mag als sie sein. Und die gezwungene gottsfurcht ist ja so gar gegen seine natur. Das macht ihn dann grittlig, und diejenigen müssens entgelten, die nichts davor können; dies aber ist nur unter uns geredt.

St. Cloud, 13. September 1690. Es ist gewiß, daß man die religion und gottesfurcht jetzt hier im lande auf eine wunderliche manier drehet; mir steht es gar nicht an und werde es schier bald machen als wie ein Engländer, so man Filding heißt: den fragte Wendt zu Fontainebleau vor etlich jahren:[1] «Êtes-vous huguenot, Monsieur?» — «Non», sagte er. — «Vous êtes donc catholique», sagte Wendt. — «Encore moins», antwortete der Engländer. — «Ah», sagte Wendt, «c'est que vous êtes Luthérien.» — «Point du tout», sagte Filding. — «Et qu'êtes-vous donc?» sagte Wendt. — «Je vais vous le dire», sagte der Engländer, «j'ai une petite religion à part moi.» — Also glaube ich, daß ich auch bald un petit religion apart moi haben werde. Der gute könig Jakob würde besser getan haben, es auch also zu machen, als durch bigotterie drei königreiche zu verlieren.

1 seid Ihr Hugenotte, mein Herr? / nein / Ihr seid also Katholik? / noch weniger / ah, Ihr seid Lutheraner / keineswegs / aber was seid Ihr dann? / ich will es Euch sagen: ich habe eine kleine Religion für mich allein

Fontainebleau, 20. Oktober 1690. Nun ich den guten könig Jakob besser hab kennen lernen, hab ich ihn recht lieb; es ist der beste herr von der welt. Er jammert mich von grund meiner seelen, denn er seufzt etlichemal so erbärmlich. Er hat mich auf ein seit gezogen und sehr examiniert, ob es doch wahr seie, daß seine frau tochter, die prinzess von Oranien, über sein unglück so betrübt gewesen seie, daß sie nicht hätte tanzen wollen, wie Ihro Liebden die kurfürstin von Brandenburg im Haag gewesen wäre, wie auch, ob es wahr, daß sie Euer Liebden geschrieben, daß es ihr lieb wäre, daß er nicht in Irland umkommen seie. Ich habe sehr versichert, daß es gar wahr wäre, und es hat mich gedeucht, daß diese versicherung dem armen unglücklichen König ein wenig trost gab.

Versailles, 2. Februar 1691. Wir werden hier alle tage devoter; es geht ein geschrei, ich weiß aber nicht, ob es wahr ist, daß des Königs alt zott solle allen damens, so rot antun, habe sagen lassen, daß sie es nicht mehr tragen sollen. Die mühe habe ich verspart, daß man mir dies compliment macht. Hierin setzt man die gottesfurcht, aber dem witwer[1] eine andere frau zu geben, da will man nicht an.

1 dem Dauphin Louis; Liselotte dachte an ihre Tochter

Paris, 29. März 1691. Es ist wohl ein groß glück, daß mein herzlieb ma tante nicht krank geworden ist, nachdem Euer Liebden so zwei harte stöß nacheinander ausgestanden haben.[1] Mir war bitter angst dabei. Gott der allmächtige wolle Euer Liebden erhalten und alle diese große schmerzen mit tausend freuden ersetzen. Die fürstin von Ostfriesland muß ein gut gemüt haben, und ich weiß es ihr rechten dank, daß sie ihr bestes getan hat, Euer Liebden wieder zurecht zu bringen. Ich, die so mancherlei betrübnis schon in meinem leben gehabt habe, ich weiß nur gar zu wohl, was es ist, in einem bett zu liegen und vor traurigkeit nicht schlafen können. Und was noch am ärgsten ist, ist, daß wenn man ein wenig einschlummert und darnach in dem schlaf auffährt und sein unglück einem dann vor augen kommt; das ist etwas abscheuliches. Ich bin wohl ganz von Euer Liebden meinung (hätte schier gesagt, von Euer Liebden religion), daß es unchristlich ist, seinen nächsten zu plagen, aber allebenwohl so fangt man alle gottesfurcht hier im lande hiermit an, und ich habe große mühe, mich hieran zu gewöhnen. Der witmann ist ein original, und ich glaube nicht, daß seinesgleichen von unempfindlichkeit jemalen sei gesehen worden; wenn man es nicht mit seinen augen sähe, könnte man es unmöglich glauben. Wem meine tochter noch wird zuteil werden, mag der liebe Gott wissen, allein mich deucht, daß man gar keinen sinn hat, dem witwer wieder zu einer gemahlin zu helfen, ist mir derowegen leid, daß der römische König[2] seine tante heiraten wird. Doch wollte ich lieber, daß meine tochter all ihr leben Mademoiselle verbleiben möchte, als daß man ihr einen uberzwerchen heirat zuwege brächte. Sie wächst erschrecklich, ist schier größer als ich, ihre taille wird nicht uneben... sie hat eine hübsche haut, aber alle traits seind häßlich: eine häßliche nas, ein groß maul, die augen gezogen und ein platt gesicht...

1 nach Karl Philipp war auch noch Sophies zweiter Sohn Friedrich August gefallen   *2* Kaiser Joseph I.

Versailles, 22. Juli 1691. Monsieur de Louvois ist sein wassertrinken übel gelungen, man weiß aber nicht ob es das sauer oder süß wasser ist, so ihm geschadt. Alle doktoren und balbierer, so ihn geöffnet haben, sagen und haben unterschrieben, daß er von einem erschrecklichen gift gestorben ist. In einer kleinen viertelstunde war er gesund und tot. Ich hatte ihn eben eine halbe stunde vor seinem tod begegnet und gesprochen; sahe wohl aus und hatte so gute farbe, daß ich zu ihm sagte, es schiene, daß das wasser von Forches ihm gar wohl bekommen seie. Er wollte mich aus civilité in meine kammer begleiten. Allein ich sagte, daß der König seiner warte; wollte es also nicht zugeben. Hätte ich ihn gehen lassen, wäre er mir in meiner kammer gestorben, welches ein abscheulich spectacle gewesen wäre... Weil er ja zu sterben hat, hätte ich wünschen mögen, daß es vor drei jahren hätte geschehen können, welches der armen Pfalz wohl bekommen wäre.

St. Cloud, 10. August 1691. Ich vor mein teil wollte lieber, daß eine alte zott verreckt wäre als er. Denn nun wird sie mächtiger sein als nie und ihre bosheit je mehr und mehr an tag geben können. Und weil sie mich erschrecklich haßt, wird es so wohl über mich als über andere ausgehen. Jedoch so fasse ich so guten mut, als ich kann, und bedenke, daß ich nicht von dräuen sterben will, damit man mich nicht (met verlöff met verlöff) mit fürzen begraben möge, wie man im sprichwort sagt.

St. Cloud, 23. August 1691. Sollte es wahr sein, daß monsieur de Louvois soll vergiftet worden sein, so glaube ich nicht, daß es seiner söhne arbeit ist, so boshaft als sie auch sein mögen. Glaube vielmehr, daß ein doktor das stück getan einem alten weib zu gefallen, dem monsieur de Louvois großen verdruß angetan und von welcher er gar frei geredt hat, wie man sagt, als er Ihro Majestät nach Mons geführt hat. Es schien nicht, daß sich der König sehr inkommodiert befunden nach monsieur de Louvois tod; denn ich habe ihn in langer zeit nicht lustiger gesehen als er war etliche tage nach dieses manns tod.

Fontainebleau, 18. September 1691. Monsieur de Louvois ist nun so vergessen hier, daß man nicht mehr dran denkt, ob er ist vergeben worden oder nicht ... Unser großer mann hier ist incapable, ein solches vorzunehmen. Ich weiß und kenne leute, so ihm offriert haben, den prinzen von Oranien zu assassinieren. Er hat es aber nie zugeben wollen. Ich glaube aber gar wohl, daß sich noch viel finden, so diesen indiskreten zèle haben ... Ich habe mir als eingebildt, daß wir unsers Herrgotts marionetten sein, denn man macht uns gehen hier und daher, allerhand personnages spielen. Und darnach fallen wir auf einmal, und das spiel ist aus. Der tod ist Polichinell, der ein jedem seinen stoß gibt und vom theater wegstößt.

Fontainebleau, 14. Oktober 1691. Ich bin auch froh, daß Euer Liebden meiner meinung beifallen, daß wir unsers Herrgotts marionetten sein. Gott lieben von ganzem herzen ohne ihn zu sehen, den nächsten lieben, so uns viel übels antut, sind zwei punkten, so nicht gar leicht sein; Gott admirieren und fürchten wäre leichter, und lieben wer uns guts tut, so wäre die sach besser, aber so lang man hier in der welt ist, muß man es so gut machen als man kann und das übrige der barmherzigkeit Gottes heimstellen.

Paris, 27. Dezember 1691. Ich muß Euer Liebden eine kleine historie verzählen, so vor ein tag oder vierzehn sich hier zugetragen und eine ganz neue manier ist, sich vor eine empfangene maulschelle zu rächen. Ein capitaine des dragons kam hier zu Paris in ein haus, wo viele damen karten spielten; zwei von diesen damen disputierten miteinander über etwas vom spiel: eine sagte, die andere hätte renonciert; die leugnets; die dispute wurden stark; alle damen und andere cavaliers, so in der kammer waren, kamen herzu. Der capitaine des dragons kam auch dazu; eine von diesen damen nahm ihn zum richter. Er kondamnierte die, so er meinte, so unrecht hätte, die steht auf und gibt ihm eine praffe, dichte maulschelle. Er nicht faul sagt: «Messieurs, voilà une action d'un homme et non pas d'une femme, il faut m'en éclaircir»;[1] springt drauf auf die frau los, hebt ihr alle röck über den kopf und ruft: «Messieurs, regardez bien; si c'est un homme, il faut nous couper la gorge ensemble, mais si c'est effectivement une dame, je lui ferai la révérence et baiserai la main qui m'a frappé.»[2] Alles rief in der kammer: «C'est une femme»;[3] darauf ließ er die röcke wieder fallen und machte eine tiefe révérence und ging so davon.

[1] meine Herren, dies ist die Tat eines Mannes und nicht einer Frau; ich muß mich davon überzeugen [2] meine Herren, sehen Sie gut hin! Wenn es ein Mann ist, müssen wir uns deswegen schlagen; aber wenn es wirklich eine Dame ist, werde ich ihr eine Reverenz machen und die Hand küssen, die mich geschlagen hat [3] es ist eine Frau!

Versailles, 10. Januar 1692. Ob ich zwar die augen so dick und verschwollen habe, daß ich kaum draus sehen kann, indem ich, um die wahrheit zu bekennen, die torheit getan, die ganze nacht zu flennen, so will ich doch diese freitagspost nicht vorbeigehen lassen, ohne Euer Liebden zu berichten, was mir gestern unangenehmes begegnet ist, da ichs mich am allerwenigsten versahe. Monsieur kam um halb vier herein und sagte zu mir: «Madame, j'ai une commission pour vous de la part du roi, qui ne vous sera pas trop agréable, et vous devez lui rendre réponse à ce soir vous-même, c'est que le roi vous mande que lui et moi et mon fils étant d'accord du mariage de mademoiselle de Blois avec mon fils, que vous ne serez pas la lâche qui vous y opposerez.»[1] Ich lasse Euer Liebden gedenken wie sehr mich dieses bestürzt hat und auch zugleich betrübt. Abends nach acht ließ mich der König in sein cabinet holen und fragte mich, ob Monsieur mir die proposition getan, und was ich dazu sagte. «Quand Votre Majesté et Monsieur me parlerez en maître, comme vous faites, je ne puis qu'obéir»,[2] sagte ich, denn ich habe mich erinnert, was Euer Liebden mir vor diesem durch Harling auf diesen text geschrieben haben: daß, wenn man diesen heirat mit gewalt haben wolle, sollte ich mich drin ergeben. So ist es denn nun geschehen; der König und ganze hof seind heute herkommen in meine kammer, um mich über diese schöne sach zu komplimentieren und ich habe nicht länger warten wollen, um Euer Liebden dieses (hätte schier gesagt mein unglück) zu berichten. Der kopf tut mir so wehe, daß ich weiters nicht sagen kann als daß ich bin und bis in tod verbleibe...

[1] Madame, ich habe einen Auftrag vom König für Euch, welcher Euch nicht allzu angenehm sein wird, und Ihr selbst sollt ihm heute Abend darauf antworten. Was der König Euch zu wissen tut, ist, daß er und ich und mein Sohn übereingekommen sind, Mademoiselle de Blois mit meinem Sohn zu verheiraten, und daß Ihr nicht die Törin sein werdet, Euch dem zu widersetzen   [2] wenn Eure Majestät und Monsieur mir als Herr befehlen, wie sie tun, so kann ich nichts tun als gehorchen

Versailles, 21. Februar 1692. Man hat Euer Liebden übel bericht, daß ich mich wegen der hochzeit solle kindisch gestellt haben; ich bin leider in keinem alter mehr, kindisch zu sein; was ich mich nun kindisch stellen sollte, müßte pure torheit sein... Was meine schwiegertochter anbelangt, so werde ich keine mühe haben, mich an sie zu gewöhnen, denn wir werden nicht so oft beieinander sein, daß wir einander verdrießlich fallen möchten... Ihre jahre und die meinen seind gar unterschiedlich; also werde ich meiner tochter die sorge lassen, Ihro Liebden zu divertieren; morgens und abends bonjour und bonsoir zu sagen, ist bald getan.

Paris, 5. März 1692. Gott sei dank! Monsieur du Maines heirat ist geschlossen,[1] also dieser stein mir einmal vom herzen. Ich glaube, daß man des Königs alter zott muß gesagt haben, was das pöbelvolk zu Paris sagte, und daß ihr dieses wird bang gemacht haben. Sie sagten überlaut, daß es eine schande wäre, daß der König seine bastardtochter an einen rechten prinzen vom hause gäbe. Jedoch weilen mein sohn den rang an seine gemahlin gäbe, so wollten sie es geschehen lassen, doch mit leid. Sollte aber das alte weib sich unterstehen, meine tochter an monsieur du Maine zu geben, so wollten sie ihn ersticken, ehe der heirat vollbracht würde sein. Und das alte weib, so sie noch seine hofmeisterin hießen, würde nicht sicher sein. Sobald als dies geschrei erschollen, hat man den anderen heirat erfahren ... Ich habe die guten Pariser recht lieb drum, daß sie sich so vor mich interessiert haben.

1 der älteste Sohn Ludwigs und der Frau von Montespan hatte eine Enkelin des großen Condé geheiratet. Dadurch war Liselotte der Sorge enthoben, daß ihm ihre Tochter gegeben werden könnte

Paris, 11. Mai 1692. Von der teutschen aufrichtigkeit halte ich mehr als von der magnificence, und ist mir recht leid zu vernehmen, daß solche sich verlieret im vaterlande. Es ist leicht zu erachten, wovon der luxe die treuherzigkeit verjagt; man kann nicht magnifique sein ohne geld, und wenn man so sehr nach geld fragt, wird man interessiert, und wenn man einmal interessiert wird, sucht man alle mittel hervor, was zu bekommen, wodurch dann die falschheit, lügen und betrügen einreißt, welches dann treu, glauben und aufrichtigkeit ganz verjagt.

St. Cloud, 22. Mai 1692. In dieser zeit, glaube ich, daß man wenig weiß was heilig ist oder nicht. Die halt ich vor die heiligsten, so ihren nächsten am wenigsten leid tun und gerecht sein in ihrem wandel. Aber das finde ich bei den devoten gar nicht, contrari, niemand hat einen verbitterteren haß in der welt, und wäre es wohl nicht schlimmer, in der türken hände zu fallen als in dieser unbarmherzigen leute. Ich weiß, was es kost und habe die probe davon. Ich muß Euer Liebden gestehen, daß, ob solche devoten zwar auch meine nächsten sein, kann ich sie doch nicht lieben als mich selbst, und wenn ich mich examiniere, finde ich nur, daß ich die lieb habe, so mich lieb haben oder aufs wenigst mich nicht hassen. Halte es also vor eine schwere sach, der heiligen schrift hierin zu folgen.

St. Cloud, 31. Mai 1692. Wie kommts daß Euer Liebden nicht mehr singen? Denn mich deucht, daß Euer Liebden vor diesem auf allen reisen stets in der kutsch sungen. Die psalmen vergesse ich schier alle, die lutherischen lieder aber kann ich noch brav singen und hab wenig vergessen... Es fängt mir schier angst vor meinen buben zu werden an, denn wie man sagt so marschiert der könig Wilhelm und will Namur zu hilfe kommen, und mein sohn ist in monsieur de Luxembourgs armée, welche es wehren soll. Ich hoffe doch, daß die belagerung nicht lang währen soll, denn der schrekken ist schon groß in der stadt; über die fünfzig damens von qualität seind zu fuß mit ihren kindern und mägden ins Königs lager geloffen; man hat sie prisonniers de guerre genommen und in ein kloster gesteckt. Mich deucht, diese damens müssen entweder eine große opinion von der französischen soldaten discrétion haben oder mehr vor ihr leben fürchten als vor ihre ehre und juwelen, denn die armen damens haben alle ihre demanten mitgebracht. Sie seind von soldaten gefangen worden, so auf die beute ausgangen; sie haben aber einem jeden einen taler versprochen, da haben sie sie mit sack und pack ins Königs lager geführt, ohne ihnen einen heller zu nehmen, haben also ihre hübsche brocards und demanten behalten... Welcher henker uns unsere alte rumpompel hier wollte wegnehmen, sollte ich wohl vor einen ehrlichen mann halten und gern vor ihn bitten, daß er möchte geadelt werden.

St. Cloud, 19. Juni 1692. Ich habe nicht vanité genung, zu glauben, daß ich gar viel wert seie; allein die verachtung, so der König vor mich hat, ist so erschrecklich, daß ich ohne einige vanité wohl glauben kann, daß ich solche nicht meritiere, insonderheit indem er mich bravieren läßt von einem alten weib, so all ihr leben, ohne einigen ruhm zu melden, ein ärgerlicher leben geführt hat als ich. Aber mein partei ist gefaßt; ich will hinfüro, wo mirs möglich ist, die zeit nehmen wie sie kommt und nur vor meine gesundheit sorgen, denn ob ich schon nicht jung mehr bin, so ist doch die alte zott älter als ich, hoffe also, daß ich noch vor meinem end den spaß haben werde, den alten teufel bersten zu sehen.

Philipp von Orléans · Monsieur

Paris, 3. Juli 1692. Vergangenen dienstag haben wir hier die zeitung bekommen, daß das schloß von Namur[1] über ist. Ich fuhr eben selbigen tag ins arsenal, um dorten ein häuschen zu sehen, worinnen viel artige indianische sachen sein. Unsere damens in mein kutsch riefen an etliche kaufleute, daß Namur über seie; da hat sich das pöbelvolk eingebildet, ich führe express herum, um diese zeitung auszubreiten, sie sammelten sich um meine kutsch und riefen: «Vive le Roi et Madame!» Andere haben dazu gesetzt, ich wäre in die Bastille gefahren und hätte selber die stücke aus freuden gelöst, hernach hätte ich in der kirch de Notredame ein bouquet von allerhand blumen an die Vierge presentiert, welches so schwer wäre gewesen, daß ich es selber nicht hätte tragen können. Ich schäme mich recht, daß man so viel narreteien von mir verzählt; ich fürchte den Lardon oder die Quintessence des Nouvelles hierüber, denn wenn diese sottise in Holland kommt, wird man mir brav mein fait geben,[2] welches ich doch wahrlich nicht verdient habe.

1 am 30. Juni hatte sich die Festung Namur ergeben *2* die holländischen Zeitungen brachten regelmäßig Berichte über den Hof des feindlichen Frankreich, durch die viel Klatsch verbreitet wurde

St. Cloud, 7. August 1692. Ehe ich auf Euer Liebden gnädiges schreiben von Linsburg vom 27. Juli anfange zu antworten, muß ich Euer Liebden doch verzählen, was ein großen schrecken ich vergangenen montag abend ausgestanden, welcher sich doch Gott sei dank endlich in freuden verwandelt hat. Ich war schon ausgezogen und wollte mich eben zu bette legen um zwölf, da hörte ich auf einmal Monsieur in meiner vorkammer sprechen, und weilen ich wohl wußte, daß er schon in seiner kammer zu bette gelegen war, merkte ich gleich, daß was vorgangen müßte sein, sprang derowegen eilends auf und lief Monsieur entgegen, um zu sehen, was es wäre. Er hielt einen offenen brief in der hand und sagte: «Ne vous effrayez pas, votre fils est blessé, mais ce n'est que légèrement; il y a eu un furieux combat en Flandre, et l'infanterie du roi a défait celle du prince d'Orange; on ne sait que cela en

gros à ce que le roi me mande et il n'y a aucun détail.»[1] Ich lasse
Euer Liebden gedenken, in was ängsten mich diese zeitung setzte;
ich blieb auf meinem balkon und wartete bis schier um drei morgens, ob kein kurier von meinem sohn kommen möchte. Alle halbe
stunde kamen kuriere an, einer brachte den tod vom marquis de
Bellefonds, ein anderer, daß monsieur de Turenne auf den tod verwundt wäre, denn seine mutter war hier; sie und seine schwiegermutter, madame de Vantadour, die ihn so lieb hatte als wenn er
ihr leiblich kind wäre, fingen an zu schreien, und wie sie just unter
meiner kammer logieren, konnte ich ihr geschrei hören; außer daß
sie mich von herzen jammerten, so dachte ich als, daß ich vielleicht
bald ebensoviel von meinem sohn erfahren würde, habe also in
diesen sorgen dieselbe ganze nacht zugebracht und nichts rechts
von meinem sohn erfahren können, als andern tags nach dem essen,
da ein edelmann ankommen, so sein unterhofmeister gewesen und
la Bertière heißt, der sagte uns, daß mein sohn zwei schuß bekommen, einer, so ihm die casaque über den schultern ganz zerhackt,
ihn aber nicht gerührt, Gott sei dank; der zweite schuß ist im linken Arm. Er hat selber die kugel herausgezogen, man hat ihm den
arm ganz aufgeschnitten und verbunden; hernach ist er wieder in
den ort, wo die mêlée war, und nicht weggangen, bis alles aus war.
Erstlich haben unsere leute ployiert und die Engelländer und Holländer seind über hecken und graben herüber kommen und hatten
schon drei stück weg, da kam monsieur de Luxembourg mit dem
régiment de garde, prince de Conti, monsieur le Duc und mein
sohn, die jagten die husaren wieder zusammen, sprachen ihnen zu
und führten sie selber gegen den feind, welches den soldaten ein
solch herz geben, daß sie alles durchgedrungen haben und den
feind so weit zurück ins flach feld gejagt, daß die unsrigen nicht
allein ihre stück wiederbekommen, sondern auch sieben vom feind.
Aber es seind auf beiden seiten erschrecklich viel leute geblieben,
und viel von qualität. Es hat gewähret von neun morgens bis acht
abends und ist einer von den erschrecklichsten combats, so man
jemalen gesehen.[2] ... Was meines sohns gemahlin anbelangt, so
kann sie sich nicht über mich beklagen, denn ich leb wohl und höf-

lich mit ihr, lieb aber kann ich sie mein leben nicht haben, denn es ist das unangenehmste mensch von der welt, ganz schief von taille, häßlich von gesicht und unangenehm in allen ihrem tun, und allebenwohl bildt sie sich ein, sie seie schön, putzt sich allezeit und ist voller mouches. Und wenn man denn das alles sieht und denkt, daß es nur ein mausdreck ist,[3] muß ich gestehen, daß es ein wenig zu herzen geht und daß man nicht ohne effekt und mühe sein bestes tut. Euer Liebden ihre[4] ist nur halb so schlimm als die unsere und über das noch angenehm und gut von person, welches die unsere durchaus nicht ist. Also wohl kein wunder, daß ich mehr mühe habe, mich vor die unsrige zu zwingen, als Euer Liebden vor die ihrige.

[1] erschrecken Sie nicht, Ihr Sohn ist verwundet, aber nur leicht; es ist eine furchtbare Schlacht in Flandern gewesen, und die Infanterie des Königs hat die des Prinzen von Oranien gänzlich geschlagen, aber es fehlt noch jeder genauere Bericht   [2] Schlacht bei Steenkerke   [3] nach dem Sprichwort «der Mausdreck will allzeit unter dem Pfeffer sein» bezeichnet Liselotte die Unebenbürtigen   [4] Sophies Schwiegertochter, Tochter ihres Schwagers Georg Wilhelm und der Eleonore d'Olbreuse

St. Cloud, 14. August 1692. Ich habe mich informiert, wie alt des großen mannes zott ist. Man sagt, sie seie nur sechsundfünfzig alt, und die meinen, daß sie es gar wohl wissen, andere aber sagen, sie seie just sechzig alt; aber mehr hat sie leider nicht. Es ist ihr so erschrecklich bang gewesen, zu sterben, ob sie zwar in keiner gefahr war, daß sie in allen kirchen hat vor sich bitten lassen, doch ohne sie zu nennen, man hat nur gesagt, man bete vor eine person von condition, so utile pour l'Etat wäre; das bin ich aber nicht persuadiert.

St. Cloud, 18. September 1692. Ich komme eben von Maubuisson, allwo ich ma tante Luise gottlob in guter gesundheit gelassen, aber eine sach, so uns sehr verwundert hat, ist, daß wir dort ein erdbeben gefühlt haben. Ich sprach eben mit Ihro Liebden der frau äbtissin, da hörten wir alle türen klappen; wir meinten, man hammerte hart unter uns, in demselben augenblick fühlte ich die kammer unter mir ganz erschüttern. Ma tante wollte sehen, was es wäre, ich sagte aber gleich, daß es ein erdbeben sein müßte. Sie lachte über mich; in dem augenblick kamen die nonnen ganz erschrocken und sagten, sie hätten die reine blanche[1] in der kirchen wackeln sehen. Zu Paris sollen häuser drüber eingefallen sein. Ich muß Euer Liebden doch einen possierlichen tod verzählen von einer frauen, so vorgestern gestorben ist. Sie war ins kindsbett und entretenierte ihre wärterin; sie verzählte, wie sie etwas wohlfeils gekauft hätte, so die ander gern gehabt hätte; diese antwortete drauf: «le diable vous emporte!»[2] und geht drauf aus der kammer und läßt ungefähr die tür offen. In demselben haus logierte ein jung mensch, so die kur von geißenmilch brauchte; die geiß kommt los und läuft in der frauen kammer; zu den füßen war der vorhang vom bett nicht zu; die geiß mit ihren hörnern macht ihn weiter auf und guckt ins bett. Die kindbetterin bildt sich ein, es seie der teufel, den die wärterin beschworen hat, erschrickt drüber so erschrecklich, daß sie in drei stunden drüber gestorben ist. Dies ist eine schöne historie vor die curieux, so unsere briefe aufmachen; da werden sie gar gelehrt von werden.

1 ein Muttergottesbild   *2* hol Euch der Teufel

Versailles, 1. Januar 1693. Gestern, ehe ich von Paris wegzog, schickte mir die comtesse de Beuvron einen brief, so ihr monsieur de Balati geschrieben, woraus ich sehe, daß die investiture vom kurfürstentum[1] einmal zu end ist... worüber ich denn Euer Liebden hiermit meine freude bezeuge und demütigst bitte, mein compliment auch hierüber an oncle zu machen. Wir fangen dies jahr wohl an; Gott gebe, daß es immer so durch erfolgen möge... Vor etlichen tagen habe ich Euer Liebden gnädiges schreiben vom 16. Dezember von Berlin empfangen. Ich bin recht von herzen froh, daß mein herzlieb ma tante nun ein wenig vergnügen hat. Was mir Euer Liebden sagen, daß man ihnen so einen schönen einzug getan, das hat mich recht erfreuet, denn das ist ja noch recht teutsch. Ich habe Monsieur alle die magnificence verzählt vom berlinischen hof; Ihro Liebden wurden all sérieux bei mei-

nem verzählen und, unter uns geredt, ich glaube, es lief ein wenig envie mit unter, daß der kurfürst von Brandenburg magnifiquer ist als er. Ihro Liebden der Kurprinz² muß ein gut gedächtnis haben, daß er Euer Liebden noch gekannt hat. Ich glaube, daß Euer Liebden doch froh werden gewesen sein, diesen kleinen enkel zu sehen, und der guten frau von Harling wird es auch wohl eine freude gewest sein, ihren lieben Kurprinz wieder zu sehen. Es wird ihm wohl sein leben wohl bekommen, daß er von deren hand seine erste zucht empfangen, denn alle die, so die gute frau von Harling erzogen hat, seind nicht delikat... Bitte bei Ihro Liebden dem kurfürsten von Brandenburg demütigst meine danksagung vor sein compliment zu sagen... Wie mein herzlieb ma tante wohl bewußt ist, so meint es Liselotte gut, kann aber gar keine compliments machen, und wie ich mein leben gewesen, so bin ich noch; Frankreich hat mich nicht poliert; ich bin zu spät neinkommen...
P. S. Ich kann nicht lassen, Euer Liebden einen schönen dialogue zu verzählen, so Monsieur und ich vergangen gehalten; ich wollte, daß dieses Euer Liebden so von herzen könnte lachen machen, als meine zwei kinder. Wir waren alle vier abends allein hier im cabinet nach dem nachtessen, nämlich Monsieur, ich, mein sohn und meine tochter. Monsieur, so uns eben nicht vor eine gute compagnie genung hielte, mit uns zu reden, ließ nach langem stillschweigen einen großen lauten furz met verlöff met verlöff, drehte sich zu mir und sagte: «Qu'est-ce que cela, Madame?»³ Ich drehte den hintern zu ihm, ließ einen streichen im selbigen ton und sagte: «C'est cela, Monsieur.»⁴ Mein sohn sagte: «S'il ne tient qu'à cela j'en ai autant envie que Monsieur et Madame»,⁵ und ließ auch einen braven gehen. Damit fingen wir alle an zu lachen und gingen alle aus dem cabinet heraus. Das seind fürstliche conversationen, wie Euer Liebden sehen, und sollte man curieux sein noch, meine briefe aufzubrechen, so offeriere ich zum neuen jahre dem, so der erste diesen brief vor Euer Liebden aufbrechen und lesen sollte, diesen weihrauch.

1 am 2. Dezember 1692 war die Belehnung des Hauses Hannover (Braunschweig-Lüneburg) mit der Kurwürde erfolgt   *2* der Sohn des Kurfürsten von Brandenburg, der spätere König Friedrich Wilhelm I., damals fünf Jahre alt   *3* was ist das, Madame?   *4* das, Monsieur *5* wenn sich's nur darum handelt: dazu habe ich ebenso viel Lust wie Monsieur und Madame

Paris, 5. März 1693. Ich, die mein leben kein ambition gehabt habe und nie nichts mehrers als ruhe begehrt, kann nicht begreifen, wie man sich nicht bei seinem stand behalten kann, wenn selbiger gut ist. Das erweist wohl, daß niemand in dieser welt glücklich sein kann, und wenn man es ist, hat man keine ruhe, bis es aufhört. Noch ein sach, die ich nicht begreifen kann, ist, daß man sich bekümmert, was man von uns in die historien setzen mag. Hätte ich ein leben, wie ich es wünschte, wollte ich mich wenig bekümmern, was man von mir schreiben möchte, denn bei unsern lebzeiten ist es wohl gewiß, daß man uns flattiert, und nach dem tod kann man doch nichts ändern, wenn man was böses will sagen. Zudem so kann alsdann einem weder was man übels sagt, schaden, noch das gute nutzen; finde also, daß es eine große eitelkeit ist, sich drum zu plagen. Ich bin froh, daß ich mich in Euer Liebden meinung finde wegen des verhängnisses. Ich kann nicht begreifen, wie man hieran zweifeln kann, wenn man etlich jahre gelebt hat und die welt kennen lernt. Hätte Ihro Gnaden unser papa selig die leute hier gekannt wie ich, hätte er wohl nicht zweifeln können, daß wenn sie herr und meister von der Pfalz sein würden, sie damit umgehen würden, wie sie es getan haben, denn unbarmherzigere leute seind wohl nicht in der welt.

St. Cloud, 19. März 1693. Ich kann unmöglich predigen hören, ohne zu schlafen, und eine predigt ist ein recht opium vor mich. Ich hatte einmal hier einen starken husten und war drei nächte gewesen, ohne ein aug zuzutun. Da fiel mir ein, daß ich als in der kirche schlaf, sobald ich predigen oder nonnen singen höre. Fuhr derowegen in ein kloster, wo man predigen sollte. Die nonnen fingen aber kaum an zu singen, da schlief ich ein und schlief die drei stund über, daß das office währte; welches mich ganz wieder erholte. Hieraus sehen Euer Liebden, daß ich nicht weniger den segen habe, in der kirch zu schlafen, als Euer Liebden und Ihro Gnaden, mein herr vater selig gehabt hat.

Versailles, 28. Juni 1693. Was den König in Flandern geführt, weiß ich nicht; was ihn hergeführt, noch weniger. Daß er aber wieder hier ist, das weiß ich gar gewiß. Er ist viel freundlicher, als er vor seiner abreis war und redt jetzt oft mit mir. Wo mir aber diese gnade herkommt, ist mir auch ganz unbewußt... Monsieur fällt die zeit blutslang zu Vitre. Wie Monsieur in seiner jugend gewesen, so seind Ihro Liebden noch. Und diesen winter hat er noch vor 200 000 gulden chargen gekauft au régiment des gardes, um junge bürschchen zu rekompensieren, so ihn nicht in allen ehren divertiert haben. Und hierauf wird nichts gespart, welches das verdrießlichste ist, denn sonsten würde ich wohl garnichts danach fragen und von herzen zu denen burschen sagen: «Friß du die erbsen, ich mag sie nicht.»

Colombe, 23. August 1693. Ich bitte Euer Liebden, sie wollen doch so gnädig sein und machen, daß Ihro Liebden der kurfürst von Bayern erfahren mag, daß mein sohn sich so sehr von seiner civilité rühmt, denn es ist gewiß, daß man nicht höflicher sein kann, als er gegen meinen sohn und was ihn angehen mag ist. Von des duc de Berwick action[1] spricht man hier gar nicht; mir kommts ganz abscheulich vor, daß man 1200 gebliebene Menschen vor nichts und einen kleinen verlust hält; ein jedes von diesen hat doch entweder vater, mutter, bruder, weib oder freunde, so es von herzen beweinen. Alle, die die ihrigen verlieren, jammern mich, wer es auch sein mag. Der krieg ist ein häßlich ding, denn alle die, so man heute lobt, nimmt eine stückkugel morgen weg und seind nichts mehr. Es ist mir wieder ganz angst bei der sach, weilen die zwei armées so nahe beisammen sein, fürchte sehr, es wird bald wieder an ein treffen gehen. Euer Liebden haben wohl recht, zu sagen, daß, wen Gott bewahren will, daß dem nichts geschehen kann; aber unser Herrgott hat mir keinen zettel noch brief geben, daß er meinen sohn und die mir lieb sein, bewahren will, also kann ich das bang sein nicht lassen. Ich sage Euer Liebden demütigsten dank, daß sie sich so gnädig vor meinen sohn interessieren; er hat die cavallerie, da er general von ist, fünfmal angeführt und zwei stund all das feuer von den stücken ausgestanden; hernach ist er in das treffen erst gekommen; wohl ein groß wunder, daß er nicht geblieben ist. Wenn mein sohn nicht alle jahr in krieg ginge in seinem alter, würde er sich hier eine greuliche verachtung auf den hals laden und nicht mehr angesehen werden.

1 am 29. Juli war Wilhelm von Oranien bei Neerwinden geschlagen worden. Der Herzog von Berwick, ein natürlicher Sohn Jakobs II., hatte auf französischer Seite gefochten; er war in englische Gefangenschaft geraten

Fontainebleau, 10. Oktober 1693. Die Herzogin[1] wird Euer Liebden sagen können, welch ein böser und falscher teufel die alte zott ist und wie es meine schuld nicht ist, daß sie mich so erschrecklich haßt, indem ich allen möglichsten fleiß angewendt, wohl bei ihr dran zu sein. Sie macht den König cruel, ob Ihro Majestät es schon von sich selber nicht sein; und der König, der vor diesem ganz traurig schien, wenn seine truppen désordre taten, gesteht nun öffentlich, daß er das sengen und brennen selber befiehlt. Und sie macht ihn hart und tyrannisch, daß er vor nichts mehr mitleiden hat. Euer Liebden können nicht glauben noch ersinnen, wie boshaft dies alte weib ist. Und das alles unter dem schein der gottesfurcht und demut.

1 Benedikte von Hannover (Tochter der Princesse Palatine, Cousine Liselottes), die längere Zeit in Frankreich gelebt hatte und damals nach Hannover reiste

Versailles, 26. November 1693. Die blattern haben mich sehr markiert, aber doch im geringsten nicht geändert, welches jedermann wunder nimmt. Je älter ich werde, je häßlicher muß ich wohl werden, aber mein humor und gemüte können nicht mehr ändern... Man haßt mich, weilen man meint, daß ich nicht approbiere, daß man den großen mann so regiert, und daß man sich einbildt, daß, weilen ich sincère bin, ich allein capable seie, dem großen mann einstmals die augen zu öffnen und zu sehen den tort, so er sich durch die zu starke liebe antut; drum muß man mich von dem großen mann abhalten.

AN FRAU VON HARLING

Versailles, 16. Dezember 1693. Ich bin recht froh, daß mein brief meiner lieb jungfer Uffel einigen trost geben; ich kann sonsten diese kunst nicht wohl und habe mir als eingebildt, daß ich eine leidige trösterin bin, die zu nichts helfen kann, denn wünschen ist zu nichts gut, sonsten würde mein lieb frau von Harling schon längsten in vollkommener gesundheit sein. Die meine ist Gott sei dank all ziemlich gut, aber ich fange doch wohl schon an zu fühlen, daß ich alt werde und nicht mehr so viel kräfte habe als ich in meinen jungen jahren hatte. Ich werde auch wohl morgen oder übermorgen großmutter sein, denn meines sohns gemahlin kommt jetzt in kindsnöten. Weilen ich morgen erst an ma tante schreiben werde, wird, im fall sie heute niederkommt, mein lieb frau von Harling doch erfahren können, ob es ein «hei» oder ein «sei» ist, so sie wird an tag gebracht haben. Mir ist es all eins, was es auch sein mag, denn ich kann mich unmöglich drin interessieren, unter uns geredt. Mein herzlieb frau von Harling hat groß recht, zu glauben, daß die verwittibte herzogin[1] samt dero prinzessinnen vergnügt zu Hannover sein; sie sagen, daß sie meinen, sie wären im paradies. Wenn wünschen was gelten könnte, würde diese herzogin gewiß nicht ohne mich zu Hannover sein und würde ich oncle und tante wohl von herzen aufwarten, aber leider so glücklich werde ich wohl nimmer werden. Wer so erschrecklich ist tribuliert worden wie ich, ist an nichts guts gewohnt und findt sich glücklich, wenn man nur nichts böses hat. «Jan kam wohl ins wams, er trok aber vierzehn jahr an eine mau»,[2] und ich ziehe schon zweiundzwanzig jahr an die mau, bin doch noch nicht ins wams, glaube also, daß mich der tod eher als ein wams anziehen wird, ehe ich in Jan seines komme. Was meinen Harling anlangt, so ist zu hoffen ... daß, wenn ihm Gott der allmächtige leben und gesundheit läßt, er bald wird befördert werden. In diesem kleinen hiebei liegenden zettelchen wird monsieur Harling meine antwort finden; glaube, daß er lachen wird, daß ich mich noch des alten märchens vom herrn Öllerjan erinnere. Alles was vor diesem geschehen, erinnere ich mich besser, als was täglich geschicht.

1 Herzogin Benedikte *2* er zog ... an einem Ärmel

AN HERRN VON HARLING

Versailles, 16. Dezember 1693. Pourquoi me parlez-vous français, monsieur de Harling? Croyez-vous que je ne sache plus l'allemand?[1] Nein, das habe ich noch nicht vergessen, werde also meine danksagung vor sein kompliment auf teutsch ablegen, und damit Ihr seht, daß ich ein besser gedächtnis habe, als Ihr wohl meint, so sage ich: «Herr Öllerjan, frau Schrettlin Margrettlin, herut ihr dorchreckels, herut aus dem samschläger, treckt den därendecker an, nehmt den emerlin, tut waterquatschen drin, denn dat rattenstert hat die vielheit in profoßhaus gebracht.»[2] Ich glaube nicht, daß ich hierin ein wort verfehlt habe, ob ich es zwar nicht oft repetiere. Hieraus laß ich judizieren, ob ich mein teutsch mag vergessen haben, mais pour que vous voyiez que je puis aussi parler français, je finirai en vous assurant de mon estime et de mon amitié.[3]

1 warum sprecht Ihr französisch mit mir, Herr von Harling? Glaubt Ihr, ich könnte kein Deutsch mehr? *2* Stelle aus einer alten Posse
3 aber damit Ihr seht, daß ich auch französisch sprechen kann, schließe ich, indem ich Euch meiner Achtung und meiner Freundschaft versichere

AN DIE KURFÜRSTIN SOPHIE

Versailles, 30. Mai 1694. Sollte der frieden nicht bald kommen, wird es gewiß gar elend hergehen, denn wie es nun hier beschaffen ist, ist unaussprechlich und nicht glaublich, wenn man es nicht selber sähe. Ich glaube wahrhaftig, daß all das sengen und brennen unglück gebracht und daß man deswegen hier von allen bataillen und städten, so man gewinnt, nicht profitieren kann; Euer Liebden vergleichung mit dem hiesigen stand und dem krebs ist gar just getroffen... Ich bin ganz Euer Liebden meinung: Die komödie von Medée hat mir gar nicht gefallen und finde die von Corneille unvergleichlich schöner. Die hunde seind die besten leute, so ich in ganz Frankreich gefunden, habe deren auch allezeit vier bei und um mich.

Versailles, 6. Juni 1694. Seit kurzer zeit habe ich erfahren, daß mein leibkutscher mich bei monsieur de la Reynie[1] angeklagt hat, daß ich den staat verachte, alles in Teutschland schreibe und selber bald durchgehen werde. Ich habe ihn durch Wendt zur red setzen lassen, warum er dieses getan. Er hat geantwortet, sein beichtsvater hätte es ihm befohlen, weilen man verspürt, daß ich noch huguenot wäre. Gleich darnach ist der kerl weggeloffen... Ich kann nicht begreifen, da man mir ja durch meine geringe bedienten hat schaden wollen, warum man mich nicht eher hat vergiften lassen. Ich glaube aber, daß, weilen sie wissen, daß ich nicht viel nach dem leben frage, haben sie mir durch eine gefängnis vielleicht wollen das leben schwerer machen und gemeint, daß, wenn mich meine eigene bedienten anklagen würden, daß es gleich übel mit mir ablaufen würde.

[1] Polizeiminister

Versailles, 28. November 1694. Wenn ich betrachte daß Ihro Liebden die kurfürstin von Brandenburg hinreist, wo es ihnen beliebt, häuser bauet, musikanten hat, mit einem wort: tut was ihr gefällt, finde ich, daß sie wohl tausend und tausendmal glücklicher ist, kurfürstin in Brandenburg zu sein, als wenn sie hier Dauphine gewesen wäre, denn da hätte sie allzeit tun müssen, was andre wollen, nie ohne den König reisen, wenig geld haben und nimmermehr ihre verwandten sehen.

Versailles, 16. Dezember 1694. Wenn wahr ist, wie das geschrei geht, so wird bald die langeweil viel ärger werden, denn man sagt, man wird alle opern und komödien abschaffen, und daß die Sorbonne ordre hat, hieran zu arbeiten. Ich bin versichert, daß dies ebenso wenig von Euer Liebden schmack sein wird als vor mich, und was noch am wunderlichsten scheint, ist, daß man sich an solche innocente sachen hängt und die verbiet, da doch alle abscheulichen laster jetzt in schwang gehen, als mord durch gift, assassinats und abscheuliche sodomie, wo niemand gegen spricht, und alle prediger predigen nur gegen die armen komödien, so niemand schaden tun und worinnen man die laster gestraft und die tugend belohnt sieht. Das ärgert mich erschrecklich... Es ist gar gewiß, daß unser König schlimme spione in Teutschland hat, denn Ihre Majestät seind schier allzeit übel informiert, wie es dort zugeht. Die besten spione behält man bei hof, um viel unnötige sachen zu erfahren.

Paris, 23. Dezember 1694. Wir hätten schier keine komödien mehr gehabt, die Sorbonne, um dem König zu gefallen, hat sie wollen verbieten lassen. Der erzbischof von Paris aber und père de la Chaise sollen zu dem König gesagt haben, daß es zu gefährlich wäre, de bannir les divertissements honnêtes,[1] weilen es die jugend zu mehren abscheulichen lastern treiben würde. Also ist die komödie gottlob geblieben, welches, wie man versichert, des großen manns alte hutzel greulich verdrießen solle, weilen die abschaffung von der komödie von ihrem anstalt war... Solang man die komödien nicht ganz abschafft, werde ich immer nein gehen, man mag auch die pfaffen in den kanzeln so viel dagegen plärren machen, als man will. Wie man vor vierzehn tagen gegen die komödie predigte und sagte, daß es die passionen animierte, drehte der König sich zu mir und sagte: «Il ne prêche pas contre moi, qui ne va plus à la comédie, mais contre vous autres, qui l'aimez et y allez.»[2] Ich sagte: «Quoique j'aime la comédie et que j'y aille, monsieur d'Agen ne prêche pas contre moi, car il ne parle que contre ceux que se laissent exciter des passions aux comédies, et ce n'est pas moi; elle ne me fait autre effet que de me divertir et à cela il n'y a nul mal.»[3] Der König schwieg mausstill.

1 die anständigen Zerstreuungen zu verbannen *2* er predigt nicht gegen mich, denn ich gehe nicht mehr in die Komödie, aber gegen Euch und andere, die Ihr sie liebt und besucht *3* wenn ich die Komödie auch liebe und sie besuche, predigt Monsieur d'Agen doch nicht gegen mich, denn er spricht nur gegen die, deren Leidenschaften durch die Komödie erregt werden, und zu denen gehöre ich nicht. Ich lasse mich unterhalten, und das ist keine Sünde

Versailles, 16. Januar 1695. Sobald ich nur zwei stund in Paris bin, habe ich kopfwehe und fällt mir etwas scharfes in den hals, so mich immer husten macht. Ich kann auch dort gar wenig schlafen, denn die küchen seind unter meiner kammer. Und zum beschluß so kann ich dort nicht jagen, noch die komödien mit lust sehen. Denn erstlich, um in die komödie zu gehen, so muß man ausfahren; und wenn man drin ist, kann mans nicht mit lust sehen, denn das theater ist immer so voller zuseher, daß sie pêlemêle mit den komödianten stehen, welches gar unangenehm ist. Hernach auch so ist nichts langweiligeres als die abende zu Paris: Monsieur spielt an einer großen tafel landsknecht;[1] mir ists nicht erlaubt, herbei zu nahen noch mich bei dem spiel sehen zu lassen, denn Monsieur hat den aberglauben, daß ich ihm unglück bringe, wenn er mich sieht. Jedoch so will er haben, daß ich in derselben kammer sein muß. Alle die alten weiber, so nicht spielen, fallen mir über den hals; die muß ich entretenieren. Das währt von sieben bis zehn und macht greulich gähnen... Hier hergegen bin ich hübsch in ruhen. Erlaubt es das wetter, so gehe ich auf die jagd; ist komödie hier, so gehe ich nur eine stiege herunter, so bin ich im saal; niemand ist auf dem theater[2]... und kost mir nichts. Ist appartement, so höre ich die musik, und nach der musik bin ich nicht obligiert, alte weiber zu entretenieren wie zu Paris... Euer Liebden werden aus meinem schreiben sehen, daß ich eben dieselben gedanken habe wie Euer Liebden und glaube, daß die alte zott die komödien hat abschaffen wollen, damit ihres gewesenen manns seine[3] nicht mehr mögen gespielt werden.

1 ein Kartenspiel   *2* d. h. auf der Bühne   *3* des Dichters Scarron

Versailles, 6. Februar 1695. Vor zwei tagen habe ich noch eine greuliche bosheit von der alten zott erfahren: vor zwei jahren war monsieur le Dauphin willens, meine tochter zu heiraten und hat es der alten kunkunkel gesagt; diese widersprach ihm nicht, denn sie fürchtete, er würde desto eher dem König davon sprechen, wie er es willens war; derowegen ließ sie die prinzess de Conti holen und ihre confidente, die mademoiselle Choin, und befahl ihnen, monsieur le Dauphin keine ruhe zu lassen, bis er ihnen beiden versprochen, nicht mehr an diesen heirat zu gedenken. Diese haben den guten Dauphin zwei monat nacht und tag keine ruhe gelassen, bis er es ihnen versprochen und auch gehalten. Da sehen Euer Liebden, was obligation ich dieser alten habe, daß sie nicht allein meinen sohn korrumpiert, einen schlimmen heirat zu tun, sondern auch meiner tochter glück verwehrt, habe also wenig ménagement vor sie zu haben, und macht sie diesen brief auf, wird sie nur ihre wahrheiten drinnen finden, frag also gar nichts darnach, denn sie kann mir nichts mehr übelers tun, als sie mir schon getan hat, und hoffe, daß sie davor in die hölle wird fahren, où la conduisse le Père, le Fils et le St. Esprit,[1] — so endigte ein kleiner kapuziner hier seine predigt immer: «Vous irez en enfer, où vous conduisse etc.»;[2] drum hab ich meinen text auch damit geendigt vor die alte zott.

[1] wohin sie führen möge der Vater, der Sohn und der heilige Geist
[2] ihr werdet in die Hölle fahren, wohin euch führen möge usw.

Versailles, 13. Februar 1695. Welchen herrn findt man in der welt, so allein seine gemahlin liebt, und nicht was anderes, es seien maitressen oder buben, dabei hat? Sollten deswegen ihre gemahlinnen auch so übel leben, könnte, wie pate gar wohl sagt, niemand sicher sein, daß die kinder im haus die rechten erben wären. Weiß diese Herzogin[1] nicht, daß der weiber ehre darin liegt, mit niemand als ihren männern zu tun zu haben, und daß den männern keine schande ist, maitressen zu haben, aber wohl, hahnreie zu sein? ... Euer Liebden können nicht glauben, wie plump und ungezogen alle Franzosen seit ein jahr zwölf oder dreizehn geworden. Es seind nicht zwei von den jungen leuten von qualität, so zu leben wissen, weder im reden noch im tun. Zwei gar differente sachen seind hierin ursach: nämlich die jetzige dévotion bei hof und die débauches mit den männern. Denn die erste macht, daß männer und weiber nicht öffentlich mit einander reden dürfen, welches vor diesem die kavaliere poliert hat. Und zweitens, so wollen sie durch der buben lieb niemand mehr gefallen als sich untereinander, da der beste ist, so am debauchiertesten, plumpsten und frech sein kann. Daran gewöhnen sie sich so sehr, daß niemand mehr zu leben weiß und ärger sein als die bauern hinter dem pflug... Es ist eine große ehre, in der predigt an des Königs seite zu sitzen, allein ich möchte gerne die ehre einem andern lassen, denn Ihro Majestät wollen mir das schlafen nicht erlauben. Sobald ich einschlaf, stößt mich der König mit dem ellenbogen und macht mich wacker; kann also weder recht einschlafen noch recht wacker werden. Und das tut einem weh im kopf.

1 Sophies Schwiegertochter

AN DIE RAUGRÄFIN LUISE

Paris, 14. Mai 1695. Das tanzen ist dann nun ganz aus der moden überall. Hier in Frankreich, sobald assemblées sein, tut man nichts als landsknecht spielen. Dies spiel ist am meisten en vogue, aber die jungen leute wollen nicht mehr tanzen. Ich tue weder eines noch das ander; ich bin viel zu alt, um zu tanzen, und seit Ihro Gnaden, unseres herrn vaters selig tod habe ich nicht getanzt; und aus zweien gar starken ursachen spiel ich nicht. Die erste ist, daß ich kein geld habe, und die zweite, daß ich das spiel nicht liebe. Das spielen ist hier greulich hoch und die leute werden wie tolle menschen, wenn sie spielen. Eines heult, das andere schlägt mit der faust auf die tafel, daß die ganze kammer drüber zittert; der dritte lästert Gott, daß einem die haar drüber zu berg stehen, summa alle sein wie verzweifelte menschen, welche einem bang machen, sie nur anzusehen.

AN DIE KURFÜRSTIN SOPHIE

St. Cloud, 15. September 1695. Die historie von St. Cyr ist ärger als in dem buch steht und auch possierlicher.[1] Die jungen jungfern dort wurden in einander verliebt, und man ertappte sie, daß sie wüstereien mit einander taten. Madame de Maintenon soll herzlich drüber geweint haben und alle reliquien exposieren haben lassen, um den teufel der unzucht zu vertreiben. Man schickte auch einen prediger hin, gegen die unzucht zu predigen. Dieser aber sagte selber so viel häßliche sachen, daß die recht modesten jungfern es nicht ausstehen konnten und aus der kirch gingen, und die andern und coupables kam das lachen so an, daß sie es nicht halten konnten.

1 ein Buch, das Liselotte von ihrer Tante geschickt bekommen hatte; es handelt von den Verhältnissen in französischen Hofkreisen

AN DIE RAUGRÄFIN LUISE

St. Cloud, 17. September 1695. Ich weiß nicht, in welcher gazette Ihr gesehen, was mit meinem sohn vorgangen, aber es war alles wahr, wie Ihr es drinnen gelesen habt. Mich deucht, alle gazetten, außer den Parisern, sagen seit eine zeit her all ziemlich wahr. Ich gestehe, daß mein sohn den krieg sehr liebt, und die, so ihn dort sehen, sagen, daß er sich sehr appliciert und sein handwerk wohl lernt, aber mir ist nicht allezeit wohl bei der sach; denn in dem handwerk verliert man oft arm und bein, wo nicht gar das leben. Wäre die campagne nicht zu end, hätten wir meinen sohn nicht her gekriegt. Es ist schon lang, daß das schloß von Namur über ist; wundert mich, daß Ihrs nicht eher als den 5. erfahren. Ich weiß nun auch, daß keine schlacht mehr vorgehen wird. Man kann wohl nicht leugnen, daß es eine abscheuliche sache um den krieg ist.

Fontainebleau, 8. Oktober 1695. Mich deucht, der kurfürst zu Pfalz täte besser, sein geld an die armen, verderbten Pfälzer anzuwenden, als an carneval-divertissements; das wäre löblicher vor

Gott und der welt... Ihr redt mit mir von Euerm gesicht, so Ihr altfränkisch heißt und denkt nicht, daß ich zehn jahr älter bin als Ihr. Es kommt mir nicht zu, von gesichtern zu reden, auch werde ich mein leben niemand hassen oder lieben wegen der schöne oder häßlichkeit... müssen wir so mit durchlaufen, wie es Gottes wille gewesen, uns zu machen. Allein was mir allezeit an Euch gefallen wird, ist Eure tugend, liebe Luise, und gutes gemüte. Da sehe ich mehr nach, als schöne gesichter, welche doch nicht lang schön bleiben. Die kleider, so Euch Euer schwager, der duc de Schomberg, geschickt, seind es kleider oder robes de chambre? Wie ich sehe, aus was Ihr mir hierauf sagt, merke ich wohl, daß man verpichter als nie in Teutschland auf die mode ist. In meinem sinn ist dies eine große torheit.

AN DIE KURFÜRSTIN SOPHIE

Paris, 30. Oktober 1695. Ich bin noch auf die hannoverische manier und gar nicht dévot. Ich glaube, daß es ein groß glück ist, wenn man es in der tat sein kann wie ich glaube daß unsere Herzogin ist, und alles, was unmöglich scheint, glauben kann, als wenn man es sehen täte, auch sich mit dem vergnügen, und stets zu reden mit was man nie sicht und welches uns nie kein antwort gibt; allein ich glaube auch, daß es eine gar elende sache ist, sich anzustellen, als wenn man dévot wäre, und daß man es nicht ist. Denn sich jahr und tag zu langweiligen sachen zu zwingen, ohne persuadiert sein, damit bringt man sein leben liederlich zu. Ich bin nicht glücklich genung, einen so starken glauben zu haben, um berge zu versetzen, und bin zu aufrichtig, um mich anzustellen als wenn ich dévot wäre ohne es zu sein. Derowegen kontentiere ich mich nur, mich nicht gröblich gegen die gebote zu versündigen und meinem nächsten nichts leid zu tun. Gott den allmächtigen, den admiriere ich, ohne ihn zu begreifen; ich lobe und preise ihn morgens und abends und laß ihn ferner walten und ergebe mich in seinen willen, denn ohne das weiß ich wohl, daß nichts geschehen kann: da wissen Euer Liebden nun alle meine dévotion.

Paris, 15. Januar 1696. Wenn Euer Liebden katholisch wären und in die kirch gehen müßten, würden sie es noch langweiliger finden, denn es ist nicht allein ganz keine veränderung drinnen, sondern man hört auch immer nichts als voyelles singen, als a a a a e e e e o o o o i i i i, welches einen aus der haut vor purer ungeduld fahren macht. Nach der messe de minuit fressen, ist bei allen katholischen der brauch. Ich aber, wenn ich in den drei messes de minuit gewesen, bin ich des knieens so müd, daß ich lieber schlafen gehe als esse, denn es währt hier von zehn uhr an bis um eins nach mitternacht. Hier meinen die damen, daß sie ohne vollsaufen nicht lustig sein können.

Versailles, 7. März 1696. Gestern nahm madame de Klenck[1] abschied von mir, wird bis donnerstag oder aufs längst bis samstag wieder weg, werde also mein herzlieb ma tante alles sagen, wie es hier ist, will bei Monsieur anfangen: der hat nichts in der welt im kopf als seine jungen kerls, um da ganze nächte mit zu fressen, zu saufen, und gibt ihnen unerhörte summen gelds, nichts kost ihm noch ist zu teuer vor die bursch. Unterdessen haben seine kinder und ich kaum, was uns nötig ist. Wenn ich hemder und leintücher vonnöten habe, muß jahr und tag drum gebettelt werden, und in derselben zeit gibt er zehntausend thaler an la Carte, um sein weißzeug in Flandern zu kaufen. Und weilen er weiß, daß ich wohl nicht ignorieren kann, wo alles geld hinkommt, mißtraut er mir deswegen und fürcht, daß ich möchte dem König die sach verzählen, welcher die buben wegjagen möchte. Was ich auch tun oder sagen mag, um zu weisen, daß ich sein leben nicht übel finde, so trauet er mir doch nicht und macht mir alle tage neue händel bei dem König, sagt, ich hasse den König; wird übel geredet, so sagt Monsieur zum König, ich hätte es getan und lügt noch brav darzu, und oft gestehet er mir selber alles übel, so er von mir geredt hat. Dadurch entfernt er mir den König dermaßen, daß ich nie wohl bei dem König stehen kann. Meine eigenen kinder hetzt er täglich gegen mich auf; meinem sohn, damit er nicht merken möge, wie wenig man vor ihn sorgt, läßt er immer alle débauches zu und erhält ihn darinnen. Wenn ich meinem sohn dann raten will, dem König besser zu gefallen und von den lastern abzustehen, lacht mich Monsieur mit meinem sohn aus, führen ein leben zu Paris, daß es eine schande ist. Meines sohns inklinationen seind gut und könnte was rechts werden, wenn ihn Monsieur nicht verdürbe. Meine tochter, die steckt er zwar gottlob in keine débauches, und ich muß die wahrheit sagen, das mädchen hat die geringste pente nicht zur galanterie, allein Monsieur läßt mich nicht meister über sie sein, führt sie immer, wo ich nicht bin, und umringt sie mit solchem lumpenzeug, daß es ein rechtes miracle ist, daß sie nicht verdorben wird. Zudem so predigt er ihr einen solchen haß gegen die Teutschen ein, daß sie schier selber bei mir nicht dauern kann, weilen ich eine Teutsche bin, und das macht mich fürchten, daß es mit ihr gehen möge wie mit meinem sohn und daß sie sich erster tagen wird bereden lassen, den bastard[2] zu nehmen. Vor den leuten macht Monsieur mir zwar gute mienen, in der tat aber kann er mich nicht leiden. Sobald er von meinen domestiques sieht, es sei manns- oder weibsperson, daß sie sich an mich attachiert, haßt er sie gleich und tut ihnen alles zuleid, was er kann; die mich aber verachten, seind am besten bei ihm dran. Nicht allein bei dem König, sondern auch bei monsieur le Dauphin und allen menschen tut er, was er kann, mich verhaßt zu machen. Wenn ich ihm dann sag: «Pourquoi me voulez-vous faire haïr, Monsieur?»,[3] so antwort er nicht, schüttelt den kopf und lacht. Unterdessen so tue ich doch mein bestes und lebe höflich und mit großem respect mit ihm und tue alles, was er will. Euer Liebden können aber wohl glauben, daß mir dieses kein glückliches noch angenehmes leben macht. Was die Maintenon anbelangt, so ist sie dermaßen jaloux von ihrer autorität, daß Monsieur ihr einen rechten gefallen tut, mich übel bei dem König anzutragen; sie hätte mich auch wohl gerne etliche mal gegen Monsieur aufgerupft, denn sie hat mir oft sagen lassen, daß Monsieur mich gar übel bei dem König anträgt, allein ich habe geantwortet, daß ich hoffte, daß der König gerecht genug sein würde, um zu examinieren, was wahr sei oder nicht, und weilen ich mein bestes tät, eine irréprochable conduite zu haben, so könnte mir nicht bang sein, denn wenn man auf mich lüge, müßten die, so lügen, die schande haben, mit lügen zu bestehen. Wollte man mich aber ungehört kondamnieren, müßte ich mich trösten, unglücklich, aber nicht schuldig zu sein. Euer Liebden können nicht glauben, wie dies alte weib ein böser teufel ist und wie sie sucht, die leute gegen einander zu hetzen. Ob sie zwar jetzt höflicher mit mir lebt, ist doch nicht zu glauben, daß sie mir jemalen einigen dienst tun wird, denn in der tat haßt sie mich erschrecklich, und der König tut blindlings alles, was sie will. Meines sohns gemahlin ist ein widerliches mensch, säuft sich alle woch drei oder viermal sternsvoll, hat gar keine inclination zu mir; wenn ich an einem ort bin, kann man kein wort aus ihr bekommen. Diesen argwohn hat ihr die Maintenon eingepflanzt. Im übrigen zieht mir der König alle bastard vor; soll man mit ihm irgends hin, müssen in der prinzessinnen namen die damens geholt werden ... und ich muß alle abend vor meinen augen sehen, daß madame de Chartres[4] ins Königs cabinet geht, mir aber die tür vor der nasen verschlossen wird. Ich habe Monsieur meine meinung davon gesagt, der ist aber gar froh, daß es so ist, und weilen der König sieht, daß, je weniger werks er aus mir macht, je lieber hats Monsieur, so muß ich als übel traktiert werden. Ja der König weiß so wohl, daß es Monsieur gefällt, mich zu verachten, daß, wenn sie übel mit einander stehen, allezeit das raccommodement ist, daß man den buben, so Monsieurs favoriten sein, gutes tut und mich übel traktiert. Alles silberzeug, so aus der Pfalz kommen, hat Monsieur verschmelzt und verkauft und alles den buben geben; täglich kommen neue angestochen; alle seine juwelen werden verkauft und versetzt, geld darauf gelehnt und den jungen leuten geben, also daß, da Gott vor seie, wenn Monsieur heute zu sterben kommen sollte, muß ich morgen bloß von des Königs gnaden leben und werde das brot nicht finden. Monsieur sagt überlaut und hat seiner tochter und mir nicht verhehlt, daß, weilen er anfange alt zu werden, habe er keine zeit zu versäumen, wolle alles anwenden und nichts sparen, um sich bis an sein end lustig zu machen, daß die, so länger als er leben würden, zusehen mögen, wie sie ihre zeit zubringen, daß er sich selber lieber hätte als mich und seine kinder. Er praktiziert in der tat, wie er es sagt. Ja, wenn ich Euer Liebden alle particularités verzählen sollte, müßte ich ein ganz buch schreiben. Alles hier ist pure interesse und falschheit, das macht das leben sehr unangenehm. Will man nicht mit intrigen und galanterien zu tun haben, so muß man à part leben, welches auch langweilig genung ist. Um mir die traurigen reflexionen aus dem kopf zu bringen, jage ich, so viel ich kann, welches aber nicht länger wird dauern können, bis meine armen pferde nicht mehr werden gehen können, denn Monsieur hat mir nie keine neuen gekauft und wird sie mir auch wohl nicht kaufen, der König hat sie mir bisher geben. Aber nun ist die zeit schlimm, jedoch will ich mich nicht vor der zeit plagen. Gar keine lust kann man hier nicht haben, denn redt man frei, hat man täglich ein neue querelle über den hals, muß man sich aber zwingen, so ist keine lust bei nichts. Die jungen leute seind so brutal, daß man sie fürchten muß und nicht mit ihnen reden noch umgehen mag; die alten seind voller politik und gehen nur mit einem um, nachdem sie sehen, daß einen der König ansieht. Aus diesem allen sehen Euer Liebden, daß es hier nicht zum besten zugeht; ich quäle mich aber nicht und nehme die zeit wie sie kommt. Ich halte mich so ehrlich und wohl als ich kann; erfahre ich etwas, so schweig ich still und laß mir nichts merken und lebe gar einsam, denn, wie schon gesagt, nirgends ist nichts angenehmes vor mich.

1 die Frau des hannöverschen Gesandten   *2* den Comte de Toulouse, Sohn der Montespan   *3* warum wollen Sie mich verhaßt machen?   *4* Liselottes Schwiegertochter

Marly, 16. Mai 1696. In meinem sinn ist das die größte marque von freundschaft, wenn man einem gemächlich zu leben gibt und nicht plagt. Es ist ein großer irrtum in dieser welt sich einzubilden, daß man ein herz allein besitzen kann; ich gestehe zwar, daß es angenehmer wäre, wenn es sein könnte. Allein es ist ohne exempel in der welt, daß dieses lang hätte dauern können. Derowegen gar unnötig, was zu prätendieren, so nicht möglich ist. Allein was gar möglich wäre, ist, daß man seiner frauen keine plage antut, sie nicht beschreiet und allen menschen zuwider macht und allezeit einen innerlichen haß erweist, auch wenn man ihr die besten mienen macht und allezeit das notwendige mangeln läßt, wenn man augenscheinlich an andere die hüll und die fülle gibt und all der frauen gut dazu anwendt: das seind harte stücker zu verdauen ... Wie einfältig der große mann in der religion ist, ist nicht zu begreifen, denn sonsten ist er nicht einfältig. Es kommt aber daher, daß er nie nichts von religionssachen noch die bibel gelesen und nur vor sich hin glaubt, was man ihm von der religion vorschwatzt. Drum auch, als er eine maitresse hatte, die nicht dévot war, war er es auch nicht, da er aber in eine verliebt geworden, so immer von pönitenz spricht, glaubt er alles, was diese ihm sagt, auch so, daß der beichtsvater und die dame gar oft uneins sein, denn er glaubt ihr mehr als dem beichtsvater, will sich aber selber die mühe nicht geben, nachzuforschen, welches eigentlich die religion ist. Eines ist auch nicht zu leugnen: daß der große mann bisher über die maßen glücklich gewesen ist; ob dies glück aber noch lang bestand haben wird, soll uns die zeit lehren ... Die mettwürst, fürchte ich, werden nicht so wohl hierüberkommen als mein tintefaß, denn das ist gar nicht tentant, ich fürchte, sie werden sie mir auf der douane fressen, welches mir gar leid sein sollte, denn ich möchte sie gerne selber auf Euer Liebden gesundheit essen.

St. Cloud, 24. Juni 1696. Man sagt auf französisch im sprichwort: «Les jours se suivent et ne se ressemblent pas»,[1] welches wohl wahr ist, denn etliche seind langweilig, andere lustig, etliche gut, etliche gar bös. Gestern hatte ich einen gar langweiligen tag und kam mir noch desto langweiliger vor, weilen ich mich auf etwas bessers gespitzt hatte. Ich war um halb sechs aufgestanden, um sechs meilen von hier den wolf zu jagen mit monsieur le Dauphin, allein man suchte einen wolf fünf ganzer stunden und konnten keinen finden, saß die fünf stunden in der kalesch bei monsieur le Dauphin, der kein wort sagte, denn er will, daß man nie wissen soll, was er denkt. Ich konnte nicht schlafen, denn er sprach immer mit seinen jägern, um ihnen noch zu befehlen, wo sie suchen sollten, gestehe also, daß mir in ewiger zeit keine greulichere langeweile ist zukommen. Ich habe wohl in meinem sinn geschworen, nie auf die wolfsjagd mehr zu gehen, ohne ein buch im sack zu haben, um zu lesen. — Ich bin froh, daß Helmont[2] wieder bei Euer Liebden ist, denn seine philosophie wird Euer Liebden amüsieren und die zeit vertreiben. Wie kann man begreifen, was man gar nicht wissen kann, denn niemand ist jemalen aus jener welt kommen, um zu sagen, wie es dort ist, und ehe man in diese welt kommt, ist man ja nichts, möchte also wohl wissen, was vor einbildungen der gute Helmont hierüber haben kann. Daß er aber immer zufrieden sein kann, ist eine schöne kunst, welche ich von herzen gerne lernen möchte. Eben dasselbige buch, so monsieur Helmont Euer Liebden von Sulzbach gebracht hat, vom trost der weisheit, hat er mir vor fünfundzwanzig jahren zu Heidelberg geben, habe es noch und finde es auch schön; mich deucht, es ist rar, daß man etwas besser auf teutsch, als auf französisch schreibt.

1 die Tage folgen sich und gleichen sich nicht   *2* Franz Mercurius von Helmont (1618—1699) machte sich um Sprachphysiologie und Taubstummenunterricht verdient; zugleich war er philosophischer Enthusiast

Port Royal, 2. August 1696. Monsieur Helmonts meinung will mir nicht recht in kopf, denn ich kann nicht begreifen, was die seele ist und wie sie in einen andern leib kann kommen; nach meinem schlechten sinn zu raisonnieren sollte ich eher glauben, daß alles zu grunde geht, wenn wir sterben, und nichts von uns übrig bleibt, und jedes element, wovon wir worden, seine partie wieder zu sich nimmt, um wieder was anders zu machen, es seie ein baum oder kraut oder sonst was, das wieder zur nahrung der lebendigen kreaturen dient. Die gnade Gottes, deucht mir, kann allein die seele unsterblich glauben machen, denn natürlicher weise kommt es einem eben nicht in kopf, insonderheit, wenn man sieht, wie die leute werden, wenn sie einmal gestorben sein. Gott der allmächtige ist so unbegreiflich, daß mir deucht, daß es seiner allmacht zuwider und zu kleinerlich ist, wenn wir ihn in den schranken unserer ordre wollen einschließen. Wir menschen, die regeln haben, können gut oder bös sein, nachdem wir die regeln befolgen oder dawider tun; aber wer kann dem Allmächtigen gesetze geben? Auch ein rechtes zeichen, daß wir nicht begreifen können, was Gottes güte ist, ist, daß unser glaube uns weist, daß er zwei menschen erstlich erschaffen, denen er gerad einen anstoß geben, um zu fehlen, denn was war es nötig, einen baum zu verbieten, hernach den fluch auf alle die zu setzen, so nicht gesündigt hatten, indem sie noch nicht geboren waren? Nach unserer rechnung geht das gerad gegen güte und gerechtigkeit, indem die gestraft werden, so nichts davor können und nicht gesündigt haben. Weiters lehrt man uns, daß Gott der vater seinen einzigen sohn vor uns geben hat; das war ja nach unserer rechnung auch nicht gerecht, denn der sohn hatte nie und konnte nicht sündigen; also deucht mich, daß es ohnmöglich ist, zu begreifen, was Gott mit uns macht, derowegen nur seine allmacht zu admirieren ist, aber ohnmöglich von seiner güte und gerechtigkeit zu raisonnieren ... Ich habe die freiheit genommen und Euer Liebden schon letztmal meine meinung über der jünger Christi frage wegen des blindgebornen gesagt, doch will dies noch hinzusetzen, daß ich nicht finde, daß es eine preuve ist, daß die seele in einen andern leib gehet, denn weilen ja alle Juden und Christen glauben, daß wir durch Adam seind verloren worden, so unser aller vater war, so haben die jünger auch leicht glauben können, daß man der leiblichen väter sünde trägt, und also selbst als sündige menschen gebären; aber unser herr Christus leugnet, daß er vorher, ehe er geboren worden, gesündigt hätte, denn er sagt, daß weder der blindgeborne noch sein vater gesündigt hätte, sondern daß es geschehen, daß die werke Gottes gesehen werden möchten und seine ehre gepriesen werde. Also zerschlägt unsers herrn Christus antwort monsieur Helmonts meinung. Ich bin wohl Euer Liebden meinung, daß diese opinion ein schlechter trost ist, denn man behält nur, wie man stirbt, aber man weiß nichts von wiederleben. Ich finde es auch nicht zum besten, daß man nichts weiß von seiner jugend; ich wollte aber gerne vergessen, im mutterleib gewesen zu sein, denn das sollte einen ekeln.

Monsieur Helmonts zufriedenheit und ruhig gemüte, das möchte ich gerne lernen.

Versailles, 8. November 1696. Ich muß Euer Liebden ein wenig von der zukünftigen herzogin von Bourgogne sprechen, welche endlich vergangenen montag zu Fontainebleau angekommen ist... Wie sie ankam, empfing ich sie mit lachen, denn ich dachte, ich müßte mich krank lachen: es war eine solche foule und presse, daß sie die arme madame de Nemours und die maréchalle de la Motte dermaßen stießen, daß sie beide eine ganze kammer lang rücklingen auf uns zukamen und endlich auf madame de Maintenon fielen. Hätte ich letzte nicht beim arm erhalten, wären sie übereinander gefallen wie karten. Es war recht possierlich. Was die Prinzess anlangt, so sein Ihro Liebden eben nicht gar groß vor ihr alter, hat aber gar eine artige und schmale taille wie ein recht püppchen; sie hat schöne blunde haar und in großer menge, schwarze augen und augenbrauen, und augenlider gar lang und schön; die haut gar glatt, aber nicht gar weiß; das näschen weder hübsch noch häßlich; einen großen mund und dicke lefzen; mit einem wort: ein recht österreichisch maul und kinn. Sie geht wohl, hat gute mienen und grâce in was sie tut, sehr sérieuse vor ein kind von ihrem alter und erschrecklich politisch, macht wenig werks aus ihrem großvater,[1] sieht kaum meinen sohn noch mich an, aber sobald sie madame de Maintenon sieht, lacht sie sie an und geht mit offnen armen zu ihr; im gleichen, wenn sie die prinzess de Conti sieht. Da sehen Euer Liebden, wie politisch sie schon ist.

[1] Monsieur; die Prinzessin war das Kind seiner zweiten Tochter aus erster Ehe

Paris, 22. November 1696. Der König hat nichts anderes mehr im kopf als dieses kind, kann nicht dauern ohne sie zu sehen, hat sie einsmals gar in den rat kommen lassen. Dies mädchen ist recht italienisch und politisch, als wenn sie dreißig jahr alt wäre. Es ist hier ein envoyé von ihrem hof, so premier écuyer von ihrer frau mutter ist, kennt ihn also gar wohl; sie tut aber nicht, als wenn sie ihn kennt, sieht ihn kaum an und spricht nicht mit ihm, aus furcht, daß es der König übel nehmen möge und glauben, daß sie noch an ihr vaterland attachiert ist. Dies gefällt mir nicht, denn ein gut naturel und gemüte soll so seine eigenen sentimenten nicht verbergen und vor keine schande halten, seine eltern und vaterland zu lieben. Denn wer die nicht liebt, so einen erzeugt und erzogen haben, wird schwerlich fremde recht lieben können.

Paris, 25. November 1696. Euer Liebden werden nun schon wissen, wie unsere kleine braut ist empfangen worden und wie sie doch endlich den rang von duchesse de Bourgogne bekommen, ob sie zwar den namen noch nicht führt, sondern nur bloß la Princesse genennt wird. Da sie doch endlich vor mich gehen müssen,[1] kann es ja nichts auf sich haben, ob es ein jahr eher oder später ist, denn außer das vorgehen hab ich doch kein ander agrément gehabt, die erste zu sein... zediere also diesen platz ganz ohne schmerzen... Die passion, so der herr vor dieses weib[2] hat, ist etwas unerhörtes; ganz Paris sagt, daß, sobald der frieden würde gemacht sein, soll der heirat deklariert werden und die dame ihren rang nehmen. Bin derowegen auch noch froh, die erste nicht zu sein, denn aufs wenigst werde ich doch was rechts folgen und nicht obligiert sein, der dame das hemd und die handschuhe zu präsentieren. Weilen es ja geschehen sollte, wollte ich, daß es schon geschehen wäre, denn alsdann würde alles wieder recht eine form von einem hof werden und nicht so separiert sein, wie alles nun ist. Die zeit wird lehren, was draus werden wird... Ich weiß nicht, ob die duchesse de Bourgogne glücklicher wird sein als madame la Dauphine, madame la Grande-Duchesse und ich, denn wie wir ankamen, waren wir alle nacheinander merveilleux; man wurde unser aber bald müde. Wir hatten aber den vorteil nicht, daß die, so am besten dran sein, sorg vor uns nehmen müßten, wie diese kleine Prinzess; das mag wohl machen, daß ihre faveur länger währen wird als die unsrige gewährt hat. Politischer, als die kleine Prinzess ist, kann man unmöglich sein; ihr herr vater soll sie so erzogen haben. Von ihrer frau mutter hat sie es nicht; die hat ein besser und aufrichtiger gemüte. Schön ist la Princesse gar nicht; ich finde sie aber nicht so abscheulich als die andern sie finden. Verstand hat sie; das ist gewiß und das sieht man ihr wohl an den augen an.

1 die Gemahlin des König-Enkels stand im Rang über «Madame»
2 die Maintenon

Versailles, 2. Januar 1697. Ich erinnere mich noch wohl des herzogs von Wolfenbüttel, so prinzess Christine gehabt hat, er hieß Albrecht Ferdinand, drehte die augen so wunderlich herum und spielte spielchen mit mir, wie ich zu Wolfenbüttel mit Euer Liebden war. Es ist auch derselbe, wo mir recht ist, so einmal so dolle händel mit herzog Anton Ulrich, seinem herrn bruder, angefangen hat. Ich kann nicht begreifen, wie daß von so zwei närrischen leuten, wie dieser herr und seine gemahlin waren, so artige und gescheite kinder haben kommen können... Die Aurora Königsmarckin[1] muß eine wunderliche kreatur sein und ganz ohne schamhaftigkeit, daß sie burgemeister und syndikus in einer stadt zu zeugen nimmt, wie sie einen bastard auf die welt bringt.[2] Mich deucht, Teutschland wird ganz anders, als es zu meiner zeit war, denn von solchen unverschämten sachen habe ich nie gehört... Mich deucht, könig Jakob hat vor diesem wohl vor geherzt und ferme passiert, aber nie vor ein groß verstand, denn ich erinnere mich, daß madame de Fiennes mir als sagte vom verstorbenen könig in Engelland und von diesem: «Le roi d'Angleterre a beaucoup d'esprit et est fort agréable, mais faible, le duc de York a du courage et de la fermeté, mais il n'a point d'esprit et est ennuyeux à mourir.»[3] Auch andre hier, so ihn gesehen, als er noch auf seinem thron war, haben mir ebenso davon gesprochen. Allein Euer Liebden drehen die sach so gar artig herum vor könig Wilhelm, daß man recht meinen sollte, es wäre so, und der verstand an der englischen kron fest, wenn könig Wilhelm nicht schon denselben verstand als prinz von Oranien erwiesen, so er jetzt als könig von Engelland hat. Ich glaube, daß die historien, so man nach unseren zeiten von diesem hof schreiben wird, artiger und zeitvertreiblicher als kein ro-

man sein werden; ich fürchte, unsere nachkommen werden es nicht
glauben können und nur vor märchen halten... Ich erinnere mich
nicht mehr, wo es in der heiligen schrift stehet, daß man altem
weibergeschwätz nicht glauben solle, aber bald werde ich interesse
haben, solches nicht mehr zu zitieren, denn ich fange auch an, nicht
mehr jung zu sein. Der junge herr von Obdam muß ein gut gedächtnis haben, sich noch zu erinnern, mich in Holland gesehen zu
haben, denn es ist nun sechsunddreißig jahr, daß ich mit Euer Liebden dort war. Ich wollte, daß dieser herr schon hier wäre, denn es
wäre ein zeichen, daß es friede wäre. Ich bin ihm verobligiert, daß
er eine reise express hier tun will, mich zu sehen. Euer Liebden
und ich haben den vorteil, daß, weilen wir nichts von les affaires
d'état wissen, können wir davon sagen, was uns in kopf kommt, da
andere, die es wissen, gar nicht reden dürfen aus furcht, den staat zu
verraten. Ich muß lachen, daß Euer Liebden sagen, daß die pfaffen nur allein hier im lande komödie spielen wollen. Sollte ich die
schloßkirch zu Hannover nun sehen, würde ich sie nicht mehr
kennen, nun sie oncle so schön hat malen und vergülden lassen.
Ihro Liebden haben wohl getan, den pfaffen das maul so zu stop-
fen, denn nichts ist verdrießlicher als ihr plärren. Die lutherischen
lieder divertieren recht zu singen; dürfte ich sie hier singen, würde
mir die zeit bei weitem nicht so lang in der kirch fallen.
1 die Geliebte Augusts des Starken   *2* das war Moritz von Sachsen,
später ein berühmter Feldherr   *3* der König von England (Karl II.)
hat viel Geist und ist überaus angenehm, aber schwach. Der Herzog von
York (Jakob II., sein Bruder) hat Mut und Entschlossenheit, aber er hat
gar keinen Geist und ist zum Sterben langweilig

Versailles, 18. Januar 1697.   Der König tut nichts, als was seine
zott will; haßt auch die, so er am meisten liebt, sobald sie will.
Monsieur denkt an nichts, als was seiner buben bestes ist; frägt
sonsten nach nichts. Alle andern seind auch falsch, und die knechte
und valetaille seind schier überall herr und meister. Vor acht tagen
hat er noch 100 000 franken an einen mit namen Contades geben,
um Rubantels compagnie zu kaufen. Alle seine schönen juwelen
und demanten werden stück nach stück verkauft. Unterdessen läßt

man mich, ohne mir zu geben, was am notwendigsten ist. Mein sohn machts nicht viel besser als Monsieur; gibt alles an seine maitresse... Monsieur le Dauphin mischt sich in nichts in der welt, steckt all sein leben bei der prinzess de Conti, welche er zwar auslacht, aber doch ebenso sehr von ihr gouverniert ist, als der herr vater von der Maintenon. Er ist verliebt von einer komödiantin, die läßt er nach Meudon kommen und hat sie nachts bei sich. Tags läßt er im garten arbeiten und sieht zu; abends ißt er um vier, denn er ißt nicht zu mittag, sondern frühstückt nur. Um vier ißt er mit alle die kavaliers, so bei ihm seind; ist zwei stund an tafel und säuft sich voll. So bringt er sein leben zu.

AN DIE RAUGRÄFIN LUISE

Versailles, 22. Januar 1697. Daß man einen tag besser sein unglück ertragen kann als den andern, ist gar gewiß und wahr; ich verspüre es auch. Aber doch gewöhnt man sich endlich dran, die sachen nicht so gar mehr zu herzen zu ziehen. Es ist eine verdrießliche sache, daß die pfaffen machen, daß die christen einander so zuwider sein müssen. Die drei christlichen religionen, wenn man meinem rat folgte, sollten sich vor eine halten und sich nicht informieren, was man drinnen glaubt, sondern nur, ob man nach dem evangelium lebt, und dagegen predigen, wenn man übel lebt, aber die christen untereinander heiraten lassen und in welche kirch gehen, als sie wollen, ohne es übel zu finden; so würde mehr einigkeit unter den christen sein, als nun ist. Ich habe eine solche estime vor könig Wilhelm, daß ich den viel lieber zum schwiegersohn hätte als den römischen König. Ich kann meiner tochter das mit wahrheit nachsagen, daß sie ganz und gar keine pente zur coquetterie und galanterie hat; auf diesem article gibt sie mir gar keine mühe und glaube, daß, wer sie auch bekommen mag, hierin nichts wird zu fürchten haben. Schön von gesicht ist meine tochter nicht, hat aber eine schöne taille, gute mienen und hübsche haut und ist ein gut gemüte.

AN DIE KURFÜRSTIN SOPHIE

Marly, 24. Januar 1697. Meine elfhundert pistolen seind alle in schulden gangen und in den kleinen pensiönchen, so ich jährlich gebe. Ich mag lieber mein geld an leute geben, so sonst das liebe brot nicht hätten, als es zu verspielen; Monsieur verspielt genung vor uns beide.

Versailles, 3. Februar 1697. Vergangenen mittwoch morgens und dienstags spät seind zwei brüder zu Paris gestorben, so zwilling waren und einander glichen wie zwei tropfen wasser. Man hieß sie messieurs de Bocquemar; der eine war président du parlament, der ander war capitaine aux gardes und gouverneur zu Bergen. Diese zwei brüder haben einander so herzlich lieb gehabt, daß sie nicht ohne einander haben bleiben können, schliefen allzeit beisammen und konnten nicht lustig noch zufrieden sein, sie waren denn beisammen, auch so daß man versichert, daß, wie sich der président geheirat hat, hätte er die erste nacht nicht ohne seinen bruder schlafen können, hat ihn mit ins bett genommen. Wenn einer krank wurde, wurde der ander auch krank. Vergangen jahr, als der eine in seinem gouvernement zu Bergen, der ander aber zu Paris war, rührt den zu Paris der schlag, in demselben augenblick wurde der zu Bergen ohnmächtig und war gar lang, bis er wieder zu sich selber kam, und alle die zeit bis sein bruder wieder zurecht kam (denn man hat die stunde observiert); endlich seind sie auf einen tag krank worden von derselben krankheit und sechs stunden nach einander gestorben; welches doch eine starke sympathie ist. Sie waren zwischen neunundsechzig und siebzig jahren alt und haben all ihr leben ganz einig gelebt und nur einen willen gehabt. Ich habe sie oft gesehen; es waren zwei häßliche kerls, sollen aber gar ehrliche männer gewest sein.

Versailles, 2. Mai 1697. Euer Liebden beklage ich wohl von herzen, daß sie kein besser zeitvertreib haben, als meine alten briefe zu überlesen. Solang papa selig gelebet, werden Euer Liebden alle meine briefe voll contentement von Monsieur sehen, denn ich wollte nicht, daß Ihro Gnaden erfahren möchten, wie es recht hier war, wollte es also in keinen brief setzen. Wie Euer Liebden aber selber herkommen, habe ich Euer Liebden nichts verhehlt. Ich habe Ihro Gnaden dem Kurfürsten selig alles verhehlt, weilen man mir gesagt, daß, nachdem ich weggezogen, hätten Ihro Gnaden sich dermaßen zu herzen genommen, daß ich so wider meinen willen aus purem gehorsam wäre herkommen, ob ich gleich persuadiert, daß ich nicht glücklich hier sein würde, daß es Ihro Gnaden ganz geängstigt hätte und traurig gemacht. Drum hab ich alles verhehlt so lang mir möglich gewesen. Zuletzt hat der Kurfürst doch alles (weiß aber nicht, durch wen) erfahren und mich brav ausgefilzt, daß ich es nicht geschrieben hätte. Als ich aber die ursach deswegen recht gemeldt, haben sie meine entschuldigung angenommen. Was den König anbelangt, so bin ich wohl oder übel mit ihm gestanden, nachdem es seine maitressen gewollt; zu der Montespan zeit war ich in ungnaden, zur Ludre zeit wohl dran; als die Montespan wieder die oberhand nahm, gings wieder übel, wie Fontanges kam, wohl, und seit das jetzige weib regiert, allezeit übel. Ich versichere Euer Liebden aber, daß ich die zeit sehr nehme wie sie kommt; ich kenne perfekt alle die, womit ich umgehe; ich weiß, was ich mich von ihnen zu versehen habe. Meine partei ist also ganz gefaßt; suche nur meine zeit soviel mir möglich ist in ruhe hinzubringen. Und weilen ich verspürt, daß man hier keine ruhe haben kann, man lebe denn einsam, so bin ichs auch ... Mich deucht, wir wissen zu viel und zu wenig, um recht glücklich zu sein. Denn man weiß genung, um mehr wissen zu wollen, aber nicht genung, um davon vergnügt sein zu können.

AN DIE RAUGRÄFIN LUISE

St. Cloud, 15. Mai 1697. Wer hätte wohl jemalen gedenken können, daß ich Euch aus Frankreich und Ihr mir aus Engelland schreiben würdet? Freilich geht es wunderlich in der welt her. Ich weiß nicht, ob Ihr Euch noch der jungfer Kolbin erinnert, so meine

hofmeisterin war; die pflegte als zu sagen: «Es geht nirgends wunderlicher her als in der welt» und hierin hatte sie groß recht...
Ich kann nicht begreifen, wie es leute finden kann, so ihre guten freunde nicht lieb behalten; denn ich kann nie ändern, wenn ich einmal freund bin, ist es vor mein leben, es seie dann, daß man ganz und gar gegen mir ändere... Um Gottes willen, liebe Luise, sagt mir doch nie, daß Ihr fürcht, mir mit Euern briefen beschwerlich zu fallen! Denn das sein compliments, die mir unleidlich sein. Ihr wißt ja wohl, daß ich ganz natürlich bin. Wären mir Eure briefe nicht angenehm, so würde ich ja nicht sagen, daß sie mirs sein, würde auch nicht exakt darauf antworten, wie ich tue. Schreibt man dann nur an seine guten freunde und verwandten, um etwas artiges und lustiges daher zu machen? Ich meine, es seie vielmehr, um zu erweisen, daß man fleißig an sie denkt und daß, weilen man nicht mündlich mit ihnen reden kann, so erweist man doch den willen, sein vertrauen zu vollführen, indem man aufs papier setzt, was der mund nicht sagen kann; also ist man lustig, müssen die briefe lustig sein, ist man traurig, desgleichen, damit unsere freunde part nehmen können in alles, was uns betrifft. Wenn Ihr wissen solltet, wie alles hier ist, sollte es Euch gar kein wunder nehmen, daß ich nicht mehr lustig bin. Ein andere in meinem platz, so nicht so aus dem grund lustig gewesen wäre, würde vielleicht vor kummer längst gestorben sein; ich aber werde nur dick und fett davon. Es ist nicht ohn, daß, wenn ich das glück hätte, bei ma tante zu sein, so glaube ich, daß ich noch etlichmal recht lustig würde sein können; aber hierzu sehe ich leider gar keine möglichkeit. Hier habe ich wenig commerce, lebe ganz à part wie ein reichsstädtel, kann nicht sagen, daß ich über vier freundinnen in ganz Frankreich habe. Ma tante von Tarent hatte ich zwar sehr lieb, aber nichts in der welt geht mir über ma tante, die Kurfürstin... Meine gesundheit ist nun nur gar zu perfekt, ich werde so dick wie ein kugelreiter und gar keine menschliche figur schier mehr. Alleweil läßt mich Monsieur holen, um spazieren zu fahren; kann also unmöglich diesen brief so völlig wie den ersten beantworten, dies nur noch in eil sagen, daß, was Ihr mir vom

armen Carl Eduard selig[1] geschrieben, mich dermaßen vor ihn attendriert und gejammert hat, daß mir die tränen drüber in den augen kommen sein. An Carllutz darf ich nicht denken, denn dessen tod habe ich noch nicht verschmerzt. Adieu! Man treibt mich, um zu schließen; kann meinen brief nicht überlesen. Entschuldiget die fehler, liebe Luise und glaubt, daß ich Euch von herzen lieb behalte!

1 Bruder der Adressatin, Halbbruder Liselottes

AN DIE KURFÜRSTIN SOPHIE

St. Cloud, 16. Mai 1697. Vorgestern war ich zu Paris, denn das arme kind mademoiselle de Chartres[1] lag auf den tod; man erwartet nur ihr end; jammerte mich recht, allein wie ich sah, daß ihre frau mutter keine tränen vergoß, ihr großvater nur an spielen dachte und deswegen zu Seissac[2] ging, die mutter sich eine brave collation von vier großen schüsseln vorsetzen ließ, dachte ich, daß es eine torheit an mir wäre, mich allein zu betrüben. Weilen ich aber das spectacle ohne mühe nicht ansehen konnte, setzte ich mich hübsch in kutsch und fuhr wieder her.

1 ihre Enkelin, Töchterchen ihres Sohnes Philipp *2* berüchtigter Spieler am französischen Hof

St. Cloud, 6. Juni 1697. Ich lebe hier lieber allein und habe mich deromaßen an dies leben gewöhnt, daß mir die zeit kein augenblick lang dabei fällt. Ich lese bald französisch, bald teutsch, ich schreibe, ich spiele mit meinen hündchen, ich sehe kupferstiche, ich besehe meine pitschiere, lege sie zurecht, finde also immer was zu tun. Gibt es mir keine freude, so betrübts mich auch nicht und macht doch ein ruhiges leben ... Wer sein glück nicht in sich selber finden kann, wird es unnötigerweise anderswo zu suchen sein.

AN DIE RAUGRÄFIN LUISE

St. Cloud, 19. Juli 1697. Herzliebe Luise, vergangenen sonntag abend bin ich mit zwei von Euren lieben briefen erfreuet worden, vom 18. Juni und vom 25., habe aber unmöglich eher als heute drauf antworten können; denn weilen ich noch gar große schmerzen an meinem arm habe, kann ich unmöglich viel briefe auf einmal schreiben... Die umstände von meinem fall will ich Euch gar bald sagen; wir waren zwei stund gewest, ohne einen wolf zu finden, gingen den schritt, einen anderen zu suchen; einer zu pferd rennt ungefähr bei mir vorbei, das gibt meinem pferd ardeur, es will folgen; ich halte es ein, es will sich cabrieren, ich lasse zügel schießen und drehe die hand, um weiter zu reiten. Mein pferd war auf einer kleinen höhe mit den hintern füßen auf das nasse gras, die zwei hinterfüß glitschen dem pferd aus, es fällt sachte auf die rechte seite, ich finde just einen stein, worauf mein ellenbogen mit der spitze kommt, das verrenkt mir den großen knochen und setzt mir ihn mitten im arm. Man sucht des Königs balbierer, den arm wieder einzurichten, selbigen fund man nicht, denn er hatte ein hufeisen verloren, war weit in ein dorf geritten, sein pferd beschlagen zu lassen. Ein bauer sagt mir, sie hätten in seinem dorf einen balbierer, so die arme wohl einrichte. Ihr fuhr hin, in der tat, dieser bauer richtet meinen arm wohl ein, und wäre in vierzehn tagen geheilet gewesen, wenn die hofbalbierer ihre kunst nicht an mir versucht hätten, wovon ich glaube, daß ich lahm bleiben werde. Das einzig, das mich nur noch tröst, daß ich die finger genung rühren kann, um die feder zu halten und zu schreiben; habe also nicht vonnöten, mich einiger anderen hand zu gebrauchen... Mich wird sehr verlangen zu vernehmen, daß Ihr glücklich in Holland werdet angekommen sein, denn das meer ist ein element, von welchem ich gar nichts halte. Seekrank sein geht wohl hin; denn wenn man zu land ist, wird man nur desto gesunder hernach; aber sturm auszustehen und nicht sicher zu sein, mit dem leben davon zu kommen, das ist etwas häßliches... Daß Euch das Teutschland noch über andere länder geht, liebe Luise, ist gar natürlich; was man gewohnt, gefällt einem immer besser als was fremd ist. Und das vaterland steht uns Teutschen allezeit am besten an... Es ist ein schlimm zeichen vor die länder, wo man fragt, ob die, so sie heiraten können, reich sein; denn das weist, daß man wenig nach tugend fragt. Ich glaube, daß Engelland nicht der einzige ort ist, wo böse ehen und wunderliche männer sein; wer die nicht finden will, müßte die welt räumen, und wer lust zu heiraten hätte, müßte mich nicht konsultieren, denn ich bin nie vor den ehestand.

AN DIE KURFÜRSTIN SOPHIE

Port Royal, 18. September 1697. Sollte er[1] ins elend fallen, wird er nie hungers sterben können, weilen er vierzehn handwerke kann. Der große mann hier hat ihn sehr ausgelacht, daß er in Holland bei einem zimmermann gearbeit hat und die schiffe helfen machen. Wenn er aber erfahren wird, wie wohl dieser herr seine galeeren, die er gemacht, angewendt hat, wird er es ihm verzeihen und es vor keine lapperei mehr halten.

1 Peter der Große

Der Prinz Eugen von Savoyen (1663–1736) war in Österreich zu hohem Ansehen gelangt. Er führte das kaiserliche Heer gegen die vordringenden Türken und schlug sie bei Zenta.

Fontainebleau, 9. Oktober 1697. Euer Liebden werden aus einem von den meinigen ersehen haben, welchen tag wir hier die zeitung von des prinz Eugen schlacht vernommen haben. Man sagt wohl mit wahrheit: «Nul n'est prophète en son pays.»[1] Wäre prinz Eugen hier geblieben, wäre er nimmermehr ein so großer general geworden, denn hier plagten ihn alle jungen leute und lachten ihn aus.

1 ein Prophet gilt nichts in seinem Vaterland

Am 31. Oktober 1697 wurde der Krieg, der 1688 durch den französischen Einfall in die Pfalz ausgelöst worden war, durch den Frieden von Ryswyk beendet. Ludwig XIV. hatte mit knapper Not seine wichtigsten Positionen, vor allem auch Frankreichs Großmachtstellung, behauptet. Aber viele Eroberungen mußte er wieder freigeben.

Paris, 10. November 1697. Von allem was vorher aus der Pfalz kommen, da habe ich keinen heller noch pfennig von zu sehen bekommen; will glauben, daß es hiermit ebenso gehen wird. Bekomme ich dann was, so werde ich desto froher sein, hätte es hoch

vonnöten, denn ärmer an bar geld als ich bin, kann man nicht sein.
Wenn ich gefragt, ob denn, was aus der Pfalz käme, nicht mein
seie, hat man geantwortet: ja, allein Monsieur seie le maître de la
communauté, der könne sein leben mit allem schalten und walten,
wie es ihm beliebe, ohne daß ich was dargegen zu sagen könnte
finden, käme er aber zu sterben, so müßte man auf sein gut die
summa vor mich wiederfinden. Dieses ist mir gar nicht tröstlich
vorkommen, weilen aber, was ich auch dagegen sagen möge, zu
nichts nicht hilft, schweige ich und gehe mein geraden weg fort.
Was aber das verdrießlichste ist, ist, daß ich vor meinen augen
sehe, wie übel und an nichtswürdigen leuten mein geld angewendet wird.

AN DIE RAUGRÄFIN LUISE

Paris, 10. November 1697. Mein arm ist nun so weit wieder wohl,
daß ich ihn zwar wieder regen kann und drehen wie den andern,
allein wo mir die balbierer den arm so verkältet haben, als nämlich oben in der achsel, habe ich noch einen wetterkalender; insonderheit wenn es regnen will, so lassen sich noch ein wenig schmerzen empfinden, aber sonsten tut er mir gar nicht mehr wehe. Ich
hoffe, daß das florentinische öl, so mir bisher so wohl bekommen,
mich ferner kurieren wird. Nun es überall frieden ist, könnt es sich
gar wohl zutragen, daß wir einander wieder zu sehen bekommen
könnten. Man muß nie die hoffnung verlieren. Wenn in der tat
sollte wahr werden, was vor ein paar monat in geschrei gangen,
nämlich, daß meine tochter herzogin von Lothringen werden sollte,
so könnte es sich ja leicht zutragen, daß wir einander rendez-vous
zu Nancy geben könnten; zweifle gar nicht, liebe Luise, daß Ihr,
Amelise und ich gar wohl miteinander zurecht kommen würden.
Ihr werdet nun allbereits erfahren haben, wie daß der frieden mit
dem Kaiser und Reich nun auch geschlossen und unterschrieben ist.
Es muß eine sonderliche vermaledeiung auf den generalfrieden
sein, daß er schier nirgends mit freuden angenommen wird, ob er
zwar schon so gar lang ist gewünschet worden; denn der pobel zu

Paris hat sich auch nicht drüber erfreuen wollen, man hat sie schier dazu zwingen müssen. So bald glaube ich nicht, daß der krieg wieder angehen wird. In Polen, glaube ich, wird auch kein großer krieg werden; denn man sagt, daß es nicht wohl dorten vor unsern prinz de Conti[1] gehe; Ihro Liebden möchten wohl bald wieder herkommen, worin ich Ihro Liebden vor glückseliger schätzen würde, als wenn er könig in Polen würde, denn es ist ein schmutzig und wild land, und die großen herren gar zu interessiert. Wir haben den kurfürsten von Sachsen zwei jahr lang hier gehabt, kenne also seine stärke wohl, allein es ist wunderlich, daß man davon in den zeitungen spricht. Man könnte nicht so viel von prinz de Conti sagen; denn ob er zwar länger von person als der Kurfürst ist, ist er doch gar schwach.

[1] um den verwaisten polnischen Königsthron bewarben sich gleichzeitig der Prince de Conti und August der Starke

Versailles, 5. Dezember 1697. Herzliebe Luise, gestern habe ich in ma tante paket Euer schreiben... gefunden, aber was mir ma tante von oncles leider so gar elendem zustand bericht, macht mich fürchten, daß Ihro Liebden noch nicht recht außer gefahr sein, und das setzt mich in rechte sorgen.[1] Zu Euerm wunsch vor oncle und tante sage ich wohl von grund meiner seele amen. Nach allem ansehn wird der frieden nirgends große freude erwecken. Wenn wünschen was helfen könnte, würde alles wohl anders hergehen, als man nun sieht. Ich weiß nicht, ob es nicht besser vor mich und vor meinen sohn wäre, daß er noch einige campagnes tun könnte; denn dies land ist greulich verführerisch vor junge leute, und sie erwerben mehr ehre im krieg, als hier nichts zu tun, als herum zu schlendern und zu débauchieren, wozu, unter uns geredt, mein sohn nur gar zu viel inclination hat und meint, weilen er nur die weiber lieb hat, und nicht von der anderen débauche ist, so jetzt gemeiner hier ist als in Italien, so meint er, man solle ihn noch dazu loben und dank wissen; mir aber steht sein leben gar nicht an. — Sobald ich Euer schreiben gestern empfangen, bin ich gleich bei Monsieur zu rat gangen, um zu sehen, ob nichts bei Seiner

Majestät dem König zu erhalten seie. Er hat mir aber leider platt herausgesagt, daß es der König nicht tun würde, denn er wolle von kein dédommagement sprechen hören, hat auch seinen ambassadeurs befohlen, eher den frieden zu brechen, als von ein dédommagement zu reden hören, darf also jetzt nichts davon reden. Allein schickt mir ein französisch mémoire mit größerem détail als dies teutsche ist, von Euren prétentions. Das will ich behalten, und wenn ich den König einmal in gutem humor finden werde, will ich ihm in lachen sagen, er sollte mir wohl wieder restituieren, was er meinen armen Raugräfinnen geschadt hätte, und ihm das mémoire weisen. Wer weiß, ob das nicht was nutzen wird? Was Monsieur anbelangt, so habe ich ihm platt heraus gesagt, daß er Euch noch schuldig seie. Er sagt, ich solle ihm ein mémoire geben, er wolle es examinieren, werde also einen extrait aus Eurem zettel ziehen, und solches Ihro Liebden geben und es stark an den kanzler und meines herrn räte rekommandieren. Das ist alles, liebe Luise, was ich bei der sache tun kann. Wollte Gott, alles stünde bei mir, so würdet Ihr bald in alles ein völlig vergnügen haben; denn seid versichert, daß ich nie mein interesse Eurer freundschaft vorziehen werde. Die unser armes vaterland so lange jahre eingehabt, haben sich wohl dabei befunden; drum wollen sie nichts wieder davon geben von dem, so sie gezogen haben. Ich allezeit habe keinen heller davon bekommen.

1 der Kurfürst von Hannover starb im Januar des folgenden Jahres

AN DIE KURFÜRSTIN SOPHIE

Versailles, 12. Januar 1698. Man hört jetzt hier nichts als von dieb und stehlen. La fête de Sainte Geneviève haben die diebe zu Paris ein stückelchen angestellt: einer von diesen burschen verkleidte sich als ein père de Sainte Geneviève, nahm eine tafel mit einem schreibzeug, setzte sich gerad vor die kirchentür und sagte zu allen, so in die kirch kommen: «La presse est trop grande à la sacristie pour recevoir l'argent des messes, c'est pourquoi notre abbé m'a ordonné de recevoir l'argent ici.»¹ Jeder gab sein geld, welches dieser falsche priester hübsch aufschrieb; einer aber, so nicht recht eins um den preis war, rief den sakristan und fragte, warum die messen jetzt so teuer wären? Der sakristan antwortete, sie wären nicht teuerer als ordinari. Dieser wies den verkleideten pfaffen; der sakristan dachte wohl gleich, daß ein schelmenstück dahinter sein müßte, wollte den verkleideten priester arretieren, der pfiff, da kamen viel seiner kameraden und halfen ihm durch, und liefen alle davon. Man konnte sie nicht fangen. Man las das register von was er empfangen hatte und man fand achthundert franken, womit sie durchgangen waren.

1 das Gedränge an der Sakristei ist zu groß, als daß man das Meßgeld dort in Empfang nehmen könnte; deshalb hat mir unser Abt befohlen, das Geld hier zu erheben

Versailes, 2. Februar 1698. Ich glaube gar gewiß, daß mein sohn mit dem dollen leben, das er führt, ganze nächte zu rasen und erst um acht morgens schlafen zu gehen, nicht lang wird leben können. Er sieht oft aus, als wenn man ihn aus dem grab gezogen hätte; man bringt ihn gar gewiß ums leben und sein herr vater will nichts dargegen sagen. Aber weilen, was ich auch hiervon sagen mag, zu nichts nicht hilft, so will ich nur davon still schweigen, muß nur das noch sagen, daß es wahrhaftig schad ist, daß man meinen sohn so in das luderleben steckt, denn wenn man ihn an etwas besseres und rechtschaffneres gewöhnt hätte, würde er ganz ein anderer mensch geworden sein. Er fehlt nicht von verstand, ist nicht ignorant und hatte von jugend auf alle inclination von was gut und löblich war und seinem stand zukommt, allein seit er sein eigener herr und meister geworden und sich nichtswürdige kerls an ihn gehängt haben und ihn mit so gar gemeinen huren met verlöff haben umgehen machen, ist er dermaßen geändert, daß man ihn nicht mehr kennt sowohl von gesicht als von humor, und bei so ein leben nimmt er nicht mehr lust in nichts; die lust zur musique, so eine passion war, ist auch nicht mehr vorhanden, summa: man hat ihn ganz unleidlich gemacht, und fürchte sehr, daß er endlich gar das leben drüber verlieren wird.

Versailles, 16. März 1698. Monsieur ist mehr auf die buben erpicht, als nie, nimmt lakaien aus den antichambres; alles was er in der welt hat, vertut er auf diese weise, er wird seine kinder zu puren bettlern machen; er denkt in der welt an nichts als was auf dieses leben angesehen ist. Mir ist er immer zuwider in allem, scheut mich immer; er läßt sich ganz und gar von den liederlichen burschen regieren; alles in seinem und meinem haus wird zu der burschen profit verkauft. Es ist eine rechte schande, wie es zugeht. Meinen sohn haben die favoriten von Monsieur ganz eingenommen, er liebt die weiber, und sie seind seine kuppler, schmarotzen, fressen und saufen mit ihm und stecken ihn in ein solch luderleben, daß er nicht wieder heraus kann kommen, und weilen er weiß, daß ich sein leben nicht approbiere, so scheut er mich und hat mich ganz und gar nicht lieb; Monsieur ist froh, daß er seine favoriten lieb hat und mich nicht, leidt also alles von meinem sohn. Meines sohns gemahlin hat ihren mann nicht lieb; wenn er nur von ihr ist, ist sie schon zufrieden, akkordieren sich also hierin gar wohl, sie denkt nur an ihrer brüder und schwestern grandeur. So geht es hier zu; da können Euer Liebden gedenken, was ein angenehm leben man führt.

Versailles, 4. Mai 1698. Das geschieht manchem hier, daß die dévotion ihnen den hirnkasten verdrehet. Man sieht aber wohl, daß die herrn pfaffen nur ihr divertissement mit der religion haben und alles für histörchen halten, weilen sie es so verzählen. Wenn ein mensch des andern teufel ist, kann man wohl sagen, daß die pfaffen die ärgsten teufel sein. Vor diesem sagte man im sprichwort: «Wo der teufel nicht hinkommen kann, da schickt er ein alt weib», hier in Frankreich könnte man sagen: «Wo das alt weib nicht hin kann, da schickt sie pfaffen.» Denn man hat mich versichert, daß in jede paroisse zu Paris pfaffen von dem alten weib hingesetzt seind, um ihr alles anzutragen, was in ganz Paris vorgeht. Etliche paroisses haben sich dagegen gesetzt und haben die spione nicht annehmen wollen. Der König ist ärger als nie gegen die reformierten verpicht; so lang das alte weib regieren wird, kann es nicht anders sein, denn das ist der einzige weg, wodurch sie den zèle von ihrer hohen dévotion erweist. Hätten die reformierten eine gute resolution gefaßt und wären kommen und hätten dem weib ein paar millionen offeriert, ihr dabei bang gemacht, daß es ihr übel gehen möchte, wo sie nicht vor sie wäre, so bin ich persuadiert, daß man sie alle in ruhe würde gelassen haben, denn das weib ist furchtsam... Wenn ich allemal die stirn runzeln wollte, wenn ich hier sehe, was mir nicht gefällt, so würde ich fingersdicke runzeln jetzt haben. Was das lachen betrifft, so muß es noch ein rest von dem lachen von meiner jugend sein, denn nun lach ich selten... Euer Liebden werden wohl von einer fameuse courtisane hier gehört haben, so man vor diesem Ninon hieß, jetzt heißt man sie mademoiselle de Lenclos. Sie soll gar viel verstand haben, alle vieux seigneurs de la cour seind immer bei ihr wegen ihrer angenehmen conversation... Es ist zu bewundern, wie meine tochter schon so gewohnt ist, braut zu sein;[1] sie raisonniert von alles, was sie zu Nancy will machen lassen, als wenn sie all ihr leben geheirat wäre gewesen. Hieran sehen Euer Liebden, daß meiner kinder humor gar nicht wie der meine ist, denn wie Euer Liebden wissen, so ist der heilige ehestand mir nie so angenehm vorkommen, daß ich mich dessen eine große freude gemacht hätte. Gott gebe, daß ihr diese freude nicht möge versalzen werden. Euer Liebden haben groß recht, madame de Maintenon meritiert mit recht den namen von pantocrate, denn sie ist wohl die allmächtige hier im land. Mein leben werde ich nicht glauben, daß ihr heirat wird deklariert werden, ich sehe es denn mit meinen augen. Sie dürfens nicht tun, wenn sie es schon gerne wollten; die Pariser seind gar zu sehr dagegen; das weib wäre es ihres lebens nicht mehr sicher, wenn das geschehen sollte. Wie wir vergangenes jahr zu Fontainebleau waren, hat man au Pont neuf ganze plakate dagegen angeschlagen und gedrohet; das hat auch gleich alles geschrei von dieser deklaration schweigen machen.

[1] die Tochter Liselottes war mit dem Herzog Leopold von Lothringen verlobt worden

St. Cloud, 18. Mai 1698. Seit mademoiselle Lenclos alt ist, lebt sie gar wohl ... Mein sohn ist gar ihr guter freund; sie hat ihn sehr lieb. Ich wollte, daß er sie öfter besuchte und mehr mit ihr umginge als mit seinen guten freunden; sie würde ihm bessere und noblere sentiments geben als die, so ihm seine guten freunde inspirieren ... Bei hof hört man kein wort von den reformierten sprechen. Hätte man diese verfolgung getan, wie ich vor sechsundzwanzig jahren noch zu Heidelberg war, hätten mich Euer Liebden wohl nie persuadieren können, katholisch zu werden. Alles übel geschieht, weil man hier nie raisonniert, sondern alles glaubt, was mönche und böse alte weiber sagen, auch gar ignorant in allem ist. Das bekommt manchen ehrlichen menschen übel hier ... Die pantocrate fürcht die Pariser so sehr, daß sie nicht in ihr eigene kutsch durch Paris darf fahren. Wir begegneten sie gestern, es waren leibgarden verkleidet um ihr kutsch, so des Königs seine war. Wenn die weiber von der halle sie ertappen könnten, würde sie in stücken gerissen werden, so verhaßt ist sie.

AN DIE RAUGRÄFIN LUISE

St. Cloud, 17. Juni 1698. Ich wünsch den tod nicht und scheu ihn auch nicht; ohne den heidelbergischen katechismus kann man wohl lernen, sich nicht zu sehr an die welt zu attachieren, insonderheit hier im land, da alles so voller falschheit, neid und bosheit ist und alle laster so unerhört im schwang gehen. Allein weilen sterben ganz wider die natur ist, kann mans doch nicht wünschen, ob man gleich die welt nicht liebt. Hier an diesem großen hof habe ich mich schier zum einsiedler gemacht und es seind gar wenig leute hier im land, mit welchen ich oft umgehe, bin auch ganze lange tage ganz allein in meinem cabinet, worinnen ich mich mit lesen und schreiben okkupiere. Kommt jemand, mich zu sehen, sehe ich sie ein augenblick, rede vom wetter oder zeitungen, dann wieder in meine einsamkeit. Viermal die woch habe ich schreibtag, montag in Savoyen, mittwoch nach Modena, donnerstag und sonntag schreibe ich große, mächtige briefe an ma tante nach Hannover, von sechs bis acht fahre ich mit Monsieur und unseren damen spazieren. Dreimal die woch fahre ich nach Paris und alle tag schreibe ich an meine freundinnen, so dort sein; ein- oder zweimal die woch jage ich. So geht meine zeit hin ... Ist es möglich, daß die pfarrer so albern zu Frankfurt sein, komödien vor sünde zu halten? Ihre ambition, über die menschen zu regieren wollen, ist viel eine größere sünde, als ein unschuldig spectacle zu sehen, so einem ein augenblick lachen macht; so possen kann ich allen pfaffen nicht verzeihen. Adieu, herzliebe Luise! Ich habe noch drei brief zu schreiben, muß derowegen schließen, versichere Euch doch noch, daß ich Euch von herzen lieb behalte.

Marly, 4. Juli 1698. Die, so sich die sachen hier nicht so schwer einbilden, als sie in der tat sein, meinen, der König und der hof seien noch, wie sie vor diesem gewesen, aber alles ist leider dermaßen geändert, daß, wer seit der Königin tod vom hof gewesen wäre und nun wieder herkäme, würde meinen, er komme in eine ganz andere welt. Hierauf wäre noch viel zu sagen, aber es ist der feder nicht zu vertrauen; denn alle briefe werden gelesen und wieder zugepitschiert. Ma tante pflegt zu sagen: «Einer ist des andern teufel in dieser welt» und das ist wohl war. Wir wissen wohl, daß alles von Gott kommt und sein allmacht von ewigkeit resolviert, wie die sachen sein sollen; weilen der Allmächtige uns aber nicht mit ihm in rat genommen, so läßt er uns auch nicht wissen, warum alles geschieht; müssen uns also nur seinem heiligen willen ergeben. – Ich zweifle gar nicht, daß Carl Moritz[1] manche dispute mit monsieur Helmont haben wird zu Hannover. Ich wünsche Carl Moritz alles guts und langes leben, allein ich zweifle, daß er mit aller seiner gelehrtigkeit mir jemalen so lieb werden kann, als mein lieber Carllutz selig mir war ... Mir gebührts nicht, nach andere leute zu sehen, ob sie häßlich oder schön sein, nachdem mich der Allmächtige so gar häßlich hat sein lassen; aber ich bin jetzt in einem alter, wo man sichs desto leichter zu getrösten haben kann, indem, wenn ich schon schön gewesen wäre, müßte ich doch jetzt schon häßlich geworden sein, geht also mit einem hin. Freilich halte ich mehr von innerlicher als äußerlicher Schönheit. — Ich habe Euch schon letztmal meine meinung geschrieben über die pfarrer und pfaffen, so die komödien verbieten, sage also weiter nichts drauf, als nur, daß, wenn die herren ein wenig weiter als ihre nase sehen wollten, würden sie begreifen, daß der gemeinen leute geld an den komödien nicht übel angelegt ist. Erstlich seind die komödianten arme teufel, so ihr leben dadurch gewinnen; zum andern, so macht die komödie freude, freude gibt gesundheit, gesundheit stärke, stärke macht besser arbeiten, also sollten sie es mehr gebieten als verbieten.

1 der letzte der Raugrafen

AN DIE RAUGRÄFIN AMALIE ELISABETH

Port Royal, 22. August 1698. Vergangen montag ist zu Versailles auf einen stutz eine von meinen gar guten freundinnen am schlag gestorben, sie hieß la princesse d'Espinoi. Es war eine dame, die große meriten hatte, gar guten verstand, eine politesse, so über die maßen war, und das beste gemüte von der welt; sie dachte an nichts, als ihren freunden und verwandten zu dienen; sie war von gar guter gesellschaft... Wenn man schon schön ist, währt es doch nicht, und ein schön gesicht ändert bald, allein ein gut gemüt ist zu allen zeiten gut. Ihr müßt meiner sehr vergessen haben, wenn Ihr mich nicht mit unter den häßlichen rechnet; ich bin es all mein tag gewesen und noch ärger hier durch die blattern worden. Zudem so ist meine taille monstrueuse in dicke, ich bin so viereckt wie ein würfel, meine haut ist rötlich mit gelb vermischt; ich fange an, grau zu werden, habe ganz vermischte haare schon, meine stirn und augen seind sehr runzelig, meine nase ist ebenso schief, als sie gewesen, aber durch die kinderblattern sehr brodiert, sowohl als beide backen; ich habe die backen platt, große kinnbakken, die zähn verschlissen, das maul auch ein wenig verändert, indem es größer und runzeliger geworden. So ist meine schöne figur bestellt.

AN DIE KURFÜRSTIN SOPHIE

Fontainebleau, 22. Oktober 1698. Mein Gott, wie erzieht man in meinem sinn die duchesse de Bourgogne so bitter übel; das kind jammert mich drüber. Man läßt ihr alles zu; in voller tafel fängt sie an zu singen, tanzt auf ihrem stuhl, tut als wenn sie grüßt, macht abscheuliche grimassen, zerreist in den schüsseln die hühner und feldhühner mit der faust, steckt die finger in den saucen, summa, ungezogener kann man nicht sein. Und die hinter Ihrer Liebden stehen, rufen: «Ah, qu'elle a de grâce, qu'elle est jolie!»[1] Ihren schwiegerherrvater[2] traktiert sie ohne respect und duzt ihn; da meint er, er seie in faveur und ist herzlich froh darüber. Mit dem König soll sie noch familiärer sein.

1 ach, wie anmutig ist sie, wie hübsch   *2* den Dauphin

Paris, 16. November 1698. Mein tochter ist der spanischen dörfer bald gewohnt worden; man schreibt mir von Nancy, daß der herzog greulich auf das leben verpicht ist; nach ihrem einzug mußte mein tochter von kleider ändern, denn ihr rock war so schwer, daß sie nicht mit gehen konnte. Wie sie eben ausgezogen war, kommt der herzog und nimmt einen abtritt mit ihr. Sie ist die sach sehr gewohnt schon und gefällt ihr nicht so übel als mir. Hätte man mich gewähren lassen, würde ich meine tochter noch besser erzogen haben, als sie ist; allein Monsieur hat mich oft alles über ein haufen geworfen, woran ich jahr und tag gearbeitet hatte; allein das grobste ist doch abgehobelt worden ... Der herzog von Lotheringen muß nicht so gar arg sein ... weilen er immer bei meiner tochter liegt und es ihr nicht schadt. Auf dieser seiten wird es mich mehr freuen, großmutter zu werden, als auf meines sohns seit, denn seine kinder kommen mir wie bastards vor ... Daß Monsieur die toilette verschmolzen, ist nicht so sehr zu verwundern, denn sie war sein. Allein alles, was von Heidelberg von silbergeschirr kommen, und allerhand silberzeug, womit mein cabinet geziert war und recht hübsch aussah, das hat er mir einen tag all wider mein inständig bitten weggerafft, verschmolzen und alles geld davon in seinen beutel geschoben, hat mir kein einzig arm kistchen gelassen, meine lappen drin zu tun.

Versailles, 11. Januar 1699. In dulci jubilo ho ho, nun singet und seid froh ho ho, unsers herzens wohohone liegt in praesepio ho ho, und leuchtet als die sohohone, matris in gremio ho ho, alpha es et o ho, alpha es et o. Wo Euer Liebden dies heute nicht gesungen haben, so bin ich doch versichert, daß die pauken und trompeter es Euer Liebden vorgespielt haben; weilen es heute neujahrstag bei Euer Liebden ist, wünsche Euer Liebden also alles glück und vergnügen, so sie sich selbsten wünschen und begehren mögen.

Versailles, 8. März 1699. Gestern sprach man an tafel von der duchesse de Lesdiguières, welche wohl einen wunderlichen humor hat. Den ganzen tag tut sie nichts in der welt als café oder thé trinken; sie liest, schreibt, noch arbeitet, noch spielt nie. Wenn sie café nimmt, müssen ihre kammerweiber und sie selber auf türkisch gekleidt sein; nimmt sie thé, so müssen, die es bringen, auf indianisch gekleidt sein. Die kammerweiber weinen oft die bitteren tränen, daß sie sich zwei- oder dreimal des tags anders antun müssen. Kommt jemand, die dame zu besuchen, findt man in einer antichambre viele pagen, lakaien, edelleute; dann kommt man an eine tür, so verschlossen ist, da klopft man an, da kommt ein großer mächtiger mohr mit einem silbern tourban und großem säbel an der seit, macht die tür auf, läßt die dame oder kavalier, wer es sein mag, hinein, aber ganz allein. Der führt durch eine große kammer zu einer zweiten tür, die auch verschlossen, die macht der zweite mohr auf und riegelt die tür, wie der erste getan, nach den leuten zu. Die dritte kammer da geht es ebenso her. In der vierten findt man zwei kammerdiener, die führen zu der fünften kammer, da findt man die duchesse muttersallein. Alle die contrefaits, so sie in ihrer kammer hat, seind ihre kutschpferd, so sie hat malen lassen. Die läßt sie alle morgen eins nach dem andern in ihrem hof herumführen und sieht sie durchs fenster mit einer brill, denn sie sieht nicht wohl. In ihrer kammer hat sie auch das conclave in gemälden auf eine manier, wie man es noch nicht gesehen: der Papst und alle die kardinäle seind mohren; auf einem gelben atlas hat sie auch lauter mohren gestickt. In ihrem garten, welcher gar schön ist, darin stehet eine marbre-säule mit einem epitaph von einer katz, so ihr gestorben und welche sie sehr lieb gehabt hat. Wenn ihr sohn sie sehen will, muß er erst audienz fordern und ihres sohnes frau auch; wenn sie sechs- oder siebenmal hingeschickt haben, ob sie sie sehen können, läßt sie sie kommen, aber mit eben denselben zeremonien als wenns fremde wären.

St. Cloud, 14. Juni 1699. Vom erzbischof von Cambray[1] sagt man nun nichts mehr. Es ist mir recht leid, daß er den roman von Telemach nicht will drucken lassen, denn es ist ein recht artig und schön buch, ich habe es im manuskript gelesen; man meint, daß es in Holland wird gedruckt werden. Man hat es hier drucken wollen und schon einen tome ausgeben, aber sobald dieser erzbischof[2] es erfahren, hat er alle exemplare gekauft und den druck verbieten lassen... Gott gebe, daß die instruktionen, so in diesem buche sind, dem duc de Bourgogne impression geben mögen, denn wenn er sie folgt, wird er mit der zeit ein großer König werden... Wenn der könig in Spanien sterben sollte, würde wohl gar gewiß der krieg kommen. Allein ich kann Euer Liebden mit wahrheit sagen, daß man hier nicht froh drüber sein würde, denn man ist des kriegs unerhört müde... Die meisten von den hugenotten, so weggezogen, seind leute von den provinzen, so einfältig erzogen worden. Ich glaube, man schämt sich zu sagen, wie man mit den armen reformierten umgeht, denn man hört hier nichts davon; die intendanten machen es oft schlimmer als es ihnen befohlen wird.

1 Fénélon *2* von Paris

Marly, 2. Juli 1699. Gestern besuchte ich alle faveurs; ich ging zur duchesse de Bourgogne und von da zur Maintenon. Die fund ich königlich; sie saß an tafel in einer großen chaise à bras; mademoiselle de Charolois, monsieur le Duc seine zweite tochter, und madame de Montechevreuil aßen mit ihr und saßen auf tabourets;

man tat mir die gnade und brachte mir auch ein tabouret, ich versicherte aber, daß ich nicht müde war. Ich biß mich auf die zunge, hätte schier gelacht. Diese zeit ist différente von der, da der König mich bitten kam, zu erlauben, daß madame Scarron mit mir nur einmal essen möchte, nur um monsieur du Maine, so ein kind war, sein essen zu schneiden. Solche reflexionen machen sehr moralisieren. Wenn der König im garten spazieren geht, sitzt die dame in einer chaise à porteurs, so man auf vier räder gesetzt hat, und vier kerl ziehen sie. Und der König geht wie ihr lakai nebenher und jedermann folgt zu fuß ... Alles kommt mir hier vor wie die verkehrte welt; finde hier nichts schön als den ort.

Port Royal, 23. Juli 1699. Worinnen ich Monseigneur[1] nicht glücklich find, ist, daß er eigentlich in nichts große lust nimmt, er jagt schier allezeit, ist ebenso content, drei oder vier stund den schritt zu reiten und keinem menschen ein einziges wort zu sagen, als die schönste jagd zu tun. Sollte dieser herr zur regierung kommen, würde es nicht hergehen, wie Euer Liebden meinen, denn er ist capabel, böse impressionen von den leuten zu nehmen, wenn die, womit er stets umgeht, übel von den leuten reden; und die, so seine besten freunde sein, seind keine guten gemüter. Zudem so ist dieser Dauphin auch nicht ohne furcht; die hypocrites werden sich also wohl an ihn machen, wenn er einmal König sein wird ... kann nicht glauben, daß man unter seiner regierung glücklicher als unter seines herrn vaters seiner sein wird, denn ich sehe nicht, daß er mehr estime vor ehrliche und aufrichtige leute hat als vor falsche und verlogene, wie die meisten sein ... Die duchesse de Bourgogne kann unmöglich ihr leben müde werden, denn man läßt sie alles tun, was sie will; bald fährt sie in einem karren, dann reit sie auf esel, rennt die ganze nacht allein herum im garten, summa: was ihr nur in kopf kommt, das tut sie. Es ist gewiß, daß sie viel verstand hat; sie fürcht mich, drum ist sie so höflich mit mir, denn ich habe sie ein paar mal dichte beschieden, indem sie mich auslachen wollte, nun darf sie es nicht mehr vor mir tun.

[1] der Dauphin Louis, 1661–1711

Sophie von Hannover

Port Royal, 26. Juli 1699. Es ist gewiß, daß, wenn Monsieur nicht faible wäre und sich von den bösen leuten, so ihm lieb und wert sein, alles weismachen ließe, würde er der beste herr von der welt sein; ist also mehr zu bejammern als zu hassen, wenn er einem was zu übels tut. Mein sohn hat sehr viel verstand, und ich bin versichert, daß seine konversation Euer Liebden nicht mißfallen sollte; er weiß viel, hat ein gut gedächtnis, und was er weiß, bringt er gar nicht pedantisch vor; hatte alle noblen expressionen; aber sein gemüt ist nicht genung erhoben, er geht lieber mit gemeinen leuten, mit malern und musikanten um, als mit etwas rechts, und meint er müsse alles tun, was er junge leute tun sieht, ob es zwar gegen sein temperament und humor ist, bildt sich ein, zehnmal stärker zu sein als er ist. Ich fürcht, er wird sich hiemit einmal ums leben bringen; er folgt nie keinem guten rat, allezeit den schlimmen; er kennt die tugend wohl, meint aber, es seie artig, solches zu verachten und die laster zu approbieren. Er ist gut und nicht boshaftig, wird mit willen niemand nichts zuleid tun, allein er hat wenig naturell... Er arbeitet jetzt stark vor Euer Liebden, macht eine fabel vor Euer Liebden, denn alles, was er malt, muß all historique sein. Er nimmt als den prétexte, in der frühe nach Paris malen zu gehen, aber, unter uns geredt, es ist ein jung mädchen von sechzehn jahren, so recht artig ist, eine komödiantin, da ist unser kavalier sehr verliebt von, die läßt er zu sich kommen. Wenn er ihr gesichtchen in seine Antigone malt, wird sie gewiß hübsch werden. Ich habe es noch nicht gesehen; nimmt er aber dies gesicht und setzts in sein gemälde, will ichs Euer Liebden schreiben. — Ich gestehe, daß ich lieber wollte, daß die metempsychose wahr wäre, als die hölle oder daß unsere seele sterblich wäre, das kann ich am wenigsten leiden, und leider so ist hierzu mehr apparence, als zu den zwei andern. Ich glaube, daß der, so das buch gemacht, daß keine hölle seie, es aus barmherzigkeit getan, die sünder zu trösten. Daß nicht zwei ewigkeiten sein können, ist wohl gewiß, allein man kann in der heiligen schrift «von ewigkeit zu ewigkeit» gesagt haben, um die ewigkeit desto fester imprimieren. Geister habe ich große mühe zu glauben, denn wäre etwas, so uns unbekannt und sich doch weisen könnte, würde man mehr gewißheit davon haben können, denn ordinari erscheinen die geister nur an abergläubische leute, an trunkene oder an betrübte, so mit der milz geplagt sein; auf das, was die sagen, kann kein grund gesetzt werden. Examiniert man weiter, findet man betrug, dieb oder galanterie.

AN DIE RAUGRÄFIN AMALIE ELISABETH

Marly, 7. August 1699. Gestern fuhr ich mit dem König auf eine revue von seiner leibguard, heute stehle ich sozusagen eine stund um zu schreiben; denn ich bin schon zu St. Germain gewesen, habe dort von den englischen königlichen personen abschied genommen, denn meine reise nach Bar, welche so oft angefangen und wieder eingestellt worden, wird endlich einmal vollzogen werden, es sei denn, daß seit jetzt und bis sonntag über acht tag noch ein verhindernis dazwischen kommen möge, so man jetzt nicht vorsehen kann... Mein Gott, liebe Amelise, Ihr müßt Euch selber gar nicht mehr gleichen, wie Ihr ein kind waret, wenn Ihr der Königin, unserer groß frau mutter, gleicht. Ich erinnere mich ihrer noch, als wenn ich sie heute gesehen hätte; allein sie hatte ein ganz ander gesicht als Ihr, wie Ihr ein kind waret, denn da hattet Ihr blunde haar, ein breit gesicht und schöne farben; die königin in Böhmen aber hatte schwarze haar, ein lang gesicht, stracke nas, summa, ganz ein ander art von gesicht. Der Kurfürst, unser herr vater selig, glich der Königin, seiner frau mutter, viel... Gezwungenheit ist contrainte und nicht affectation, aber das rechte wort hiervon auf teutsch weiß ich nicht. Habt Ihr niemand von der Fruchtbringenden Gesellschaft zu Frankfurt, den mans fragen könnte? Es kann auch nicht steifigkeit sein, denn viel affektierte leute halten sich nicht steif, sondern drehen sich und wispeln den ganzen leib, ohne aufhören. Ich kann nicht begreifen, wie es möglich sein kann, mehr als eine sprach zu reden und neben seiner muttersprach zu behalten... Das saufen ist gar gemein bei die weiber hier in Frankreich, und madame de Mazarin hat eine töchter hinterlassen, so es auch meisterlich kann, die marquise de Richelieu. Hiermit ist Euer schreiben durchaus beantwortet, und weilen ich heute schon, außer diesem, vier große brief geschrieben, ist mir die hand ein wenig müde, muß derowegen schließen. Embrassiert Luise von meinetwegen und seid versichert, daß ich Euch alle beide recht lieb habe.

AN DIE KURFÜRSTIN SOPHIE

Fontainebleau, 23. September 1699. Die armen reformierten seind zu beklagen, nicht in sicherheit zu sein zu Kopenhagen, nachdem sie gemeint, ihr refuge gefunden zu haben. Die sich in Teutschland gesetzt, werden das französische gemein machen. Monsieur Colbert soll gesagt haben, daß viel untertanen der könige und fürsten reichtum seie, wollte deswegen, daß alles sich heiraten sollte und kinder kriegen: also werden diese neuen untertanen der teutschen kurfürsten und fürsten reichtum werden.

AN DIE RAUGRÄFIN AMALIE ELISABETH

Fontainebleau, 1. Oktober 1699. Es wäre ein glück vor ganz Europa, wenn die königin in Spanien ein kind bekommen könnte; bub oder mädchen, alles wäre gut, wenns nur ein kind wäre und leben blieb. Man muß kein prophet sein, um zu sehen, daß es krieg geben muß, wenn der könig in Spanien ohne erben sterben sollte. Denn man weiß ja wohl, daß alle hohen häupter, so diese succession prätendieren, keiner dem andern cedieren wird, also wohl durch den krieg wird müssen ausgemacht werden.

AN DIE RAUGRÄFIN LUISE

Fontainebleau, 1. Oktober 1699. Herzliebe Luise, dieser ort hier ist der, wo ich am wenigsten zum schreiben gelangen kann, wegen der vielen jagden, komödien und appartements... Von meiner traurigen reise, so ich nach Bar habe tun sollen und welche zurückgangen, will ich nichts mehr sagen, als daß ich Euch, liebe

Luise, sehr verobligiert bin, so sehr part drinnen genommen zu haben. Weilen der König nicht hat erlauben wollen, daß man ein mittel finden möge, der zeremonie zu entgehen, so darin bestund, daß der herzog von Lothringen prätendiert, eine chaise à bras vor Monsieur und mir zu haben, weilen der Kaiser ihm selbigen gibt. Der König aber antwortete hierauf, daß der Kaiser ein zeremoniell habe und der König ein anderes, als zum exempel, der Kaiser gibt den kardinälen chaises à bras; die dürfen hier nie vor dem König sitzen. Der König hat des herzogs vorfahren zum exempel angezogen, so hier gewesen, und nie kein chaise à bras prätendiert haben; ob der alte herzog von Lothringen zwar feu Monsieur[1] sein leiblicher schwager war, hat er doch weder vor Monsieur noch seiner leiblichen schwester nie nichts als ein taburett gehabt. Monsieur will wohl eine chaise à dos geben und der König konsentiert drin, aber der herzog prätendiert, wie ein kurfürst traktiert zu werden, und das will der König nicht zugeben. Monsieur hat proponiert, daß mans machen sollte, wie bei dem könig von Engelland: der prätendiert uns keine chaise zu geben, wir aber prätendieren, einen vor ihm zu haben; derowegen setzt er sich nur, wenn wir da sein, auf ein taburett. So wollten wir es auch machen; das hat aber der König durchaus nicht leiden wollen, und wir haben nicht nach Bar gewollt, um de haute lutte unserem herzog einen affront anzutun, also die reise gebrochen worden. Da wißt Ihr nun recht den grund von der sachen. — Ich würde froh gewest sein, wenn ich Carl Moritz gesehen hätte. Wenn er es aber gemacht hätte, wie ich höre, daß er es nun zu Berlin macht, würden wir nicht lang gut freund geblieben sein und ich würde brav gezürnt haben. Denn wie man mir bericht, so säuft er sich alle tag blind voll und bringt dann einen haufen toll zeug bei Ihro Liebden der kurfürstin von Brandenburg vor; das ist doch eine rechte schande. Wenn ich glauben könnte, daß ein ernstlicher verweis ihn korrigieren könnte, wollte ich ihm schreiben. Das macht mich meinen lieben Carllutz noch mehr regrettieren; denn der stellte so nichts ungereimts an. Von wem hat er das saufen? Denn papa selig trank ja sein leben nicht. Es verdrießt, daß der einzige sohn, so von meinem herrn vater selig überbleibt, ein vollsäufer sein solle. Um Gottes willen, tut doch Euer bestes, Carl Moritz zu korrigieren!... Meine tochter ist gar glücklich mit ihrem herzog, er tut ihr, was er ihr an den augen ansehen kann, sie haben einander beide vom grund ihrer seelen lieb. — Ich kann die torheit nicht begreifen, so die leute haben, nach Rom zu ziehen. Denn was vor eine lust kann es sein, einen haufen pfaffen in den kirchen herum zu laufen sehen? Deswegen ginge ich nicht von meinem tisch zum fenster, will geschweigen nach Rom.

1 Gaston d'Orléans, Bruder Ludwigs XIII.

AN DIE KURFÜRSTIN SOPHIE

Fontainebleau, 10. Oktober 1699. Euer Liebden haben recht zu sagen, daß man hier nichts von der qual redt, so man den armen reformierten antut; man hört kein einzig wort davon. Auf was Euer Liebden weiter hiervon sagen, können Euer Liebden wohl gedenken, daß ich nichts sagen darf; die gedanken aber seind zollfrei... Ich glaube doch, daß, wenn könig Wilhelm sich bei den friedenstraktaten der sach ein wenig mehr angenommen hätte, wäre es nicht auf eine solche extremität kommen, denn man wollte den frieden mit aller gewalt haben, und hätte er die konditionen gesetzt, aufzuhören, die reformierten zu plagen, so wäre es geschehen... Kein einziges von allen meinen contrefaits gleicht mir so wohl; mein fett hat sich gar übel placiert, muß mir also wohl übel anstehen: ich habe einen abscheulichen, met verlöff, hintern, bauch und hüften und gar breite achseln; hals und brüste sehr platt, bin also, die wahrheit zu bekennen, gar eine wüste, häßliche figur, habe aber das glück, gar nichts darnach zu fragen. Denn ich begehre nicht, daß jemand verliebt von mir sein solle, und ich bin persuadiert, daß die, so meine guten freunde seind, nur mein gemüte, und nicht meine figur betrachten werden... Es ist gar gewiß, daß monsieur Leibniz perfekt gut französisch schreibt; möchte wissen, ob er auch den akzent so perfekt hat wie die art von reden... Mir kommt die neue mode recht schön vor, denn die abscheuliche hohe coiffure konnte ich nicht vertragen. Es ist rar, daß eine so gar schöne person, wie unsere liebe kurfürstin von Brandenburg ist, so wenig nach ihrem putzen fragt und sich so geschwind kleidt... So lieb als ich unsern herzog von Lothringen auch haben mag, so gestehe ich doch, daß ich dem König kein unrecht hab geben können, und deucht mir, daß unser herzog besser tät, weniger an seinen rang zu gedenken und zu suchen, dem König zu gefallen; denn der rang ist eine chimère, aber des Königs gnaden zu gewinnen, damit ihm nichts wunderliches in seinem herzogtum widerfährt, das ist solide und viel nötiger; denn die apparence ist, daß er all sein leben mehr vom König als vom Kaiser dependieren wird...

Paris, 16. Dezember 1699. Singt man zu Hannover denn im advent die lieder nicht mehr, so man vor diesem sung? Denn zu meiner zeit ging kein advent vorbei ohne das lied «Nun kommt der heiden Heiland»; was mir aber allezeit am wunderlichsten vorkam, war, wenn wir dies folgende gesetz sungen: «Nicht von mannsblut noch vom fleisch / allein von dem Heiligen Geist ist Gotts wort worden ein mensch / und blüht ein frucht weibes fleisch.» Das hat mir das ganze lied behalten machen. Ich erinnere mich mehr von was ich in meiner kindheit gehört und gesehen, als was vor zehn jahren vorgangen... Mich deucht, bei den lutherischen ist es etwas rares, musik in der kirch zu haben, und zu meiner zeit war keine, wir sungen all zusammen, wie Euer Liebden in ihrer kirch tun. Mich deucht, es divertiert mehr, wenn man selber mitsingt, als die schönste musik. Wenn die engel im himmel die macht haben, menschliche stimmen und figuren an sich zu nehmen, so ist es ihnen leicht, wohl zu singen, allein ich zweifle, daß sich unser Herrgott viel an der musik amüsiert.

AN DEN RAUGRAFEN CARL MORITZ

Versailles, 12. Januar 1700. Herzlieb Carl Moritz, Ihr werdet finden, daß ich was spät auf Euer schreiben vom 11. November

1699 antworte, und könntet Ihr jetzt mit wahrheit klagen, wie man ordinari nur durch redensart sagt, daß schier ein seculo verflossen, daß ich Euch nicht geantwortet habe. Aber es ist meine schuld nicht, denn es ist eben gewesen, als wenn mir der teufel zum possen verhindernisse geschickt hätte, und ist mir eben mit gangen wie in der comédie des fâcheux: eine verhindernis ist nicht so geschwind verschwunden, so hat sich eine andere dargestellt. Ich schreibe Euch heute, ob ich zwar drei guter stunden den wolf gejagt habe, also, wenn ich wollte, wohl wieder eine gute entschuldigung hätte. Ich will aber nicht länger aufschieben, auf Euer schreiben zu antworten. Sobald ich weiß, daß Ihr, lieb Carl Moritz, das liebe teutsche nicht mehr veracht und auch persuadiert seid, daß ich es nicht tue, so könnt Ihr mir nur schreiben, wie es Euch am gemächlichsten ist, und es ist wahr, daß das französische kürzer ist, als das teutsche. Es freut mich, lieb Carl Moritz, daß meine wohlmeinenden ermahnungen so wohl von Euch seind aufgenommen worden. Engelrein sein fordert man nicht von Euch, noch nichts unmögliches, sondern nur, daß, in was bei Euch stehet, Ihr Euch des guten verstands gebraucht, so Gott der allmächtige Euch verliehen, um Euch eine gute und keine böse réputation zu etablieren, wie ich hoffe, daß Ihr tun werdet und ich allezeit mit freuden von Euch vernehmen werde. Denn wir seind einander ja nahe genung, um daß Euch nichts beggenen kann, worinnen ich nicht auch part nehme, und seid versichert, lieb Carl Moritz, daß, ob ich Euch zwar seit Eurer kindheit nicht gesehen, daß ich Euch doch noch als recht lieb habe!

AN DIE RAUGRÄFIN AMALIE ELISABETH

Marly, 21. Januar 1700. Herzliebe Amelise, ob ich zwar hier wenig zeit zu schreiben habe, so will ich doch heute auf Euren lieben brief vom 20. Dezember 1699 — 10. Januar 1700[1] antworten, denn wenn man einmal ins aufschieben kommt, kann man nicht mehr zum schreiben gelangen und kommt als etwas dazwischen. Bald werdet Ihr nicht mehr den alten stil datieren, denn wie ich vernehme, so wird ganz Teutschland den neuen den 1. März annehmen ... Es ist gar kein märchen, daß der könig von Marokko die prinzess de Conti zur königin begehrt, aber der König hat es rund abgeschlagen. Die prinzess de Conti ist gar schön gewesen, ehe sie die blattern gehabt, seit aber ist sie verändert, doch noch eine perfekt schöne taille und gar hohe mienen, tanzt überaus wohl. Ich habe keinen einzigen kupferstich von der prinzess de Conti gesehen, so ihr gleicht. Daß man nach Rom geht, antiquitäten zu sehen, wie mein vetter, der landgraf von Kassel, das kann ich wohl begreifen, aber nicht, daß man alle das pfaffenwerk sehen will; nichts ist langweiliger. Viel seind vielleicht auch hin, die 30 000 galanten damen zu sehen, aber wer von dem zeug curiosité hat, mag nur nach Frankreich kommen, da wird er ebensoviel finden. Wer seine sünde recht bereuen will, hat nicht nötig, nach Rom zu rennen; in der kammer ist die reue ebensogut. In Frankreich fragt man nicht viel nach Rom, noch nach dem Papst; man ist persuadiert, daß, wie auch wahr, man wohl ohne ihn selig werden kann.

1 im Jahre 1700 nahm auch das protestantische Deutschland den gregorianischen Kalender an

AN DIE KURFÜRSTIN SOPHIE

Versailles, 24. Januar 1700. Madame de Maintenon hat so wenig scheu, zu weisen, daß sie mich haßt, daß sie einmal öffentlich zu einer dame sagte: «Je ne vous connais aucun défaut si non d'aimer Madame.»¹ Ich versichere aber Euer Liebden, daß dieser frauen haß mich gar nicht quält; will der König mich ihretwegen hassen und verachten, so ist es eine schwachheit von ihm ... denn gegen den König habe ich nie nichts getan, um seinen haß zu haben. Mißfällt ihm aber meine person, so ist es ein unglück, aber kein crime; muß michs also getrösten und hoffen, daß wieder einmal eine zeit kommen wird, da er mich durch andere augen ansehen wird als seiner alten dame ihre. Denn zu der Fontange zeiten, auch wie ich ein jahr in der Montespan gnade stund, da fand mich der König nicht so unangenehm als nun und hatte mich gern bei sich. Will also nicht verzweifeln und nur immer meinen geraden weg fortgehen... Hannover muß unerhört verändert sein, seit ich dorten gewesen, denn zu meiner zeit spielte man die komödien in dem saal bei ma tante Lisbeths kammer und bei der kapell; das théâtre war nicht gar groß. Nun aber muß das schloß magnifique sein, daß Euer Liebden beide absonderliche säl haben vor die komödien und die opern... Nun muß ich Euer Liebden auch verzählen, wie es zu Marly abgangen. Donnerstag gleich nach dem nachtessen setzte sich der König im salon, so vor den ball präpariert war; da kam die duchesse de Bourgogne recht artig maskiert en flore mit lauter seidenen blumen, welches ihr recht artig stund. Sie hatte bei sich viele damen, denen es aber, die wahrheit zu bekennen, nicht so wohl stund als ihr... Die duchesse de Sully, die ist was kurz und dick... Wie alle die masken ihren platz genommen hatten ... hörte man pauken schlagen und sah auf einmal einen Sarmaten kommen, dem folgte ein kamel mit einem mohren, der die pauken schlug; dem folgten die Amazonen. Des Königs pagen seind sehr adroit in voltigieren und fechten. Wie dieser aufzug den abtritt genommen, tanzte man menuetts in großer menge. Etliche zeit hernach gingen die drei prinzen sich auch maskieren und tanzten: «Willst du mit nach Rompelskirchen, / willst du mit, so komm» etc. Anderntags, als freitag, fuhr ich um halb zehn nach Paris, kam um halb zwölf dort an, ging mit Monsieur in die meß und von da fuhren wir nach St. Eustache, die glock aus der tauf zu heben. Ich hätte schier überlaut gelacht, denn man hatte die glocke mit einem blumenkranz umwickelt und oben ein brokat drum gehängt. Ich sagte zu Monsieur: «La cloche est donc déguisée aussi en flore»;[2] sie glich der duchesse de Sully wie zwei tropfen wasser. Am knüpfel hingen goldene strick mit goldenen quasten, die gab man uns in die hand, wir mußten dreimal ziehen, um die glock läuten zu machen. Unter uns: es ist eine possierliche zeremonie. Die kirch war ganz voller leute, so diese schönen zeremonien sehen kamen; hernach lief all der pöbel hin und läutete; sie meinen, es präserviere sie vor dem donner. Ein dieb wurde ertappt, der wollte einen degen von einem offizier stehlen, das machte ein unerhört geras in der kirch.

1 ich weiß an Ihnen keinen anderen Fehler, als daß Sie Madame lieben
2 die Glocke ist auch als Flora gekleidet

Versailles, 11. Februar 1700. Ich habe auch ein gar groß liederbuch. Die gute große Mademoiselle[1] hat mir es vor ihrem tod gegeben. Das amüsiert sehr. An feu Monsieur seinem hof da waren viel, so verstand hatten und possierliche lieder machten. Es seind leute zu Paris, so zehn oder zwölf große tomes von den alten liedern haben und gar fleißig bewahren. In Frankreich kann man alle zeiten durch die lieder erkennen, denn alles wird gesungen. Dadurch kann man die historien vom ganzen hof besser lernen als in den historienbüchern; denn da flattiert man nur, aber in den liedern singen sie, wie es in der tat hergeht. Und wie man durch die medaillen die römischen historien beweist, so kann man hier im land durch die lieder die rechte wahrheit erfahren. Seind also nicht so unnützlich als man meint.

1 die Nichte Ludwigs XIII., Tochter Gastons, des verstorbenen Monsieur

Marly, 6. Mai 1700. Monsieur hat gottlob das fieber verlassen; Ihro Liebden seind aber noch ganz matt und recht melancholisch, nimmt lust in nichts. Ich glaube, wo die traurigkeit herkommt: Ihro Liebden sehen wohl, daß das vergangene leben kein gut mehr tun will und all sein absehen, tun und lassen war nur hierauf gericht, nichts andres gefällt ihm; will doch auch nicht gern sterben, sieht aber wohl, daß das leben und was er pflegt zu tun nicht mehr angehen kann. Das macht Ihro Liebden ganz betrübt, und die betrübnis hindert, daß die kräfte nicht recht wiederkommen können; bin also recht in sorgen vor Monsieur... Mein sohn hat so ein stark genie vor alles was zur malerei gehört, daß er zum dessin nie keine hilf nimmt, reißt alles nach der natur und lebendigen figuren ab. Coypel, so sein meister gewesen, sagt, daß alle maler sich freuen sollen, daß mein sohn ein großer herr seie, denn wäre er ein gemeiner kerl, würde er sie alle übertreffen. Er kann alles reißen, was ihm in kopf kommt, hat die ideen stark und stellt die posturen leicht, so schwer sie auch sein mögen... Ich kann nicht begreifen, wie man sich hat einbilden können, daß einige gottesfurcht und dévotion in dem hohen lied Salomonis stecken könnte; man kanns ja nur lesen, um zu sehen, daß es possen sein von einem verliebten. Das erquickte der herren jesuwitter zu Regensburg das herz, zwei jungen zu sehen, die sich verliebt von einander stellten. Ich lese jetzt den prediger Salomonis, finde es ein schön buch, allein mich wundert, daß man es unter die bücher von der bibel getan, denn man sieht klar draus, daß Salomon keine andere welt geglaubt hat... Die gute jungfer Kolb betrog ich oft in meinen jungen jahren mit nachts zu essen, allein wir aßen nicht so delikate sachen, als wie chocolat, café und thé, sondern wir fraßen einen guten krautsalat mit speck. Ich erinnere mich, daß man einmal in meiner kammer zu Heidelberg eine tür verändert und derowegen mein und der Kolbin bett in die kammer tat, so vor meiner jungfern kammer war. Die Kolbin hatte mir verboten, nachts in der jungfern kammer zu gehen; ich versprach, nicht über die schwelle zu kommen, sie sollte sich nur zu bett begeben, ich könnte noch nicht schlafen, wollte die sterne noch ein wenig am fenster betrachten. Die Kolbin wollte mir nicht trauen, blieb immer an ihrem nachttuch sitzen; ich sagte, sie jammerte mich, sie sollte sich doch zu bett legen und den vorhang aufmachen, so könnte sie mich ja sehen. Das tat sie. Sobald sie im bett war, machten die jungfern ihre tür auf und setzten den teller mit dem specksalat auf die schwell. Ich tat als wenn mein schnupftuch gefallen wäre, hub damit den teller auf und ging stracks ans fenster. Kaum hatte ich drei gute maulvoll geschluckt, so schießt man auf einmal das stück los, so auf der altane vor meinem fenster war, denn es war ein brand in der stadt angangen. Die Kolbin, so das feuer unerhört fürchtet, springt aus dem bett; ich, aus furcht, ertappt zu werden, werfe meine serviette mitsamt dem silbern teller mit salat zum fenster naus, hatte also nichts mehr, das maul abzuwischen. Indem höre ich die hölzerne stiege heraufgehen, das war der Kurfürst, unser papa selig, der kam in meine kammer, zu sehen, wo der brand war. Wie er mich so mit dem fetten maul und kinn sah, fing er an zu schwören: «Sacrement, Liselotte, ich glaub, Ihr schmiert Euch etwas auf den gesicht.» Ich sagte: «Es ist nur mundpomade, die ich wegen der gespaltenen lefzen geschmiert habe.» Papa selig sagte: «Ihr seid schmutzig.» Da kam mir das lachen an; papa und alle, so bei ihm waren, meinten, ich wäre närrisch worden, so zu lachen. Die Raugräfin kam auch herauf und ging durch meiner jungfern kammer, kam daher und sagte: «Ah, wie riechts in der jungfern kammer nach specksalat.» Da merkte der Kurfürst den possen und sagte: «Das ist denn Eure mundpomade, Liselotte.» Wie ich sah, daß der Kurfürst in guter laune war, gestund ich die sache und verzählte den ganzen handel, wie ich die hofmeisterin betrogen hätte. Der Kurfürst selig lachte nur drüber, aber die Kolbin hat mirs lang nicht verziehen. Dies ist eine alte geschichte, sage sie nur, um Euer Liebden zu erweisen, daß ich den spaß wohl kenne, so man in der jugend hat, etwas nachts gegen der hofmeisterin willen zu essen.

St. Cloud, 20. Mai 1700. Ich muß Euer Liebden etwas schönes verzählen, so mein sohn uns an tafel verzählt hat; nämlich etwas, so sie in Flandern gefunden haben an einem kirchenfenster, wo das opfer gemalt war vom Isaak. Dieser war auf einen altar gebunden. Abraham hatte eine lange muskete am backen, seinen sohn zu erschießen. Gott der vater war in den wolken gemalt; der gab ein zeichen an ein klein engelchen, welches Abraham auf dem kopf saß. Das engelchen pißte Abraham auf die musketenpfann, daß das rohr nicht losgehen konnte. So wurde Isaak salviert. So habens Euer Liebden vielleicht noch nie gemalt gesehen.

Port Royal, 21. September 1700. Ich sehe mit freuden, daß Euer Liebden gleich nach der post gefragt haben, wie sie zu Wesel ankommen sein... Man sagt hier, Ihro Liebden, der kurprinz von Brandenburg werde statthalter von Holland an könig Wilhelms platz werden und daß ihn der Kurfürst, sein herr vater, deswegen zu könig Wilhelm geschickt hat. Ich kann gar leicht begreifen, daß Euer Liebden diesen enkel lieber haben als die andern, deren pfeffer so mit mausdreck vermischt ist. Mein Gott, weilen Euer Liebden ja ganz incognito sein und die wappen von den kutschen getan, könnte es nicht möglich sein, daß sie vollends ein röndchen nach Maubuisson tun möchten? Denn ich kann unmöglich auf die frontière. Mein leben ist auch wahrlich gar zu gezwungen; aber ich habe mein leben dieses nicht härter empfunden als eben nun. Mich deucht, ich müßte echappieren und zu Euer Liebden laufen, so schwer ich auch bin. Dies wird mir Fontainebleau selber traurig vorkommen machen, wenn ich bedenke, daß ich nur bei denen werde sein müssen, so mich hassen, und die, so ich gewiß weiß so mir gnädig sein, nicht sehen darf, ob sie zwar nahe sein. Ich schreibe mein herzlieb ma tante dieses nicht mit trockenen augen. Madame sein ist ein elendes handwerk; hätte ichs wie die chargen hier im land verkaufen können, hätte ichs längst feil getragen... Wir haben hier gar wenig neues. Der König hat den duc d'Estrées in die Bastille par lettre de cachet setzen lassen. Er hatte einen großen brief vor etlichen wochen an den König geschrieben, worinnen er versprochen, die débauches zu quittieren und wohl zu leben; dieses ungeacht hat er sich mit seinen eigenen lakaien sternsvoll gesoffen und haben häuser in Paris angezündt. Sich vollsaufen und allerhand insolences zu tun, das ist die gentillesse von den jungen leuten von qualität jetziger zeit; aber mit raisonnablen leuten können sie kein zwei wort reden. Nichts ist brutaler als die jungen leute jetzt sein.

AN DIE RAUGRÄFIN AMALIE ELISABETH

Fontainebleau, 7. November 1700. Herzliebe Amelise, ich bitte Euch, lest, was ich an Luise geschrieben. Da werdet Ihr die ursachen meines langen stillschweigens sehen, repetiere es also hier nicht wieder, sage nur, daß ich von herzen froh bin, daß Ihr wieder gesund seid und meine dorfkirbe Euch angenehm gewesen. Aber ich schäme ich, daß Luise und Ihr so viel werks davon macht, denn es ist ja nur eine bagatelle, und mehr um drüber zu lachen als vor ein präsent zu halten; habe Euch nur weisen wollen, wie man hier arbeit, und mit einem auch mein bärenkatzenaffengesicht schicken, um zu sehen, ob Ihr es noch kennen würdet, und auch um mich in Euerm sack zu tragen, damit Ihr desto fleißiger an mich alle beide denken möget. Carl Moritz hat mir geschrieben und ein groß compliment gemacht, daß ich nach ihm gefragt und vor ihn in sorgen gewesen. Ich habe ihm geantwortet, werde aber den brief an monsieur Spanheim schicken, wird also geschwinder nach Berlin kommen, als wenn ich es an Euch nach Frankfurt schickte.

AN DIE KURFÜRSTIN SOPHIE

Fontainebleau, 10. November 1700. Heute werde ich Euer Liebden eine große zeitung berichten, so gestern morgens ankommen; aber man hat es all längst vorgesehen, nämlich: des königs in Spanien tod.[1] Die Königin soll krank vor betrübnis sein. Der König ist den 1. dieses monds um drei uhr nachmittags gestorben. Man hat unserm König die copie vom testament geschickt. Der duc d'Anjou[2] ist zum erben erwählt; und es soll gleich ein grand d'Espagne die post genommen haben mit dem testament im original, ums dem duc d'Anjou zu bringen und ihn zum König zu fordern. Und im fall der König den duc d'Anjou abschlägt, hat selbiger grand d'Espagne ordre, gleich nach Wien zu gehen, die kron Spanien dem Kaiser zu offerieren.

1 Karls II.   *2* der zweite Enkel Ludwigs XIV., damals sechzehn Jahre alt

Fontainebleau, 13. November 1700. Gestern sagte immer eins dem anderen ins ohr: «N'en parlez pas, mais le roi a accepté la couronne d'Espagne pour monsieur le duc d'Anjou.»[1] Ich schwieg stille; aber wie ich den duc d'Anjou auf der jagd in einem engen weg hinter mir hörte, hielt ich still und sagte: «Passez, grand roi, que Votre Majesté passe.»[2] Ich wollte, daß Euer Liebden gesehen hätten, wie verwundert das gute kind war, daß ich es wußte; sein brüderchen, der duc de Berry,³ wollte sich krank drüber lachen. Er, der duc d'Anjou, sieht recht einem könig in Spanien gleich, lacht selten und ist allezeit in der gravité. Man sagt, daß der König ihm vorgestern heimlich hätte sagen lassen, daß er König wäre; er solle sichs aber nicht merken lassen. Er spielte eben in seiner kammer l'hombre, er konnte aber nicht halten, sagte zwar kein wort, sprung aber in die höhe, setzte sich aber gleich wieder mit der ersten gravité, als wenn er nichts wüßte. Dieser junge König hat zwar nicht so viel vivacité als sein jüngst brüderchen, auch nicht so viel verstand, er hat aber sonsten über die maßen gute qualitäten, ein gutes gemüte, généreux (welches wenig von seinem hause sein), wahrhaft, denn vor alles in der welt wird er keine lügen sagen, man kann kein größer abscheuen vor lügen haben, als er hat; er wird auch von parole sein, er ist barmherzig, er hat courage, summa, es ist ein rechter, tugendhafter herr, der gar nichts bös an sich hat; wäre er ein gemeiner edelmann, würde man sagen können, daß er ein rechter ehrlicher mensch ist, und ich glaube, daß die um ihn sein werden, glücklich sein werden. Ich glaube, er wird so stark werden als der könig in Polen,⁴ denn schon vor einem jahr konnte ihm der stärkste mann hier die faust nicht biegen; er sieht recht österreichisch aus, hat immer den mund offen; ich sags ihm hundertmal; wenn mans ihm sagt, tut er den mund zu, denn er ist gar docil; sobald er sich aber wieder vergißt, hält er den mund wieder offen; er redt gar wenig, außer mit mir, denn ich laß ihm keine ruhe, plag ihn immer; er hat eine grobe stimme und spricht sehr langsam; ich mache ihn auch etlich mal lachen. Ich habe ihn lieber als den duc de Bourgogne,⁵ denn er ist gut und nicht so méprisant, wie der duc de Bourgogne, sieht auch besser aus. Aber wen ich von herzen lieb habe, als wenn er mein kind wäre, das ist der duc de Berry, das ist ein artig kind, immer lustig, und plaudert ins gelach hinein recht possierlich.

1 der König hat die spanische Krone für den Duc d'Anjou angenommen, aber sagt's nicht weiter!   *2* geh zu, großer König! Geruhe Eure Majestät vorzugehen   *3* vierzehn Jahre alt   *4* August der Starke von Sachsen   *5* seinen achtzehnjährigen Bruder, den «zweiten Dauphin»

Paris, 18. November 1700. Dienstag morgens ließ der König den guten duc d'Anjou holen in sein kabinett und sagte ihm: «Vous êtes roi d'Espagne!»[1] ließ gleich den spanischen ambassadeur mit allen Spaniern, so hier im land sein, herein kommen. Die fielen ihrem König zu füßen und küßten ihm die hand alle nacheinander und stellen sich hinter ihren König. Hernach führte unser König den jungen könig in Spanien im salon, wo der ganze hof war, und sagte: «Messieurs, voici le roi d'Espagne, saluez-le!»[2] Da wurde gleich ein freudengeschrei und jedermann trat herzu und küßte dem jungen König die hand. Hernach sagte unser König: «Allons rendre grâce à Dieu, que V. M. vienne à la messe»,[3] gab dem jungen König gleich die rechte hand und gingen miteinander in die meß; und der König machte ihn neben sich an der rechten seite auf sein prie-Dieu knien. Nach der meß begleitete ihn unser König in sein appartement, welches das große ist; hernach kamen seine herrn brüder und besuchten ihn; mein duc de Berry war so froh, daß er seinem bruder, dem könig in Spanien, vor freuden die hand küßte. Nachmittags fuhr der junge König nach Meudon, seinen herrn vater[4] zu besuchen, so dort ist. Der ging ihm bis in die antichambre entgegen. Er war eben im garten gewesen und vermutete nicht, daß sein sohn, der könig in Spanien, so bald kommen würde, war also außer atem, wie er ankam, sagte: «Je vois bien qu'il ne faut jurer de rien, car j'aurais bien juré de ne m'essouffler jamais en allant au-devant de mon fils, le duc d'Anjou, cependant me voilà hors d'haleine.»[5] Der gute junge König war ganz descontenanciert, sich als ein fremder könig von seinem herrn vater traktiert zu sehen, welcher ihm im wegfahren das geleit bis an seine kutsche gab. Gestern morgen hat Monseigneur seinem herrn sohn, dem König, die visite wiedergeben.

[1] Ihr seid König von Spanien   [2] meine Herren, begrüßen Sie hier den König von Spanien   [3] gehen wir in die Messe, Gott Dank zu sagen   [4] den Dauphin Louis   [5] ich sehe, man soll nichts verschwören; denn ich hätte wohl geschworen, daß ich mich niemals außer Atem laufen würde, um meinem Sohn zu begegnen, und doch bin ich jetzt außer Atem

Versailles, 20. Dezember 1700. Heute morgen ist der herr von Loo zu mir kommen... Er hat mir eine circonstance von Helmonts tod verzählt, sagt, daß er nicht gar lang vor seinem tode einem fräulein von Merode[1] aus einem kloster geholfen hätte und ihr machen einen unteramtmann in einem dorf heiraten, hätte ihr hernach seine philosophie gelernt. Und wie er gefühlt, daß er nahe bei seinem tod wäre, hätte er diese dame kommen lassen, um ihr seinen geist zu geben, hätte ihr gesagt, ihren mund auf den seinen zu tun, hat ihr damit ins maul gehaucht und gesagt: «Ich erlasse Euch meinen geist», hätte sich darauf gewendet und wäre gleich gestorben. Die dame aber glaube jetzt fest, sie hätte Helmonts geist in sich. Mich deucht, daß, wenn man von den gedanken judizieren sollte, so ist unser geist mehr in unserm kopf, als im leib, also deucht mir, daß, um einen geist zu empfangen, man eher das ohr als den mund darreichen sollte. Denn käme der geist in den magen, könnte man ihn wohl wieder durch die natürlichen winde fortschicken, also zu fürchten, daß des guten monsieur Helmonts geist in ein heimlich gemach gefahren ist, anstatt bei der madame Merode zu bleiben... Ihro Kaiserliche Majestät[2] hatten keine zeit verloren, hatten den beichtvater vom könig in Spanien selig gewonnen, welcher diesen König ein testament en faveur des Erzherzogs[3] hatte unterschreiben machen. Meinte also, seine sache ganz sicher zu haben und es wäre auch gewesen, wenn der beichtvater den könig in Spanien nicht quittiert hätte. Dieser mönch aber wollte erweisen, wie wohl er sein handwerk wußte, ging zum cardinal de Portocarrero und sagte zu ihm, er könnte dem König nun als erzbischof von Toledo die absolution geben, denn er hätte Ihro Majestät seel in einen stand gesetzt, daß er selig abscheiden könnte. Der cardinal antwortete, weilen dem also seie, hätte der beichtsvater nichts mehr bei dem König zu tun; sollte ihn also gewähren lassen; ging damit zum König und sagte platt heraus, er könnte Ihro Majestät die absolution nicht geben. Der König fragte, weswegen. Der cardinal sagte: Weil Ihro Majestät dero rechtsmäßigen erben unrecht tun und einen erwählen, ihr königreich zu lassen, dem es nicht mit recht zukommt, als nämlich dem Erzherzog. Ihro

Majestät reich gehört mit recht dem Dauphin und seinen söhnen.[4]
Der König sagte: «Es ist wahr, daß ich ein testament vor den Erzherzog unterschrieben habe. Ich kanns aber nicht mehr ändern, denn ich bin in keinem stand, ein anderes zu machen.» Der cardinal sagte, er hätte eines ganz fertig im sack. Der König sollte es nur unterschreiben, wenn er es ihm würde vorgelesen haben. Tat es gleich und der König unterschrieb es. Da gab er ihm die absolution und ließ den beichtsvater nicht mehr ins Königs kammer. So ist es hergangen. Da sehen Euer Liebden wohl, daß es des Kaisers schuld nicht gewesen, denn der Kaiser konnte nicht erraten, daß der beichtsvater sich als ein sot würde vom cardinal de Portocarrero attrapieren lassen. Es war ein dominikaner. Ich glaube, daß, wenn es ein jesuwit gewesen wäre, hätte er sich nicht so leicht attrapieren lassen ... Seit wir von tafel sein, bin ich als an einem fenster gestanden, um auf die schrittschuhe zu glitschen sehen. Sie haben brave purzelbäume gemacht; ich weiß nicht, wie sie sich den hals nicht brechen.

1 seiner Nichte   *2* Leopold I.   *3* Karl, der später Kaiser wurde
4 das war nicht wahr; Ludwig XIV. hatte Verzicht leisten müssen, als er die spanische Prinzessin heiratete

Versailles, 2. Januar 1701. Ich bin als persuadiert (aber vielleicht flattiere ich mich auch), daß der König mich nicht haßt und mehr mit mir umginge, wenn das alte weib es nicht hinderte. Aber er hat mich auch nicht lieb genung, mich nicht an ihrem haß aufzuopfern. Er hat mir doch tausend pistolen zum neuen jahr geschickt, welches wohl zu paß kam, wenn ich die anderen jahre nicht so gar zurück gewesen wäre und gold hätte lehnen müssen. Aber ich hab doch schon über die tausend pistolen schulden gezahlt. Dies jahr werde ich, ob Gott will, alles zum end bringen ... Ich weiß nicht, ob Euer Liebden wissen, daß der Papst den Kaiser ermahnt, keinen krieg anzufangen in der christenheit. Wenn der Kaiser den krieg nicht ausführen kann, ist dies ein gut prétexte, mit ehren aus dem handel zu kommen. Der Kaiser hat den Papst bitten lassen, den könig in Spanien vor keinen könig zu deklarieren und ihm die investiture von Neapel und Sizilien abzuschlagen. Der Papst hat aber geantwortet, der könig in Spanien seie rechtmäßiger erb zur kron und von allen königreichen von Spanien davor erkannt und vom peuple berufen; könne ihn also anders nicht als vor einen rechtmäßigen könig in Spanien deklarieren... Hier meint man festiglich, daß es krieg wird werden, und alles rüst sich dazu. Ich glaube, daß es könig Wilhelm nicht leid sein wird, seine engelländer zu okkupieren, damit sie ihn desto mehr in ruhe lassen.

Versailles, 23. Januar 1701. Man hat mir gestern etwas neues im vertrauen gesagt; ich habe es mühe zu glauben, aber ich gäbe wohl etwas guts drum, daß es wahr wäre. Es geht ein geschrei zu Paris, daß die pantocrate ihren ehemann verkauft und geld vom Kaiser nimmt. Das wäre gar zu artig, wenns wahr wäre. Daß dieselbe person millionen aus dem Elsaß zieht und den ganzen adel dort schindt, das ist gewiß, und auch, daß sie hier von allen händen nimmt. Aber was am artigsten ist, ist, daß sie tut, als wenn sie nichts hätte, und wenn ihr mann ihr geld geben will, so sagt sie: «O nein, behaltets selber, Ihr habts vonnöten, ich habe genung zu leben.» Da meint er, niemand in der welt fragt weniger nach geld als seine frau und admiriert ihre modération, da doch kein interessierterer mensch in der welt ist. Das divertiert mich recht... Ich kann nicht begreifen, was das alte weib, so doch keine kinder hat, mit alle den millionen tun will, so sie gesammelt hat. Aber das geht mich nichts an. Sie hat ihren haß gegen mir wohl in meiner krankheit erwiesen: ganz Frankreich vom König bis auf den geringsten seind zu mir kommen und haben nach mir gefragt; sie allein hat sich singularisiert und nicht einmal fragen lassen, wie ich mich befinde. Diese ungnad zu haben hat mich gar nicht verhindert zu genesen und befinde mich gar wohl dabei; es ist mir lieber, daß der alten hutzel haß gegen mir währt als das fieber; dieses wäre mir viel schädlicher... Hier hört man jetzt auch nichts anderes als von krieg und kriegsgeschrei, fürchte also sehr, daß es krieg wird werden. Breton hat mir von Berlin geschrieben, daß die krönung in Preußen nicht so bald wird geschehen können, weilen das eis die bagagen aufgehalten. Ich bin persuadiert, daß ein kurfürst,[1] so reicher ist als alle altesses royales und mehr land und leute hat, sich wohl mit seinem titel vergnügen könnte und alles, was nur wörter sein, vor chimère halten, insonderheit, wenn diese wörter mehr zwang als freiheit mit sich bringen. Aber wie Euer Liebden mir diesen König beschreiben, so liebt er den éclat und den zwang, weil er die zeremonien liebt; wundert mich also nicht, daß er gern König hat sein wollen. Und wie Euer Liebden gar recht sagen, man wirds bald gewohnt werden.

1 Friedrich III. von Brandenburg, der sich am 18. Januar zum König von Preußen gekrönt hatte und als solcher Friedrich I. hieß

Marly, 10. Februar 1701. Gestern bin ich mit Euer Liebden gnädig schreiben vom 31. Januar erfreut worden, als ich eben aus der kirch kam und man mir die stirn mit aschen beschmieret hatte. Ich sagte, daß ichs nicht vonnöten gehabt hätte, indem es nur vor die bestimmt seie, so durch ihre divertissements vergessen könnten im karneval, daß sie sterblich seien. Weilen ich aber meinen karneval die ersten tage zugebracht habe mit kranksein und die letzten mit die langeweile zu haben, übel getanzte menuetts zu sehen, also hätte die lust vom karneval mich gar nicht verhindert, an meine sterblichkeit zu gedenken. Hätte auch eine milz, so mich genung und nur zu viel daran gemahnt. Aber wegen des brauchs habe ich doch der aschenschmiererei folgen müssen... Mich deucht, das kanonisieren ist eine unnötige dépense, denn seind die leute im himmel, glaube ich, daß unser Herrgott und sie wenig danach fragen, ob man zeremonien macht, um sie vor heilige zu erklären oder nicht, seind sie aber in der hölle, können sie nicht vor heilige passieren. Also wie man es auch nehmen mag, so ist das kanonisieren gar ein unnötiger unkosten.

St. Cloud, 24. März 1701. Euer Liebden drehen die sach ganz poetisch und recht éloquent herum, zu sagen, daß die sonne hier sich durch den schatten eines alten weibs verdunkeln läßt. Man kann von dieser sonn sagen, daß sie nicht ohne flecken ist. Man profitiert etlichmal von großer leute schwachheiten; des großen manns seine aber machen mein unglück. Der großen könige éclat und réputation gemahnt mich an die machines vom opéra: wenn man sie von weitem sieht, ist nichts größeres und schöneres, geht man aber hinter die kulissen und besieht bei nahem alle cordelles und hölzer, so die machines gehen machen, ist oft nichts gröbers noch häßlichers. Es ist recht billig, wie Euer Liebden sagen, daß wir menschen einer des andern fehler vertragen müssen; auch versichere ich Euer Liebden, daß ich manche vertrag. Es wäre nur zu wünschen, daß die, deren schwachheit ich vertrage, die meine auch vertragen wollten; Euer Liebden seind die einige, die mir diese gnade tut.

Versailles, 17. April 1701. Euer Liebden sehen nun wohl, daß ich kein unrecht hatte, wenn ich Euer Liebden versicherte, daß sie samt dero herren söhnen zur kron Engelland berufen wären.[1] Man sagt, daß die prinzess von Dänemark erschrecklich säuft und sich den leib so verbrennt hat, daß sie nie keine kinder bekommen kann, also wird sie wohl bald sterben müssen.[2] König Wilhelm ist auch kränklich genung, um nicht lang zu leben. Also können Euer Liebden wohl bald dero großherrnvaters thron besitzen. Alsdann werde ich mich von herzen drüber erfreuen, denn ich gönne es Euer Liebden lieber als mir selber und meinen kindern, denn ich habe mein herzlieb ma tante lieber. Alsdann werde ich Euer Liebden ein lang und breit kompliment machen und es überall mit «Euer Majestät» bespicken. Aber nun werde ich Euer Liebden noch kein kompliment machen, denn sie seind nur was sie vorhin waren, nämlich die würdigste person von der welt, eine große königin zu sein ... Ich erfreue mich nun, daß ich hier und katholisch bin, damit ich Euer Liebden kein obstacle an der kron sein kann.

1 Kurfürstin Sophie und Liselottes Vater Karl Ludwig waren Enkel Jakobs I. von England. Liselotte kam für die englische Thronfolge nur deshalb nicht in Frage, weil sie katholisch geworden war   *2* Prinzessin Anna, die zweite Tochter Jakobs II.

Im Mai 1701 drang der Prinz Eugen mit dem kaiserlichen Heer in Italien ein und schlug dort in einer ersten Schlacht die Franzosen. Ludwig XIV. hatte durch politische und militärische Herausforderungen nach allen Seiten einen Krieg heraufbeschworen, der auf nahezu ganz Europa übergreifen sollte: den spanischen Erbfolgekrieg.

St. Cloud, 9. Juni 1701. Es schreibt Euer Liebden die unglücklichste von allen kreaturen; der schlag hat Monsieur gestern abend gerührt um zehn abends. Er liegt in den letzten zügen und ich ins größte unglück von der welt bleibe doch bis in tod Euer Liebden treue bas und dienerin Elisabeth Charlotte.

AN DIE KURFÜRSTIN SOPHIE

Versailles, 12. Juni 1701. Nun ich von meinem ersten schrecken ein wenig ersetzet bin, kann ich nirgends besser trost in meinem unglück suchen als bei Euer Liebden, welche sein, was mir in der welt am liebsten ist. Ich will also mein herzlieb ma tante alles verzählen. Vergangen mittwoch morgens war Monsieur selig noch ganz frisch und gesund, fuhr nach Marly, aß dort perfekt wohl zu mittag mit dem König. Nach dem essen fuhren Ihro Liebden nach St. Germain, kamen abends um sechs wieder ganz lustig, verzählte uns, wie viel tabouretts er bei der königin in Engelland gesehen. Gegen neun sollte ich zu nacht essen, konnte aber nicht essen, denn ich hatte noch vier stund das fieber gehabt. Monsieur selig sagte zu mir: «Je m'en vais souper et ne ferai pas comme vous, car j'ai grand appétit»,[1] geht damit an tafel. Eine halbe stund hernach höre ich ein geras, sehe madame de Vantadour bleich wie der tod in meine kammer kommen; die sagt: «Monsieur se trouve mal.»[2] Ich lauf gleich in Ihro Liebden kammer; sie kannten zwar wohl, konnten aber nicht reden, daß man es verstehen konnte. So viel konnte ich nur hören: «Vous êtes malade, allez chez vous en!»[3] Man hat Ihro Liebden dreimal zur ader gelassen, elf unzen émétique geben, wasser von Schaffhausen, gouttes d'Angleterre zwei bouteilles voll, aber nichts hat geholfen. Gegen sechs morgens hat es sich ganz zum end gedrehet. Da hat man mich aus der kammer mit gewalt geschleppt, war wie ohnmächtig. Man legte mich zu bett, ich konnte aber nicht im bett bleiben, stund auf, und wie ich in freud und leid allezeit an Euer Liebden gedenke, so war auch mein erster gedanke, an Euer Liebden zu schreiben; ich weiß aber nicht, was ich Euer Liebden gesagt habe. Nachdem ich Euer Liebden brief weggeschickt, kam der König zu mir, war auch sehr touchiert, tat doch seinen möglichen fleiß, mir trost einzusprechen, erwies mir viel gnade. Madame de Maintenon war auch sehr touchiert und sprach mir zu. Der König fuhr weg. Um zwölf verschied Monsieur. Ich setzte mich gleich in kutsch und fuhr her. Der König schickte mir monsieur le Premier, um zu fragen, wie ich mich befinde. Der schrecken hat mir das fieber vertrieben. Madame de Maintenon ließ mir durch meinen sohn sagen, daß es jetzt die rechte zeit wäre, mich mit dem König zu versöhnen. Hierauf habe ich meine reflexionen gemacht und mich erinnert, wie oft Euer Liebden mir geraten, zu suchen, mich mit dieser dame selbst zu versöhnen; derowegen habe ich den duc de Noailles gebeten, dieser dame von meinetwegen zu sagen, daß ich so touchiert wäre von aller freundschaft, so sie mir in meinem unglück bezeugt, daß ich sie bäte, doch die mühe zu nehmen, zu mir zu kommen, denn ich dürfte nicht ausgehen. Dieses hat sie gestern um sechs getan. Ich habe ihr gleich wiederholt, wie content ich von ihr wäre und begehre ihre freundschaft, habe ihr auch gestanden, daß ich übel zufrieden mit ihr gewesen, weilen ich gemeint, daß sie mir des Königs gnaden entzogen und mich gehaßt hätte, daß ich es auch von madame la Dauphine erfahren, wolle aber gerne alles vergessen, wenn sie nur meine freundin sein wollte. Hierauf hat sie mir viel schöne und eloquente sachen gesagt und ihre freundschaft versprochen und wir haben uns embrassiert. Hernach habe ich ihr gesagt, es wäre nicht genung, daß sie mir entboten, daß der König mir ungnädig wäre; sie müßte mir auch sagen, wie ich wieder in gnade kommen könnte. Darauf hat sie mir geraten, ganz offenherzig mit dem König zu sprechen, selber gestehen, daß ich sie gehaßt hätte, weilen ich gemeint, daß sie mir bös office bei dem König täte, auch warum ich bös über den König gewesen. Diesen rat habe ich gefolgt, und wie mir Monsieur gesagt hatte, daß der König auch bös wäre, daß ich Euer Liebden zu offenherzig schreibe, so habe ich auch diesen artikel traktiert und gesagt, daß dies Ihro Majestät nicht müßte wunder nehmen, daß Euer Liebden die person von der welt wären, an welcher ich am meisten attachiert wäre... daß ich Euer Liebden mein herz zu allen zeiten öffnete und daß, so lang Ihro Majestät mir dero gnaden erzeigt, hätte ichs Euer Liebden gerühmt, da Ihro Majestät mich übel traktiert, hätte ich Euer Liebden geklagt und könnte nie anders vor Euer Liebden sein. Der König sagte, er wüßte nichts von meinen briefen, hätte keinen gesehen, es wäre nur eine einbildung von Monsieur gewesen. Er finde nicht übel, daß ich Euer Liebden als eine mutter ehrte und liebte; aber Euer Liebden haßten ihn. Ich sagte, Euer Liebden admirierten allezeit seine großen qualitäten, allein wenn es Ihro Majestät beliebte, würden sie auch von Euer Liebden geliebet werden. Nachdem ich Ihro Majestät alles ausgelegt und klar gewiesen, daß, so übel sie mich auch traktiert, ich sie doch jederzeit respektieret und geliebet hätte, ja allezeit große freude gehabt, wenn sie mich nur bei sich leiden wollen, da hat mich der König embrassiert, gebeten, das vergangene zu vergessen, und hat mir seine gnade versprochen, lachte auch, wie ich ganz natürlich zu ihm sagte: «Si je ne vous avais pas aimé, je n'aurais pas tant haï madame de Maintenon, croyant qu'elle m'ôtait vos bonnes grâces.» 4 Endlich hat sich alles gar gnädig geendet. Ich habe zu Ihro Majestät gesagt, daß, wie dies der einzige trost in meinem unglück wäre, so könnte ich nicht lassen, Euer Liebden solches heute zu berichten, welches Ihro Majestät approbiert haben. Heute werde ich noch einen betrübten tag haben, denn um drei wird der König wieder hereinkommen, um Monsieurs selig testament zu öffnen, welches mich greulich jammern und schmerzen wird.

1 ich gehe essen und mache es nicht wie Ihr, denn ich habe großen Hunger   *2* Monsieur befindet sich übel   *3* Ihr seid krank, geht nur   *4* wenn ich Euch nicht geliebt hätte, hätte ich Madame de Maintenon nicht so gehaßt, von der ich glaubte, daß sie mir Eure Gnade entzöge

Versailles, 26. Juni 1701. Nach vielen sorgen und ängsten, kein schreiben von Euer Liebden zu empfangen, bin ich endlich vorgestern nachts um elf mit drei Eurer Liebden gnädige schreiben erfreuet worden, welches mir die einzige gute nacht gegeben, so ich seit meinem großen unglück gehabt habe. Denn der greuliche schrecken, in welchen mich Monsieurs selig zufall und so gar

schleuniger tod gesetzt, hat eine solche starke impression bei mir
getan, daß, sobald ich einschlafen will, kommt mir dies spectacle
wieder vor die augen und fahre abscheulich in mein bett auf, kann
keine zwei stund nacheinander schlafen. Allein die freude, Euer
Liebden gnädige schreiben empfangen zu haben und zu sehen, daß
sie Gott sei dank wohlauf sein und mir noch immer gnädig, hat
mir eine solche ruhe verursachet, daß ich von eins bis sechs morgens
geschlafen habe. Ich hatte es auch wohl vonnöten, um mir ein wenig kräfte zu geben, den gestrigen tag auszustehen. Ich habe den
könig und die königin in Engelland in zeremonien empfangen
müssen mit einer dollen tracht: ein weiß leinen stirnband, darüber
eine kappe, so unter dem hals zugebunden wird, über die kappe
eine cornette, über die cornette ein leinen tuch wie ein voile, so
auf beide achseln angeheftet wird wie ein florenmantel und schleppt
sieben ellen lang. Am leib hatte ich einen langen schwarztuchenen
rock mit langen ärmeln bis auf die faust, zwei handbreit hoch hermelin auf den ärmeln und vom hals an bis auf die erden hermelin
von gleicher breite wie auf den ärmeln, einen von schwarz crépon
gürtel, so bis auf die erden vorn geht, und ein schweif am her-
melinrock auch von sieben ellen lang. In diesem aufzug hat man
mich in eine ganz schwarze kammer (auch das parkett bedeckt und
die fenster überhängt) in ein schwarz bett gelegt, den schweif überall überdeckt, daß man den hermelin gesehen. Ein großer leuchter
mit zwölf brennenden lichtern war in der kammer angezündet, und
zehn oder zwölf auf dem kamin. Alle meine bedienten, groß und
klein, in langen trauermänteln, ein stück vierzig oder fünfzig damens in flormänteln. Das alles sah sehr abscheulich aus.

Versailles, 30. Juni 1701. Euer Liebden wissen nun schon, daß
der König sorg vor mir will haben. Monsieur hat sieben millionen und eine halbe schulden hinterlassen. Reich werde ich wohl
nie sein; Gott gebe nur, daß ich auskommen kann ... Ich glaube,
daß es mir vorteilhaftiger gewesen wäre, selber gestorben zu sein,
als was mir widerfahren. Monsieur hat den tod wohl gefühlt; zwölf
stund lang hat man Ihro Liebden gar unnötig martyrisiert mit

émétiques, aderlassen, schröpfen ... und hunderterlei sachen, allerhand klistieren. Er hat den verstand nur einen augenblick vor seinem tod verloren, kannte jedermann, konnte aber mit großer mühe reden, denn die unterlefze war Ihro Liebden selig ganz abgefallen und geschwollen. Vorher, ehe Ihro Liebden in dies unglücklich accident fielen, waren sie frisch, gesund und lustig, aßen an tafel mit großem appetit, lachten und schwätzten; drum, wie er anfing zu lallen, meinten die damens anfangs, es wäre vexiererei, war aber leider nur gar zu großer ernst. Wenn man in jener welt wissen könnte, was in dieser vorgeht, glaube ich, daß Ihro Liebden Monsieur selig sehr content von mir würden sein, denn in den kisten habe ich alle briefe, so die buben ihm geschrieben, aufgesucht und ungelesen verbrennt, damit es nicht in andere hand kommen möchte.

Versailles, 7. Juli 1701. Daß Monsieur meiner nicht in seinem testament gedacht, ist kein wunder, es kann nicht sein. In diesem land kann der mann den frauen nichts vermachen, noch die frau dem mann; was er ihr aber bei leben gibt, ist ihr eigen. Aber Monsieur hats lieber an die geben wollen, die ihn divertiert haben, denn man findt, daß drei junge bursch allein des jahrs jeder hunderttausend taler eingezogen haben. In Königs gnade hätte mich Monsieur wohl nicht rekommandiert, denn sie wünschten nicht, daß ich drinnen sein möchte. Euer Liebden können wohl gedenken, daß ich meinen möglichsten fleiß tun werde, mich in Königs gnaden und madame de Maintenons freundschaft zu erhalten. Allein wer kann versichern, daß dieses bestand haben mag? Denn Euer Liebden können wohl denken, daß mein sohn und ich je mehr werden beneidet werden, je mehr der König uns gnade tut, und daß man an großen höfen, wie dieses ist, die kunst zu brouillieren nur gar zu wohl weiß. Dieses alles, wohl überwogen, macht gar keine gute hoffnung vor mein zukünftiges leben ... Ich gestehe wohl, daß mich Monsieur oft geplagt und chagriniert hat, aber das war nur aus schwachheit, und zu sehr sich denen zu ergeben, so zu seine späß und freuden halfen. Der König hat mir selber gestanden, daß

Ihro Liebden selig mir in den letzten zeiten nicht mehr so viele böse offices geleistet haben, als vor ein paar jahren, contrari, daß sie content von mir schienen zu sein, und das hat mich desto mehr gejammert. Auch daß, ob er zwar kaum reden konnt in seinem fall, wie ich ihn fragte: «Comment vous sentez-vous à cette heure, Monsieur?»[1] Sagte er: «Un peu mieux», aber mit größter mühe sagte er danach: «Et vous?»[2] Ich sagte: «Ne songez pas à moi, songez à vous, et je me porterai bien.»[3] Er sagte: «Vous avez là ...», wies mir den puls, um «la fièvre»[4] zu sagen, das er nicht prononcieren konnte, sagte danach all ziemlich deutlich: «Allez-vous-en!»[5] Und wenn man ihm was geben wollt, so er nicht nehmen wollt, sagte man: «Madame le veut»,[6] so nahm ers gleich. Das hat mir doch sein vertrauen gewiesen, mich also unerhört gejammert. Und das kommt mir als wieder vor augen, denn, wie ich Euer Liebden oft geschrieben und gesagt, so habe ich doch den armen herrn nie gehaßt, sondern lieb gehabt, so ungerecht Ihro Liebden oft vor mich gewesen sein... Das dreitägige fieber hat mich verlassen. Ich glaube, ich habe mich mit kirschenessen kuriert. Denn man hatte mir die kirschen verboten; man brachte mir aber von St. Cloud ein korb voll schöner kirschen, die habe ich heimlich gefressen und seitdem das fieber nicht wieder bekommen... Ich finde die glücklich, so in komödien gehen, das ist mir nun vor zwei jahr verboten... Der könig in Preußen führt ein wunderlich leben. Es ist unerhört, daß man um zwei nach mitternacht aufstehet; wenns die mönche tun, haben sie doch ihre schlafstunden wieder, seine leute werden das nicht ausstehen können, denn sie müssen ja erst eine stund nach dem König schlafen gehen und wohl eine stund vor Ihro Majestät aufstehen, also nur drei stund zu schlafen haben. Dabei kann man nicht leben. Sein ganzer hof wird närrisch werden, wo das lang währt. Des Königs briefe an Euer Liebden sein ebenso kurz als sein schlaf.

1 wie fühlt Ihr Euch jetzt?   *2* ein wenig besser – und Ihr?   *3* denkt nicht an mich, denkt an Euch, und ich werde mich wohl befinden   *4* hier habt Ihr – das Fieber   *5* geht weg!   *6* Madame will es

AN DIE RAUGRÄFIN LUISE

Versailles, 15. Juli 1701. Herzliebe Luise, heute ist es erst acht tag, daß mich das fieber quittiert hat; habe nach meinem unglück noch achtzehn accès vom fieber bekommen, hoffte schier, daß mein elendes leben einmal endigen würde. Es ist aber Gottes wille nicht gewesen, bin ohne remèdes kuriert. Es ist mir aber noch eine gar große mattigkeit geblieben und schwachheit in den schenkeln, welches mir gar spanisch vorkommt; denn niemand am hof ist, so besser gehen konnte als ich. Aber nun wirds wohl mit aus sein; denn in meinem alter kommt man selten wieder zu kräften ... Der König tut mir viel gnaden seit meinem unglück; von seinen gnaden werde ich hinfüro bloß leben müssen und ist Amelise wohl übel bericht gewesen, daß ich so wohl versorgt solle sein. Weilen aber lamentieren meine sach ganz und gar nicht ist, so will ich hiervon schweigen, nur das sagen, daß es mir des jahrs an 80 000 franken fehlen wird, daß mein haus nicht haben kann, was nötig, will geschweigen das, was zu meiner lust oder vergnügen überbleiben sollte. Daher seht Ihr, wie glücklich ich hinfüro sein werde. Aber genung hiermit von diesen verdrießlichen sachen; denn davon zu reden macht nur traurig und hilft zu nichts.

AN DIE KURFÜRSTIN SOPHIE

Versailles, 21. Juli 1701. Madame de Maintenon kontinuiert, gar freundlich zu sein, bin sehr content von ihr; kontinuiert sie, wie sie nun tut, so werde ich gewiß ihre freundin bleiben. Und ich bin in keinem alter, daß mir die zeit lang bei ihr und dem König fallen könnte, wie der duchesse de Bourgogne, die nur an singen und springen denken kann ... Ich grüble mir schier das hirn aus, um zu erraten, woher es kommt, daß die Maintenon sich einmal so zu mir gewendt hat. Denn es ist gewiß, daß kurz vor meines herrn tod sie noch einen abscheulichen haß gegen mir getragen, und auf einen stutz ändert sie, ohne daß ich an sie gedenke. Aber wie ich gesehen, daß sie sich zu mir gewendt, habe ich die sach nicht negli-

giert, sondern gleich freundschaft mit ihr gemacht. Je mehr ich
aber nachdenke, was sie hierzu gebracht hat, je weniger kann ichs
finden. Denn eine sach ist gewiß: daß dies weib nichts tut ohne
nachdenken noch umsonst. Etlichmal bilde ich mir ein, weilen
sie so eine große passion vor die duchesse de Bourgogne und
diese, wie das geschrei geht, ihrer sehr müde geworden und nicht
mehr bei dem König dauern kann, weilen ihr bei diesen betagten
leuten die zeit zu lang fällt: daß die dame mich gewählt, um der
duchesse de Bourgogne jalousie zu geben, denn sie ist von einem
jalousen humor, und sie dadurch wieder zu sich zu ziehen. Oder
ob sie gefürcht, daß, weilen Monsieur mir nun keine bösen offices
bei dem König tun kann, daß sich der König wieder an mich gewöhnen könnte, und daß, wenn sie meine freundin nicht wäre, ich
capabel sein sollte, dem König die augen zu öffnen, sie derowegen
lieber selber meine freundin vorher werden, mich also im zaum
zu halten, oder ob sie sonsten ein ander absehen hat und meint,
mich eher fällen zu können, wenn sie mich besser in den klauen
haben kann, oder was es sein mag; denn es ist gar gewiß, daß
etwas dahinter stecken muß. Denn es ist nicht natürlich, daß ein
mensch in einer stund ändert, wie sie getan hat. Also muß ich als in
acht nehmen, was ich tue und rede, und kann auf nichts bauen...
Wie es noch mit meinen affairen gehen wird, weiß ich nicht, aber
es ist gewiß, daß ich schlecht versorgt werde sein, ja gar nicht nach
meinem stand gemäß werde leben können, wo der König mir nicht
hilft... Der arme Monsieur selig hat übel gehaust und gar nicht
vor mich gesorgt, denn er hätte es wohl in seinem leben tun können, aber nicht im testament; er hat es aber lieber unter seine buben ausgeteilt, so ihn doch nicht so lieb hatten als ich.

Marly, 28. Juli 1701. Gar lustig kann ich ohnmöglich sein, aber
ich tue meinen möglichen fleiß, nicht ganz melancholisch zu sein.
Kurpfalz will mir kein geld mehr geben; das diminuiert mein einkommen noch von zweimal 100 000 franken. Es wird schlecht bei
mir hergehen; denn zu glauben, daß der König in jetziger kriegs-
zeit so gar große summen geben sollte, das ist schwer zu glauben.

Wollte Gott, man hätte mich viel zu fragen und ich hätte viel, würde in diesem fall die fragen gar nicht importun finden. Es würde mir viel angenehmer gewesen sein, wenn ich ohne den König genung gehabt hätte, zu leben, denn alsdann würde ich dem König nicht à charge gewesen sein, und hätte er mir sonsten gnaden und präsente geben, würde ichs mit lust haben anwenden können. Aber wie es nun ist, bin ich leider wie eine bettelfrau dem König auf dem hals; das ist recht betrübt... Ich fragte einstmals an herrn Salmond,[1] wie es käme, daß in der heiligen schrift stehet, daß die menschen nach Gottes ebenbild geschaffen sein und die menschen doch gar so unperfekt wären? Er antwortete, daß Gott den menschen perfekt geschaffen hätte, aber, daß er die perfektion in seinem fall verloren hätte. Ich sagte, weil der mensch denn so perfekt war, wie hat er fehlen und fallen können? Herr Salmond sagte: das ist durch anstiftung des satans geschehen. Ich sagte: Dem teufel glauben, war doch keine perfektion. Da sagte er nur: solchen sachen muß man nicht zu weit nachgrübeln. Dabei blieb es.

1 ehemaliger Lehrer Liselottes

Versailles, 4. September 1701. Dieser gute König[1] wird sich durch seine unermessene gottesfurcht noch ums leben bringen. Vorgestern hat er noch so lang gekniet und gebetet, daß Ihro Majestät platt ohnmächtig davon geworden sein und eine gute zeit so von sich selber, daß man meinte, er würde sterben.

1 Jakob II.; am 16. September starb er in St. Germain

Fontainebleau, 15. Oktober 1701. Wäre mein heiratskontrakt nur schlechtweg gewesen wie alle andere, so man hier macht, wäre es gut vor mich. Man hat aber express klauseln nein gesetzt, so nicht ordinari sein, damit ich nichts bekommen möge. Drum judiziere ich, daß papa selig die sach nicht müsse verstanden haben, mir eine solche sache unterschreiben zu machen; aber papa selig hatte mich auf dem hals, war bang, ich möchte ein alt jüngferchen werden, hat mich also fortgeschafft so geschwind er gekonnt hat.

Das hat so sein sollen, war mein verhängnis, muß es wohl weiter ausführen, wie es versehen ist... Es ist mir wohl von herzen leid, daß die gute frau von Harling so gar krank ist... jammert mich recht, denn ich habe sie lieb und bin ihr verobligiert vor alle sorgen und mühe, so die gute frau in meiner kindheit vor mich gehabt hat.

AN DIE RAUGRÄFIN AMALIE ELISABETH

Fontainebleau, 4. November 1701. Meint Ihr, liebe Amelise, daß ich die bibel nicht mehr lese, weilen ich hier bin? Ich lese alle morgen drei kapitel. Ihr müßt nicht meinen, daß die französischen katholischen so albern sein wie die teutschen katholischen; es ist ganz eine andere sach mit, schier als wenns eine andere religion wäre. Es liest hier die heilige schrift, wer will; man ist auch nicht obligiert, an bagatellen und abgeschmackte miracles zu glauben. Man hält hier den Papst nicht vor unfehlbar; wie er monsieur de Lavardin zu Rom exkommunizierte, hat man hier nur drüber gelacht. Man betet ihn nicht an, man hält nichts auf wallfahrten und hundert dergleichen, worinnen man im land ganz different von den teutschen katholischen ist, wie auch von den Spaniern und Italienern. — Ich komme aber wieder auf das, was Ihr von der melancholei sagt. Es ist nur gar zu wahr, daß die traurigkeit zu nichts nutz ist; allein es stehet nicht allezeit bei uns, lustig oder traurig zu sein, und es ist schwer, lustig zu sein, wenn man sein leben einsam zubringen muß, nichts hat, so einen eigentlich erfreuen kann, und in der tat manche traurige sachen auf dem hals hat. Die lust runzelt ebensosehr als der chagrin, und wenn man oft in die sonn und in den wind geht, runzelt man unfehlbar. Das lachen runzelt ebensosehr als das weinen... Ich versichere Euch, liebe Amelise, daß ich ganz und gar keine ambition habe und nichts weniger wünschte, als Königin zu sein. Je höher man ist, je gezwungener muß man leben, und wäre die stelle von Madame eine charge, so man verkaufen könnte, hätte ich es längst gar wohlfeil weggeben, will geschweigen denn, daß ich eine Königin zu sein wünschen sollte. Die prinzess von Savoyen kommt nicht unschuldig zum königreich;[1] sie ist ja von dem rechten stoff, da man die Königinnen von macht, und von vater- und mutterseiten nichts an ihr zu tadeln. Sie ist Monsieurs selig enkel, aber die meine nicht, wie Ihr wohl wißt; aber das gute kind schreibt mir mit solcher amitié, als wenn sie in der tat mein enkel wäre. Das kommt, weilen ihre frau mutter[2] kaum zwei jahr alt war, wie ich in Frankreich kam, wußte also nichts von ihrer eignen frau mutter, hat mich also so lieb bekommen, als wenn sie mein leiblich kind wäre. Ich habe die gute Herzogin auch von herzen lieb und mache keinen großen unterschied unter meinen kindern und Ihro Liebden. Die hat ihrer frau tochter, der Königin, dieses eingeprägt, daß sie mich lieb haben solle.

1 Philipp V. von Spanien, Enkel Ludwigs XIV., hatte sich mit Maria Luise Gabriele von Savoyen vermählt, der Stiefenkelin Liselottes
2 die jüngste Stieftochter Liselottes

AN DIE KURFÜRSTIN SOPHIE

Versailles, 17. November 1701. Man hatte das gute kind, die Königin, nicht gewarnt, daß man alle ihre leute wegschicken wolle; wie das arme kind morgens aufstand, fund sie lauter abscheuliche, häßliche und alte weiber anstatt ihrer leute. Da fing sie an zu schreien und wollte mit ihren leuten wieder weg. Der gute König, der sie herzlich lieb schon hat, meinte, das könnte geschehen, und wie er auch noch ein wenig kindisch ist, weinte er auch und meinte, seine gemahlin würde weg. Man hat ihn aber getröstet und gesagt, wie es nicht sein könnte, weilen der heirat consumiert wäre. Die Königin, wie man mir es beschreibt, hat sich eben gestellt wie ich, wie man mir madame Trelon anstatt die gute frau von Harling gab. Man hat es hier gar übel gefunden; ich habe aber zum König gesagt, daß man vielmehr nur drüber lachen sollte und froh sein, daß die Königin so ein gut gemüt hat. Die dames du palais, so diese Königin bei sich hat, seind böse stücker. Die Königin bat, man möchte ihr doch auf französisch zu essen geben, denn sie könnte die spanischen manieren von zurichten nicht essen, so befahl der König, man sollte der Königin durch seine französischen officiers zurichten lassen. Wie das die damen sahen, ließen sie der Königin auf spanisch zurichten, trugen ihr nur diese schüsseln auf und ließen die französischen stehen. Der König wurde bös drüber, verbot den spanischen köchen zu kochen und ließ ganz auf französisch zurichten. Wie das die damen sahen, nahmen sie die suppen, gossen alle brühe davon, sagten, das könnte ihre kleider verderben, und brachten der Königin die suppe ohne brühe; desgleichen taten sie mit dem ragout. Die großen schüsseln gebratenes, als hammelschlegel oder nierenbraten, wollten sie nicht anrühren, sagten, ihre hände wären zu délicat, solche schüsseln zu tragen. Vom anderen gebratenen rissen sie drei hühner heraus mit den händen, legtens auf einen teller und brachtens der Königin so. Bösere menschen, als die sein, solle man nicht finden können, und abscheulich häßlich dabei.

Versailles, 4. Dezember 1701. Von einer eiderdunen-decke habe ich mein leben nichts gehört; was mich recht warm im bett hält, seind sechs kleine hündchen, so um mich herum liegen; keine decke hält so warm, als die guten hündchen... Die kleine königin in Spanien ist nun gewöhnt und hat sich ganz ergeben; das gute kind jammert mich. Sie schreibt mir so oft und so freundlich, daß ich sie ganz lieb drüber habe. Madame de Bracciano, so man jetzt la princesse des Ursins heißt, wird camarera majore verbleiben; der könig in Spanien soll über die maßen viel von ihr halten. Es ist ein wunderlich amt, das sie hat: sie muß dem König, wenn er bei der Königin schlafen kommt, seinen nachtrock aus- und antun, morgens und abends, und ihm seinen degen und kammerpott nachtragen; die junge Königin lacht drüber und beschreibt l'étiquette du palais recht possierlich.

AN DIE RAUGRÄFIN LUISE

Versailles, 10. Dezember 1701. Was aber den wunsch anbelangt, daß Gott mir schicken möge, was meine zeitliche und ewige wohlfahrt anbelangt, so bin ich Euch gar sehr davor verobligiert, aber in dieser welt erwarte ich gar keiner wohlfahrt mehr, bin zu alt, etwas zu genießen können. Was die ewige anbelangt, so hoffe ich daß, weilen ich Gott treulich anrufe, mein bestes tue, nach seinen geboten zu leben und ihm ohne aberglauben zu dienen, daß nach vielen trübsalen, so er mir in diesem leben zugeschickt, meine sünde genung hat büßen machen und das vertrauen, so ich habe auf den verdienst unsers herrn Jesu Christi, mich nach diesem leben in himmel bringen wird. Bin also weder vor dieser noch jener welt in sorgen... Mein haus ist so groß, daß, ob der König mir zwar 250 000 franken pension gibt und man mein heiratsgut und alles dabei rechnet, so fehlt es noch an noch einmal so viel, als der König mir gibt, um mich nach meinem stand gemäß zu unterhalten, und das, weilen auf allen chargen gerechtigkeiten seind, alle erkauft sein und ich also nichts retranchieren kann, auch hier im land alles so teuer und außer preis ist. Es ist also gar weit gefehlt, daß ich die pfälzischen gelder frei und zu spielgeld, sozusagen, haben sollte; ich muß sie haben, meinen stand zu erhalten, und werde nichts davon à part zu legen haben... Die doktoren in recht machens denn eben auch, wie ich sehe, als die von der medizin. Ich kann leicht gedenken, wie Ihr wünscht, von diesen leuten befreiet zu sein.

AN DIE KURFÜRSTIN SOPHIE

Marly, 15. Dezember 1701. Ich fragte einmal an jemand raisonnables, warum man in allen schriften unsern König immer lobte; man antwortete mir, man hätte den buchdruckern expresse anbefohlen, kein buch zu drucken, wo des Königs lob nicht in stund; man täte es wegen des Königs untertanen. Denn wie die franzosen ordinari viel lesen, und in den provinzen lesen sie alles was von Paris kommt, und des Königs lob gibt ihnen vénération und respect vor dem König, wie sie haben sollen; deswegen geschiehts und nicht des Königs wegen, welcher es nie sieht noch hört, seitdem Ihro Majestät in keine oper mehr geht.

AN DIE RAUGRÄFIN AMALIE ELISABETH

Versailles, 23. Dezember 1701. Wir haben wenig neues itzunder hier bei hof, aber von Paris hört man gar wunderliche geschichten. Ein bürgersmädchen, so ziemlich reich war, und von vierzehn jahren, wurde von einem jungen menschen angeführt und wurde schwanger. Sie war schlau genung, die sach zu verhehlen und heimlich niederzukommen, bekam einen sohn; den trug sie gleich aux enfants trouvés,[1] als wenns ihr kind nicht wär, zeichnete es aber, um es mit der zeit wieder zu kennen können. Ein paar jahr hatte sie große sorg vor das kind und gab ihm alles, was ihm nötig war. In der zeit wird ein reicher kaufmann von Paris verliebt von dies mensch und heiratet sie. Sie, die wie schon gesagt, schlau war, dachte, daß wenn sie aux enfants trouvés gehen sollte, daß es ihrem mann einen argwohn geben möchte, insonderheit wenn sie geld hintrüge; resolviert sich auf einen stutz, nicht mehr hinzugehen. Sie lebt so zwanzig jahr mit ihrem mann, welcher ihr all sein gut gibt und stirbt. Sie hatte eine große inclination vor ihres manns ersten ladenknecht; er hatte sie auch lieb; sie heirat ihn diesen sommer. Wie ihr mann ausgezogen bei ihr war, wird sie auf einmal gewahr, daß er das zeichen am leib hat, so sie ihrem sohn gemacht. Sie erschrickt, läßt sich aber nichts merken, läuft aux enfants trouvés und fragt, wo der jung hinkommen seie, so sie zu ihnen getan. Sie sagen, er hätte inclination gehabt, wie er anfangen, groß zu werden, um ein kaufmann zu werden; er hätte das wesen gelernt und wäre in den laden von einem reichen kaufmann gangen, nannten ihr darauf ihren ersten mann. Da konnte die frau nicht mehr zweifeln, daß ihr zweiter mann nicht ihr sohn wäre. Sie lief gleich zu ihrem beichtsvater und gestund ihm den ganzen handel. Der beichtsvater sagte, sie sollte die sach heimlich halten, nicht mehr bei ihrem mann schlafen, bis die sach in der Sorbonne vorgetragen würde sein. Man weiß noch eigentlich nicht, was die Sorbonne drüber ordonniert hat; erfahre ich es, werde ichs Euch schreiben.

[1] ins Findelhaus

AN DIE KURFÜRSTIN SOPHIE

Versailles, 29. Dezember 1701. Ich bin gewiß, daß Euer Liebden nicht so viel runzeln haben als ich. Mir kommts, daß ich so oft und manche jahre bin auf der jagd von der sonnen verbrennt worden. Aber ich frage ganz und gar nichts danach, bin nie schön gewesen, habe also nicht viel verloren. Und ich sehe, daß die, so ich vor diesem so schön gesehen habe, jetzt ebenso häßlich sein als ich: Madame de la Vallière[1] kann kein seelenmensch mehr kennen, madame de Montespan hat ihre ganze haut als wenn die kinder künste mit papier machen und es klein zusammenlegen, denn ihr ganz gesicht ist ganz voller kleiner runzeln an einander, daß es zu verwundern ist. Ihre schönen haar seind schneeweiß und das ganze gesicht ist rot, also gar nicht schön mehr. Ich bin also ganz getröstet, nie gehabt zu haben, was doch so geschwind vergeht. Euer Liebden haben Schönheiten, so nie vergehen, nämlich dero großer verstand und vivacité, dero générosité und güte, dero beständigkeit vor diejenigen, so sie einmal gnädig gewesen; auch macht dieses, daß man sich dermaßen an Euer Liebden attachiert, daß man Euer Liebden bis an sein end ganz leibeigen ergeben bleibt.

1 frühere Favoritin Ludwigs XIV.

Versailles, 8. Januar 1702. Ich hüte mich, so viel ich kann, melancholisch zu werden, suche immer was zu schaffen, um nicht an das vergangene noch zukünftige zu gedenken ... Euer Liebden haben wohl groß recht, daß die welt wie ein garten ist, wo allerhand kräuter in sein, gut und bös; unkraut vergeht wohl so leicht als das gute gewächs, allein es kommt geschwinder wieder. Die jungfer Kolb pflegte als zu sagen: «Alle tag was neues und selten was guts.» ... Warum wollen Euer Liebden einhalten, was Ihnen in die feder kommt, denn Euer Liebden sprechen ja nur an dero Liselotte, so mit freuden liest alles, was Euer Liebden schreiben. Wenn ich kein teutsch mehr schriebe, würde ich mein teutsch durchaus vergessen, und das wäre mir leid, schreibe Euer Liebden derowegen immer in unserer muttersprach. Hätte ma tante, die frau äbtissin von Maubuisson, öfter teutsch geschrieben, würden Ihro Liebden dero teutsch nicht so bald verlernt haben. Sie schreibt gar eine schöne hand auf französisch; allein sie orthographiert nicht wohl und vergißt gar oft die wörter; sie hat doch noch große vivacité und schreibt recht possierlich.

Versailles, 12. Januar 1702. Was macht, daß ich die lutherischen lieder nicht vergesse, ist, daß ich sie alle jahr mit der frau von Ratsamhausen[1] singe, wenn sie hier ist; also mein gedächtnis leider nicht so gut als Euer Liebden wohl meinen. Ich glaube nicht, daß es dem könig in Spanien möglich sein wird, die inquisition abzuschaffen; die mönche, insonderheit die dominikaner, seind gar zu gefährlich. Der König wäre seines lebens nicht sicher, wo er sie attackiert.

[1] Eleonore von Rathsamhausen, Liselottes Jugendfreundin, von ihr auch die Rotzenhäuserin genannt

Marly, 9. Februar 1702. Hätte man meinem rat hier gefolgt, so hätte man eher gesucht, gute christen zu machen als katholische, und mehr die moeurs zu korrigieren als den glauben, welcher sich niemalen zwingen läßt; und ich glaube, wenn man das getan hätte, wäre alles jetzt besser als es ist, und mehr geld im land. Ob hier zwar keine sklaven sein, so ist doch der König so absolut, daß niemand ohne Ihro Majestät urlaub von seinen untertanen aus dem land darf, wer es auch sei.

AN DIE RAUGRÄFIN LUISE

Versailles, 12. März 1702. Der guten frau von Harling tod[1] ist mir recht zu herzen gangen. Es macht mich ganz traurig, und ob der guten frauen zwar wohl geschehen, indem sie niemalen recht hätte genesen können und nur gelitten hätte, so ist es doch allezeit betrübt, gute freunde zu verlieren. Ich glaube, daß es Ihro Majestät der königin in Preußen auch wird leid gewesen sein, denn die gute frau hatte sie auch sowohl als mich erzogen.[2] Die Umstände von der guten frauen tod weiß ich nicht. Ich bitte, sagt mirs doch!... Die verfluchten pfaffen zu Rom haben mir meinen procès ganz verlieren machen, aber die sentenz ist, gottlob, so doll aufgesetzt, daß man versichert, daß man sie vor null kann passieren machen; also hält man hier die sach noch nicht zum end. Ich aber werde das end von dem procès wohl mein leben nicht sehen. In Gottes namen! Wenns meinen kindern nur zugut kommt, bin ich schon zufrieden.

1 Anfang März   *2* auch Sophie Charlotte und ihr Sohn, der spätere Friedrich Wilhelm I., waren von Frau von Harling erzogen worden

AN DIE RAUGRÄFIN AMALIE ELISABETH

Meudon, 8. April 1702. Zu meiner zeit war der adel zu Hannover nicht so stolz und gaben den reichsgrafen all die ehre, so ihnen gebührt. Seider hat sich denn das geändert? Sagt man jetzt im teutschen «hoffenherzig», wie Ihr es schreibt? Zu meiner zeit sagte man «offenherzig». Ihr tröstet mich recht, mich zu versichern, daß ich mein teutsch noch nicht ganz vergessen habe. Ich rede aber jetzt so selten, daß ich fürchte, daß ichs bald vergessen werde; jedoch so hoffe ich noch auf die frau von Rotzenhausen, so nun bald herkommen wird und mit welcher ich allezeit teutsch spreche.

AN DIE KURFÜRSTIN SOPHIE

Versailles, 20. April 1702. Ich schenkte gestern madame de Chateauthiers einen schönen papagei, der plaudert unerhört. Ich wollte hören, was er sagen kann, ließ ihn in meine kammer; meine hunde wurden jaloux, und einer, so Mione heißt, wollt ihn anbellen; der papagei sagte als «donne la patte».[1] Ich wollte, daß Euer Liebden hätten sehen können, wie verwundert Mione war, den vogel sprechen zu hören: sie hörte auf zu bellen, sah ihn stark an, hernach mich; wie er fortfuhr zu reden, erschrak die Mione wie ein mensch, lief davon und versteckte sich unter das lotterbett; da fing der papagei überlaut an zu lachen. Das machte mich an herrn

Leibniz gedenken, daß Euer Liebden sagen, daß er souteniert, daß die tiere verstand haben, keine maschine sein, wie es Descartes hat behaupten wollen, und ihre seelen unsterblich sein. In jener welt werde ich mich sehr erfreuen, nicht allein verwandte und gute freunde wiederfinden zu können, sondern auch alle meine tiercher. Aber wäre wohl attrapiert, wenns bedeuten sollte, daß meine seele so sterblich als die ihrige werden sollte, und daß wir allzusammen nichts mehr sein sollten; will lieber das andere glauben, denn es ist viel tröstlicher.

1 gib Pfötchen

AN DIE RAUGRÄFIN LUISE

Versailles, 22. April 1702.   Herzliebe Luise, es seind schon etliche tage verflossen, daß ich Euer schreiben vom 6. April zu recht empfangen, habe aber unmöglich eher als nun drauf antworten können, wegen dem osterfest, allwo man hier den ganzen tag in den kirchen sein muß; und die tage nach den festtagen, gestehe ich, daß ich, um mich der langeweil ein wenig zu ersetzen, so ich in den kirchen ausgestanden mit allem dem (unter uns gesagt) lateinischen geplärr, so habe ich mir das schöne wetter ein wenig zunutz gemacht und bin nach Trianon spazieren gefahren, welches wohl der schönste garten ist, so man mit augen sehen kann... König Wilhelms tod[1] hat mich recht gejammert. Lenor hat mir einen augsburgischen kalender geschickt vergangen herbst, so auf dies jahr gerichtet ist; darin stehet klar dieses Königs tod mit diesen Worten: «NB ♂ ♄ ☉ den 20. März 1702.[2] Ein potentat reist in das grab, / Des tun sich andre freuen; / So gehts, wenn einer danket ab / Und machet platz dem neuen.» Ich kann leicht gedenken, wie alle alliierten sich über könig Wilhelms tod werden betrübet haben... Man hört von nichts als krieg und kriegsgeschrei. Der duc de Bourgogne wird zukünftigem dienstag zu feld ziehen. Man sieht überall leute, so abschied nehmen. Der hof wird bald sehr leer sein; das ist aber meine geringste bekümmernis, denn es geht mir keine gesellschaft dran ab, denn ich bin den ganzen langen tag allein in meinem cabinet und die zeit wird mir nicht lang, finde die tage zu kurz, habe viel blumen vor meinem fenster, viel hündchen, so ich recht lieb habe, gegrabene steincher, viel bücher; damit kann ich mich gar wohl amüsieren und damit geschicht weder Gott noch der welt verdruß. Eine von meinen schönsten hündinnen ist im kindbett hier in meinem cabinet.

1 Wilhelm von Oranien war am 19. März gestorben; seine Schwägerin Anna folgte ihm auf den englischen Thron. Zur weiteren Nachfolge war das Haus Hannover ausersehen   *2* die Zeichen bedeuten Mars, Saturn, Sonne

AN DIE KURFÜRSTIN SOPHIE

Versailles, 7. Mai 1702. Vergangenen freitag führte mich der König in sein kalesch auf die hirschjagd; ich hatte es hoch vonnöten, denn ich hatte das herz noch greulich schwer, mein armes Mionchen verloren zu haben. Es hat mich gestern noch recht geschmerzt, wie ich von Marly kam, alle ihre schwestern zu sehen, so mir ohne sie entgegenkamen. Sie fehlt mir überall: im bett, in der promenade; morgens an der toilette lag sie immer auf meinem schoß, und wenn ich schrieb, saß sie hinter mir auf dem sessel. Sie war allezeit bei mir und das schönste tierchen von der welt, ein kurz gesichtchen und große schöne augen voller feuer und verstand. Aber Euer Liebden werden gedenken, Liselotte ist närrisch geworden mit ihrem hund, aber mein herzlieb ma tante, ich kanns nicht lassen, ich muß Euer Liebden alles gutes und böses sagen, also haben Euer Liebden auch den verlust meiner armen Mione wissen müssen und wie sehr es mir zu herzen gegangen... Ich habe heute ein schreiben von meines bruders gemahlin empfangen; die ist sehr dévot und macht mir eine lange predigt, wie daß der tod nicht zu scheuen seie... Ich bin weit von solcher perfektion, ich muß es gestehen, und der starke glauben ist leider meine sache gar nicht; ich sage «leider», weilen ich sehe, daß es glücklich macht, und ich halte vor ein groß glück, weilen man ja sterben muß, persuadiert sein zu können, daß man nach dem tod viel glücklicher als vorher sein kann und also mit freuden stirbt. Ich bin so grob, daß ich gestehen muß, daß ich ohne meine sinnen nichts angenehmes begreifen kann, und es will mir nicht in kopf, wie ich ohne meine augen was schönes sehen kann, noch ohne meine ohren was angenehmes hören, noch ohne kopf denken, und das hindert sehr meine freude zum sterben. Ich kanns nicht leugnen, bin in dem fall weit von meinem bruder selig, so den vorschmack des ewigen lebens empfunden. Das seind gnaden, so unser Herrgott wenig leuten verleiht; ich bin aber zu unwürdig von diesem allem zu raisonnieren, werde derowegen von was anderst sprechen ... Um mich wegen meiner Mione zu trösten, habe ich gleich an herrn von Leibniz opinion gedacht. Es ist wohl gewiß, daß unser Herrgott alles wohlmachen wird und man ihm wohl alles heimstellen muß, denn man stelle es ihm heim oder nicht, so wird doch alles nach seinem willen geschehen ... Wollte Gott, ich könnte Euer Liebden schritt in dero promenade zählen, sollte ich auch drüber schwitzen, Euer Liebden mit meinem dicken bauch und, mit verlöff, dicken hintern zu folgen, so wollte ich doch mit freuden Euer Liebden nachtrotteln und kann nichts in der welt erdenken, so mir in diesem leben noch einige freude geben könnte, als mein herzlieb ma tante aufzuwarten.

AN DIE RAUGRÄFIN LUISE

Versailles, 12. Mai 1702. Ich muß lachen, daß es Euch freuet, daß ich von dem lateinischen geplärr nicht eingenommen bin. Außer blutseinfältigen leuten sonsten läßt sich niemand davon einnehmen; man geht nur an solche orte, den pöbel nicht zu skandalisieren, aber sonsten macht niemand groß werk draus. Von dem zeugs aber gar befreit zu sein, ist unmöglich; mein beruf und kindlicher gehorsam haben mich hergebracht; hier muß ich leben und sterben und mein verhängnis völlig erfüllen. Meinem Gott diene ich, wie ichs kann und verstehe, laß ihn im übrigen walten ... Hier erfährt man wohl die zeitungen, wenn sie gut sein, aber selten, wenn sie bös sein, und ich möchte doch gern alles wissen ... Die kommissäre, die zu Rom meinen procès unter handen gehabt, haben 50 000 taler bekommen. Abbé Thessut hat die quittancen im original gesehen. Wie ers dem Papst sagte, antwortete der Papst:

«Beklagt mich, daß ich mit solchen gottlosen und falschen bösen leuten umzugehen habe, die das recht um geld beugen!» Aber das unrecht zu ersetzen, da sprach er nicht von. Der abbé de Thessut ist viel betrübter um die sach als ich; denn sobald ich gesehen, daß Monsieur die sach nach Rom geschickt, habe ich sie vor verloren gehalten, also mein partei so wohl gefaßt, daß ich gar nicht drüber erschrocken, wie die zeitung angekommen ist... Ich danke Euch sehr vor die vers, so Ihr mir geschickt habt. Ich finde es artig und nicht so schlimm, wie Ihr es findt; contrari, es ist possierlich gegeben. Solltet Ihr noch mehr dergleichen pasquilles bekommen, bitte ich, sie mir zu schicken. Hier haben wir nun ganz und gar nichts neues und, um wie die Hinderson zu sprechen, kann man sagen, daß alles nun gar schlappjes ist. Morgen hoffe ich die Lenor bei mir zu haben; die wird mir wohl was neues mitbringen.

AN DIE KURFÜRSTIN SOPHIE

Marly, 6. Juli 1702. Man meint, daß es in Flandern wohl eine schlacht geben dürft, denn die zwei armeen stehen in präsenz und ist nur ein kleiner morast, so sie separiert; in Italien möchte es auch wohl bald was geben. Es ist wohl eine abscheuliche sache, daß die armen menschen, deren ziel zu leben so gar kurz ist, mit solchem eifer sich bemühen, einander noch das ziel zu verkürzen und einander umbringen, als wenns nur mücken wären. Apropos von mükken: die verfluchten schnaken lassen mich hier keine stund schlafen; sie zerbeißen mich, daß ich bin als wenn ich wieder die kinderblattern hätte. Wir seind auch sehr mit wespen geplagt; es geht kein tag vorbei, daß nicht jemand gestochen wird. Vor etlich tagen war ein greulich gelächter: eine von den wespen war einer dame unter den rock geflogen; die dame lief als wenn sie närrisch wäre, denn die wespe stach sie oben am schenkel, sie hob den rock auf, lief herum und rief: «Ah, fermez les yeux et prenez le moi!»[1] Das kam schön heraus... Neues weiß ich jetzt ganz und gar nichts und wenn ichs gleich wüßte, dürfte ich es nicht sagen, denn man hat mich gewarnt, daß die, so meine briefe lesen, gar wunderliche kommentare drüber machen, um mir händel bei dem Könige anzumachen ... Wenn mich der König die gnade täte und drüber zur rede setzen, wollte ich mich gar wohl verantworten, und ich wollte, daß man mich mit das immer lachende ministerchen² konfrontieren wollte; ich bin gewiß, daß er mir mit seinen falschen auslegungen nicht unter die augen stehen dürfte. Ich bitte den herrn ausleger der teutschen schriften, dieses treulich zu übersetzen, damit der minister meine meinung recht wissen möge; und erfahre ich weiter dergleichen, werde ich ihnen die mühe nicht geben, dem König ferner davon zu sprechen, denn ich werde selber eine audienz begehren und Ihro Majestät fragen, ob sie befohlen, meine briefe alle zu öffnen und kommentare drüber zu machen. Denn was ich schreibe, kann von jedermann gelesen werden, wenn mans nur ohne lügen und falschheit überbringt. Ich weiß nicht, warum dies männchen so gegen mich verpicht ist, ich habe ihm mein leben nichts zuleid getan und sollte meinen, bei jetzigen wichtigen affairen er etwas notwendigeres würde zu schaffen haben, als meinen briefen an meine nächsten verwandten nachzugrübeln, um mir schaden zu wollen.

1 ah, macht die Augen zu und nehmt sie weg 2 Torcy, der die Post unter sich hatte

AN DIE RAUGRÄFIN AMALIE ELISABETH

Versailles, 22. Juli 1702. Herzliebe Amelise, von meiner gehabten krankheit will ich gar nichts weiter sagen; denn ich bin, gottlob, nun in vollkommener gesundheit und habe vorgestern Euren lieben brief vom 13. dieses monds zu recht empfangen. Daß mir Carl Moritz tod zu herzen gangen und leid gewesen, wie auch, daß ich Euch und Luise von herzen drüber beklagt, davor meritiere ich ganz und gar keine danksagung; es ist nur meine schuldigkeit. Ihr tut gar christlich und wohl, Euch in den willen Gottes zu ergeben; denn sich viel dawider zu sperren, hilft zu nichts, als sich selber krank zu machen. Daß weibsleute, so ordinari all ziemlich unglücklich, nichts nach dem sterben fragen, wundert mich nicht; aber daß Carl Moritz so gern gestorben, nimmt mich wunder. Wenn Carl Moritz selig den wein nicht so sehr geliebt hätte, wäre er ein perfekter philosoph gewesen. Er hats aber teuer genung bezahlt, denn ich bin sicher, daß das saufen sein leben verkürzt hat. Daß er nicht ohne trinken sein konnte, erwies, wie seine leber verhitzt und verbrennt war. Ich wollte, daß er mir sein gut gedächtnis hätte vermachen können; das hätte ich hier hoch vonnöten. Ich weiß wohl, warum man Carl Eduard nicht so wohl hat leiden können und lieb haben als Carl Moritz. Er war zu tockmausisch und wollte sein leben seine meinung über nichts sagen; ich habe mein leben nicht aus ihm kriegen können, was er haßte oder liebte, was ihm gefällt oder mißfällt. Ich sagte ihm tausendmal: «Sagt mir, was Ihr gern tut, was Ihr gern habt.» Da machte er nur eine reverenz, lachte verhohnt, aber sonst konnte ich nichts aus ihm kriegen; das ist langweilig und macht ungeduldig auf die länge, habe ihn also bei weitem nicht so lieb haben können als Carllutz. An den kann ich nicht gedenken, ohne daß mir die tränen noch in den augen kommen. Man mag sich auch zu unglück präparieren, wie man will, so empfindt man doch, wenns kommt; insonderheit wann man so gar nahe verwandten verliert, so rührt sich das geblüt... Wäre der französische hof noch wie vor diesem, da man hier zu leben konnte lernen! Aber nun aber, da niemand mehr weiß, was politesse ist, außer der König und Monseigneur, da alle jungen leute an nichts als pure, abscheuliche débauches gedenken, da man die am artigsten findet, so am plumpsten sein, da wollte ich niemand raten, seine kinder beizuschicken; denn anstatt daß sie was guts sollten lernen, werden sie lauter untugenden lernen. Also habt Ihr wohl groß recht, übel zu finden, daß die Teutschen ihre kinder itzunder in Frankreich schicken wollen. Die seind gewiß allezeit zu ästimieren, die ihr gut und blut vors vaterland geben, und ich bin auch hierin Eurer meinung. Ich wollte, daß wir beide mannsleute wären und im krieg; aber dies ist wohl ein unnötiger wunsch, man kanns aber oft nicht lassen.

Versailles, 18. August 1702. Es ist kein wunder, wenn man selten französisch spricht, daß man etlichmal einen buchstaben vor den andern setzt. Ich halte mein versprechen, Euch Euer französisch zu korrigieren, aber Ihr und Luise korrigiert meine teutschen phrasen nicht, welche doch, wie ich glaube, der korrektion oft vonnöten haben. Denn ich rede selten teutsch und verspüre wohl, daß es mir nicht mehr so leicht ankommt, wie vor diesem; also wenn man mir nicht hilft, werde ichs gewiß vergessen. Denn ob ich zwar alle tage in der teutschen bibel lese, einen psalm und ein kapitel im alten und eines im neuen testament, so tut es doch nicht, als wenn man täglich spricht. Bei der Rotzenhäuserin kann ich auch nicht recht reden lernen, denn sie redt selber bitter übel teutsch; ich lern ihrs eher, als sies mir. Es ist sich nicht zu schämen, daß man eine fremde sprache nicht recht kann; die muß man geherzt reden, um korrigiert zu werden, so lernt mans desto besser. Mich wundert, da jetzt in Teutschland jedermann französisch reden und schreiben will, daß sie nicht besser die orthographie in acht nehmen. Wie kommts, daß Ihr ein französisch fräulein habt? Denn das seind ordinari gar schlechte edelleute, so gar nicht mit unserm teutschen adel zu vergleichen sein, denn wenn hier ein bürger eine charge de secrétaire du roi kauft, passiert er gleich vor ein gentilhomme, und zudem so nehmen sie nie die mißheiraten in acht, sondern heiraten allerhand bürgersmädchen, auch wohl gar bäuerinnen, wenn sie nur geld haben, seind also oft mit allerhand handwerksleuten verschwägert. Die gemeine noblesse ist hier selber gar wenig geacht.

AN DIE KURFÜRSTIN SOPHIE

Meudon, 14. Dezember 1702. Man sagt im sprichwort: «Les jours se suivent et ne se ressemblent pas»;[1] so ists des Königs truppen dies jahr gangen. Die französischen truppen seind, wie man sie anführt; haben sie häupter, denen sie vertrauen, so seind sie wie leuen, seind sie aber bei generals, so verzagt sein und die in der ersten furie nichts wagen, so werden sie auch gleich verzagt.

[1] die Tage folgen sich und gleichen sich nicht

Versailles, 22. Dezember 1702. Man hört immer von den divertissements vom wolfenbüttelschen hof; finde, daß sie recht wohl tun, sich dorten immer lustig zu machen. Wenn man sich so mit lust in atem hält, verspürt man das alter nicht, so herbei kommt. Hier will man noch nicht meinen, daß die Holländer den krieg begehren; Kurpfalz solle gar übel gegen Frankreich incliniert sein. Ich kenne die Franzosen, sie mögen wohl über ihren König bös sein, aber alle ihre bosheit geht nur, lieder gegen Ihro Majestät zu singen, im übrigen aber werden sie lieber alle hunger sterben als ihrem König geld mangeln zu lassen; ist also mehr ressource hier als man meint.

Versailles, 4. Januar 1703. Wie monsieur de Créquy von seiner ambassade von Rom kam, hatte er den leib von einem heiligen mitgebracht, um an eine kirch oder kloster zu verehren. Solche reliquien, wenns der leib vom heiligen ganz ist, werden mit großen zeremonien abgeholt, denn ein bischof ganz pontifikalisch gekleidt hebt den leib aus der caisse, um ihn ins reliquaire von der kirch zu tun. Wie alles fertig war, holte man die kist und man machte sie mit gewöhnlichen zeremonien auf. Wie der bischof aber heraus zog was in der kist war, fand sich nichts in der kist als große saucisses und cervelas de Boulogne, denn man hatte von ungefähr eine kist vor die andere genommen. Es wurd gleich ein gelächter, wie man die saucisses so gravitätisch heraus ziehen sah, und der bischof ging gar beschämt weg.

Versailles, 21. Januar 1703. Ich habe mein leben kein bös kindbett gehabt, allein es ist leicht zu begreifen, daß man in was klein aus dem leib geht, weniger schmerzen muß haben als was groß ist. Es ist längst, daß ich vor solch ungemach sicher bin, und nach meiner tochter kindbett habe ich kein gefahr dazu ausgestanden, denn Monsieur hat gar bald hernach lit à part gemacht, und der handel gefiel mir nicht genung, Monsieur selig zu bitten, wieder in mein bett zu kommen. Wenn Ihro Liebden in meinem bett schliefen, mußte ich so auf dem bord liegen, daß ich etlichmal im schlaf aus dem bett gefallen bin, denn Ihro Liebden konnten nicht leiden, daß man ihn anrührte, und wenns mir ungefähr im schlaf geschah, daß ich einen fuß ausstreckte und ihn anrührte, so machte er mich wacker und filzte mich eine halbe stund; ich war also herzlich froh, wie Ihro Liebden von sich selber die partei nahmen, in dero kammer zu schlafen und mich ruhig in meinem bett liegen zu lassen, ohne furcht, nachts gefilzt zu werden oder aus dem bett zu fallen.

Versailles, 1. Februar 1703. Der peuple hier ist noch sehr abergläubisch; die dévoten stellen sich, als wenn sie es wären, und seind es nicht; die andern schweigen still davon... Es soll ein unerhörter großer reichtum zu Loretto sein. Ich sehe aber nicht, wozu das gut ist, denn die Marie, unsers herrn Christus mutter, hat ja im himmel nichts vonnöten, hat auch gar den reichtum in dieser welt wohl entbehren können, denn sie hat arm gelebt und ist arm gestorben. Und warum will man denn, daß sie in jener welt, wo sie keinen reichtum mehr vonnöten hat, interessiert solle geworden sein und nichts ohne präsente tun? Das kostet den großen herren viel und ist eine unnötige sache, also in meinem sinn übel erdacht... Nichts in der welt kann mich mehr erfreuen, als Euer Liebden gnädige schreiben; was sollen Euer Liebden mir sagen, als was täglich vorgeht; die philosophie verstehe ich nicht, die theologie noch weniger, staatssachen da weiß ich ebenso wenig von; Euer Liebden müssen sich also wohl nach meiner schwachheit konformieren und nur sagen, was ich wissen und verstehen kann. Also um Gottes willen Euer Liebden verschonen mich mit den diskursen, denn sonsten dürft ich Euer Liebden nicht mehr schreiben und müßte in fürchten stehen, daß Euer Liebden auch sagen möchte: die alberne Liselotte, was lappereien und langweilige sachen plaudert sie mir daher, sie täte besser, zu schweigen.

Versailles, 28. Februar 1703. Monsieur Görtz[1] kommt mir alleweil sagen, daß er seinen passeport hat und wieder nach Hannover wird. Weilen ich diese gute gelegenheit habe, gebe ich dieses schreiben mit, welches mir vor diesmal der verfluchte Torcy nicht steh-

Ludwig XIV.

len kann. Ich schicke Euer Liebden ein Lied, ... so malcontent vom König und prinz de Conti ist, und welches ich nicht durch die post habe schicken können. Sonsten kann ich Euer Liebden durch diese gute gelegenheit wenig neues sagen. Alles geht auf den alten schlag.

1 Freiherr Friedrich Wilhelm von Görtz, hannöverscher Kammerpräsident

AN DIE RAUGRÄFIN LUISE

Versailles, 8. April 1703. Der krieg muß die pfälzische luft geändert haben, und das viele brennen; denn zu meiner zeit waren unterschiedliche leute zu Heidelberg, zu Mannheim, auch im gebirg hinter kloster Neuburg, so über hundert jahr alt waren. Ich fand einen mann bei dem kloster Neuburg, so noch ins holz ging und hundert und zehn jahr alt war; zu Mannheim war ein mann von hundert und zwei jahr und sein frau war hundert jahr alt; bei Meisenheim hat mein bruder mir gesagt, daß er einen bauer gesehen, so hundert und vierundzwanzig jahr alt war; also seht Ihr wohl, daß man vor diesem viel dergleichen exempel gehabt hat.

AN DIE KURFÜRSTIN SOPHIE

15. April 1703. Zu meiner zeit waren die braut und bräutigam auf keinen bänken, stunden gerad vor dem pfarrer. Die heiraten, so mit lachen anfangen, seind nicht allezeit die glücklichsten. Wir meinten uns aber krank zu lachen, wie monsieur le Dauphin mit madame la Dauphine zu Châlons zusammen geben ward: die große Mademoiselle war auf staffeln, der fuß glitschte Ihro Liebden und sie fiel auf den cardinal de Bouillon, der sie zusammengeben wollte; der cardinal fiel auf monsieur le Dauphin und madame la Dauphine, die wären auch gefallen, wenn der König nicht die arm ausgestreckt hätte und alle erhalten. Sie fielen recht wie karten. Damal war ich noch dünn und leicht; ich fühlte, daß Mademoiselle auf mich fallen wollte, sprung vier staffeln auf einmal herunter, drum fiel sie auf den cardinal. Daß der bräutigam bei der hoch-

zeitpredigt geschlafen, kann ich ihm wohl verzeihen, denn das kann
man selten lassen. Es ist auch desto besser vor die braut, daß er
keine ruhe mehr vonnöten gehabt hat und geschlafen, ehe er nach
bett gangen.

17. Mai 1703. Meine hündchen bemühen sich mehr, mir zu gefallen, als Euer Liebden meinen, denn sie seind jaloux von einander; also erdenkt ein jedes was, um besser dran zu sein; Rachille
setzt sich ordinari hinter mich auf meinen stuhl, Titti legt sich neben mir auf die tafel, wo ich schreibe; Mille Millette legt sich unter
meinen rock auf die füße; Charmion, ihre mutter, schreit, bis man
ihr einen stuhl neben mir setzt, worauf sie liegt; Charmante liegt
auf der andern seiten auf meinem rock; Stabdille sitzt auf einem
stuhl gegen mir über und macht mir mienen, und die Charmille
liegt unter meinem arm; und so seind sie schier den ganzen tag.
Ich muß lachen, daß Euer Liebden meine hündchen vor raisonnabler halten als die pietisten. Ich zweifle, daß man innerlich eine
freude haben kann, so nicht äußerlich scheint, denn mich deucht,
daß die augen es gleich an tag geben. Sollte es aber wahr sein, daß
viel schläge sie erfreuen können, so können sie leicht mehr freude
haben als andere leute, denn das kann man eher bekommen als
was guts ... Euer Liebden seind mir gar zu gnädig, glauben zu
wollen, daß ich verstand hätte, allein ich fürchte, daß Euer Liebden gnade vor mich sie gar zu avantageux von mir judizieren
macht. Wenn ich auch gleich ein wenig verstand gehabt hätte, wäre
er mir durch so manchen verdruß und zwang, so ich hier ausgestanden, verschlissen und auch wegen meiner so großen einsamkeit, welche alles verrostet. Aber wenn mir nur noch verstand genung bleiben kann, Euer Liebden zu gefallen, bin ich schon mit
zufrieden.

Versailles, 11. November 1703. Ich habe nach dem essen einen
kaufmann gesprochen, so sehr gereist hat und ganz Egypten, Per-
sien, Judäa durchzogen, wo er so schöne sachen von verzählt, daß,
wenn ich nicht an Euer Liebden zu schreiben gehabt hätte, glaube

ich, daß ich ihm den ganzen tag zugehört hätte. Er sagt, im Nil wären vierfüßige tier, so der krokodilen feinde wären; wenn aber, wie es dort bräuchlich, die männer über den Nil schwimmen, setzen diese tiere ihnen nach und reißen ihnen ihre sieben sachen ab, sonsten fressen sie nichts von den menschen. Er sagt auch, er hätte in Egypten fliegende tier gesehen mit menschengesichter, hätte eines erschossen; ein araber, so bei ihm war, da er dies tat, sagte zu ihm, er sollte das tier nicht anrühren, es wäre sehr giftig und böse. Er hat auch ein obst gessen zwischen Damaskus und Jerusalem, so ihn verhindert, einig ander obst mehr zu schlucken; er kanns wohl kauen, aber nicht schlucken; hat auch eine gekrönte schlang gesehen, so man in dem land vor einen teufel hält und vor den Asmodi, welchen der engel, so des jungen Tobias gefährte war, in Egypten verbannt hat. Er hat noch mehr dergleichen schöne histörcher, so alle in sein buch kommen werden, welches er mir dedizieren will.

Versailles, 18. Dezember 1703. Ich hatte wohl vorher gesagt, daß mein heirat zu nichts dienen würde, Euer Liebden aber und Ihro Gnaden der Kurfürst, mein herr vater, haben mir nicht glauben wollen. Man muß dem König meine gesellschaft greulich zuwider gemacht haben, denn er darf keinen augenblick mit mir umgehen; zu Marly erlauben Ihro Majestät wohl, daß ich ihr auf die jagd folge, denn da setzt sich ein jedes gleich in sein kalesch à part; aber der König hat hier zweimal gejagt, ohne mich mitzunehmen, weilen ich von hier aus in sein kutsch mit ihm fahren müßte. Erstlich hat mich diese verachtung, ich muß es gestehen, ein wenig geschmerzt, ich habe aber nun mein partei gefaßt und will mich nicht mehr über nichts quälen... Ich habe unsern König und Königin von Spanien zu lieb, daß ich einen anderen König in Spanien heißen sollte, und wie die heilige schrift sagt: wer die braut hat, der ist der bräutigam, also, weilen ja unser König in Spanien ist und dort vor König von den völkern erkannt wird, muß er ja wohl der rechte König sein und der Erzherzog nicht. Seine guten qualitäten sonst disputiere ich ihm nicht; ich glaube, daß er verstand hat, artig und schön ist; ich wünsche ihm, daß er die Türken verjagen und Kaiser von ganz Asien möchte werden, aber daß ganz Spanien unserm jungen König bleiben möge.

AN DIE RAUGRÄFIN AMALIE ELISABETH

Versailles, 30. März 1704. Ich habe das gute werk, die fasten zu halten, nicht getan; ich kann das fischessen nicht vertragen, und bin ich gar wohl persuadiert, daß man bessere werke tun kann, als seinen magen verderben mit zuviel fischessen... Weilen ich die ehre habe, den könig in Polen zu kennen, jammert er mich; aber das kann niemand leugnen, daß er eine große torheit getan, sich zum könig in Polen zu machen; da konnt man wohl mit wahrheit sagen: «Hoffart kommt vor dem fall.» ... Aber um die wahrheit zu bekennen, so deucht mich, daß es nun so doll in Teutschland zugeht, als wenn die Teutschen keine Teutschen mehr wären, und wie ich davon höre, kenne ich nichts mehr und alles muß unerhört geändert sein. — Ihr sprecht wohl von der coquetten ihrer qual, aber nicht von ihrer lust. Man leidt mehr um die menschen, als vor die seligkeit, weilen menschen lieben sich zu unsrer schwachheit schickt, die seligkeit aber eine solche unbegreifliche sache ist, daß es schwerlich ins menschen herz kommen kann. Ich bin nicht coquet von meiner natur, das kann man mir wohl zeugnis geben; aber ich begreif, was die menschliche schwachheit vermag, und beklag die, so in solch unglück fallen, mehr, als ich sie kondamniere. Die prediger sagen auf den kanzeln, was sie sagen müssen, aber nicht allemal, was sie denken oder wissen. Ich gestehe, daß das zeitlich nicht viel wert ist, aber das ewige und himmlische ist schwer zu verstehen, und halte ich es vor eine pure gnade Gottes, wen der Allmächtige erleuchtet, das himmlische zu verstehen und die seligkeit dazu zu erlangen. Ich glaube, man muß Gott fleißig drum bitten, hernach aber auch sich nicht viel quälen, was andere tun. Ein jeder hat in dieser welt seine plag. Gott weiß allein, warum er alles verordnet hat und wie er jedem seine zeit und stund gesetzt hat; dem ergieb ich alles.

AN DIE KURFÜRSTIN SOPHIE

Versailles, 21. April 1704. Ich meinte, Herrenhausen wäre Euer Liebden wittum, und daß man dar nichts tun könnte außer dero befehl. Ich habe jetzt gar kein haus mehr als mein wittum, das alte schloß von Montargis; das ist aber drei oder vier tagreis von hier. Ginge ich dorthin, ließe man mich stecken, und müßte in dem schloß gar ein langweiliges leben wie eine landdame führen ohne consideration oder nichts; das stehet mir nicht an, will lieber hier fort schlendern, ob ich zwar nicht in das allerheilige komme, noch von den auserwählten bin ... Ich habe mich amüsiert, eine von meinen hündinnen ins kindbett kommen zu sehen; sie hat in einer halben stund zwei junge schon bekommen; monsieur Titti, so noch nicht fünfundzwanzig mond alt ist, hat nun schon zweiunddreißig kinder, und dies alles ohne daß man ihm im zusammengeben gesagt: «Seid fruchtbar und mehret euch».

Marly, 26. April 1704. Heute morgen haben wir schon einen hirsch gefangen. Es ist das schönste wetter von der welt, und man kann nichts angenehmeres erdenken als der tiergarten, wo wir jagen. Heute morgen war es nicht zu warm, denn es ging ein kühl lüftchen; der wald ist voller schlüsselblumen und violen, das macht die luft wohl riechen mit dem geruch vom frischen laub. Das ganze holz ist voller nachtigallen; fehlt man en défaut, wie es heute geschehen, und hört weder hund noch jagdhörner, hat man doch diese angenehme musik, welche desto süßer lautet, indem man das große geras von hunden und jagdhörnern gehört.

AN DIE RAUGRÄFIN AMALIE ELISABETH

Versailles, 29. April 1704. Seid Ihr denn so einfältig, daß Ihr meint, daß die katholischen keinen rechten grund des christentums haben? Glaubt mir, liebe Amelise, der christen grund ist bei allen christlichen religionen derselbe. Was den unterschied anlangt, ist nur pfaffengezänk, so die ehrlichen leute nie angeht; aber was uns angeht, ist, wohl und christlich zu leben, barmherzig sein und uns der charität und tugend befleißen. Darauf sollten sich die herrn prediger befleißen, dieses den christen einzuprägen und nicht nachzugrübeln auf allen punkten, wie sie verstanden werden; aber das würde deren herren autorität mindern. Drum legen sie sich nur auf dieses und nicht aufs vornehmste und notwendigste ... Die Lenor ist da bei mir und bittet mich, ich solle Euch, liebe Amelise, sagen, sie bitt Euch, nicht zu andächtig zu sein; denn sie wolle mit Euch auf einem wagen nach himmel fahren. Aus diesem text seht Ihr wohl, daß ihr humor nicht geändert ist.

AN DIE KURFÜRSTIN SOPHIE

Versailles, Himmelfahrtstag, 1. Mai 1704. Heute haben wir einen heiligentag wie Euer Liebden und müssen diesen nachmittag in die vesper, welches eine langweilige sach ist. Euer Liebden werden heute auch singen: «Allein Gott in der höh sei ehr und dank für seine gna ha ha de, daß nun forthin und nimmermehr uns scha ha den ka ha hann kein scha ha hade» (so hat mans als zu meiner zeit gesungen), «ein wohlgefallen Gott an uns hat, nun ist groß fried ohn unterlaß» (das weiß ich nicht, wo der ist), «all fehd hat nun ein en he hende» (mich deucht aber, es seie überall noch fehd genung). Bei den reformierten und lutherischen seind die feiertag nicht so langweilig als bei den katholischen, denn erstlich, so währt es bei den ersten nicht so lang, und zum anderen, so verstehet man, was man sagt und kann mitsingen; das vertreibt die zeit, aber mit dem lateinischen geplärr ist kein rat und es währt dazu bitter lang. Das gesetz des Allerhöchsten wird übel gefolgt, denn mich deucht, daß sich die menschen nie mehr gehaßt haben als nun. Es ist doch eine elende sache, daß der menschen leben so kurz ist und anstatt daß sie allen ihren verstand gebrauchen sollten, sich die zeit zunutz zu machen, um glücklich und mit lust zu leben, so denkt man an nichts als sich selber und andern das leben sauer und verdrießlich zu machen. Das ist übel bedacht und gar nicht nach Gottes gebot; jedoch weilen in allen sachen ein verhängnis ist, muß unser Herr-

gott es doch wohl so haben wollen, sonsten ging es anderst...
Wenn ich die romane lange und an einem stück lesen müßte, würden sie mir beschwerlich fallen; ich lese aber nur ein blatt drei oder vier, wenn ich, met verlöff, auf dem kackstuhl morgens und abends sitze, so amüsierts mich und ist weder mühsam noch langweilig so.

Marly, 10. Juli 1704. In den Cevennen müssen sie nicht recht reformiert sein, denn bei den reformierten hält man ja auf keine inspirationen, wie diese leute tun. Ich habe vor etlichen tagen mit einem edelmann gesprochen, so aus dem land, ist auch reformiert gewesen, der beschreibt mir die revoltisten recht wie quäkers; er war bei ihnen und sprach ihnen zu, sich dem König zu ergeben; sie warens alle wohl gesinnt, aber auf einmal kam ein mädchen daher geloffen von elf oder zwölf jahren, das rief: «J'ai une inspiration, ne vous fiez à rien, ou bien vous serez trompés»;[1] damit wurden sie gleich anderes sinns und wollten diesen cavalier umbringen; ist mit mühe aus ihren händen kommen. Das junge mädchen war ein pfarrerstochter. Sie haben aber auch keine rechten pfarrherrn nicht, sondern aus allerhand handwerksleuten tritt einer herfür und predigt.

1 ich habe eine Inspiration; traut nicht, oder man wird euch betrügen

Fontainebleau, 1. Oktober 1704. Ich sehe wohl, daß Euer Liebden papas selig opinion sein und auch glauben, daß es besser in der welt zugehen würde, wenn die welt von die drei charlatans würde befreiet sein: die pfaffen, doktoren und advokaten. Ich glaube nicht, daß es der wahren religion schuld ist, daß alles übel geht, sondern nur derer, die die religion zum prétexte nehmen, nur ihrer politik zu folgen. Ich muß lachen, daß Euer Liebden schier so eine lange litanei haben, von was die religion übels gestift, als St. Paulus eine macht von denen, so durch den glauben gerecht geworden sein. Womit Euer Liebden schließen, ist mit unseres herrn Christi eigenen worten, denn er sagt, daß Gott lieben von ganzem herzen und ganzer seelen, darin bestehet das ge-

setz und die propheten, muß also wohl die rechte religion sein...
Ich kann weder thé noch chocolat noch café trinken; all das fremd
zeug ist mir zuwider: den chocolat find ich zu süß, café kommt
mir vor wie ruß und das thé wie eine halbe medizin, summa ich
kann in diesem stück wie in vielen andern gar nicht à la mode sein.

Versailles, 26. Oktober 1704. Die prinzess von Ansbach jammert
mich, denn ich weiß, wie einem bei so sachen zumute ist.[1] Wenn
man jemand persuadieren will, muß man wahre sachen sagen und
keine so albernen possen vorbringen als wie die, daß der Papst der
antichrist sei; ein böser christ mag er wohl sein, aber kein antichrist. Euer Liebden werden dieser prinzess schon wohl alle skrupel benehmen... Es sollte mir wohl angestanden haben, nach
meinem putz zu fragen, denn ich bin ja all mein leben häßlich gewesen, drum habe ich keine lust nehmen können, mein bärenkatzenaffengesicht im spiegel zu betrachten, also kein wunder, daß ich
mich nicht oft betracht habe. Aber jung und schön sein und nicht
lust haben, sich im spiegel zu sehen, wie die prinzess von Ansbach,
das ist was extraordinaires.

1 Karoline von Ansbach wurde damals im katholischen Glauben unterrichtet, weil sie den Erzherzog Karl heiraten sollte. Sie konnte sich aber nicht zum Übertritt entschließen und verzichtete auf den Bewerber. 1705 heiratete sie den hannöverschen Kurprinzen Georg August

Versailles, 16. November 1704. Euer Liebden sagen, daß unser
Herrgott die änderung in alles liebt, diese antwort gab der König
von Siam an unsers Königs ambassadeur: als diese den obgemeldeten König pressierten, ein christ zu werden und katholisch, sagte
er: «Ich glaube, daß Eures Königs religion gut ist, allein wenn
Gott wollte nur durch *eine* religion gedient sein, so würde er nur
eine in die welt gesetzt haben, weilen aber so vielerlei sein, ist es
ein zeichen, daß Gott auf so viel art will gedienet sein; also tut
Euer König wohl, bei seiner religion zu bleiben, und ich, bei der
meinen; und um zu weisen, wie Gott die variété liebt, mag man
nur sehen, wie alles in der natur différent ist.» Hierauf hat man

eben nicht recht gewußt, was zu antworten ist. Eine sach, so mich als wunder nimmt, ist, daß, wenn unser herr Christus vom jüngsten gericht spricht, er nur sagt: «Ich bin nackend gewesen und ihr habt mich nicht gekleidet, ich bin durstig gewesen und ihr habt mich nicht getränkt, hungerig und ihr habt mich nicht gespeiset», aber nirgends sagt er: «Ihr habt nicht an mich geglaubt, wie ihr tun solltet», also scheint es wohl, daß wohlzutun das vornehmste ist, um selig zu werden, das übrige ist pfaffengezänk.

Marly, 14. Dezember 1704. Hier seind die schönheiten über die maßen rar; diese mode, schön zu sein, kommt ganz ab. Die damen helfen auch dazu; denn mit ihrem ohrenweißen und haar an den schläfen stark zu ziehen sehen sie alle aus wie die weißen kanincher, so man bei den ohren hält, daß sie einem nicht entwischen, und machen sich in meinem sinn recht häßlich mit. Die faulheit, so sie nun auch haben, den ganzen tag ungeschnürt zu gehen, macht ihnen dicke leiber, daß sie keine taille mehr haben; also weder von leib noch von gesicht sieht man nichts schönes.

Marly, 19. Februar 1705. Dieser lieben seligen Königin[1] end, wie auch die ursach dessen erweist wohl, daß einem jeden sein ziel und art von sterben bestimmt ist, sonsten würde so eine verständige Königin sich nicht geweigert haben, sich nach einem so schweren fall ader zu lassen oder aufs wenigst trank einzunehmen. Diese liebe Königin muß ein pressentiment von Ihro Majestät selig tod gehabt haben, wie vielen andern auch begegnet ist... Weilen ja dies unglück hat sein müssen, ist es wohl eine große gnade von Gott, daß der lieben Königin keine bangigkeit vor das sterben ankommen ist und so gar mutig in jene welt gezogen ist.

1 am 1. Februar war Sophie Charlotte von Preußen zu Herrenhausen bei Hannover gestorben

AN DIE RAUGRÄFIN LUISE

Marly, 19. Februar 1705. Es ist ein elend, wie man mit den briefen umgeht. Zu monsieur de Louvois zeiten las man alle briefe sowohl als nun, aber man lieferte sie doch zu rechter zeit. Nun aber das krötel, der Torcy, die post hat, zergt es einen unerhört mit den briefen und ich habe mein leben keine größere ungeduld gehabt, briefe von Hannover zu haben als nun; denn es ist mir gar zu bitter angst vor ma tante, die frau Kurfürstin, in diesem unglück, so Ihrer Liebden begegnet ist.

AN DIE KURFÜRSTIN SOPHIE

Versailles, 9. April 1705. Wir seind nun in den tagen, worinnen man so unerhört in den kirchen stecken muß; heute bin ich schon fünf gute stund drinnen gewesen, sollte noch wieder ins salut, aber ich hätte Euer Liebden nicht auf dero gnädiges schreiben antworten können, wenn ich noch dort hingangen wäre. Wie ich aus der großen meß gekommen, bin ich mit zwei Euer Liebden gnädigen schreiben erfreuet; Gott der allmächtige hat mich also schon wieder bezahlt vor die langeweil, so ich in seinem dienst ausgestanden... Nun werden Euer Liebden auch singen: O mensch, bewein dein sünden groß... Von diesem gar langen lied kann ich noch wohl aufs wenigst ein halb dutzend gesetz und die melodie noch perfekt. Es ist doch angenehmer, wenn man selber mitsingen kann, als wenn man ein geplärr hören muß in einer sprach, so man gar nicht verstehet; das ist eine widerliche sache, insonderheit wenns drei stund währt.

AN DIE RAUGRÄFIN AMALIE ELISABETH

Marly, 18. April 1705. Daß Ihr nicht dissimulieren könnt, liebe Amelise, da könnte ich wohl sagen: «Je reconnais mon sang.»[1] Das habe ich auch nie lernen können, ob es mir zwar wohl hoch nötig gewest wäre in diesem land, da man gar wenig sincérité findt. Was mich hier an freundschaft zu machen verhindert, ist, daß man schier keine mit jemand hier haben kann, daß man nicht gleich sage, man seie verliebt in Euch oder Ihr seid verliebt in jemand. Das hat mich allen commerce brechen machen und habe gar keine freunde mehr, bringe mein leben einsam, ziemlich langweilig, aber doch in ruhe zu.

1 ich erkenne mein Blut

Marly, 16. Mai 1705. Es ist kein kartäuser, so ein stiller und einsamer leben führt als ich. Ich glaube, ich werde endlich das reden verlernen. Jedoch werde ich nun hinfüro ein wenig mehr reden; die frau von Rotzenhausen kommt heute abend oder morgen an, mit der überlege ich noch wohl die alten geschichten unserer jugend. Ich will Euch wohl mein leben hier sagen: Alle tag, außer sonntag und donnerstag, stehe ich um neun auf, hernach kniee ich nieder und verrichte mein gebet und lese meinen psalm und kapitel in der bibel. Hernach wasch ich mich, so sauber ich kann; nachdem schelle ich, dann kommen meine kammerweiber und ziehen mich an, um dreiviertel auf elf bin ich angetan; dann lese ich oder schreib. Um zwölf gehe ich in die meß, welche keine halbe stunde währt; nach der meß rede ich mit meinen oder andern damen. Um eins präzis geht man zur tafel. Gleich von der tafel gehe ich in meiner kammer ein viertelstund auf und ab, danach setze ich mich an meine tafel und schreibe. Bis um halb sieben laß ich meine damen holen, gehe eine stund oder anderthalb spazieren, dann wieder in mein kammer bis zum nachtessen. Ist das nicht eine rechte einsiedelei? Etlichmal fahr ich auf die jagd, das währt eine stund, zwei aufs höchst, dann wieder in meine kammer. Auf der jagd bin ich ganz allein in einer kaleschen, schlaf oft ein, wenn die jagd nicht zum besten geht. Man ißt um zehn zu nacht, um dreiviertel auf elf geht man von tafel. Dann ziehe ich meine uhren auf, tue mein sackzeug in einen korb, ziehe mich aus. Um zwölf gehe ich wieder, wo ich morgens hingehe, lese dort und dann zu bett. Das ist mein ganz leben, welches eben nicht gar lustig ist. Solange es währen wird, werde ich Euch allezeit recht lieb behalten.

AN DIE KURFÜRSTIN SOPHIE

Versailles, 24. Mai 1705. Man kann sagen von des graf Rappachs[1] tropfen, wie in dem lutherischen lied stehet: «Vor den tod kein kraut gewachsen ist, mein guter christ, alles was lebet, sterblich ist.» Man sagt hier, daß der Kaiser, nachdem er seine sakramente empfangen, die doktoren gefragt hätte, ob sie keine hilf mehr wüßten, und als sie solches mit «nein» beantwortet, hätten Ihro Majestät alle dero musikanten kommen lassen und hätten geistliche hymnen gesungen und wäre so im singen gestorben.[2] Ich glaube nicht, daß die pfaffen bei dem jetzigen Kaiser[3] so viel kredit werden haben, wie bei dem verstorbenen ... Man muß bekennen, daß der könig in Preußen wohl généreux ist, seiner gemahlin leute alle so wohl zu versorgen; das sieht man wenig sonst. Weilen Berlin und Charlottenburg so nahe sein, wird es vielleicht mit der zeit nur eine stadt werden.

1 kaiserlicher Gesandter in Wolfenbüttel   *2* am 5. Mai   *3* Joseph I.

Versailles, 7. Juni 1705. Was anlangt, daß sie fürchten, ich möchte Euer Liebden schreiben was man sagt, so kostet es ja nur das wort, «schreibts nicht», denn der König kann nicht sagen, daß ich jemalen was gegen sein verbot getan, und werde es auch nie tun. Das ist es aber nicht; es ist, um denen zu gefallen, so mich nicht leiden können; da sitzt der has im pfeffer ... Ich versichere Euer Liebden, daß meine einsamkeit mir gar nicht verdrießlich ist.

AN DIE RAUGRÄFIN AMALIE ELISABETH

Versailles, 18. Juni 1705. Herzliebe Amelise, Ihr tut gar wohl, mir fleißig zu schreiben. Es ist nicht allezeit nötig, was neues noch artiges zu sagen; wenn es kommt, ist es desto besser; aber wenn ich nur weiß, daß Ihr gesund seid und wie Ihr lebt, bin ich schon zufrieden. Man hat mich nie gefilzt, in der kirch zu schlafen; habe mirs also so stark angewöhnt, daß ich es nicht wieder abgewöhnen kann. Wenn man morgens predigt, schlafe ich nicht; aber nachmittags kann ich es ohnmöglich lassen. In den komödien schlaf ich nie, aber gar oft in der oper. Ich glaube, daß der teufel wenig dran denkt, ob ich in der kirch schlaf oder nicht; denn schlafen ist eine indifferente sach, welche keine sünde, sondern nur eine menschliche schwachheit ist. Wir sehen wenig prediger, so die kunst haben, unsere passionen zu dämpfen; seind sie stark, so werden sie unser meister, seind sie schwach, werden wir meister. Aber die herren prädikanten tun nichts davon, noch dazu, sie seind menschen eben wie wir und haben genung mit sich selber zu tun. Wenn Ihr predigen wollt, versprech ich Euch, in Eurer predigt nicht zu schlafen, und weilen Ihr eine lustige christin seid, so hoffte ich, Ihr würdet auch den himmelsweg mit geigen behenken. Dieses gebot ist nicht schlimm, von einem fröhlichen geist enthalten zu sein. Man sieht in diesem land so viel lustige als traurige boshaftig, also darauf gar nicht zu bauen ist. Unser herrgott gibt das temperament, um lustig und traurig zu sein, aber hernach so tut die zeit und das alter auch viel dazu. Ich bin viel lustiger gewesen, wie ich jung war, als nun. Nun bin ich schier alles müd.

AN DIE KURFÜRSTIN SOPHIE

Marly, 2. August 1705. Madame la duchesse de Bourgogne muß wieder gesund sein, denn sie war gestern mit dem König auf der jagd. Ich sehe sie alle tag, aber in vierzehn tagen sagt sie kaum ein einzig wort, macht nur reverenzen und sieht mich über die achsel an; aber mein partei ist hierin gefaßt, es bekümmert mich gar nicht, denn es tut ihr mehr schaden als mir, denn sie erweist dadurch, daß sie ein ungezogen kind ist ... Man weiß nicht mehr, wer man ist; wenn der König spazieren geht, setzt jedermann den hut auf; geht die duchesse de Bourgogne spazieren, hat sie allezeit eine dame unter dem arm, die andern gehen neben ihr her, man sieht also nicht, wer sie ist. Im salon hier und in der galerie zu Trianon sitzen alle mannsleut vor monsieur le Dauphin und der duchesse de Bourgogne; etliche liegen ihre länge auf den kanapeen ... Ich habe rechte mühe, mich an die confusion zu gewöhnen, es ist mir unbeschreiblich, wie alles nun ist und gleicht gar keinem hof mehr; man weiß wahrlich nicht mehr, was es ist. Das alles soll lust heißen und man sieht doch niemand lustig und man verspürt mehr bosheit als lust.

Versailles, 29. Oktober 1705. Das jahr ist noch nicht um bei den neuen und jungen Eheleuten,[1] wir müssen sehen, ob sie hier des bischofs von Paris weingarten gewinnen werden, bisher ist er noch nicht gefordert worden. Ich weiß nicht, ob Euer Liebden wissen, daß man zu Paris sagt, daß, wenn zwei neue eheleute das ganze jahr, seit sie geheiratet sein, zubringen können ohne daß es einen von beiden ein augenblick gereuet, geheirat zu sein, und daß sie nicht ein augenblick aufhören sich zu lieben, so können sie des erzbischofs von Paris weingarten fordern und solle ihnen gegeben werden; aber bisher hat sichs noch nicht gefunden. Gott gebe, daß Euer Liebden enkel es verdienen möge und daß es noch lange jahre bei ihnen dauern mag...

1 dem Enkel der Kurfürstin Sophie, Georg August (später Prince of Wales), und seiner Gemahlin Karoline von Ansbach

AN DIE RAUGRÄFIN LUISE

Marly, 5. November 1705. Der prinzessinnen heirat wird selten aus liebe geschehen, sondern nur durch raison, und dazu tut schönheit nichts; tugend und verstand seind gut genung dazu. Das währt länger, als die schönheit, welche vergänglich ist und bald verschleißt... Ich kenne ma tante, sie hat herz wie ein mannsmensch, so courage hat; nichts erschreckt sie leicht. Ich habe sie einmal zu Cloppenburg aus einem brand im nachtsrock salvieren sehen, da die flamm schon von allen seiten in die kammer schlug; sie waren grob schwanger und erschraken gar nicht, lachten nur. Noch ein andermal hatten wir neue pferd an einer kalesch; die gingen mit uns durch und räderten den kutscher; oncle sprang von der kalesch und hielt die pferd; ma tante war auch damalen nicht erschrocken, obschon große gefahr vorhanden.

AN DIE RAUGRÄFIN AMALIE ELISABETH

Versailles, 26. November 1705. Es passiert hier nicht viel mehr neues als zu Hannover, und mein leben habe ich diesen hof nicht stiller gesehen als er nun ist... Es seind wenig leute ganz ohne religion, aber ein jeder hat die seine auf seinen schlag und wie er glauben oder begreifen kann. Unser Herrgott läßt alle menschen mit so unterschiedlichen humoren geboren werden, daß es ohnmöglich ist, daß eines wie das ander denken kann. Dem er eine pure dévotion ohne heuchelei verleihet, das halte ich vor gnaden Gottes, so über des menschen macht gehen, denn es steht nicht bei uns, zu tun, was wir wollten oder sollten, sondern nur denen Gott die gnade gibt; das wünschen stehet nur bei uns. Aber, liebe Amelise, ich kann mich nicht genung verwundern, daß Ihr und Luise so choquiert seid, wenn jemand vexiert und sich nicht dévot stellt. Unser hof zu Heidelberg muß sehr nach meinem abzug verändert sein; denn unser papa selig hat ja allezeit vexiert mit allen religionen, nur im scherz, um sich zu divertieren, wie unsere liebe Kurfürstin auch tut.

Versailles, 3. Dezember 1705. Wo seid Ihr und Luise denn gestocken, daß Ihr die welt so wenig kennt? Mich deucht, man bedarf eben nicht lang an hof sein, ohne sie bald zu kennen; aber wer alle die hassen wollt, so die jungen kerls lieben, würde hier keine sechs menschen lieben können oder aufs wenigst nicht hassen. Es seind deren allerhand gattungen, es seind, die die weiber wie den tod hassen und nichts als mannsleute lieben können; andere lieben männer und weiber ... andere lieben nur kinder von zehn, elf jahren, andere junge kerls von siebzehn bis fünfundzwanzig jahren und deren seind am meisten; andere débauchierte sein, so weder männer noch weiber lieben und sich allein divertieren, deren ist die menge nicht so groß als der andern. Es seind auch, so mit allerhand débauchieren, vieh und menschen, was ihnen vorkommt. Ich kenne einen menschen hier, so sich berühmt hat, mit alles zu tun gehabt haben, bis auf kröten; seit ich es weiß, kann ich den kerl ohne abscheu nicht ansehen. Er war in meines herrn selig diensten, und ein rechter böser mensch, hatte gar keinen verstand. Da seht Ihr, liebe Amelise, daß die welt noch schlimmer ist als Ihr nie gemeint habt ... Ich habe von herzen gelacht, daß Ihr, liebe Amelise, sagt, daß Ihr noch lieber heiraten wollt, als sonsten was begehen.

Nach Gottes gesetz ist es freilich viel besser, allein menschlich davon zu gedenken, wie viele andere tun, so gibt der heirat mehr embarras; denn es ist vor sein leben, daß man sich heirat; die coquetten aber, wenn sie einen müd sein, so nehmen sie einen andern, das ist ihnen leichter.

Versailles, 17. Dezember 1705. Herzliebe Amelise, Eurer schwester schreiben habe ich acht tage nach dem Eurigen empfangen, antwortete auf beide heute. Alles was unsern Herrgott betrifft, das läßt sich nicht vexieren; was aber seine diener betrifft, die menschen seind wie wir und etlich mal noch mehr schwachheiten haben als andere, da glaube ich, ist wohl erlaubt über zu lachen, wenn es auch nur wäre, sie von ihre fehler zu korrigieren ... Die herren prediger seind ordinari nicht sehr zeitvertreiblich. Mich deucht, man verliert den respekt vor den geistlichen, wenn man sie so nahe und oft sieht; aber es ist gewiß, daß es leute wie andere sein.

Versailles, 25. Februar 1706. Unser karneval ist nun vorbei. Habe mich den letzten tag auch maskieren müssen in meinen alten tagen. Alle meine maskerade war ein grüner taffet, den habe ich auf einen stock mit einer gabel binden lassen und eine große rose von couleur-de-rose-band drauf; der taffet war offen vom kopf an bis unter den magen. In diesen taffet bin ich neingeschloffen mit meinen kleidern, habe es um den hals zugebunden und den stock in die hand genommen. Man sieht keine figur nicht, und wegen der höhe scheint ich schmal; es hat mich also kein mensch kennen können. Den König machte ich ganz ungeduldig, denn allemal, sobald er mich ansah, beugte ich den stock, das schien als wenn man ihm eine reverenz machte. Der König wurde endlich ganz ungeduldig und sagte der duchesse de Bourgogne: «Mais qui est donc ce grand masque qui me salue à tout moment?» Sie lachte und sagte ihm endlich: «C'est Madame.»[2] Ich meinte, der König würde sich krank über meine maskerade lachen.

[1] wer ist nur diese große Maske, die mich jeden Augenblick grüßt?
[2] das ist Madame

Versailles, 4. März 1706. Tanzt man gar nicht mehr teutsche tänze in Teutschland, daß man jetzt darüber lacht? Ich finde keine torheit im lustigmachen; denn das ist gesund. Die torheit ist im traurigsein; denn das macht krank und ist zu nichts nutz. Mein fuß ist noch nicht recht heil; läßt sich noch fühlen. Ich liebe das französische tanzen gar nicht; ein ewig menuett ist mir unleidlich, habe also meinen karneval zugebracht wie den karfreitag, mit schreiben, lesen und korbmachen. Komödien aber sehe ich gern, deren habe ich keine einzige verfehlt; etliche waren gut, andere schlimm... An allen enden hört man von geschwinden todesfällen. Bis die reihe an mich kommt, werde ich euch, liebe Amelise, von herzen lieb behalten.

AN DIE KURFÜRSTIN SOPHIE

Versailles, 30. Mai 1706. Man hat wahrlich jetzt trost vonnöten, denn unglücklichere zeiten, als nun sein, habe ich nicht erlebet in den fünfunddreißig jahren, daß ich nun in Frankreich bin. Es geht kein tag vorbei, daß man nicht eine neue und böse zeitung bekommt... Prinz Louis[1] hat nicht nötig, sich viel zu rühren, mylord Marlborough rührt sich genung vor sie beide, und leider nur zu viel... Die an hexerei glauben, werden meinen, er hätte einen pakt mit dem teufel gemacht, um so unerhört glücklich zu sein, wie er ist. — Wie erbärmlich und unglücklich es vor Barcelona vor unsern könig in Spanien[2] geändert, wissen Euer Liebden schon, werde also weiter nichts davon sagen. Ich weiß nicht, womit man den Erzherzog behängt, aber er ist glücklich, denn nach aller apparence hätte die sach nicht so vor ihn sprechen sollen. Seine besten reliquien seind die Engländer und Holländer.[3]

1 Ludwig von Baden, kaiserlicher Feldherr   2 Philipp V. war damals geschlagen und mußte von Barcelona fliehen, gewann aber später sein Reich doch zurück   3 Erzherzog Karls Verbündete

Versailles, 10. Juni 1706. Solche revolutionen, als seit zwanzig jahren vorgehen, seind unerhört; die königreiche von Engelland und Spanien ändern so schleunig als wenns nur komödien wären. Ich glaube, daß, wenn die nachkommen unsere zeitgeschichte lesen werden, werden sie es vor romans halten und gar nicht glauben können.

Versailles, 1. August 1706. Es ist viel die mode hier, sich über die luft zu beklagen; die prinzess de Conti mag gar nicht mehr gehen, geht nie spazieren, madame d'Orléans auch nicht, und brauchen allezeit purgieren, aderlassen, sauerbrunnen, bad, und was noch am rarsten ist, sie rufen alle über meine gesundheit. Ich sag ihnen alle tag, daß, wenn ich wie sie leben sollte, würde ich nicht allein kränker werden wie sie, sondern auch, daß ich gesund bin, weilen ich nichts brauch und oft in die luft gehe und mich bewege. Das wollen sie gar nicht glauben.

In der Schlacht bei Turin am 7. September wurde der junge Duc d'Orléans vom Prinzen Eugen geschlagen, sein ganzes Heer vernichtet.

Versailles, 16. September 1706. Ich bin recht in der seelen betrübt, denn just der tag, da Euer Liebden mir letzt geschrieben, ist wohl unglücklich vor mich, und dieses, weilen der maréchal de Marsin und die übrigen generale meinem sohn nicht haben glauben wollen, welcher mit seiner armée aus den linien den feind attackieren wollen, aber maréchal de Marsin noch keiner von den anderen generalen hat dazu eingestimmt und haben order gewiesen, daß sie es nicht tun dürften. Also hat mein sohn unglücklicherweise ihrem verfluchten rat folgen müssen. Die feinde haben das retranchement attackiert, wo monsieur de la Feuillade vergessen hatte, den ort zu befestigen, weilen er sich auf zwei flüsse verlassen, so da fließen, hat aber nicht nachgedacht, daß das wasser bei der hitze trocknet. Die feinde seind durchs wasser kommen, 35 000 mann gegen 8000, seind also durchgebrochen und haben Turin entsetzt. Mein sohn hat sich so lang gewehrt, als er gekonnt hat, und ist an zwei orten verwundt; hat einen musketenschuß in der hüfte und einen am linken arm zwischen dem ellenbogen und der faust. Sein balbierer hat mir geschrieben und versichert, daß gar keine gefahr dabei ist. Der maréchal de Marsin hat seinen bösen rat mit dem leben bezahlt, denn er ist umkommen. Man sieht heute mehr als nie, daß, wenn man meinen sohn hätte gewähren lassen, daß es besser wäre hergangen.

Versailles, 29. September 1706. ... werde ich Euer Liebden meines sohnes zustand erst morgen berichten, hier aber nur sagen, was ich durch die post nicht sagen kann: wie elend es nun hier ist. Die hälfte von geldern, so man empfängt, ist in billets de monnaie; will man geld davor haben, muß man den fünften teil davon verlieren. Das geht hoch auf die länge; also hört man überall nichts als klagen und lamentieren, welches sehr beschwerlich ist. Den König muß ich doch noch in zwei stücken loben, er behält eine große standhaftigkeit in seinem unglück. Spanien und Frankreich gehen durch zwei alter weiber geiz zuschanden: in Spanien durch der prinzess des Ursins geiz, die, um alles zu ziehen, alle grands d'Espagne gegen den König gesetzt, und hier die Maintenon, so durch ihren geiz dem König übel dienen macht, indem sie denen nur beistehet, so ihr geld geben; zieht geld von alles. So sehr sie mich auch haßt und von dem König abzieht, so lebt er doch höflich mit mir, welches zu verwundern ist, denn er sagt mir alle abend an tafel noch ein paar wort, welches allen denen, so den haß wissen, so dies alte weib und ihre zucht, die duchesse de Bourgogne, gegen mir haben, wunder nimmt.

Versailles, 1. November 1706. Die alte Maintenon ist abscheulich gehaßt; wie sie vor ein paar monat und wie wir zu Meudon waren, nach Notre-Dame fuhr und Sainte Geneviève, scholten sie die alten weiber und riefen ihr überlaut allerhand wüste namen nach. Man sagt, sie sage, alles unglück in Frankreich komme, weilen der König ihren heirat nicht deklariert; und daß sie stark treibt, erkannt zu werden vor Königin. Sollte es wahr sein, daß, wie etliche meinen, die stinkende mademoiselle Choin geheirat hat,[1] so wird dieser heirat gewiß mit einem deklariert werden. Das wird einen schönen königlichen hof geben; es ist eben, als wenn alles närrisch hier würde. Warum das alte weib je mehr und mehr gegen mir ist, ist, daß sie meint, daß ich sie auslachen würde und den König verhindern, die narretei zu tun, sie vor Königin zu deklarieren, und die furcht kann ich ihr nicht benehmen. Sie soll dem duc de Bourgogne versprechung gemacht haben, part in der regierung zu haben und daß man ihm seinen lieben erzbischof von Cambrai[2] wieder zu ihm tun wolle. Was aus diesem allen werden soll, wird die zeit lehren.

1 den Dauphin, ihren Liebhaber   *2* seinen früheren Erzieher Fénélon

AN DIE RAUGRÄFIN AMALIE ELISABETH

Versailles, 3. Februar 1707. Ich esse das ganze jahr durch zu mittag muttersallein, eile mich so viel möglich; denn es ist verdrießlich, allein zu essen und zwanzig kerls um sich zu haben, so einem ins maul sehen und alle bissen zählen; esse derohalben in weniger zeit als eine halbe stund. Nachts esse ich mit dem König; da sind wir fünf oder sechs an tafel; jedes ißt vor sich weg wie in einem kloster, ohne ein wort zu sagen als ein paar wort heimlich an seinen nachbar.

AN DIE KURFÜRSTIN SOPHIE

Versailles, 10. Februar 1707. Euer Liebden seind von jedermann gerespektiert und geliebet und wissen noch, was hof ist, welches schier überall vergessen wird; die grandeur ist ihnen natürlich, denn sie haben kein mischmasch in sich und dero hof ist perfekt wohl regliert. Hier weiß man gar nicht mehr, was hof ist, alles ist confondiert, man weiß selber kaum, wer man ist. — Gott lasse Euer Liebden viel freude an dem Prinzen[1] erleben und mehr, als Euer Liebden an seinem herrn vater haben, denn aus allen seinen manieren scheints, daß er einen wunderlichen kopf muß haben. Ich wünsche, daß Euer Liebden noch dieses Prinzen heirat und kinder erleben mögen, dann werden sie sagen können: «Mon fils, dites à votre fils, que le fils de son fils pleure.»[2] Auf der berlinischen seite werden Euer Liebden vielleicht zu end des jahres uraltmutter werden, denn weilen der Kronprinz und die Kronprinzess einander so lieb haben, werden Ihro Liebden auch wohl bald schwanger werden ... Ich kann mich nicht gewöhnen zu denken, daß Ihro Liebden der kurfürst von Braunschweig, dessen geburt und kindheit ich mich erinnere als wenns heute wäre, jetzt großherrvater ist. Ich bin just acht jahr älter als Ihro Liebden der Kurfürst, denn ich bin vom 27. Mai 1652 und der Kurfürst vom 28. Mai 1660. Ich erinnere mich, daß ich alle menschen sehr in sorgen vor Euer Liebden sah, und ich lief in Euer Liebden kammer... und legte mich platt vor die tür, um zu hören, was man in der kammer sagte. Kurz hernach suchte mich die frau von Harling, und führte mich, wo Euer Liebden waren. Hinter einem schirm baderte man den Prinzen; ich sahe überall herum, mich deucht, ich sehe ihn noch. — König Augustus muß sehr unbeständig in seiner liebe sein; es wundert mich aber nicht, daß er so ein frech tier wie die gräfin Cosel ist müde geworden ... Ich glaube, könig Augustus hat das hirn von vielem saufen ein wenig verruckt. Sein wunderlicher humor wundert mich gar nicht, denn C. A. Haxthausen[3] hat mir oft mit tränen geklagt, daß er fürchte, gar keine ehr von seiner zucht zu haben, denn sein Prinz hätte den wunderlichsten und dollsten humor, so er sein leben gesehen und wäre dabei ein heuchler, denn er könnte sich recht wohl stellen und seinen humor verbergen, welches noch am schlimmsten ist.

1 ihrem Urenkel   *2* mein Sohn, sagt Eurem Sohn, daß der Sohn seines Sohnes weint   *3* ehemaliger Erzieher Augusts des Starken

Versailles, 17. April 1707 um fünf abends. Wir kommen jetzt aus der kirch wo wir seit halb drei sein, und heute morgen hat es schon bei drei halb stund gewährt. Es soll in währender predigt gedonnert haben; ich habe es aber nicht gehört, soll doch zwei große schlag getan haben, aber ein süßer schlaf hat mich verhindert, solches zu hören. Zu sehen, wie alles nun grün ist und das wetter warm, kann man singen wie die buben auf dem berg zu Heidelberg früh: «Stru, stru, stroh, der sommer der ist do / Wir sind nun in der fasten / Da leeren die bauern die kasten / Wenn die bauern die kasten leeren / Woll uns Gott ein gut jahr bescheren / Stru, stru, stroh, der sommer der ist do», das seind schöne vers, wovon die vorwitzigen, so unsere briefe lesen, gar viel lernen und gelehrt werden werden.

Marly, 22. Mai 1707. Ich tat starke exerzitien, welches mir allezeit wohl bekommt, und man jagt an dem schönsten ort von der welt, denn der tiergarten hier ist wie ein rechter schöner garten; es seind mehr als zehn oder zwölf alleen, die wie ein recht gewölb sein, und stern drinnen von sechs oder acht alleen. Alle hecken, so nun in voller blüt sein, parfumieren die ganze luft, und die nachtigallen und andere vögel singen so schön, daß man sichs in dem ort wohl getrösten kann... Ich weiß nicht, was man prinzess Elisabeth[1] hat zu Bamberg in ihrer abjuration lesen machen; mir las man nur etwas vor, wozu ich ja oder nein sagen mußte, welches ich auch recht nach meinem sinn getan und ein paar mal «nein» gesagt, wo man wollte, daß ich «ja» sagen sollte, es ging aber doch durch, mußte in mich selber drüber lachen. Gegen der eltern verdammung habe ich so hoch protestiert, daß nichts davon bei mir ist gesprochen worden. Ich hörte genau zu und antwortete ganz nach meinem sinn; das hat aber prinzess Elisabeth nicht tun können, weilen sie lesen mußte. Ohne herzklopfen können solche spectacles nicht vorgehen. Die königin Christine[2] war effrontée, drum kam ihr dieses wie eine farce vor... Ich kenne geistliche hier, so des herrn Leibniz meinung sein und glauben, daß der tier seel in die ander welt geht. Das wollte ich, denn es sollte mir nicht übel gefallen, alle meine hündcher wieder zu finden in jener welt; wenn ich das glauben könnte, würde mich ihr tod weniger schmerzen.

1 Elisabeth Christine von Braunschweig-Wolfenbüttel, die 1708 den Erzherzog Karl (Kaiser Karl VI.) heiratete. Sie war die Mutter der Kaiserin Maria Theresia   *2* Christine von Schweden, die Tochter und Nachfolgerin Gustav Adolfs, die zu Gunsten ihres Vetters auf den Thron verzichtete, katholisch wurde und ihre letzten Jahre in Italien verbrachte

Marly, 21. Juli 1707 um fünf morgens. Da sitze ich im hemd und schreib Euer Liebden; in dieser stund kann man nicht fürchten, daß einen die visiten überfallen. Die hitze ist hier so groß, daß die allerältesten nicht sagen können, daß sie dergleichen erlebt; man hört von nichts als von hund und pferd, so tot niederfallen, und die arbeitsleute werden ohnmächtig und verschmachten schier im feld, die jäger werden auch ohnmächtig und fallen dahin wie mukken. Gestern war ein jeder in seiner kammer im hemd bis um sieben abends; man muß alle augenblick von hemder ändern, in einem tag habe ich acht hemder geändert, sie waren als wenn man einen ins wasser getaucht hätte. An tafel tut man nichts als wischen; es ist gar zu arg. Sollte es wärmer in Spanien sein, muß mein sohn mit seiner armée verschmelzen und verschmachten. Man hört auch überall nichts als von kranken. Sonsten haben wir ganz und gar nichts neues.

Versailles, 28. Januar 1708 um 8 abends. Seit glock drei bin ich wieder hier; vor dem essen aber habe ich eine gute stund im garten spaziert, denn es war heute wohl das schönste wetter von der welt. Die sonne war so heiß, alle blumen seind schon in knöpfen in dem parterre zu Marly; die chèvrefeuille ist schon ganz grün und in den obstgärten seind die mandeln und pfirsich in voller blüt. Gestern aß der König einen pfannenkuchen voller kleiner champignons, so man hier im land mousserons heißt und welche man vorher sein leben nicht eher gesehen als zuletzt des märzen oder gar im april; sie kommen in selbiger zeit wie die morcheln... Königin zu sein könnte mich nicht so sehr vergnügen wie die königin Anne;[1] das königliche leben ist zu gezwungen, um freude geben zu können. Um recht vergnügt zu leben, muß man erst geld genung haben, guten freunden beizustehen, und zum andern: hingehen zu können, wo man will, ohne zeremonien und zwang; so kann man vergnügt leben. Ich glaube, daß monsieur de Louvois in jener welt wegen der Pfalz brennt; er war greulich cruel, nichts konnte ihn jammern... Mich deucht, Villars[2] könnte sich wohl begnügen mit was er schon aus Teutschland geholt, denn niemand in Frankreich ist reicher als er. Es ist ein großer fehler an heroen, eigennützig zu sein; mich deucht, es nimmt heute oder morgen ein schlimm end, denn es macht ordinari ungerechtigkeiten, so kein glück bringen. Also glaub ich nicht, daß mylord Marlborough ein gutes end nimmt.

1 von England; Schwägerin und Nachfolgerin Wilhelms von Oranien
2 französischer Feldherr

Versailles, 5. April 1708. Wäre ich noch zu Heidelberg, würde ich nun singen: «Nun freut euch, liebe christen gemein, / Und laßt uns fröhlich singen / Daß wir getrost und all in ein / Mit lust und liebe springen.» ... Denn ich komme jetzt eben vom heiligen abendmahl. Ich fürchte aber, wenn ich springen sollte, würde ich die kammer einfallen machen, denn ich bin eine schwere war ... Von unserm jungen könig in England[1] wissen wir noch gar nicht, wo er hinkommen ist. Es wäre mir von herzen leid, wenn er in unglück kommen sollte ... Ich habe lachen müssen, daß Euer Liebden den könig in Engelland den könig in partibus heißen, wie die bischöfe; aber er ist doch wahrlich der rechte erb. Es wäre mir herzlich leid, wenn er sollte gefangen werden; es wäre etwas abscheuliches, wenn die königin Anne ihren leiblichen bruder sollte hinrichten lassen ... Wenn prinz Eugen nicht geändert ist, werden Euer Liebden ein kurz aufgeschnupftes näschen, ziemlich lang kinn und so kurze oberlefzen sehen, daß er den mund allezeit ein wenig offen hat und zwei breite, doch weiße zähn sehen läßt; ist nicht gar groß, schmal von taille und hatte zu meiner zeit, wie er hier war, schwarze, platte haare. Ich glaube aber, daß er nun die perücke trägt. Er hat verstand; man hat ihn nicht sehr geacht; war gar jung und man meinte, daß nichts anderst als ein abt aus ihm werden sollte. Dieser eckstein ist schon auf viele gefallen und hat sie zermarmelt. Ich bin froh, daß mein sohn sich nicht an ihm zu stoßen hat dies jahr.

1 Jakob Stuart, Sohn des verstorbenen Königs Jakob II., versuchte im Frühjahr 1708 mit Hilfe einer französischen Flotte England zurückzuerobern. Er hatte einen Aufstand des Volkes zu seinen Gunsten erhofft, jedoch vergebens

Marly, 29. April 1708. Ich weiß nun so gewiß, wo unser könig von England ist, daß ich gestern eine halbe stunde bei Ihro Majestät zugebracht habe. Ich habe nie begreifen können, warum man so gar öffentlich von dem anschlag[1] gesprochen hat von Schottland. Ich darf aber durch die post meine gedanken nicht sagen, aber wunder hat es mich nicht genommen, denn alles ist nun unbegreiflich, sowohl was bei hof als was im rat vorgeht. Von diesem allem ist die ursach leicht zu raten. Das erinnert mich an das alte teutsche sprichwort: Wo die soldaten sieden und braten / Und die geistlichen zum kriege raten / Und die weiber haben das regiment / Da findt man selten ein gut end.

1 Ludwig XIV. hatte Jakob Stuart vor der Landung im Stich gelassen

Fontainebleau, 27. Juni 1708. Ich admiriere oft, wie man zu unseres herrn Christi zeiten so gar wenig curieux gewesen; daß man unsern herrn Christum nicht viel questioniert hat, ist gar recht, das gab der respect nicht zu, aber den Lazarus, dem man kein respect schuldig war, den hätte man brav von jener welt examinieren sollen. Wäre mein bruder vom tod erstanden, ich würde ihn gewiß nicht ungefragt gelassen haben, und dieses nur in der intention, Gott dem allmächtigen besser dienen zu können. Aber hiermit geht der schlaf, ich muß ein klein nickerlein tun. – Nun bin ich wieder wacker und werde nicht mehr schlafen, es hat kein halb stündchen gewährt; es hat mich gedurst, ich habe ein gut trunk bier auf Euer Liebden gesundheit getan.

Versailles, 20. September 1708. Ich kann Euer Liebden leider aber gar nichts artiges berichten, denn daß das alte weib boshaftiger ist als nie und ihr pupil, die herzogin von Bourgogne, in ihrer bosheit und falschheit erzieht. Sie macht die duchesse de Bourgogne mit großen kappen, um betrübt und dévot zu scheinen, in alle großen messen laufen. Und in alle salut, da tat sie, als wenn sie weint und fasttage hält, und nachts haben wir sie sehen mit ihren damen durch die fenster medianosche halten und sich brav lustig machen. Sie kann zwei bouteillen puren wein aussaufen, ohne daß man es ihr ansieht, und ist so coquet, daß sie bis auf ihr eigene écuyer nachläuft. Da sehen Euer Liebden, wie falsch alles hier ist. Das alte weib macht dem König weis, daß ihresgleichen nicht ist in gottesfurcht und tugend, und das glaubt der gute König heilig. Alle tag tut sie mir brusquerieen; läßt mir ans Königs tafel die schüsseln, wovon ich essen will, vor der nas wegnehmen; wenn ich zu ihr gehe, sieht sie mich über eine achsel an und sagt mir nichts, oder lacht mich aus mit ihren damen. Das bestellt die alte express, hofft, ich würde bös werden und mich emportieren, damit man sagen möge, man könne nicht mit mir leben und mich nach Montargis zu schicken. Aber ich merk den possen, lach also nur über alles was sie anfangen, und beklag mich nicht, sage kein wort.

Versailles, 10. Januar 1709. Es ist eine solche grimmige kälte, daß es nicht auszusprechen ist. Ich sitze bei einem großen feuer, habe einen schirm vor die türen, so zu sein, einen zobel auf den hals, einen bärensack auf meine füß, und allebenwohl zittere ich vor kälte und kann kaum die feder halten. Mein tag des lebens habe ich keinen solchen rauhen winter erlebt wie dieser; der wein erfriert in den bouteillen. In Teutschland habe ich mein leben einen solchen winter nicht erlebt... Freilich habe ich ursach, vor die schönen medaillen zu danken, denn Euer Liebden können sich nicht einbilden, welch ein groß amusement es vor mich ist, bringe ganze tage mit zu, wie auch mit meinen antiken medaillen. Vergangen montag habe ich mir noch von Königs neujahr 150 gekauft, habe jetzt ein kabinett von goldnen medaillen, eine rechte suite von allen Kaisern von Julius Cäsar an bis auf Heraklius, da nichts an fehlt. Unter diesen seind gar rare stücker, so der König selber nicht hat. Ich habe dieses alles sehr wohlfeil bekommen, 260 nur vor das gewicht; habe jetzt 410 goldne medaillen beisammen.

AN DIE RAUGRÄFIN AMALIE ELISABETH

Versailles, 19. Januar 1709. Ihr machts in Euerm brief, liebe Amelise, wie die coquetten, die allezeit vor häßlich schelten, was sie am hübschesten haben, damit man sie loben mag. So macht Ihrs auch, wenn Ihr sagt, daß Ihr besorgt, ich werde Euerer schreiben bald überdrüssig werden. Denn Ihr wißt gar wohl, daß dieses nicht geschieht, denn erstlich so schreibt Ihr gar wohl und zum andern so habe ich Euch zu lieb dazu, um nicht allzeit froh zu sein, wenn ich etwas von Euch und Luise höre, und wenn es auch nur wäre, vom vaterland zu hören und mich in der muttersprach zu exerzieren, will geschweigen denn, wenn alle obgedachten ursachen sich beisammen finden, so würde ich froh sein, Euere schreiben zu empfangen. Also habt hierüber gar keinen skrupel mehr! Es ist gewiß, daß der gute, ehrliche monsieur de Polier zu verwundern ist; er ist nun in diesem mond neunundachtzig jahr alt worden und raisonniert noch so wohl, als er vor vierzig jahren getan. Seine gottsfurcht fängt nicht spät an; es ist wohl schon vierzig jahr, daß er so gottsfürchtig ist, und hat allezeit gar wohl gelebt und als ein guter christ. Ich glaube nicht, daß unser Herrgott von den christen erfordert, an nichts als geistliche sachen zu gedenken; denn sonsten hätte er uns nicht die liebe des nächsten so sehr befohlen. Denn weilen uns der Allmächtige in diese welt gesetzt hat zu seiner ehr und des nächsten nutz, ist es nötig, alles zu hören, und dadurch vor beides anlaß zu bekommen, also daß, wer von nichts als geistlichen sachen hören wollte, wäre es nur eine unnötige bigotterie. Monsieur Polier ist nicht bei hof, er ist in der einsamkeit zu Paris, geht nur aus, um in die predigt bei den schwedischen envoyés zu gehen, und wenn ich nach Paris gehe, kommt er zu mir. Er schreibt mir aber alle tag und allezeit etwas gottesfürchtiges.

AN DIE KURFÜRSTIN SOPHIE

Versailles, 20. Januar 1709. Alle tage sterben hier leute von kälte; man begräbt achtzehn und zwanzig auf einen tag hier. Kein mensch, so alt er auch sein mag, kann sich erinnern, einen solchen frost erlebt zu haben. Alle spectacles haben zu Paris aufgehört, kein procès kann mehr sollicitiert werden, niemand kann mehr au

Palais gehen, die präsidenten und ratsherrn gehen nicht mehr nein, niemand kann mehr in kutschen fahren, alles geht zu fuß, und alle tag hört man von leuten, so arm und bein brechen, und in allen häusern seind kranke. Alle meine leute seind schier krank; die am gesundesten sein, haben den husten und schnupfen.

Marly, 7. Februar 1709. Wir seind seit gestern hier, obzwar die kälte noch abscheulich ist. Vor acht tagen hatte es ein wenig aufgetauet, seit vergangenem sonntag ist aber der frost ärger als nie wiederkommen... Ich sitze am eck vom feuer und kann kaum die feder halten. Gestern abends hatten wir musik, es lief aber übel ab, denn die hälfte hatte den weg mit ihrem fiaker nicht heraufkommen können, denn es ist überall glatteis und viele leute brechen sich arm und bein... Um sich dieses leben wohl können zunutz zu machen, müßte man sein eigener herr sein und nicht von andern dependieren. Ich bin jetzt in meiner bibel am ersten buch Moses, denn ich habe es mit dem neuen jahr wieder angefangen, finde es recht divertissant (zeitvertreiblich sollte ich sagen) zu lesen... Der duc de Bourgogne und der duc de Berry seind miteinander und auf dieselbe weise erzogen worden, allein ihre humoren seind sehr différent. Der duc de Berry ist gar nicht dévot, hat keine considération vor nichts in der welt, weder vor Gott noch menschen, keine maximen, ist in sorgen vor nichts, wenn er sich nur divertiert mit was es auch sein mag: schießen, kartenspielen, mit jungen weibern reden, so le sens commun nicht haben, brav fressen, das ist all sein lust, auch das eisglitschen gehört dazu. Mein sohn ist ganz eine ander art; er liebt den krieg und versteht die sach, er liebt weder jagen, schießen, noch spielen, aber er liebt alle freien künste und über alles die malerei und gemälde, worauf er sich, wie die maler sagen, sehr wohl verstehet; er liebt das destillieren, er liebt die konversation und spricht nicht übel, er hat wohl studiert und weiß viel, denn er hat ein gut gedächtnis; er liebt die musik und liebt die weiber; ich wollte, daß dies ein wenig weniger wäre, denn er ruiniert sich und seine kinder mit, und es bringt ihn oft in gar zu liederliche gesellschaft, die ihn von alles guts abhalten... Ich sage nicht, daß der König geheiratet seie, aber gesetzt, daß ers wäre, so würde, wenn der König den heirat deklarieren wollte, kein mensch ein wort dagegen sagen. Der Dauphin ist im selben ruf, mißheiratet zu sein,[1] der duc de Bourgogne scheuet den König und die dame zu sehr, den mund aufzutun. Diese dame und die duchesse de Bourgogne seind nur eine seele in zwei leibern. Der duc de Berry weiß selber nicht, wer er ist, weiß nichts und hält alles vor recht. Also können Euer Liebden kecklich glauben, daß die Prinzen nichts verhindert haben an dieser déclaration. Leute, die meinen, daß sie die sach wohl wissen, versichern, daß es bis jetzt der verstorbene beichtsvater, le père de la Chaise, aufgehalten hat; was weiter werden wird, soll die zeit lehren.

1 mit Mademoiselle Choin

Versailles, 23. März 1709. Der König wäre allzeit gut, wenn man ihn sein eigen mouvement folgen ließ. Aber man macht ihn oft ändern. Niemand an seinem ganzen hof hat mehr politesse als er selber. Von der allmächtigen dame will ich nichts sagen als nur, daß sie alle weis und wege sucht, mich bös zu machen und ihr was verdrießlichs zu sagen, um ursach zu haben, über mich bei dem König zu klagen. Aber alle ihre mühe ist umsonst: ich werde nie bös werden... werde auch nicht ungeduldig werden und nach meinem wittum gehen. Diesen avis gebe ich ihr, denn sie will doch alles wissen, was in meinen briefen an Euer Liebden ist, also kann sie ihre partei hierauf nehmen.

Marly, 18. April 1709. Dieser beichtvater, den ich nun habe, ist raisonnabel in allem außer der religion; die hat er gar zu einfältig, und hat doch guten verstand; die auferzucht muß es tun. Er ist ganz anderst als meine zwei anderen beichtsväter waren... sie bekannten, was bagatellen und übel in dieser religion war; das will dieser nicht tun, er will, man solle alles admirieren, und das kann ich nicht tun, noch mir was weismachen lassen; auch sagte er, daß ich nicht docile genung seie. Ich habe ihm aber platt heraus gestanden, daß ich zu alt bin, um einfältige sachen zu glauben. Er hätte gern, daß ich alle bagatellen von mirakeln glauben sollte. Es geschah etwas possierliches den gründonnerstag, welches mich wohl von herzen lachen machte: Wie ich aus der kirch kam und ich zum heiligen abendmahl gangen war, sprachen wir hernach von mirakeln, und jemand verzählte, wie daß ... madame la princesse Palatine bekehrt worden wäre, weilen sie vom holz vom kreuz Christi ins licht gehalten und es nicht gebrennt. Ich sagte, das ist kein mirakel, denn es ist ein holz in Mesopotamien, so nicht brennt. Père Lignières sagte, ich wollte kein mirakel glauben. Ich antworte, daß ich die prob zu händen hätte, und das war wahr, denn Paul Lukas hatte mir ein groß stück von dem holz verkauft, so glühend rot wird und nicht brennt. Ich stund auf, holte das holz, gab es dem père Lignières, ließ es ihn wohl examinieren, damit er nicht zweifeln konnte, daß es holz wäre. Er schnitt ein stück davon und warf das übrige ins feuer; das wurde glühend rot wie ein eisen und brannte nicht. Wer verhöhnt und bedudelt war, das war mein guter beichtsvater, denn ich konnte das lachen nicht halten. Er erholte sich doch wieder und sagte, es stünde nirgends geschrieben, daß das holz vom heiligen kreuz nicht brennen sollte, also täten die übel, so es ins feuer täten. Ich sagte aber, daß, wenn er die prob nicht vom holz gesehen, hätte ich groß unrecht gehabt, das große mirakel nicht zu glauben. Er mußte doch endlich selber lachen und gestehen, daß er vom holz nicht geglaubt hätte, wenn er es nicht gesehen... Wenn die frau von Rotzenhausen mich so mit meinem beichtsvater disputieren hört, sagt sie als recht possierlich: «Ich hoffe zu Gott, Eure Königliche Hoheit werden Ihren beichtsvater endlich recht wohl erziehen.» ... Mein sohn kann gottlob wohl raisonnieren, er weiß alle religionen auf ein end; er ist kein pedant, aber sein gehen würde Euer Liebden choquieren, denn er geht gar übel, den kopf bückt er, schlendert einen arm und ein bein; aber wenn er will, kann er es besser machen. Wenn er tanzt, ist er ganz ein ander mensch, denn alsdann hält er sich strack.

Versailles, 30. April 1709. Weilen des prinzen von Wolfenbüttel kammerdiener bis freitag wieder weg wird, als werde ich durch ihn wieder auf Euer Liebden gnädig schreiben antworten. Will hier ein wenig teutscher reden als durch die postbrief, weilen dieser mensch es Euer Liebden wohl in eigene hände geben wird. Werde derowegen sagen, daß ich nun gar ruhig lebe, obzwar die alte zott ihren möglichen fleiß tut, mich zu plagen und verachten zu machen. Aber ich lasse sie in allem gewähren und tue, als wenn ichs nicht merkte. Ich amüsiere mich den ganzen tag mit schreiben, mit meinen medaillen, gegrabenen steinen, kupferstichen und dergleichen; ist es schön wetter, gehe oder fahre ich spazieren; tue, als wenn ich die einsamkeit liebte, denn wollte ich leute haben, würden doch keine zu mir kommen, weilen man wohl weiß, daß die dame mich nicht leiden kann. Spielen liebe ich nicht und könnte es auch nicht ausstehen; niemand will klein spiel spielen, und große spiel kommen meinem beutel zu hoch. Ich lebe ein wenig wie man von den limbes spricht: ohne freud und ohne leid; meine größte freude seind Euer Liebden gnädige schreiben, die lese ich oftmal über. Mein sohn ist von guter gesellschaft, ich habe aber gar keinen trost von ihm, in vierzehn tagen sehe ich ihn nicht eine halbe stund, ist zu sehr in dem luderleben zu Paris verpicht, daß man ihn nirgends viel sieht. Ich lebe wohl mit seiner gemahlin und sie mit mir, allein es ist so gar keine sympathie unter uns beiden, können einander also gar nicht gesellschaft halten. Der König darf mich nicht um sich leiden; ich sehe Ihro Majestät nirgends als an tafel und nach dem essen einen augenblick in sein kammer. Etlichmal fragt er mich, ob ich spazieren gewesen und wo; damit ist es getan; will ich weiter was sagen, macht er eine reverenz und drehet mir den rücken. Das alte weib muß einen anschlag haben, den ich nicht begreifen kann, denn wir wissen gar gewiß, daß sie vierzig millionen bar geld hat. Man hat mich noch mehr von dem Dauphin hassen machen und von dem duc de Berry, den ich wie mein kind geliebt habe. Im anfang hat mich dieses alles sehr geschmerzt, aber nun habe ichs gottlob überstanden und frag kein haar mehr danach. Ich habe den ort im Prokop[1] gelesen, den Euer Liebden zitieren, aber es war doch noch ein großer unterschied, denn Justinianus war nichts rechts und dieser unser König ist ja gar hoch geboren, sollte sich also nicht verquakelt haben, noch sein sohn, so es anderst wahr ist, daß er die stinkende Choin geheiratet hat. Das weib ist erschrecklich boshaft, ich meine die alte; kein mensch bei hof zweifelt, daß sie nicht den Louvois und Mansard vergift hat, den ersten, weilen er dem König geraten hatte, eine reis ohne sie zu tun, und den zweiten, weilen er dem König raten wollte, die posten banquiers zu geben, so dafür die billets de monnaie liquidiert hätten, welches ein großer vorteil vor das ganze königreich gewesen wäre. Es ist diese böse zott, so alle meine brief aufmacht, sie so übel verdrehet und mich mit zergt; sie ist capable von alles in der welt, und stellt sich doch an, als wenn sie gar gottsfürchtig wäre. Der König fürcht den teufel erschrecklich, ist ignorant in der religion und glaubt nichts, als was das weib ihm weismacht, denn er liest sein leben nichts, gibt der dame und den ministern und beichtsvater alles zu lesen, und läßt sich von ihnen vortragen, was drinnen stehet. Es stehet also bei ihnen, alles zu sagen, was sie wollen, können also leicht schaden, wenn sie wollen. Es ist wohl sicher, daß das weib weder Gott noch teufel glaubt, sonsten würde sie nicht so boshaftig sein, allen menschen übels zu tun und die leute zu vergiften.

1 oströmischer Geschichtsschreiber im 6. Jahrhundert

Marly, 2. Mai 1709. Ich kenne den könig in Dänemark gar wohl, habe Ihro Majestät oft hier gesehen. Er wollte verliebt von meiner tochter sein; es ging aber so her, daß wir uns bald krank drüber lachten; ich weiß gewiß, es würde Euer Liebden divertiert haben, wenn sie es gesehen hätten: er ging nahe bei sie, sah sie an, hernach in die luft und sagte kein wort und blieb so stehen. Das sollte, wie ich glaube, verzückt heißen. Er tanzt gern, hat aber kein oreille und tanzt bitter übel, hüpft den menuett wunderlich herum ... setzt seinen hut zu weit zurück, fängt den menuett an ein end von der kammer an und endet ihn am andern. Man kanns nicht so possierlich beschreiben, als er es macht; man kann diesen König unmöglich ohne lachen tanzen sehen, wenn einer schon recht betrübt wäre. Apropos von lachen: bis samstag werde ich wieder

Madame de Maintenon

eine dame anstechen kommen sehen, welche als von herzen lacht, nämlich die frau von Rathsamhausen. Ich hoffe, sie wird mir neue histörcher bringen, Euer Liebden zu verzählen, denn hier hört man nichts als von betrübten sachen, wie das brot alle tag teurer wird, wie leute hungers sterben und dergleichen.

Versailles, 30. Mai 1709. Unser König hat seinen enkel wohl zwingen können, König zu werden, aber er kann ihn nicht zwingen, sein königreich zu verlassen, wenn seine untertanen ihn behalten wollen. Ich hoffe, ob Gott will, daß es dies jahr so wohl hergehen wird, daß ich Euer Liebden mehr als einen sieg werde zu berichten haben; denn wie das sprichwort sagt: «Le diable n'est pas toujours à la porte d'un pauvre homme»,[1] und die ungleichen jahr seind uns glücklich, und also hoffe ich, daß es dies jahr so wohl hergehen wird, daß die Engländer und Holländer «wasser in ihren wein tun» werden. Ich zitiere so viel sprichwörter, daß Euer Liebden mich endlich vor Sancho Pansa halten werden; ich habe schon die taille von diesem, vielleicht auch die einfalt, denn wenn man so wenig spricht, als ich hier tun muß, wäre es gar kein mirakel, wenn ich einfältig werden sollte.

[1] der Teufel klopft nicht nur an die Tür des armen Mannes

Man hatte vom besiegten König von Frankreich als Friedensbedingung verlangt, daß er seinen Enkel Philipp V. selbst aus Spanien vertreiben solle. Diese Zumutung löste eine Welle der Aufopferung und neuen tapferen Widerstandes im französischen Adel aus. Trotzdem wäre Frankreichs Sache verloren gewesen, wenn nicht der Erzherzog Karl durch den Tod seines Bruders Kaiser geworden und damit seinen Verbündeten für die spanische Thronfolge ungeeignet erschienen wäre. Außerdem kam in England die zum Frieden neigende Partei an die Regierung, was zur Folge hatte, daß der bedeutende Feldherr Marlborough vom Kriegsschauplatz zurückgerufen wurde.

AN DIE RAUGRÄFIN LUISE

Marly, 15. Juni 1709. Der aliierten propositions seind zu barbarisch; es ist besser verderben und sterben, als solche eingehen. Ich

weiß nicht, wie man es hat erdenken können und glauben, daß
unser König solche eingehen würde. Man sagt «hoffart kommt vor
dem fall»; also hoffe ich, daß mylord Marlboroughs und prinz
Eugens insolence auch werden gestraft werden. Der letztere sollte
sich erinnern, daß dies land sein vaterland und er als des Königs
untertan geboren ist. Ich bin recht gegen ihn pikiert, den frieden
verhindert zu haben... Ich mache meine reflexionen, wie unser
Herrgott seine gnaden so wunderlich austeilt. Ihr beiden habt Eure
freiheit und seid nicht gesund, ich aber lebe in der sklaverei und
bin frisch und gesund. Draus sieht man, daß man in dieser welt
nicht alles guts beisammen haben kann.

AN DIE KURFÜRSTIN SOPHIE

Marly, 20. Juni 1709. Mein sohn hat von den brenngläsern oder
brennspiegeln einen, so ihm 2000 taler gekost, womit er mit seinem doktor, der ein teutscher ist und Homberg heißt, viele expériences tut. Ich weißt nicht, ob es der herr Hartsoeker[1] ist, so dieses glas gemacht hat; verkauft selbiger seine mikroskope, so will
ich Luise bitten, mir eines von denen zu kaufen, da eine laus so
groß in scheint... Man sieht oft leute vor feinde an, so es wohl
gar nicht sein, und hat leute lieb und hält sie vor freunde, so an
allem unglück schuld sein; andere sehens und dürfens nicht sagen;
aber stille, dies bringt mich gar zu weit im text. Das muß ich doch
noch sagen, daß alle leute, die nur ein wenig vernunft haben, wohl
sehen und öffentlich sagen, daß alles unglück, so wir nun haben,
nur durch die verfolgung kommt, so man den reformierten getan.
Der père de la Chaise mag wohl in jener welt davor leiden; aber
sie seind zu allem unglück nicht alle tot, so dazu geholfen haben,
und werden noch mehr als ein unglück anstellen. Die Franzosen
beweinen des Königs unglück, weilen sie zu Hannover sein; wären
sie hier, machten sie lieder und stichelvers auf ihn. So sein sie alle;
wer einen Franzosen sieht, sieht tausend; sie seind alle auf einen
schlag. Euer Liebden habens gut, nichts danach zu fragen, sie werden nicht drüber leiden. Ich armer teufel aber, die das gute nicht

mitgenossen, wie sie die hülle und die fülle hatten, werde das unglück mit teilen, da ich nicht vor kann, denn hätte man meinen rat gefordert, wären alle reformierten noch in völliger ruhe hier und der König hätte viel millionen geld und leute mehr als er nun hat. — Mein beichtsvater verbiet mir keine oper noch komödie, als nur den tag vor der beicht; es wäre ihm wohl lieb, wenn ich nicht mehr nein ging, aber weilen ich wohl weiß, daß ich nichts bös dort tue, so mach ich mir ganz kein skrupel drüber. Die geistlichen machten den weltlichen vor diesem weis, der jüngste tag komme bald, drum gaben diese all ihr gut den geistlichen, vor sie zu beten, damit sie nicht verdammet würden. Die hatten nicht gelernt, daß man durch seine eigene contrition die sünd abnehmen muß und nicht durch anderer gebet. Nichts kommt mehr fremd vor, so doll es auch sein mag, wenn man in jugend dran gewohnt ist; ich wollte, daß es in unserer religion erlaubt wäre, die metempsychose zu glauben, denn es wäre ein trost, wenn man sich fest einbilden könnte, die, so man lieb gehabt, wieder aufs neue leben zu sehen und auch hoffnung zu haben, wieder kommen zu können.

1 holländischer Mathematiker und Optiker

AN DIE RAUGRÄFIN LUISE

Marly, 22. Juni 1709. Ich danke Euch sehr ... vor alles gedruckte, so Ihr mir geschickt. Man mags nur lesen, um zu sehen, daß der frieden so nicht werden kann. Das heißt man hier le partage de Montgomery, tout d'un côté et rien de l'autre.[1] So kann der Frieden nicht werden, die propositionen seind gar zu barbarisch. Einen großvater gegen seinen leiblichen enkel, so ihm allezeit soumis und gehorsam gewesen, zu hetzen wollen, ist etwas barbarisch und unchristlich; ich kanns nicht leiden und bin gewiß, daß die, so es erdacht haben, drüber von Gott dem allmächtigen gestraft werden werden.

1 die Erbteilung der Montgomery: dem einen alles, dem anderen nichts

AN DIE KURFÜRSTIN SOPHIE

Versailles, 15. August 1709. In den achtunddreißig jahr, daß ich in Frankreich bin, habe ich nur vier mal von kutschen geändert und neue machen lassen. Das weißzeug aber wird alle drei jahr erneuert; alles alte bekommt die erste kammerfrau. Man hat schier nichts hier, so einem eigentlich gehört; alles weißzeug, nachtrock und unterrock gehören der ersten kammerfrau, alle kleider von einem jahr zum andern gehören der dame d'atour, wie auch die spitzen; die kutschen gehören dem premier écuyer; sterbe ich, so gehört mein silbergeschirr dem premier maître d'hôtel, man gebe ihm denn eine summa gelds in équivalent.

Versailles, 22. August 1709. Wie ich eben in Paris durch die pfort St. Honoré fuhr, sah ich alle leute laufen und ganz verstöbert aussehen; etliche sagten: «Ah mon Dieu!», alle fenster waren voll leute, etliche waren auf die dächer geklettert, unten sah man alle boutiques zumachen und die türen von den häusern verschließen. Palais Royal selber war zu. Ich konnte nicht begreifen, was das bedeut; wie ich aber in den inneren hof kam und ausstieg, kam eine bürgersfrau, so ich nicht kenne, und sagt zu mir: «Savez-vous, Madame, qu'il y a une révolte dans Paris qui dure depuis quatre heures du matin?»[1] Ich meinte die frau wäre närrisch worden und fing an zu lachen; sie sagte aber: «Je ne suis pas folle, Madame, ce que je vous dis est très vrai et si vrai qu'il y a déjà quarante personnes de tués.»[2] Ich fragte von meinen leuten, obs wahr wäre? Sie sagten, es wäre nur gar zu wahr, deswegen hätten sie die tore vom Palais Royal zugemacht. Ich fragte die ursach von der révolte; die war, daß man an dem wall und porte St. Martin arbeit und jedem arbeiter drei sols und einen laib brot gibt; es waren zweitausend, so arbeiten, selbigen morgen aber waren, ohne daß man sichs versehen hatte, viertausend kommen, die forderten brot und geld mit ungestüme, und wie mans nicht hatte, und ein weib sehr insolent war, nahm man sie und setzte sie au carcan. Da ging der lärmen an, und anstatt viertausend kamen gleich noch sechstausend dazu und rissen das weib vom carcan los. Es hatten sich viele abgedankte lakaien dazu geschlagen, die riefen, man müßte plündern, liefen zu bäckershäusern, welche sie plünderten. Man rief die soldats de garde, um auf die canaille zu schießen; sie merkten aber, daß man es nur getan, um sie zu erschrecken; es war kein blei in den musketen; da riefen sie: «Attaquons-les, ils n'ont point de plomb.» [3] Also waren die soldaten obligiert, etliche niederzuschießen. Das währte so von vier morgens bis um zwölf, da fuhren von ungefähr der maréchal de Boufflers und duc de Grammont durch den ort, wo die révolte war und die stein flogen; sie stiegen aus ihrer kutsch, sprachen dem pöbel zu und wurfen geld aus und versprachen, dem König zu sagen, wie man ihnen brot und geld versprochen und nicht geben hätte. Da wurde gleich der aufruhr gestillt, sie warfen gleich ihre hüte in die luft und riefen: «Vive le roi et du pain.» [4] Es seind doch gute leute, die Pariser, sich sogleich wieder zu besänftigen. Gestern seind sie alle auf den markt gangen und gar friedlich gewesen; aber so sehr sie ihren König und königliche haus lieben, so sehr hassen sie madame de Maintenon. Ich wollte einen augenblick luft nehmen, weilen es warm war in meinen cabinets, so niedrig und klein sein, aber ich war kaum dar, so kam ein großer zulauf vom peuple, die gaben mir viel segen, sie fingen aber alle an, so abscheulich von der damen zu reden, daß ich gezwungen wurde, wieder hereinzugehen und die fenster zuzumachen; sie sagten platt heraus, sie möchten sie haben, um sie zu zerreißen oder als eine hex zu verbrennen.

[1] wissen Sie, daß eine Revolution in Paris ist, die dauert schon seit vier Uhr morgens? [2] ich bin nicht närrisch; was ich sage, ist wahr, so wahr, daß schon vierzig Personen getötet sind [3] drauf los, sie haben kein Blei [4] es lebe der König; wir wollen Brot

AN DIE RAUGRÄFIN LUISE

Marly, 31. August 1709. Wollte Gott, liebe Luise, ich könnte was erdenken, so Euch trösten könnte. Wie gern wollte ich mich dazu bemühen! Die arme Amelise[1] hat mich manchmal mit ihre schreiben erfreuet, denn sie schrieb possierlich und recht natürlich.

Ich hatte sie recht lieb. Ihr tod ist mir recht zu herzen gangen. Ich habe ja vor Carllutz, Caroline und alle Euere brüder getrauert, also konnte dies Amelise nicht fehlen. Ich gestehe, daß die, so ich lieb gehabt habe, deren leben möcht ich als wissen bis ans end, was sie gedacht und geredt haben. Mich deucht, das macht mehr reflexionen auf den tod machen. Ich habe wohl gedacht, daß sie gar gottsfürchtig und resigniert sterben würde... Ich finde, daß Ihr groß recht gehabt habt, Amelise nicht zu öffnen lassen; denn man stirbt ja nur, wenn die bestimmte stund kommen ist und eher nicht; auch sieht man nicht, seit man so viel leute öffnet, daß ein einzig mensch davon ist salvieret worden. Hier öffnet man die körper nicht eher als nach vierundzwanzig stunden, seind also nicht mehr warm. In meinem testament habe ich verboten, geöffnet zu werden... Das rechte mittel, lang zu leben, ist, wie die frau von Wehlen zu tun, nämlich sich suchen zu divertieren und um nichts zu bekümmern. Von allen spielchen von fräulein Charlotte oder frau von Wehlen erinnere ich mich nur von dem: «Da kommt er hergegangen und drehet sich einmal herum und wieder einmal herum mit einem freundlichen tack-tack-tack und einem freundlichen tick-tick-tick und wieder einmal herum.»

1 Amalie Elisabeth war am 13. Juli gestorben

Versailles, 14. September 1709. Ihr werdet nun viel kameraden in betrübnis haben, denn vor vier tagen haben die unserigen eine schlacht bei Mons[1] verloren, haben sich aber diesmal erschrecklich gewehrt, also sein gar viel leute umkommen auf beiden. Man sieht nichts als traurigkeit und tränen. Madame Dangeau, die eine geborene fräulein von Löwenstein ist, hat ihren einzigen sohn abscheulich verwundt. Man hat ihm einen schenkel nahe bei dem bauch abgeschnitten, man weiß noch nicht, ob er davon wird kommen oder nicht... Mein sohn bezahlt mir nicht einmal, was er mir geben sollte, weit davon, daß er mir vorstrecken könnte. Seine spanischen campagnes, wo man ihm alles hat manquieren lassen, und wo er alles mit seinem eigen geld hat erkaufen müssen, haben ihn recht ruiniert. Es ist abscheulich, was mein sohn vertan hat.

Der König hat meinem sohn keinen heller geben, alles, reisen, campagne, belagerungen, alles ist auf seinen eigenen kosten gangen. So eine elende und erbärmliche zeit, wie wir nun, habe ich mein leben nicht erlebt. Gott gebe, daß durch einen guten frieden alles ändern möge!

1 die Schlacht bei Malplaquet am 11. September, in der 33 000 Mann gefallen waren

AN DIE KURFÜRSTIN SOPHIE

Versailles, 22. September 1709. Ich finde, daß der Zar großen verstand hat und gar apropos spricht. Ich glaube, er will seinen Prinzen so lang reisen machen, um ihn zahm zu machen, als wie man die raubvögel, so man zahm will machen, auf der faust ganze nächte herum trägt ... Die zitadell von Tournay ist über; monsieur de Surville war eben bei mir; er ist halb taub worden von dem vielen schießen. Monsieur Schulenburg hat allzeit réputation erworben. Wer in dieser bataille große ehre erworben hat, das ist Harling, er ist erst aus sein retranchement einer anderen brigade zu hilf kommen, darnach, wie er wieder in seine retranchement hat rücken wollen, hat er die feind drinnen gefunden, die hat er hübsch wieder weggejagt und hat sich brav durchgeschlagen. Ich glaube, daß es seinen oncle erfreuen wird.

Versailles, 28. September 1709. Weilen dieses eine sichere gelegenheit ist und nicht durch die post geht, will ich Euer Liebden etlich lieder schicken, so ich glaube, daß sie noch nicht haben. Es ist recht wahr, daß alles not um dieser damen willen leidt; aber was ich recht possierlich in dieser sachen find, ist, daß dies weib damit der König alles gut heißt, ihm part von ihrem gewinnst gibt, und der duchesse de Bourgogne auch. Unterdessen bekommt kein mensch geld; wir werden nur mit assignationen bezahlt, das ist nur papier, und da muß man nach laufen, also daß, was man zum exemple heute bekommen sollte, das wird durch die assignation auf drei, vier oder wohl fünf mond ausgestellt, und dann hat man noch mühe, solches zu bekommen. So eine elende zeit, wie es nun ist, ist nicht auszusprechen. Die hungersnot ist so erschrecklich, daß man an allen enden leute recht von hunger niederfallen und sterben sieht; überall ist klag und jammer, von den größten bis auf den kleinsten... Der ganze hof ist voller intriguen; etliche, um sich bei der mächtigen damen in gnaden zu setzen, andere bei monsieur le Dauphin, andere bei dem duc de Bourgogne... Das ist ein possierlich spielwerk durcheinander und könnte ich wie das lied sagen: «Si on ne mourait pas de faim, il en faudrait mourir de rire.» [1] Die alte hetzt alle die untereinander, um desto besser zu regieren. Ich bin von keiner intrigue, ich gehe meinen geraden weg fort und lasse sie machen, wie es ihnen gefällt. Ich lebe so höflich als ich kann mit allen und traue auf keines, denn sie hassen mich alle, absonderlich aber die duchesse de Bourgogne. Ich glaube und es scheint so, daß, wer mich am wenigsten haßt, das ist unser König, und die mich am meisten haßt, das ist die Maintenon. Von meinem sohn sage ich nichts, denn ich habe Euer Liebden schon vergangen donnerstag von ihm geschrieben. Der König hat recht inclination vor ihn; könnte er über sich bringen, sich ein wenig zu zwingen und bei dem König zu bleiben, er würde besser in gnaden sein als alle des Königs kinder selber. Aber er kann sich nicht zwingen, eine einzige woche hier zu bleiben und steckt als bei schlimmer compagnie.

1 wenn man nicht vor Hunger stürbe, könnte man vor Lachen sterben

AN DIE RAUGRÄFIN LUISE

Versailles, 26. Oktober 1709. Es ist wohl eine recht betrübte zeit. Geht man aus dem haus, folgen einem viel arme nach, die schwarz von hunger. Alles wird mit zettel bezahlt, nirgends ist geld. Alles ist betrübt, nirgends keine freud... Wann Euere und meine wünsche, liebe Luise, möchten erfüllet werden, wird ma tante gewiß über hundert jahr alt werden. Im januar wird der gute, ehrliche monsieur Polier neunzig jahr alt. Er hat den verstand noch so gut und nett als wenn er nur vierzig jahr alt wäre, und gut gedächtnis, liest ohne brill, aber seine schenkel seind steif worden und sein gesicht was bleicher als vor diesem; anders ist gar keine änderung an ihm. Ich halte ihn vor einen rechten heiligen. Er lebt in einer gar großen gottsfurcht und tut alles gutes, so in seiner macht und gewalt stehet, ist ruhig und lustig dabei, fürcht sich gar nicht vor dem tod, ergibt sich ganz in den willen Gottes.

Versailles, 7. Dezember 1709. Die allmächtige frau traut mir nicht, denn sie hat mir all ihr leben zuwider gelebt. Zu meines herrn zeiten hatten seine favoriten sie gewonnen, welche als gefürcht, ich möchte dem König klagen, wie sie meinen herrn selig plünderten und mir viel zu leid taten und sonsten dolle leben führten. Drum gewannen sie diese mit drohen, machten ihr bang, sagten, sie wüßten ihr leben und wolltens, wo sie nicht vor ihnen sein würde, alles dem König sagen; denn ich habe ihre drohung durch die dame selber, aber nicht, über was man sie gedräuet, von sie selber erfahren, und durch des chevalier de Lorraine freunde erfahren, was sie gesagt hatten. Also hat sie mich all ihr leben verfolgt, traut mir also kein haar, meint, ich sei so vindicative wie sie, welches ich doch gar nicht bin; aber dies seind die ursachen, warum sie mich vom König abhält. Dazu hat sich noch eine andere ursach geschlagen, nämlich die liebe, so sie vor die duchesse de Bourgogne hat, und fürcht, weilen der König gar keinen widerwillen gegen mich hat und mein natürlicher humor Ihro Majestät nie mißfallen, so fürcht sie, daß, wie sie wohl weiß, daß ich den König sehr respektiere und liebe, also eher mich bei ihm attachieren könnte in meinem alter als eine junge prinzess, wie die duchesse de Bourgogne ist, also diese bei dem König ausstechen könnte. Derowegen muß sie mich abhalten, und das tut sie auch durch alle weis und wege, und das ist nicht zu ändern.

AN DIE KURFÜRSTIN SOPHIE

Versailles, 5. Januar 1710. Ich muß Euer Liebden etwas verzählen, so mich zwar jammert, ich wollte aber nicht, daß es nicht geschehen wäre, nämlich daß mein sohn mit sein braun schätzchen[1] endlich von sich selber gebrochen hat und sie nicht mehr sehen wird. Es kost ihn teuer, denn er hat sie noch lieb, aber er hat die größte ursach von der welt, mit ihr zu brechen, denn erstlich, so war sie abscheulich interessiert, er konnt ihr nie genung geben, zum andern so traktiert sie ihn wie einen sklaven, schilt ihn aus mit den gröbsten wörtern, die keinem hundsbuben zukommen; sie stieß ihn mit füßen und er mußte so soumis sein, daß er alles auf den geringsten wunk verlassen mußte und kommen aufwarten; er durfte nichts tun ohne ihr urlaub. Wenn er jemand von seinen leuten was versprochen und er nicht durch ihren canal gangen, zwang sie meinen sohn, es von ihren creaturen zu geben. Sie war in allem sehr insolent; ihr sohn mußte köstlicher in allem gehalten werden als der duc de Chartres,[2] oder mein sohn wurde ausgemacht. Sie brachte ihn in die schlimmste compagnie von der welt, von lauter huren und buben, met verlöff, er durfte sonst mit niemand umgehen. Ganz Paris war skandalisiert drüber. Mein sohn war über dies dolle leben ganz mit dem König brouilliert; also um des Königs gnad wieder zu erlangen, hat er gebrochen und wird sie nicht mehr sehen. Ich finde, daß mein sohn mehr zu loben ist, die macht über sich selber gehabt zu haben, als wenn er eine schlacht gewonnen hätte; denn man gibt keine schlacht allein, und die andern können so wohl part an dem gewinst von einer schlacht haben als der general, aber seine eigenen passionen zu dämpfen, da hat man allein die ehre von und ist schwerer als alles, was man auch in der welt tun mag... Meines sohns braun und grittlig schätzchen ist gestern morgen weg zu ihrem vater, wo sie gar wohl wird leben können, denn mein sohn läßt ihr die 42 000 livres des jahrs, so er ihr geben hat. Alle mannsleute seind vor meinen sohn und alle damen gegen ihn. Das exemple, daß man seine maitresse willig quittiert, mißfällt den damen sehr.

[1] Gräfin von Parabère   [2] der rechtmäßige Sohn des Herzogs

Versailles, 5. März 1710. Ich hatte einmal ein possierlich dialogue mit dem armen erzbischof von Reims. Er war, wie Euer Liebden wissen, der erste duc et pair. Er sagte einmal zu mir, wie wir im val zu St. Germain mit einander spazierten: «Il me semble, Madame, que vous ne faites pas grand cas de nous autres ducs en France et que vous nous préférez bien vos princes d'Allemagne.» [1] Ich antwortete trocken heraus: «Cela est vrai!» [2] Er sagte: «Si vous ne voulez pas que nous nous comparions à eux, à quoi nous comparez-vous donc?» [3] Ich antwortete: «À des bachas et vizirs de Turquie.» [4] Er sagte: «Comment cela?» [5] Ich sagte: «Comme eux vous avez tous des dignités et nulle naissance de plus, c'est le roi qui vous fait ce que vous êtes, tout comme le grandseigneur fait des bachas et vizirs, mais pour nos princes en Allemagne il n'y a que Dieu, leurs pères et mères qui les font, ainsi ne vous peuvent être comparés d'ailleurs, encore vous êtes des sujets, et eux sont libres.» [6] Ich meinte, der arme mann sollte aus der haut fahren, so bös war er; er konnte aber gar nichts dagegen sagen.

1 es scheint mir, daß Sie nicht viel Aufhebens von uns französischen Herzögen machen und daß Sie Ihre deutschen Fürsten bei weitem höher stellen *2* das ist wahr *3* wenn Sie nicht wollen, daß wir uns jenen vergleichen, wem vergleichen Sie uns dann? *4* den Paschas und Wesiren der Türkei *5* wieso? *6* Sie haben, wie jene, hohe Würden, aber keine hohe Geburt; der König macht Sie zu dem, was Sie sind, gerade wie der Großtürke Paschas und Wesire macht. Was aber unsere deutschen Fürsten betrifft, so haben nur Gott und ihre Eltern sie dazu gemacht; also können Sie ihnen nicht verglichen werden. Zudem: Sie sind Untertanen, und jene sind Freie

Versailles, 27. April 1710. Neue medaillen seind hier rarer als die antiken, denn deren finde ich viel zu Paris. Hätte mich mein schelm, der tresorier d'Avous, nicht so abscheulich bestohlen und 50 000 taler verlieren machen, könnte ich medaillen genung von gold bekommen, nun aber kann ich nur fünf oder sechs auf einmal haben, kann doch alle monat mein cabinet so vermehren. Erstlich hatte ich nur 160, nun habe ich 511, hoffe also mit der zeit doch ein schön cabinet mit raren medaillen zu haben... Ich glaube nicht, daß ein land in der welt ist, wo man so oft und leicht revoltiert als in Engelland. Die Teutschen lieben ihre herren mehr als

die andern nationen; die Franzosen sagen und singen gern allerhand médisance von ihren Königen, aber sie lassen diese doch
gewähren, wie sie wollen.

AN DIE RAUGRÄFIN LUISE

Marly, 6. November 1710. Muß doch noch vorher sagen, daß ich
vorgestern wohl den erschrecklichsten schrecken gehabt, so ich
mein leben ausgestanden. Um es mit wenigen worten zu verzählen, so müßt Ihr wissen, liebe Luise, daß vergangen dienstag, wie
wir alle die St. Hubert zelebrierten und schon einen hirsch gefangen
hatten und den andern rannten, sehe ich einen daherrennen, der
stürzt mit dem pferde. Ich meinte erst, es wäre ein piqueur, sah
wohl, daß er sehr blessiert war; denn er hatte mühe, aufzustehen.
Wie man ihm aufhilft und ich ihm ins gesicht sehe, war es mein
sohn. Denkt, wie mir zumut war. Ich nahm ihn in mein kalesch,
führt ihn her. Der schmerzen war aber abscheulich, konnten nicht
wissen, ob der arm gebrochen oder verrenkt war; es hat sich doch
gefunden, daß er nur verrenkt. Wie es aber just die achsel war,
woran mein sohn schon zweimal verwundt und wo man ihm ner-
ven abgeschnitten, so war der schmerzen so erschrecklich, daß er
war wie ein mensch, das in den letzten zügen liegt. Sobald die
achsel wieder eingericht, hat er keinen schmerzen mehr empfunden, ist nun wieder wohl und man hat ihn zur ader gelassen. Er
hält die kammer nicht, hat den arm in einer schärp und geht überall herum.

AN DIE KURFÜRSTIN SOPHIE

Marly, 13. November 1710. Das ist der französischen weiber narretei, allezeit in dunklen örtern stecken zu wollen. Madame de
Maintenon macht man rechte nischen, wo sie hingeht, um sich gleich
hinein zu legen; es ist wie ein klein lotterbett, worum man mit
brettern, so wohl schließen, wie ein häuschen herum macht, wie
ein pavillon; die duchesse de Bourgogne hat auch eine nische und
die princesse de Conti. Ich erstickte, wenn ich darin sitzen oder

liegen müßte; ich sehe gern die helle liebe sonne... Sie werden aber nicht gewahr, daß dies eben ursach ist, daß ihnen die luft ungesund wird, denn sie seind der luft nicht mehr gewohnt. Ich bin ganz contraire; ist es ein augenblick schön wetter, mache ich alle meine fenster auf.

AN DIE RAUGRÄFIN LUISE

Versailles, 14. Dezember 1710. Die duchesse de Berry wurde auf einmal platt ohnmächtig; wir meinten, es war der schlag, aber nachdem die duchesse de Bourgogne Liebden ihr essig ins gesicht geschütt, kam sie wieder zu sich selbst. Es kam ihr aber ein erschrecklich erbrechen an; aber es ist kein wunder, sie hatte zwei stund ohne aufhören in der komödie allerhand wüstereien gefressen, pêches au caramel, kastanien, paste von grußelbeeren und johanstrauben, getrocknete kirschen und viel limon drauf, hernach fisch gessen an tafel, drüber getrunken. Es wurde ihr übel; sie wollte sich verhalten, wurde ganz ohnmächtig. Heute ist sie wieder frisch und gesund; aber mit ihrem dollen fressen wird sie sich doch einmal brav krank machen, denn sie will nicht glauben, was man ihr sagt.

AN DIE KURFÜRSTIN SOPHIE

Marly, 11. Januar 1711. Wie gern hätte ich das christkindel gesehen! Hier weiß man gar nichts davon. Ich wollte es introducieren, allein Monsieur sagte: «Vous nous voulez donner de vos modes allemandes pour faire de la dépense, je vous baise les mains!»[1] Ich sehe herzlich gern der kinder freude; aber meines sohns kinder freuen sich über nichts in der welt; ich habe mein tag so keine kinder gesehen.

[1] Ihr wollt uns Eure deutschen Moden bringen, um Ausgaben zu machen; ich küsse Euch die Hände

AN DIE RAUGRÄFIN LUISE

Versailles, 28. Februar 1711. Ich weiß viel damen hier, so auch den baume blanc aufs gesicht schmieren, wenn er mit esprit de vin zugericht wird. Monsieur selig hat mirs einmal auf das gesicht schmieren wollen; ich habe es aber nie leiden wollen; will lieber sein mit meinen runzeln, als weiße sachen auf mein gesicht schmieren. Denn ich hasse allen schmink, kann kein rot vor mich selber leiden... Mein fußschmerz haben sehr abgenommen, aber meine knie taugen ganz und gar nichts und habe tag und nacht schmerzen dran. Ich habe starke oppositions, um nie in kein warm bad zu reisen können; erstlich so habe ich kein geld, um nach keinem bad zu reisen, incognito ist es mir nicht erlaubt und zum dritten so würde man mir nicht erlauben, aus dem königreich zu gehen. Man will mir nicht einmal erlauben, in Lothringen zu reisen, will geschweigen denn nach Aachen zu reisen können. Keine sklaven seind ihrem herrn mehr untertan, als das königliche haus dem König ist. Es ist mir so leid, daß so ein vorschlag unmöglich ist, daß ich nie dran denken darf. Es ist mir wohl von herzen leid, aber in diesem leben werden wir einander wohl nie wieder sehen. Aber laßt uns nicht mehr von so traurigen sachen reden!

AN DIE KURFÜRSTIN SOPHIE

Marly, 16. April 1711. Ich muß Euer Liebden sagen, in welcher großen betrübnis ganz Frankreich und wir alle hier sein durch den ganz unvermuteten todesfall von monsieur le Dauphin.[1] ... Den König habe ich gestern um elf gesehen, er ist in einer betrübnis, die ein stein erbarmen möcht, und allebenwohl ist er gar nicht grittlig dabei, sondern spricht mit jedermann ganz sanftmütig, gibt alle betrübte ordres mit einer großen standhaftigkeit, aber alle augenblick kommen ihm die tränen in den augen und seufzt innerlich. Es ist mir todbang, er wird selber krank werden, denn er sieht sehr übel aus ... Ich nehme das unglück mit geduld und bin nur in sorgen vor den König. Monsieur le Dauphin jammert mich zwar, allein ich kann nicht so betrübt über jemand sein, so mich gar nicht lieb hatte und mich ganz verlassen, als über jemand, so allezeit mein freund geblieben ... Die kunst, viel in wenig worten zu sagen, habe ich gar nicht, drum mache ich auch so lange briefe ...

Ich glaube, das kommt, weilen daß, wenn man schreibt, hat man die zeit, nachzudenken was man sagen will, kann es also besser setzen, und daß die, so verstand haben und doch übel schreiben, zu viel feuer haben, alle ihre gedanken auf einmal sagen wollen, wodurch der stil zu schwer zu verstehen wird.

<small>1 Louis, der Sohn Ludwigs XIV., war am 14. April gestorben</small>

AN DIE RAUGRÄFIN LUISE

Marly, 14. Mai 1711. Ich habe den ganzen tag bitterlich geweint, und nicht ohne ursach, denn ich habe heute die betrübte zeitung erfahren, daß meine tochter noch ihren ältesten sohn und letzte tochter verloren, und die zwei jüngsten prinzen seind noch nicht außer gefahr, also zu fürchten, daß innerhalb acht tagen meine tochter alle ihre schönen und lieben kinder verlieren wird. Ich fürchte, sie wird aus leid sterben oder den verstand verlieren; denn die artigen kinder waren meiner tochter einzige lust und freude. Alle menschen, die sie sahen, lobten ihren verstand und schönheit. Es penetriert mich ganz. Die guten kinder, die drei, so tot sein, schrieben mir alle woch; nun habe ich nur zu viel zeit, zu schreiben... Es geschehen so viel unglück, als wenn die schalen von der offenbarung St. Johannis ausgeschütt wären.

Marly, 18. Juni 1711. Die geduld, so ma tante hat, meine schreiben mehr als einmal zu überlesen, kann ich unmöglich begreifen, muß es nur dero gnaden vor mir zuschreiben. Denn mir selbsten ist es durchaus unmöglich, meine eigene schreiben zu überlesen; diese mühe wäre mir viel größer als die, zwanzig bogen zu schreiben. Wenn Euch, liebe Luise, gar natürliche reden gefallen, so wunderts mich nicht, daß Ihr gerne meine briefe lest. Anders, als ich gedenke, kann ich mein leben nicht sprechen, drum tauge ich auch gar nichts hier im land.

Marly, 9. Juli 1711. Herzallerliebe Luise, ob ich heute das herz zwar recht schwer und traurig habe, weilen ich gestern durch monsieur de Poliers neveu erfahren habe, daß der gute ehrliche mann vorgestern gestorben ist... Er ist wie ein junger mensch gestorben, in einem redoublement von fieber, und recht mit freuden gestorben, nachdem er einundneunzig jahr, sechs mond und zwei tag gelebt. Er hat kein augenblick radottiert. Seit mehr als zehn jahren lebt er in der größten dévotion von der welt, gab von dem wenigen, so er hatte, schier alles den armen und lebte wie ein rechter heiliger. Sein tod geht mir recht zu herzen... Was die sterbenden sagen, ist kein evangelium. Die herzogin von Wolfenbüttel hat ihrem herrn auch gesagt, es würde kein jahr vorbei gehen, so werde er ihr folgen; es ist doch nicht geschehen.

AN DIE KURFÜRSTIN SOPHIE

Fontainebleau, 12. August 1711. Herrn von Leibniz buch wird wohl, wie ich glaube, zu Frankfurt zu bekommen sein; ich will Luise bitten, mir es suchen zu lassen und zu schicken. Mein sohn ist sehr curieux, neue bücher zu lesen: der herr von Leibniz wird ihm einen großen gefallen tun, sein buch zu schicken. Ich schicke Euer Liebden hierbei etwas, so monsieur Leibniz curieux zu sehen wird sein, man hat in Notre Dame, wie man gegraben, um einen neuen altar zu machen, viel stein mit figuren gefunden, so zu Tiberius zeiten gemacht worden zu seinen ehren von die schiffleute zu Paris. Alle curieux laufen, es zu sehen, und die von der académie schreiben drauf.

Marly, 10. Oktober 1711. Ich sehe, daß Euer Liebden es nicht machen wie ich, wie ich noch zu Heidelberg und Mannheim war, denn ich ging viel lieber in die teutsche als französische kirch, denn unsere teutsche psalmen seind ohne vergleichung schöner als Marot seine.[1] Wenn man die französischen singen hört, meint man, man lese Amadis de Gaule; dieses alte französisch wird hier nur im ridicule gebraucht, aber die teutschen psalmen haben gar nichts ridicules, sondern seind in gut teutsch. Was mich auch noch in der französischen kirche choquiert, war, wenn die kinder auf allerhand ton die zehn gebot dahersagen: «Tu ne tueras point, tu ne déroberas point, etc.»[2] und das mit so unterschiedenen stimmen, daß es ganz possierlich; das war auch nicht in der teutschen kirch. Wenn es erlaubt wäre, den predigern zu antworten, hätte man diesem, so Euer Liebden gehört, sagen können: Die störche wissen, in welch land sie ziehen, aber wir armen menschen wissen nur, wo wir sein, aber gar nicht, wo wir hin werden; also gar kein wunder, daß wir nicht so groß empressement und eil haben, wegzuziehen, als die störche. Und ich glaube, daß, wer den herrn pfarrer bei dem wort genommen hätte, um in jene welt zu gehen, würde er es in gnaden abgeschlagen haben. Jedoch so ist es doch wahr, daß etliche mit freuden sterben... Wenn jemand in die Bastille gesetzt, weiß es kein mensch, weder bei hof noch in der stadt. Es ist noch wohl wunderlicher: ein mensch ist lange jahre in der Bastille gesessen, der ist maskiert drin gestorben; er hatte als zwei musketiere auf beiden seiten, im falle er die maske abtät, ihn gleich niederzuschießen. Er hat maskiert gessen und geschlafen. Es muß doch etwas rechts gewesen sein, denn man hat ihn sonst sehr wohl traktiert, wohl logiert und alles geben, was er begehrt hat. Er hat maskiert kommuniziert, war sehr dévot und hat kontinuierlich gelesen. Man hat sein leben nicht erfahren können, wer der mensch gewesen.[3]

1 Clément Marot hatte die Psalmen ins Französische übertragen
2 du sollst nicht töten, du sollst nicht stehlen usw.   *3* die sogenannte Eiserne Maske, ein geheimnisvoller Staatsgefangener

Marly, 14. Februar 1712. Wir seind hier voller betrübnis, denn vorgestern abends um drei viertel auf neun ist die arme madame la Dauphine[1] verschieden. Ich bin persuadiert, daß die doktoren diese arme Prinzess so gewiß ums leben gebracht haben, als ichs Euer Liebden hier sage. Sie hatten ihr ein wenig milady kent[2] eingeben, nur etliche grains, da fing sie sehr an zu schwitzen; man hatte aber die geduld nicht, den schweiß ganz auszuwarten: inmitten von schweiß, da sie schon ganz feuerrot von den röteln ausgeschlagen war, setzt man sie in warm wasser und läßt ihr zum vierten mal zur ader, da schlug alle röte wieder ein... Nun ist alles aus. Ich kann den König nicht ansehen, ohne daß mir die tränen in die augen kommen; er ist in einer solchen betrübnis, daß es einen stein erbarmen möcht. — Ich mache Euer Liebden mein compliment über die glückliche niederkunft dero enkel, der kronprinzess von Preußen.³ Gott wolle diesen prinzen lange jahre erhalten. Der könig in Preußen muß doppelte freuden dran haben, erstlich die, einen enkel zu haben, und zum andern, eine neue occasion, eine zeremonie zu halten, welches wohl bei der kindtauf nicht fehlen wird. Ich admiriere, wie alles so unterschiedlich in dieser welt hergeht: unterdessen daß man zu Berlin in vollen freuden ist, seind wir alle in voller betrübniß und einsamkeit hier... Monsieur le Dauphin ist herzlich betrübt, aber er ist jung, er kann sich wieder verheiraten und seinen schaden ersetzen, aber madame de Savoie⁴ verlust ist auf ewig, wie auch unsers Königs seiner, denn man hat sie ganz nach seinem sinn erzogen, sie war all sein trost und vergnügen und von so einem lustigen humor, daß sie allezeit etwas finden konnte, ihn wieder lustig zu machen.

1 Marie Adelaide, Duchesse de Bourgogne, die Schwiegertochter des 1711 gestorbenen ersten Dauphin   *2* ein Pulver   *3* am 24. Januar war Friedrich (der Große) geboren worden   *4* der Mutter der Dauphine

Marly, 18. Februar 1712. Ich dachte Euer Liebden heute von nichts trauriges zu schreiben als von der betrübten zeremonie, so ich gestern habe zu Versailles tun müssen,¹ aber das unglück überhäuft uns noch aufs neue, denn der gute monsieur le Dauphin² ist seiner gemahlin gefolgt und diesen morgen um halb neun verschieden. Euer Liebden können leicht gedenken, in welche erschreckliche betrübnis wir alle hier sein. Des Königs seine ist so groß, daß es mich vor Ihro Majestät gesundheit zittern macht. Es ist ein abscheulicher verlust vor das ganz königreich, denn es war ein tugendsamer, gerechter herr, verständig; Frankreich konnte keinen größeren verlust tun; alles was hier ist, verliert dran; es touchiert mich recht von grund der seele. Ich habe auch nächst Gott keinen trost als Euer Liebden. Weilen der König husten und schnupfen hat, hat man ihn nicht geweckt; hat aber diese abscheuliche zeitung gleich erfahren. Der König verliert viel an diesem herrn, denn seit seines herrn vater tod hat ihn der König in alle rat kommen lassen und die minister arbeiteten mit Ihro Liebden; er soulagierte den König wo er konnte, war barmherzig, gab viel almosen, hat alle die juwelen von seiner frau mutter verkauft und an arme, verwundte offizier geben; alles guts hat er getan, so in seinem vermögen gestanden, und sein leben niemand nichts bös getan. Ich glaube nicht, daß erlebt ist worden, was man hier sehen wird, nämlich mann und frau in einem wagen nach St. Denis³ zu führen. Ich bin noch so voller schrecken, daß ich mich nicht erholen kann. Die traurigkeit, so hier regiert, ist nicht zu beschreiben; ich glaube schier, wir werden, alles was hier ist, eins nach dem andern wegsterben.

1 die Beerdigung der Duchesse de Bourgogne 2 Louis, Duc de Bourgogne, der zweite Dauphin 3 dort war die Königsgruft

Marly, 20. Februar 1712. Es ist zwar heute kein posttag, aber wenn mein herz in ängsten und traurig ist wie nun, so weiß ich keinen bessern trost zu schöpfen, als mein herzlieb ma tante mein elend zu klagen ... Böse gemüter haben durch ganz Paris ausgebreit, mein sohn habe den Dauphin und Dauphine vergift. Ich, die mich auf seine unschuld wollte brennen lassen, habe es erst vor narretei gehalten und nicht gedacht, daß es möglich sein könnte, daß man eine solche sach ernstlich sagen könnte ... Etliche sagen, diese bosheit seie aus Spanien herberichtet worden. Wenn das wäre, so müßte die princesse des Ursins gar ein teufel sein und ihre rache gegen meinen armen sohn weit führen;¹ seine vexiererei gegen diese dame kost ihm teuer.

1 Philipp hatte dem spanischen König militärische Hilfe geleistet, aber wohl innen- und erbpolitisch eigenmächtige Pläne geschmiedet; das hatte seine Abberufung aus Spanien durch Ludwig XIV. zur Folge gehabt und das erklärt den (späterhin völlig sinnlosen) Haß des spanischen Hofes gegen Liselottes Sohn

Versailles, 5. März 1712. Der König jammert mich von herzen. Er zwingt sich, um gute miene zu machen, und man sieht doch, daß er innerlich leidt. Gott erhalte uns den König, sonsten wird es doll hergehen. Man fürcht schon, daß mein sohn part an der zukünftigen regierung möchte haben, drum wollen sie ihn zu Paris und bei hof odieux machen und machen das geschrei von gift, wie ich Euer Liebden schon geschrieben. Es stirbt niemand bei hof, daß sie ihm die schuld nicht geben ... es ist keine bosheit, so man nicht gegen ihn austrägt.

Versailles, 10. März 1712. Ich zweifle nicht, daß Euer Liebden selber erschrecken werden, zu lesen, wie das unglück hier kontinuiert. Die doktoren haben wieder denselben fehler begangen wie an madame la Dauphine, denn wie der kleine Dauphin schon ganz rot von den röteln war und schwitzte, haben sie ihn zur ader gelassen, hernach émétique gegeben, und in der opération ist das arme kind verschieden. Und was wohl weist, daß die doktoren diesen Dauphin auch ums leben gebracht haben, ist, daß sein brüderchen eben dieselbe krankheit hat, und weilen die neun doktoren mit dem ältesten okkupiert waren, haben sich des jüngsten mägd mit ihrem Prinzen eingesperrt und haben ihm ein wenig wein mit biscuit geben; gestern, weilen das kind das fieber stark hatte, haben sie ihm auch zur ader lassen wollen, aber madame de Ventadour und des Prinzen sous-gouvernante madame de Villefort haben sich den doktoren stark widersetzt und es durchaus nicht leiden wollen, haben ihn nur hübsch warm gehalten. Dieser ist gottlob durch der doktoren schand salviert, wäre gewiß auch gestorben, wenn man die doktoren hätte gewähren lassen ... Ich kann nicht gedenken, wie sich die doktoren nicht selber korrigiert haben, wie sie gesehen, daß ihr aderlaß und émétique so übel bei madame la Dauphine abgeloffen war, wie sie das herz gehabt haben, dies arme kind ebenso umzubringen; und was mich erschreckt, ist des Königs verblendung an diesen leuten; er meint nicht, daß es ihre schuld ist, daß madame la Dauphine gestorben... Unser König soutenirt sein unglück mit solcher beständigkeit und fermeté, daß ich Ihro

Majestät nicht genung admirieren kann. Man kann mit wahrheit sagen, daß außer madame de Maintenon verliert der König alles, was er in dieser welt am meisten geliebt hat, und an madame la Dauphine seine einzige lust und freud.

Versailles, 13. März 1712. Ich bin gewiß, daß mehr als hundert heilige kanonisiert sein, so es weniger verdient haben als unser zweiter Dauphin selig. Denn in elf monaten haben wir drei Dauphins hier verloren, so etwas abscheuliches ist, von neunundvierzig, sechsundzwanzig und fünf jahren ... Gott erhalte den König; das ganze königreich hat es hoch vonnöten und wir alle hier. Ich mache es auf mein best, im cabinet den König an nichts trauriges gedenken zu machen, spreche ins gelach hinein von allerhand bagatellen; es ist aber schwer was vorzubringen, so divertieren möcht, wenn so ein unglück über das ander kommt, wie hier geschieht. Man hat den König oft verhindert, amitié vor mir zu haben, aber er muß doch innerlich keinen gar großen widerwillen gegen mich gefaßt haben, weilen Ihro Majestät unangesehen aller bösen offices, so Monsieur selber und mehre mir geleistet, mich doch noch leiden können und mir endlich erlaubt, ihn wie die andern, so mehr geliebt sein als ich, zu sehen.

Marly, 14. April 1712. Wissenschaften, das kommt meinem sohn recht zu und fällt in sein naturel, aber wenn er le drôle agieren will, möcht man sich drüber übergeben so übel steht es ihm an, und die jungen leute, seine tochter selbst, lacht ihn drüber aus. Aber das hilft alles nichts; mein sohn ist eben wie die märchen von den feen, die man zur kindtauf bittet: eine wünscht dem kind, daß es wohl geschaffen mag werden, die andere, daß es éloquent mag sein, die dritte, daß es alle künste lernen mag, die vierte, daß es die exerzitien lernen mag, fechten, reiten, tanzen, die fünfte wünscht ihm die kriegskunst wohl zu lernen, die sechste, mehr herz zu haben als ein anderer, die siebte fee aber hat man vergessen zur kindtauf zu laden, die sagt: Ich kann dem kind nicht nehmen, was meine schwestern ihm geben haben, aber ich will ihm all mein leben so widerstehen, daß alles, was man ihm guts geben, ihm zu nichts dienen soll; ich will ihm so einen häßlichen gang geben, daß man meinen soll, er werde hinkend und buckelig, ich will ihm so einen schwarzen bart wachsen lassen, und ihm dabei... grimassen geben, die ihn ganz verstellen sollen, ich will ihm alle exerzitien verleiden, ich will in ihm eine langeweile setzen, so ihm alle seine künste verleiden soll, musique, malen, reißen, ich will ihm die lieb der einsamkeit und abscheu vor ehrliche leute geben. Ich will ihm oft unglück im krieg geben, ich will ihm weismachen, daß die débauche ihm wohl stehet, ich will ihm abscheu vor seiner besten freunde rat geben; damit wird alles guts verdorben werden, so meine schwestern ihm geben. So ist es just ergangen, und das macht, daß er lieber bei seiner tochter und ihre kammermädchen sitzt, alberne possen anzuhören, als mit rechtschaffene leute umzugehen oder sein eigen haus zu regieren, wie sein stand erfordert. Da wissen Euer Liebden nun den handel ganz... Der König traktiert meinen sohn wohl, das macht mich hoffen, daß die lügen keine impressionen bei Ihro Majestät getan haben. Von sich selber ist mein sohn kein ivrogne, aber er hantiert oft gar schlimme gesellschaft und meint, es seie artig, le bon drôle mit ihnen zu agieren, und säuft sich sternsvoll mit ihnen, und wenn er einmal voll ist, weiß er in der welt nicht mehr, was er sagt noch tut. Ich habe ihn tausendmal gebeten, mit diesen vollsäufern kein commerce zu haben, aber je mehr ichs verboten, je mehr hat er es getan, drum habe ich die partei genommen, ihm gar nichts mehr davon zu sagen als nun; da habe ich nur gesagt: Hättet Ihr meinen guten rat nicht so veracht und gefolgt, wäret Ihr nun nicht in dem embarras wo Ihr nun seid. Er gestehts, aber es ist ein wenig zu spät, hätte es vorher betrachten sollen.

Marly, 24. April 1712. Nun, da die nachtigalien singen, daß da Euer Liebden noch zu Hannover und nicht zu Herrnhausen sein! Da könnten sie besser spazieren als zu Hannover. Ich schreibe Euer Liebden hier vor meinem fenster, habe zur aussicht ein schön parterre voller narzissen, tulipanen und couronnes impériales; das ist umringt mit zwei alleen und ein fer à cheval von weiß, braun und rotem marbre. In der mitten ist eine große, steinerne stiege und auf beiden enden seind auch stiegen mit statuen orniert und weiße marbre-blumenpötte. Gerade vor der stiege ist ein berg, wo die cascade herunterfällt, so man la rivière heißt, welche oben und unten voller statuen von weißem marbre gezieret, auf den seiten aber seind nur zwei breite plate-bandes von gazon; zwei alleen seind auf beiden seiten, daß man dort mit kaleschen nauf fahren kann. Da sehen Euer Liebden, daß ich eine schöne aussicht habe, es gibt mir aber leider keine artigen inspirationen.

Versailles, 21. Mai 1712. Ob das alte weib zwar unsere ärgste feindin ist, wünsche ich ihr doch des Königs wegen ein langes leben. Denn alles würde noch zehnmal ärger sein, wenn der König nun sterben sollte. Er hat das weib so erschrecklich lieb, daß er ihr gewiß nachsterben würde.

AN DIE RAUGRÄFIN LUISE

Marly, 7. Juli 1712. Ich bin weit davon, liebe Luise, so schön als Ihr zu schreiben können. Carolines französische hand glich sehr an die meine. Wo ist unser guter schreibmeister mit seiner gebrennten hand hinkommen? Es war ein original in blödigkeit, ich habe ihn oft bang gemacht, aber doch ein guter frommer ehrlicher mensch. Ich brauch keine brill; ob meine augen zwar nicht mehr, als sie gewesen, sehe ich doch noch wohl genung, um keine brill zu brauchen dürfen. Winters und sommer schreibe ich bei licht.

AN DIE KURFÜRSTIN SOPHIE

Versailles, 10. Dezember 1712. Ich erinnere mich noch wohl, zu Hannover die komödie von Wallenstein gesehen zu haben; einer, so Leslie heißt, ersticht den Wallenstein zuletzt in einem bett mit einer partisane. Ich erinnere mich auch noch, daß wie man die komödie von doktor Faust spielte und der teufel den doktor Faust holte, kam die zeitung, daß der bischof von Osnabrück tot war, welches jedermann lachen machte ... Wie Euer Liebden dero Liselotte gesehen und sie so wohl laufen und springen konnte, war sie leicht und jung; nun bin ich alt und schwer, das gibt große veränderung. Ich bin gewiß, daß, wenn ich so glücklich wäre, daß Euer Liebden mich an einem ort sehen könnten, so sie nicht vermuten, daß ich da wäre, wenn ich nicht redete, würden sie mich unmöglich kennen. Meine verrunzelte augen, meine hängende große backen, meine schneeweiße haar, meine höhle zwischen den ohren und backen und mein groß doppelt kinn würde Euer Liebden gar nicht an Liselotte erinnern ... Seit ich weiß, daß die freuden von jener welt so sein: «Die kein ohr gehört, kein aug gesehen und nie in keines menschen herz kommen ist», mache ich mir gar keine idee davon, denke nur, Gott ist allmächtig und wahrhaft, er verspricht mir freude, er wird schon mittel finden, daß ich es empfinde, ob ich gleich jetzt nicht weiß, wie oder wann. Darauf vertraue ich ... Der König tut mir auch die gnade, sich wegen meiner gesundheit zu informieren, wovon ich rechenschaft gebe. Etlichmal rede ich auch so davon, daß ich Ihro Majestät lachen mache.

Im Frieden von Utrecht, der im Jahr 1713 zustandekam, zeigte es sich, daß Frankreichs Vormachtstellung gebrochen und an England übergegangen war. Zwar blieb sein Gebiet in Europa unangetastet; aber große Teile seines Kolonialbesitzes mußte es abgeben. Im Inneren war das Land sehr geschwächt, nur der straffen zentralistischen Staatsorganisation war es zu verdanken, daß keine entscheidenden Unruhen ausgebrochen waren. Die Staatskassen waren leer.

AN DIE RAUGRÄFIN LUISE

Versailles, 18. Juni 1713. Mein contrefait werde ich ma tante schicken, so bald es möglich wird sein können. Ich werde nach mich selber ausmalen lassen, damit es ein original sein mag; man hat sein leben nichts gleichers gesehen, als Rigaud mich gemalt hat. Das braune hündchen lebt noch und hat mehr verstand als nie, ich habe es herzlich lieb. Alle jahr kann ich Euch ohne incommodité eine kirbe schicken, wie diese letzte war; das kann mich gar nicht ruinieren und finde mich glücklich, daß ich was gefunden, so Euch angenehm und erfreuen kann. Aber, liebe Luise, habt Ihr keine juwelen von Eurer frau mutter geerbt? Die diamanten seind rar hier geworden, aber die bunten stein seind es noch nicht, insonderheit, wenn sie klein sein.

Versailles, 2. Juli 1713. Hätte ich keine schmerzen im rechten knie und fuß, so könnte ich sagen, daß ich nun, Gott sei dank, in vollkommener gesundheit bin, denn ich schlaf nicht mehr als ich soll und habe keinen gar kurzen atem. Ich finde, daß mein knie und fuß alle tag ärger und schmerzlicher werden, aber man muß wohl geduld haben, wenn uns unser Herrgott was zuschickt, und denken, daß es noch gnade ist und wir noch mehr verdient haben... Still sein ist exzellent vor die brust, man accusiert aber alle weiber, selten zu schweigen können. Liebe Luise, durch die post kann ich Euch unmöglich antworten, denn es ist mir nicht erlaubt, von geistlichen sachen zu schreiben; aber das erstemal, daß ich eine sichere gelegenheit haben werde, so will ich Euch exakt antworten auf alles, was Ihr von der kommunion zu wissen begehret.

AN DIE KURFÜRSTIN SOPHIE

Marly, 24. November 1713. Das buch, so so ein groß geras gemacht und der Papst kondamniert hat, vom père Quesnel, habe ich gewußt. Man haßt die jansenisten[1] hier nicht weniger als die reformierten... Die jesuwitter haben den père Quesnel wegjagen machen. Ich laß alle die sachen gewähren, bin weder von ein noch ander partei, habe auch nicht lassen können, meinem beichtsvater selber zu sagen, daß es mich ärgert, daß leute von einer religion sich so verfolgen. Zu Paris seind viel bischöf versammelt wegen des Papst deklaration; was draus werden wird, wird mir den schlaf nicht benehmen... Mein sohn und seine tochter, die, wie Euer Liebden wissen, einander so sehr geliebt haben, daß man leider übel davon geredt hat, die fangen nun an, sich zu hassen wie der teufel, zanken sich alle tag und, was am schlimmsten ist, die tochter brouilliert den vater mit ihrem mann; der vater ist desperat nach Paris. Er hält alles heimlich vor mir, aber ich erfahre es doch; seine gemahlin sagt mir alles.

1 eine gemäßigte Partei in der katholischen Kirche, die von den Jesuiten befehdet wurde

Rambouillet, 15. Juni 1714. Vor Euer Liebden gnädige wünsche sage ich gehorsamen dank. Wenn man alle jahr ein jahr ablegen könnte, müßte man endlich wieder ein kind werden. So lang Euer Liebden leben und gesund sein, werde ich meines lebens nicht satt werden.

Am 8. Juni war die Kurfürstin Sophie von Hannover gestorben; während eines Spaziergangs im Garten hatte sie der Schlag getroffen.

AN DIE RAUGRÄFIN LUISE

Marly, 24. Juni 1714. Herzallerliebste Luise, weilen ich aus einem schreiben von Hannover, worinnen leider der verlauf von unserm leider allzu großen unglück ersehen, daß man Euch zurückgerufen und ich also nicht zweifeln kann, daß Ihr jetzt wieder zu Hannover seid, drum schreibe ich Euch, nicht um mich mit Euch zu trösten, sondern um meine tränen, so mir häufig jetzt aus den augen rinnen, mit den Euern zu mischen. Unser verlust ist unendlich, mein weinen kann aufhören, aber nie meine traurigkeit nicht. Diese liebe Kurfürstin selig war all mein trost in allen widerwärtigkeiten, so mir hier so häufig zugestoßen sein; wenn ich es Ihro Liebden geklagt und schreiben wieder von ihr empfangen, war ich wieder ganz getröst. Nun bin ich, als wenn ich ganz allein auf der welt wäre. Ich glaube, daß mir unser Herrgott dies unglück zugeschickt, um mir die angst des sterbens zu benehmen; denn es wohl gewiß ist, daß ich nun ohne leid mein leben enden werde und ohne nichts in dieser welt zu regrettieren. Meine kinder seind versorgt, haben auch trost genung in dieser welt, um mich bald zu vergessen können; also hält mich nichts mehr auf, wenn es Gottes will wird sein, mich abzufordern... Ich wollte von herzen gern noch länger sprechen, denn es erleichtert das herz, mit denen zu reden, welche im selbigen stand sein wie wir; allein, herzliebe Luise, mein kopf und augen tun mir so erschrecklich wehe vom vielen weinen, daß ich kaum weiß, was ich sage; muß wider willen enden und nichts mehr sagen, als daß ich Euch von herzen lieb behalte, solang mein elendes leben dauern wird.

Marly, 1. Juli 1714. Ich weiß selber nicht mehr, ob ich Euch geschrieben habe, liebe Luise, wie ich dies unglück erfahren, und wie man mirs durch meinen beichtsvater hat ankünden lassen. Es kam mir ein zittern an, als wenn man in einem starken fieber den frost hat, ich wurde auch dabei bleich wie der tod, war wohl eine viertelstund ohne weinen, aber der atem fehlte mir, war, als wenn ich ersticken müßte. Hernach kamen die tränen häufig und währten tag und nacht, darnach wurde ich wieder trocken und erstickte, bis die tränen wieder häufig kamen, das hat so bisher gewährt. Was mich wunder nimmt, ist, wie ich so gesund dabei bleibe, denn ich bin gar nicht krank. Man hat mich schon zweimal auf die jagd führen wollen, ich habe mich aber nicht dazu resolvieren können, denn ich kann in nichts in der welt lust nehmen. Ihr habt wohl recht, zu sagen, daß mir diese abscheuliche zeitung durch herz und seele gedrungen hat. Ihr seid so gottsfürchtig, liebe Luise, daß wenn mir Gott der allmächtige trost und erleichterung schicken sollte, würde ich es Eurem gebet zuschreiben... Es muß ein schlagfluß gewesen sein, so unser abscheulich unglück verursachet, aber wie Ihr gar recht sagt, es war des Höchsten wille, die liebe Kurfürstin abzufordern. Die zu Gott gehen, seind nicht zu beklagen, aber wohl die, so noch bleiben in dieser bösen, unleidlichen welt. Ach Gott, mir selber hatte ma tante oft geschrieben, daß sie einen schleunigen tod vor den besten halte und daß es eine schlechte sach seie, wenn man im bett stirbt, den pfarrer oder priester auf einer seit hat und den doktor auf der andern seiten und können doch nichts helfen. Sie woll es so machen, daß sie dies spectacle nicht geben wolle, hat leider nur zu wahr gesagt... Wenn einmal das unglück anfängt, ist kein end dran, das versuchen wir beide wohl leider. Aber dieses alles hatt ich nicht vonnöten, um die eitelkeit dieser welt zu lernen: große höfe seind die besten schulen dazu. Ach, liebe Luise, wie weit bin ich von ma tante selig tugenden und verstand! Ach nein, in dieser welt ist Ihro Liebden selig nichts zu vergleichen. Mein Gott, liebe Luise, wie kann ich mich unmöglich von diesem unglück wieder erholen! Ma tante war mein einziger trost in allen widerwärtigkeiten hier; sie machte mir mit ihren lustigen briefen alles leicht, was mich auch am betrübtesten gedeucht hat; sie hat mir dadurch bisher das leben erhalten. Zudem vor was soll ich mich konservieren? Ich bin niemand nichts nutz und mir selber beschwerlich... Ihr seids allein, die mir noch von allem, was mir nahe und lieb ist, übrig seid in ganz Teutschland. Adieu, liebe Luise! Ich weiß, wie Ihr zu beklagen seid, denn ich bin gewiß, daß ich fühle, was Ihr fühlet. Aber in welchem stand ich auch sein mag, so werde ich doch, so lang mein elendes leben währen wird, allezeit dieselbe vor Euch sein und Euch von herzen lieb behalten.

Marly, 10. Juli 1714. Was ich tag und nacht ausstehe, kann ich Euch unmöglich beschreiben, und ich habe noch die qual, daß ich mich zwingen muß, denn der König kann keine traurigen gesichter leiden. Ich muß auch wider meinen willen auf die jagd; in der letzten weinte ich bitterlich, denn der kurfürst von Bayern[1] kam zu meiner kalesch und machte mir ein compliment auf meinen verlust. Da konnte ich nicht mehr halten, sondern brach ganz heraus, das währte die ganze jagd. Ich sah wohl, daß man mich drüber auslachte, aber es konnte nicht anders sein. Ob ich denn zwar in der seele betrübt bin, so werde ich doch nicht krank; mein leib ist gesund, aber meine seele ist sozusagen krank, denn innerlich ist es, wo ich am meisten leide... Auch lebe ich in diesem hof wie eine solitaire, ich bin nie im salon, wo die versammlung von alles, was hier ist, sich aufhält, ich spiele nie, bin allezeit in meiner kammer, wo ich lese oder schreibe; denn wenn ich die gründliche wahrheit sagen soll, so ist mir alles verleidet. Meine einzige freude, vergnügen und trost waren ma tante, unserer lieben Kurfürstin selig, schreiben, aber das ist ja nun leider auch aus.

1 Max II. Emanuel

Fontainebleau, 14. Oktober 1714. Um Gottes willen, liebe, sucht distraction, um in keine melancholie zu fallen! Denn nichts ist gefährlicher vor die gesundheit, und es ist auch gefährlich vor den kopf. Ihr seid nicht mehr allein in der welt als ich; denn wie Ihr aus den briefen werdet ersehen haben, so bin ich nicht allein in der fremde, sondern ganz allein in der welt, habe mächtige feinde und nirgends keinen trost. Jedoch so bin ich nicht melancholisch, finde, daß es genung ist, von andern gequälet zu werden, ohne mich selbsten noch zu plagen. Ich vertraue fest auf meinen Gott; er weiß, warum er mich her berufen hat und was er mit mir machen wird, habe oft seine hilfe gespürt, wenn ich alles verloren geschätzt; also ergebe ich mich ganz seiner providenz und baue auf keine menschliche hilfe ... Ich bin nicht zum schrecken geneigt, liebe Luise, und vor vier jahren wurde ich hier in meiner kutsch brav umgeworfen ohne den geringsten schrecken oder furcht. Eine von meinen damen brach mit ihrer achsel eines von den gläsern von der kutsch; das gab ihr zwei schnitt in der achsel, sonsten tat sich niemand wehe. Ich lachte von herzen ... Unter uns geredt, ich glaube, daß der könig in Engelland[1] vergnügter in seiner Göhrde[2] sein würde, als in aller seiner pracht in Engelland. Denn mein guter vetter, der herr König, macht ebenso wenig werks von zeremonien, als seine alte bas, meine Exzellenz ... Es ist mir leid, liebe Luise, daß ich Euch in den jetzigen jahren nicht wieder sehen werde, da ich Euch doch in Euern so gar jungen jahren gesehen habe. Wißt Ihr noch, wie herzlich ich mit Euch weinte, wie ich Euch nach kloster Neuburg zu der gräfin von Labach führte?

1 Georg I. von England; er war der am 1. August kinderlos gestorbenen Königin Anna auf den englischen Thron gefolgt   *2* Jagdschloß bei Lüneburg

Fontainebleau, 20. Oktober 1714. Herzallerlieb Luise, dieses ist leider der letzte brief, so ich Euch von dem lieben Fontainebleau schreiben werde; denn bis mittwoch werden wir weg und montag wird die letzte jagd in diesem schönen wald sein. Bei Marly und Versailles ist nichts, so dabei kommen kann. Was mir noch an diesem ort hier gefällt, ist, daß alle säl und galerien ganz teutsch aussehen; wenn man in den schweizersaal geht, sieht es recht aus wie ein alter teutscher saal mit erkern und getäfel und bänken. Ich fühle augenscheinlich, daß die luft hier, wie auch das jagen, mir wohl bekommt und mir eine gute gesundheit gibt; es vertreibt und dissipiert die traurigen gedanken, und nichts ist mir ungesunder als traurig sein. Bisher seind, gottlob, alle unsere jagden gar wohl abgeloffen. Vergangen donnerstag fung man einen hirsch, der ein wenig bös war. Ein edelmann stieg auf den felsen hinter dem hirsch und gab ihm einen hieb in den schenkel; da konnte er den kopf nicht mehr bücken, war also ohne gefahr. Hinter meiner kalesch war eine kalesch mit drei geistlichen, der erzbischof von Lyon und zwei äbte, welche das jagen nicht gewohnt sein; die, wie der hirsch sich ihnen nur wies, sprangen zwei aus der kalesch und versteckten sich hinter der kalesch platt auf dem boden. Es ist mir leid, daß ich diese szene nicht gesehen habe, hätte mich brav lachen machen; denn wir andere alte jäger scheuen die hirsche nicht so sehr. — Ich habe auf der jagd Euer compliment am Kurprinzen[1] gemacht und Ihro Liebden gesagt, wie Ihr ihn, liebe Luise, Eueres respekts versichert. Er hat mir nur eine große reverenz gemacht, aber nichts geantwortet. Ich bin gar nicht in seinen gnaden. Ich glaube, daß er meint, ich würde von religion reden und ihn persuadieren wollen, zu ändern, denn es ist noch gar nicht geschehen. Aber der gute herr betrügt sich sehr; ich bin gar kein apostel und finde gar gut, daß ein jeder nach seinem gewissen glaubt; und sollte man meinem rat folgen, würde nie kein zank über die religion werden und man würde die laster und nicht die glauben verfolgen und suchen zu verbessern und korrigieren... Ich mag ihm auch wohl übel gefallen, weilen ich ein alt weib bin; aber das stehet nicht zu ändern und wird alle tag ärger werden.

[1] Friedrich August von Sachsen

Versailles, 22. Januar 1715. Ich kann leicht begreifen, daß Euch das liebe vaterland lieber ist als Engelland, und ich finde, daß Euer schwager[1] und nièces Euch sehr verobligiert sein sollten, über das meer ihretwegen gefahren zu sein. Das wäre wohl die größte freundschaft, so ich jemand erweisen könnte, ihm eine visite über die see zu geben ... Alles was ich von der prinzess von Wales höre, macht, daß ich sie wohl recht estimiere und lieb bekomme; sie hat recht noble und schöne sentimenten, ich fühle eine rechte inclination vor sie.

1 der Herzog von Schomberg

Versailles, 10. Mai 1715. Der alte groll wird nur mit dem leben enden, und alles, was die zott nur wird erdenken können, mir bös office zu leisten und mich zu chagrinieren, das wird sie tun. Es findt sich eine neue ursach, nämlich weilen ich ihre herzensfreundin,[1] die die jetzige königin in Spanien weggejagt hat,[2] nicht habe sehen wollen. Die ursach, warum ich dies weib nicht hatt sehen wollen, ist, daß mein sohn mich drum gebeten; denn sie ist seine ärgste feindin und hat ihn wollen öffentlich vor einen vergifter passieren machen. Mein sohn hat sich nicht kontentiert, seine unschuld zu beweisen, sondern er hat alle informationen ins parlament tragen lassen, daß sie da mögen verwahret werden. Das kann die ander mir nicht verzeihen, daß ich ein solch weib nicht sehen will, aber, wie das teutsche sprichwort sagt: «Gleich und gleich gesellt sich gern, sprach der teufel zum kohlenbrenner.» Ich muß mich auf alles böses gefaßt halten und geduld nehmen... Wenn man durch trübsal selig wird, habe in an meiner seligkeit gar nicht zu zweifeln; denn deren habe ich viel mehr hier im land ausgestanden als lust noch freuden, das weiß Gott. Wenn es ein zeichen ist, daß man von Gott geliebt ist, wenn man der welt überdrüssig ist, so hat mich Gott der allmächtige gewiß sehr lieb; denn man kann der welt nicht überdrüssiger sein als ichs bin... Da bin ich wieder in meinem cabinet. Ich habe nicht zu der prinzess de Conti gekonnt, denn ihre hofmeisterin, die marquise d'Urfé, hat mir gesagt, ihre stiege wäre schwer zu steigen, und ich kann keine leichte stiege steigen, will geschweigen eine ungemächliche, habe also meine entschuldigung machen lassen und bin wieder herkommen, und kann nichts bessres tun, als Euch noch zu entretenieren, liebe Luise, bis mein essen kommt. Freilich muß man hier geduld haben, und wie das teutsche sprichwort sagt: «Geduld überwindet buttermilch.» Wenn mich was chagriniert, suche ich hundert sachen hervor, so mir distraction geben können, und überwinde es so in wenigen tagen, gehe meinen geraden weg fort, und laß Gott walten.

1 die Orsini (Ursins)   *2* Elisabeth Farnese von Parma

Marly, 30. Mai 1715. Wir seind diesen nachmittag lang in der kirch gewesen, weilen es heute himmelfahrtstag ist. Mein Gott, wie gehen die zeiten vorbei! Vor zweiundfünfzig jahren war ich den himmelfahrtstag zu Cleve, auf meiner rückreis in die liebe Pfalz; aber an diese glücklichen zeiten will ich nicht mehr gedenken ... Ach liebe Luise, ich habe ja schier niemand mehr als Euch, so sich in ganz Teutschland vor mich interessiert, alles ist mir ja leider abgestorben. Wenn ichs betracht, finde ich mich oft, als wenn ich vom himmel gefallen wäre ... Adieu, liebe Luise, ich embrassiere Euch von herzen und wünsche Euch eine gute nacht und daß Ihr morgen fröhlich erwachen möget.

Marly, 31. Mai, um 10 Uhr morgens. Guten morgen, liebe Luise. Nun hoffe ich ganz und gar auf Euer liebes schreiben in der kühle zu antworten ... Ich habe einen rechten wettervogel an meinen knien und füßen, war gestern gar übel dran; ich spazierte und tat nur drei oder vier tour in dem parterre vor meiner kammer, mußte aber hernach wieder herein, denn die knie und füße taten mir gar zu wehe, ich konnte es nicht länger ausstehen. Ich glaube, daß anderstwo ein wetter gewesen und daß der regen, so herkommen, nur ein rest davon ist ... Ich habe herzlich über den sternseher lachen müssen, so den jüngsten tag ausrechnen und kalkulieren will. Der muß die bibel nicht gelesen haben, da unser herr Christus vom jüngsten tag spricht und versichert, daß sein himmlischer vater allein diese zeit weiß und daß die engel im himmel diese zeit noch stund nicht wissen, und daß sie kommen wird wie ein dieb in der nacht. Das ist artig, daß er gelehrter sein will als die engel im himmel.

Marly, 8. August 1715. Madame d'Orléans[1] ist gar nicht meines humors, sie wollte, daß alle ihre töchter nonnen wären. Sie ist nicht so einfältig, daß sie meint, daß das ihre töchter eher in den himmel bringe; es ist nur pure faulheit, denn sie ist das faulste mensch von der welt. Sie fürcht, wenn sie ihre töchter bei sich hätte, müßte sie vor ihre erziehung sorgen, und die mühe mag sie sich nicht geben; sie hat mirs selber gestanden. Nichts in der welt ekelt mich mehr als der schnupftabak; er macht häßliche nasen, durch die nas reden und abscheulich stinken. Ich habe leute hier gesehen, so den süßesten atem von der welt gehabt haben, und nachdem sie sich dem tabak ergeben, seind sie in sechs monaten stinkend geworden wie böcke... Unser König liebt es ohne vergleichung ebensowenig, jedoch so nehmens als seine kinder und kindskinder, unangesehen, daß es dem König mißfällt.

1 Françoise Marie, Liselottes Schwiegertochter

Versailles, 27. August 1715. Unser lieber König, nachdem er sich zum tod bereitet und, wie es hier der brauch ist, seine letzten sakramente empfangen vorgestern um acht uhr abends und alles ordonniert, wie er es nach seinem tod will gehalten haben, hat den jungen Dauphin[1] holen lassen, ihm seinen segen geben und zugesprochen. Hernach hat er die duchesse de Berry, mich und alle seine andern töchter und enkel kommen lassen; er hat mir mit solchen tendres worten adieu gesagt, daß ich mich noch selber verwundere, wie ich nicht rack ohnmächtig worden bin. Er hat mich versichert, daß er mich allezeit geliebt hätte und mehr, als ich selber gemeint, daß es ihm leid seie, daß er mir jemalen chagrin gegeben; er bäte, ich sollt mich doch seiner etlichmal erinnern, welches er glaubte, daß ich tun würde, weilen er persuadiert seie, daß ich ihn allezeit lieb gehabt hätte; daß er mir im sterben glück und segen wünsche und daß ich all mein leben möge vergnügt zubringen. Ich wurf mich auf die knie, nahm seine hand und küßte sie; er embrassierte mich. Hernach sprach er an die andern; er sagte, er rekommandiere ihnen die einigkeit. Ich meinte, er sagte es zu mir, ich sagte, daß ich Eure Majestät in diesem und all mein leben gehorsamen würde; er drehet sich herum, lächelte und sagte: «Ich sage Euch dies nicht, ich weiß, daß Ihr es nicht vonnöten habt und zu raisonnabel dazu seid; ich sage es an die anderen Prinzessinnen.» Ihr könnt leicht gedenken, in welchen stand mich dieses alles gesetzt hat. Der König hat eine fermeté, die nicht auszusprechen ist, gibt alle augenblick ordre, als wenn er nur eine reis täte. Er hat an alle seine leuten gesprochen und adieu gesagt. Meinem sohn hat er alles anbefohlen und ihn zum regenten gemacht mit solcher tendresse, daß es durch die seele dringt. Ich glaube, daß ich die erste vom königlichen haus sein werde, so dem König folgen wird, wenn er stirbt; denn er lebt noch, aber wird doch schwächer und es ist nichts zu hoffen, leider... Es ist nicht wahr, daß madame de Maintenon tot ist; sie ist in voller gesundheit ins Königs kammer, welchen sie weder nacht noch tag quittiert... Der König ist von einer guten, starken konstitution; ich glaube, daß, wenn man eher dazu getan hätte, würde man ihn noch haben salvieren können. Stirbt der herr, wie nicht zu zweifeln steht, so ist es ein größer unglück vor mich, als Ihr Euch immer einbilden könnt, aus vielen ursachen, die sich nicht schreiben lassen.

1 seinen Urenkel Louis (XV.), geb. 1710

Ludwig XIV. starb am 1. September. Liselottes Sohn wurde Regent an Stelle des Königs Ludwig XV., der damals fünf Jahre alt war.

An Gottfried Wilhelm von Leibniz[1]

Paris, 26. September 1715. Ich danke Ihm sehr vor den part, so Er genommen in meiner traurigkeit über unsers Königs verlust, wie auch über die freude, so Er meint, so ich empfinde über meines sohns regierung. Es geht aber hiermit wie schier in allen sachen dieser welt, da die traurigkeiten allezeit vollkommener ist als die freude. Denn mein sohns stand hat zwar einen großen schein und éclat, allein ich habe doch noch große sorgen dabei. Er hat das königreich in keinem guten stand unterhanden bekommen, und es kost ihm schon viel mühe und sorgen, daß er keine zeit zu essen oder zu schlafen hat und mich fürchten macht, daß er endlich eine große krankheit davontragen wird. Ich fürchte auch, es wird meinem sohn gehen, ohne vergleichung, wie es mit den großen fässern zu Heidelberg gangen: alle kurfürsten, so nicht getrunken, haben sie gebauet, und die, so viel getrunken, haben keine gemacht. Der König war nicht gelehrt, hat doch alle studien und gelehrten florieren machen, mein sohn aber, ob er zwar nicht ignorant ist, auch die gelehrten liebt, wird ihnen, wie ich fürchte, nicht favorable sein können, weilen alles in so großer unordnung hier ist, daß mein sohn wohl mühe wird haben, zu tun, was er am liebsten wollte. Er wird auch viel leute übel zu feinden machen, denn fünfzig prätendieren, was nur einer haben kann, das macht neunundvierzig malcontents, ohne die zu rechnen, so meinen sohn beneiden. Dieses alles benimmt mir, ich muß es gestehen, meine freude über meines sohns glorwürdigen stand jetzt.

1 den Philosophen, Freund der Kurfürstin Sophie (1646–1716)

Unter Philipps Régence begann sich in Frankreich das geistige, wirtschaftliche und politische Leben freier zu entwickeln als unter Ludwig XIV.

Paris, 27. September 1715. Ich weiß nicht, ob mein sohn König wird werden; das stehet bei Gott. Aber wenn er es gleich werden sollte, so kann er nichts tun, als was sein gewissensrat[1] ihm raten wird, in welchen ich nicht gewählet bin, wie Ihr wohl denken könnt. Eins ist wohl sicher, daß, wenn er seiner eigenen inclination folgte, so würde wohl kein mensch in der welt geplagt sein wegen der religion; aber mit pfaffen kommt man nicht leicht zurecht ... Ich sags meinem beichtvater oft, daß die herren paters von seinem orden[2] zu eifrig und hitzig sein; er sagt aber als, daß man sie viel beschuldigt, so sie nicht getan haben, weilen sie gehaßt werden. Ich machs so: ich denke nur an mich und lasse jedermann glauben und walten, wie er es verstehet.

[1] in diesem Rat hatte Dubois, der frühere Erzieher des Regenten, den größten Einfluß   [2] die Jesuiten

Paris, 1. Oktober 1715. Ich will doch nur erkundigen, was für die armen galériens zu tun ist, und general will ich vor ihnen reden. Gehet es an, sollte es mich von herzen freuen; gehet es nicht an, habe ich doch meine schuldigkeit getan und mir nichts vorzuwerfen. Ich fürcht, daß der gewissensrat meinem sohn nicht zulassen wird, nichts vor die armen flüchtigen zu tun; denn pfaffen seind allezeit pfaffen.

Paris, 15. Oktober 1715. In diesem augenblick komme ich vom spazieren. Es ist das schönste wetter, das man sehen mag, wie im maien. Ich bin im kleinen hölzchen gewesen, so man le Bois de Boulogne heißt; darinnen ist ein alt schloß, so François premier gebauet hat, so Madrid heißt, weilen dieser König das schloß hat bauen lassen auf dem modell vom schloß zu Madrid in Spanien, wo dieser König gefangen gesessen. In diesem hof hat eine dame, so vor diesem meine jungfer (hoffräulein sollte ich sagen) gewesen, sie heißt Chausseraye, ein artig landhäuschen; die habe ich dort besucht und ihr klein gärtchen etlichmal durchspaziert.

Teile der königlichen Familie konspirierten — im Bunde mit Kräften des spanisch-bourbonischen Königshofes — gegen den Regenten. Dieser setzte sich mit Energie und Geschmeidigkeit durch

AN GOTTFRIED WILHELM VON LEIBNIZ

Paris, 21. November 1715. Mein sohn ist so accabliert mit verdrießlichen affairen, daß ich ihn nur einen augenblick des tags sehen kann ... Alle akademien hat er ausgeteilt, aber die von den guten künsten hat er vor sich selber behalten, sein sinnen dadurch nach so verdrießlichen arbeiten wieder zu erquicken. Wenn wissenschaft das wahre himmelbrot ist, wird es viel hungrige seelen geben. Ich selber fürchte, daß ich mit hunger leiden müßte, denn man kann nicht ungelehrter noch ignoranter sein als ich bin, ob ich zwar täglich in mir selber suche, mein gemüte zu beruhigen, aber leute wie ich, so mit einem verdrießlichen milz behaftet sein, denen wird alle mühe größer, und es macht in dem menschen wie mikroskope: es vergrößert allen verdruß und macht die traurigkeit länger währen. Mich deucht, daß es schwer wird sein, mittel zu finden, alle menschen gesund zu erhalten, man müßte denn so viel remèdes finden als leute in der welt sein; denn was einen gesund macht, bringt einen andern ums leben, weilen das innerliche vom menschen eben so different als die gesichter sein ... Mich deucht, daß bisher man die kunst noch nicht gefunden, länger zu leben, noch vergnügter, fürchte, daß man noch lang im vorhof sein wird ... Er, herr Leibniz, bedarf niemands als seine eigene hand, sich bei meinem sohn anzumelden; er kennt Ihn mehr, als Er meint, denn Seine réputation ist hoch hier zu Paris gestiegen. Mein sohn muß wohl gedenken, daß man eines tun und das ander nicht unterlassen könne, weilen er, wie schon gesagt, sich der académie des sciences allein annehmen will ... Die nation hier ist schwer zu kontentieren, sie folgen oft dem ersten, so ihnen was vorbringt, und in den provinzen nachdem man ihnen von Paris schreibt, insonderheit wenn das pfaffengeschmeiß sich drinmischt. Was eigentlich vorgeht, weiß ich nicht, denn es ist mir so angst, daß man glauben möchte, daß mein sohn sich auch durch weiber regieren läßt, daß

ich, um seiner gemahlin und töchtern das exempel zu geben, sich
in nichts zu mischen, hab ich überlaut gesagt, daß ich mich in nichts
in der welt mischen will ... Mein sohn hat mir auch gesagt, daß
er seine frau und älteste tochter gebeten, mein exempel zu folgen.
Bisher hat es mich noch nicht gereuet, diese résolution genommen
zu haben.

AN KAROLINE VON WALES [1]

Paris, 9. Januar 1716. Man hat nie differentere brüder gesehen,
als Ihre Majestät der König selig und Monsieur selig waren, haben
sich doch sehr lieb gehabt. Der König war groß und cendré oder
lichtbraun, und sah männlich aus, hatte außerdermaßen hohe mienen. Monsieur sah nicht ignoble aus, aber er war sehr klein, hatte
pechschwarze haare, augenbrauen und augenlider, große braune
augen, ein gar lang und ziemlich schmal gesicht, eine große nase,
einen gar zu kleinen mund und häßliche zähne, hatte mehr weibliche als manns-manieren an sich, liebte weder pferde noch jagen,
nichts als spielen, cercle halten, wohl essen, tanzen und geputzt
sein, mit einem worte, alles was die damen lieben. Der König aber
liebte die jagd, die musik, die komödien, mein herr nur die großen
assemblées und maskeraden. Der König liebte galanterien mit damen; ich glaube nicht, daß mein herr in seinem leben verliebt gewesen.

1 geb. Prinzessin von Ansbach, Gemahlin des englischen Thronfolgers

AN DIE RAUGRÄFIN LUISE

Paris, 21. Januar 1716. Das jahr, wie Carllutz, Euer bruder, herkam, stund ich gar übel mit dem chevalier de Lorraine, und das
falsch geschrei ging, daß ich Carllutz hätte holen lassen, um mich
an dem chevalier de Lorraine zu rächen. Viel kavalier von hof,
brave leute, kamen und baten mich um Gottes willen, sie vor des
Raugrafen seconds anzunehmen. Ich lachte von herzen und sagte,
daß ich gar keine schlagerei anfangen wollte. Ich weiß nicht, ob
der Chevalier hiervon gehört hatte oder nicht; aber einsmals, als

Carllutz und ich und noch viele andere Teutschen in meiner kammer waren, kam der chevalier de Lorraine in meine kammer; wie er uns Teutschen aber beisammen sah, drehete er kurz um und lief davon, als wenn er den teufel gesehen hätte.

AN KAROLINE VON WALES

Paris, 19. März 1716. Wenn man die jalousie einwurzeln läßt, ist sie nicht zu vertreiben; man muß beizeiten seine partei nehmen. Meine tochter läßt sich nichts merken, aber sie leidet oft innerlich, und das kann nicht anders sein, sie liebt ihre kinder gar sehr, und das mensch,[1] das der Herzog so lieb hat, und ihr mann lassen ihr keinen heller; ruinieren ihn ganz. Craon ist wohl ein verfluchter falscher hahnrei. Der herzog von Lothringen weiß wohl, daß meine tochter alles weiß, aber ich glaube, daß er ihr dank weiß, daß sie ihn nicht drum plagt, sondern alles mit geduld aussteht, denn er lebt mit ihr wohl, und sie hat ihren herrn so herzlich lieb, daß, wenn er ihr nur ein paar gute worte gibt, ist sie ganz wohl zufrieden und lustig.

1 Frau von Craon, die Maitresse des Herzogs von Lothringen

St. Cloud, 22. September 1716. Warum ich mich in nichts mischen will, das will ich offenherzig heraussagen: ich bin alt, habe mehr ruhe vonnöten, als geplagt zu sein. Ich mag nichts anfangen, was ich nicht wohl zu ende bringen könnte. Regieren habe ich nie gelernt; ich verstehe mich weder auf politik noch auf staatssachen und bin viel zu alt, was so schweres zu lernen. Mein sohn hat gottlob verstand, die sache ohne mich auszuführen. Zudem so würde es zu viele jalousie bei seiner gemahlin und ältesten tochter zuwege bringen, die er lieber hat als mich; das würde ein ewiger zank sein, und das ist meine sache nicht. Man hat mich genung geplagt, aber ich habe festgehalten; ich wollte meines sohnes gemahlin und tochter gern ein gutes exempel geben. Denn dieses königreich ist zu seinem schaden durch alte und junge weiber regiert worden. Es ist einmal zeit, daß man die mannsleute gewähren läßt. Also habe ich die partei gefaßt, mich in gar nichts zu mischen. In Engelland können weiber regieren, aber wenns recht gehet, sollten in Frankreich die männer allein regieren. Wozu sollte es mir nutzen, mich tag und nacht zu quälen? Ich begehre nichts als friede und ruhe. Alle die meinigen sind tot; für wem sollte ich mich in sorgen setzen? Meine zeit ist nun vorbei, muß nur sehen, so zu leben, damit ich ruhig sterben kann; und es ist schwer, in großen weltgeschäften ein ruhiges gewissen zu behalten.

AN DIE RAUGRÄFIN LUISE

St. Cloud, 19. November 1716. Mir wäre es kein dank, wenn man sich auf meinen geburtstag mit schönen kleidern putzte; denn da frag ich nichts nach, sehe mein leben nicht, wie die leute gekleidt sein. Und sollte man meine eigene kleider nehmen und antun und vor mich kommen, würde ichs nicht merken; denn ich sehe mein leben nicht darnach, wie die leute gekleidt, es müßte denn etwas gar ridicules sein. Fremde sprachen zu reden, stehet allen kindern wohl an. Meine enkel in Lothringen können perfect teutsch und französisch.

AN HERRN VON HARLING

St. Cloud, 26. November 1716. Ich gestehe, daß mich der schleunige tod von dem armen herrn von Leibniz surpreniert hat. Es ist wohl schad, daß ein solcher gelehrter mann es nicht hat weiter bringen können... muß doch einen sanften tod gehabt haben, weilen es so geschwind hergangen. Wenn die leute gelebt haben wie dieser mann und wie monsieur Harling mir sein leben beschreibt, kann ich nicht glauben, daß er vonnöten gehabt hat, priester bei sich zu haben, denn sie konnten ihn nichts lehren, er wußte mehr als sie alle. Sankt Paulus sagt, daß die guten werke den wahren glauben zeigen, weilen sie die früchte davon sein; gewohnheit ist keine gottesfurcht, man muß wissen, was man in der gottesfurcht tut. Nur zum heiligen abendmahl aus gewohnheit gehen, kann Gott nicht angenehm sein; es muß auf wahren glauben gericht sein. Und ein solchen glauben wir dadurch erweisen, daß wir Gott dankbar sein, ihn lieben und auf sein verdienst vertrauen, auch einen ernstlichen vorsatz haben, unsern nächsten zu lieben und ihm nach Gottes gebot behilflich sein. Ohne diese punkten glaube ich nicht, daß einige communion dienlich sein kann. Ich zweifle gar nicht an des herrn Leibniz seligkeit und finde, daß er ein glück gehabt, nicht lang zu leiden. Gott verleih uns allen ein seliges end.

AN DIE RAUGRÄFIN LUISE

Paris, 15. Dezember 1716. Mich wundert, daß Ihro Liebden die prinzess von Wales meine schreiben nicht empfangen hat, denn ob ich zwar kein schreiben von Ihro Liebden habe haben können, so habe ich doch kein einzige post verfehlt. Ich hoff, man wirds ihr endlich noch geben; ich glaube, der Torcy tut es mit fleiß, um mich mir der Prinzess zu brouillieren und Ihro Liebden weiszumachen, daß ich nicht in sorgen vor sie gewesen und nichts nach ihr frage. Er ist zu mir kommen; höflicherweis habe ich ihm meine meinung gesagt. Er ist feuerrot worden und hat gesagt, es wäre seine schuld nicht, wenn die briefe zu spät kommen. Ich lachte und sagte: «Ihr sagt ja selber, die schreiben vom 7. wären ankommen; jedoch habe ich meinen brief nicht und ich bin gar gewiß, daß die Raugräfin nicht gefehlt hat, zu schreiben, also muß man mir ja wohl mein paquet aufhalten.» ... Hätte ich die parfums nicht vertragen können, wäre ich längst tot; denn in allen meinen kindbetten ist mein herr mit parfumierte spanische handschuh zu mir kommen... Den ball habe ich mein leben nicht geliebt, um französisch zu tanzen, denn nichts ist mir unleidlicher als einen menuett tanzen zu sehen. Komödien aber sehe ich gern, sie mögen von kindern oder großen leuten gespielt werden.

AN KAROLINE VON WALES

Paris, 18. Februar 1717. Wie man gemeint, daß ich nach meines herrn tode den prozeß[1] zu Rom gewinnen könnte und geld bekommen, hat mir die alte zott ins Königs namen sagen lassen, ich sollte versprechen, wofern ich meinen prozeß gewinnen sollte, meinem sohn sogleich die hälfte zu verschreiben, und wenn ichs nicht täte, sollte ich des Königs ungnade zu gewarten haben. Ich lachte und antwortete: ich wüßte nicht, warum man mir drohete, da ich ja keine anderen erben hätte als meinen sohn, daß es aber billig wäre, wenn mir was zukäme, daß er meinen tod erwartete; und daß der König zu gerecht wäre, mir ungnädig zu sein, wenn ich nichts täte, als was recht und billig ist. Hernach kam die zeitung, daß ich meinen prozeß verloren, welches mir aus obgemeldeter ursach nicht leid war.

1 wegen ihres pfälzischen Erbes

Paris, 19. März 1717. In der ganzen welt können wohl keine häßlicheren hände gefunden werden als die meinigen. Der König hat mirs oft vorgeworfen und mich von herzen mit lachen machen; denn wie ich mich in meinem leben nicht habe piquieren können, was hübsches zu haben, so habe ich die partei genommen, selber über meine häßlichkeit zu lachen, das ist mir recht wohl bekommen; habe oft genug zu lachen gefunden.

AN DIE RAUGRÄFIN LUISE

Paris, 14. Mai 1717. Herzallerliebe Luise, ich habe heute eine große visite gehabt, nämlich mein heros, den Zar. Ich find ihn recht gut, wie was wir als vor diesem gut hießen, nämlich wenn man gar nicht affektiert und ohne façon ist. Er hat viel verstand und redt zwar ein gebrochen teutsch, aber mit verstand, und gibt sich gar wohl zu verstehen. Er ist höflich gegen jedermann und macht sich sehr beliebt.

St. Cloud, 17. Oktober 1717. Der König hat viel schulden gemacht, weilen er nichts von seiner königlichen pracht hat retranchieren wollen, hat also geld gelehnt, wozu die minister brav geholfen. Denn wo der König einen heller gezogen, da haben sie mit ihren kreaturen pistolen bekommen und durch ihre schelmereien und stehlereien den König und königreich arm, sich aber brav reich gemacht. Mein sohn gibt sich tag und nacht mühe und sorgen, alles wieder zurecht zu bringen, und kein mensch weiß ihm dank, hat viel feind, die ihm alles übel drehen, und mit fleiß leute bestellen, ihn bei dem peuple verhaßt zu machen, welches leicht geschieht, insonderheit weilen er nicht bigott ist. Mein sohn ist so wenig interessiert, daß er nie hat, was ihm von der régence von rechtswegen gebührt, hat keinen heller davon genommen, ob er es doch wegen seiner vielen kinder hoch vonnöten hätte.

St. Cloud, 2. Dezember 1717. Es ist mir lieb, daß meine briefe Euch wohl überliefert werden. Monsieur de Torcy ist gar mein freund nicht; könnte er was finden, mir zu schaden, würde er es nicht unterlassen. Aber da ist mir nicht bang bei, mein sohn kennt mich zu wohl und weiß, wie herzlich ich ihn liebe, also würde es schwer sein, mich mit ihm zu brouillieren. Daß die briefe wohl zupitschiert sein, will nichts sagen; sie haben eine materie von quecksilber und ander zeugs, das pressiert man auf das pitschier, das nimmt just die größe vom pitschier. Wenn sie es abgedruckt haben und man es in der luft läßt, wird es gar hart, daß man wieder mit pitschieren kann, brechen alles siegelwachs vom brief ab, sehen, ob das wachs schwarz oder rot ist. Wenn sie die briefe gelesen und abkopiert haben, pitschieren sie es wieder sauber zu; es kann kein mensch sehen, daß es aufgemacht worden. Mein sohn kann die gama (so heißt man die materie) machen; ich brauch es nur zu kurzweil.

Paris, 9. Dezember 1717. Das ist gewiß, daß ich mein leben nirgends so, ich sage nicht fürstliche, sondern adelige so elend habe erziehen sehen, als man diese kinder hier erzogen hat. Es war dieselbe hofmeisterin, so meine tochter gehabt, die gottlob nicht so erzogen ist. Ich habe einmal die hofmeisterin zu red gestellt, warum sie nicht meine enkel wie meine tochter erziehe; so hat sie mir geantwortet: «Bei Mademoiselle habt Ihr mir beigestanden, bei diesen kindern hat mich die frau mutter mit ihnen ausgelacht, wenn ich über sie geklagt. Wie ich das gesehen, habe ich alles seinen weg gehen lassen.» Daher kommt die schöne zucht. Wie ich den heirat nicht gemacht, habe ich auch nie vor die kinder gesorgt, vater und mutter gewähren lassen.

Paris, 11. Dezember 1717. Das ist leider der einzige dienst und trost, so ich denen, so mir nahe und lieb sein, geben kann, sie in sich selber zu gehen machen und ihre eigene vernunft zu erwecken, so die betrübnis einschläft, um die gerade raison zu sehen und zu folgen, dazu sie uns ja auch von unserm Herrgott gegeben ist. Daß ein jeder mensch seine schwachheit hat, ist wohl wahr, und allezeit aufmunterung vonnöten hat. So lang der gute, ehrliche Polier gelebt, hat mir dieser trost nicht gefehlt, nun aber muß ich alles bei mir selber, welches eine schwere arbeit ist, suchen, und wohl beten vonnöten hat. Auf Gott ganz sein vertrauen setzen, gibt allezeit großen trost. Gottes weisheit ist, wie der Allmächtige selber, unendlich, also weiß er selber allein, warum alles geschieht. Wir müssen der vernunft folgen, so er uns gegeben, ihn aber im übrigen gewähren lassen und seinem willen unterwerfen. Und weil er die welt so geliebt, daß er uns seinen eingebornen sohn geben, auf daß alle, so an ihn glauben, nicht verloren werden, sondern das ewige leben haben, so können wir ja wohl ruhig und zufrieden sein ... Dr. Luther ist gewesen wie alle geistlichen in der welt, so alle gern meister sein wollen und regieren. Aber hätte er an das gemeine beste der christenheit gedacht, würde er sich nicht separiert haben. Er und Calvinus hätten tausendmal mehr guts ausgericht, wenn sie sich nicht separiert hätten und, ohne geras zu machen, unterrichtet hätten; die albernsten römischen instruktionen würden allgemach von sich selber vergangen sein. Wenig geistliche hören gegen ihre interessen, also war nicht zu hoffen, daß man Lutherus hören konnte, so so sehr darwider lief; aber hätte er Rom gewähren lassen und Frankreich und den Teutschen allgemach den irrtum gewiesen, würde er viel mehr mit ausgericht haben.

Paris, 20. Januar 1718. Wir haben schier allezeit das unglück gehabt, daß Teutschland allezeit Frankreich nicht allein nachäfft, sondern auch alles doppelt macht, was man hier tut. Derowegen wundert michs nicht, daß man in Teutschland, Frankreich zu copieren, so doll lebet... Wenn der prinz von Nassau-Siegen nichts anderes bekommt als von mir, kann er wohl hungers sterben; ich habe nur, was mir nötig, und gar keine mittel, einen Fürsten zu erhalten; vor meinen stand bin ich mehr arm als reich. Was hat der herr hier zu tun, warum geht er nicht in Teutschland? Er macht sich hier nur auslachen von jedermann. Es seind dolle köpfe, sein bruder und er. Sein bruder ... wollte mit aller gewalt von mir wissen, warum seine gemahlin ihn nicht leiden könne. Er stinkt abscheulich aus dem mund; ich hatte ihm gesagt, daß ich glaube, daß dies die ursach seie.

AN HERRN VON HARLING

Paris, 24. Februar 1718. Die Prinzess[1] jammert mich in grund der seelen; den 17. dieses monds ist ihr klein neugeboren Prinzchen an den gichtern und husten zu Kensington gestorben. Die Prinzess soll unerhört betrübt über diesen verlust sein. In Ihro Liebden letzten schreiben sagt sie, daß ihr herr und sie den König dreimal um verzeihung gebeten, hätten aber nichts erhalten können. Ich kann nichts in dieser sach begreifen, ich fürchte, daß der Prinz seiner frau mutter[2] unglück mit teilet und deswegen nicht kann geliebt werden, und das ist nicht zu verhelfen. Jedoch so deucht mir, daß, weilen der König diesen Prinzen vor seinen sohn erkläret, sollte er ihn auch als seinen sohn traktieren und auch mit der Prinzess nicht so streng verfahren, die ihr leben nichts gegen den König getan und ihn immer geehret und respektiert und als einen leiblichen vater geliebt hat. Wie ich die sachen sehe, so glaube ich nicht, daß jemalen etwas gutes draus kommt; die verbitterung ist zu groß; aber der König tät wohl, ein end an dieser sach zu machen, denn das macht nur hundert impertinente sachen sagen und alte häßliche historien verneuern, die besser wären, ganz vergessen zu sein.

[1] Karoline von Wales [2] die englische Königin wurde wegen ehelicher Untreue von ihrem Gemahl Georg I. verstoßen und in Haft gehalten

AN DIE RAUGRÄFIN LUISE

Paris, 13. März 1718. Ich glaube die zeit ist herbeikommen, wie in der heiligen schrift stehet, daß sieben weiber nach eines manns hosen laufen werden. Niemalen seind die weibsleute gewesen, wie man sie nun sieht: sie tun, als wenn ihre seligkeit drauf bestünde, bei mannsleute zu schlafen. Die an heiraten gedenken, seind noch die ehrlichsten. Was man täglich hier hört und sieht, ist nicht zu beschreiben, und das von den höchsten. Zu meiner tochter zeit war es gar nicht der brauch. Die ist in einer verwunderung, daß sie nicht wieder zu sich selber kommen kann, über alles, was sie hört und sieht. Sie macht mich oft mit ihrer verwunderung zu lachen. Insonderheit kann sie sich nicht gewöhnen, wenn sie sieht, daß damen, so große namen haben, sich in voller oper in mannsleute schoß legen, so man sagt, sie nicht hassen. Meine tochter ruft mir als: «Madame, Madame!» Ich sage: «Que voulez-vous, ma fille, que j'y fasse? Ce sont les manières du temps.» [1] — «Mais elles sont vilaines.» [2] sagt meine tochter, und das ist auch wahr. Aber erfährt man in Teutschland, wo man alles von Frankreich nachäffen will, wie die fürstinnen hier leben, wird alles zu schanden und verloren gehen ... Das ist gewiß, daß meine eigene kinder gar wohl mit mir leben und mich noch fürchten, als wenn ich sie noch streichen könnte. Ich habe sie auch wohl herzlich lieb.

[1] was soll ich dagegen machen? Das sind die Sitten unserer Zeit
[2] aber sie sind gemein

AN DEN HERZOG AUGUST WILHELM ZU BRAUNSCHWEIG

Paris, 23. März 1718. Euer Liebden bitte ich um vergebung, daß ich etliche tage gewesen, ohne auf dero wertes schreiben vom 15. Februar zu antworten. Die ursach ist, daß ich seit einem monat meine tochter und ihren herrn, den herzog von Lothringen Liebden, bei mir habe; und weilen dies wegen meines hohen alters wohl das letztemal sein wird, daß wir einander sehen werden, so bleibe ich so lang bei ihnen als mir immer möglich sein mag. Aber in diesen letzten tagen hat mich eine schlimmere ursach am schreiben verhindert, nämlich daß meines sohns gemahlin Liebden zwei tag auf den tod gelegen und erst seit gestern außer gefahr; ist an einer starken colique schier gestorben. Diese krankheit ist dies jahr gar gemein zu Paris.

AN DIE RAUGRÄFIN LUISE

Paris, 31. März 1718. Meine lothringische kinder sein mit mir zufrieden und ich mit ihnen. Mit meiner ältesten enkelin[1] bin ich auch gar wohl zufrieden; habe rechte hoffnung, daß was rechts aus sie werden wird. Denn sie ist in allem zu ihrem besten geändert; sie hat viel verstand und gar ein gut gemüte; sie fängt an, Gott den allmächtigen zu beten zu können wollen, die laster zu hassen, die tugend zu lieben, und das ohne aberglauben. Drum hoffe ich, daß sich Gott auch über sie erbarmen und sie ganz bekehren wird. Von ihrer dritten schwester[2] habe ich keine so gute opinion; so bet sie ihr leben nicht, zum andern, so hat sie kein gut gemüte, fragt nichts nach ihrer mutter, wenig nach ihrem vater und will ihn regieren. Mich haßt sie ärger als den teufel; ihre schwestern haßt sie alle. Sie ist falsch in allen stücken und spart oft die wahrheit, coquett abscheulich. Summa, das mensch wird uns allen noch herzeleid geben, das ist gewiß. Ich wollte, daß sie schon geheirat und weit weg wäre und in fremden ländern verheirat, daß man hier nichts mehr von ihr hörte. Ich fürchte, wir werden auch herzeleid an der zweiten erleben, so mit aller gewalt eine nonne werden will,[3] und das gute mensch betrügt sich selber; sie hat gar kein nonnenfleisch und die sach wird nicht sobald geschehen sein, so wird sie, wie ich fürchte, in eine verzweiflung fallen und ist capable, sich selber umzubringen; denn sie ist geherzt und fürcht den tod ganz und gar nicht. Es ist wohl schad vor das mensch; sie hat viel guts an sich, ist gar angenehm von person, lang, wohl geschaffen, ein hübsch, angenehm gesicht, schönen mund, zähn wie perlen, tanzt wohl, hat eine schöne stimm, weiß die musik wohl, singt à livre ouvert was sie will, ohne grimassen, recht angenehm, ist éloquent von natur, hat gar ein gut gemüt, liebt alles, was sie lieben soll. Sie sagt an alle menschen, daß sie niemand regrettiere als mich. Also habe ich sie auch recht lieb. Es ist keine kunst, diese lieb zu haben, denn sie ist recht angenehm; ist mir also recht leid, daß sie eine nonne werden will. Die vierte von meinen enkeln ist ein gut kind, aber gar häßlich und unangenehm.[4] Die fünfte hergegen ist ein schön, angenehm kind, artig, lustig, possierlich; die habe ich auch recht lieb. Man heißt sie mademoiselle de Beaujolais;[5] sie wird verstand bekommen. die sechste, so man mademoiselle de Chartres[6] heißt, ist nicht gar häßlich, aber ein gar widerwärtiges kind; denn sobald man sie nur ansieht, so fängt sie an zu plärren. Der duc de Chartres[7] ist ein artiger bub und hat verstand; aber ein wenig zu ernstlich vor sein alter, und ist so abscheulich délicat, daß ich ihn nicht ohne ängsten ansehen kann. Er darf keinen tropfen über eis trinken, bekommt gleich das fieber, kein obst, nichts darf er essen als was er gewohnt ist. Ich fürcht als, er wird es nicht lang machen, welches doch ein abscheulich unglück vor uns alle sein würde und auch wohl schade vor das kind, so guten verstand und ein gut gemüte hat und alles lernt was man will. Er ist nicht schön, doch mehr hübsch als häßlich, gleicht mehr der frau mutter als er dem herrn vater gleicht. Das kind ist zu allen tugenden geneigt und hat kein laster. Ich habe ihn deswegen recht lieb. Aber hiemit genung von meinen kindern und kindskindern gesprochen ... Historien seind auch lügen ... Nun, kann man so lügen in sachen, so uns vor der nasen geschehen, sagen, was kann man denn glauben von was weiter ist und vor langen jahren geschehen? Also glaube ich, die historien (außer was die heilige schrift ist) ebenso falsch, als die romane, nur der unterschied, daß diese länger und lustiger geschrieben sein.

1 Duchesse de Berry — es ist nun von den Kindern des Regenten die Rede   *2* Mademoiselle de Valois; sie heiratete den Herzog von Modena   *3* Luise Adelaide   *4* Mademoiselle de Montpensier, heiratete Ludwig von Asturien, der 1724 kurze Zeit König von Spanien war   *5* Philippine Elisabeth   *6* Luise Diana heiratete den Prinzen Ludwig von Bourbon   *7* Ludwig von Orléans; dem Alter nach hätte er an vierter Stelle zu stehen

Philipp von Orléans · Liselottes Sohn

St. Cloud, 1. Mai 1718. Mein sohn hat keine mittel genung, eine hohe allianz zu machen; zudem wer wollte alle die übelgebornen kinder vor die seinigen gehen sehen?[1] Und noch andere ursachen mehr, so sich wohl sagen aber nicht schreiben lassen. Ich bin ganz von der alten roche; die mißheiraten seind mir ganz zuwider und ich habe in acht genommen, daß sie nie wohl geraten. Mein sohns heirat hat mir mein ganz leben versalzen und mein freudig gemüte ganz verstört.

1 weil die Gemahlin ihres Sohnes aus doppeltem Ehebruch stammte, konnte Liselotte diese ihre Enkelkinder nicht als ebenbürtig betrachten

St. Cloud, 8. Mai 1718. Ich sehe die bären nicht ungern tanzen; mit den Polen vorm jahr waren etlich hier, ich sehe etlich hier. Das erinnert mich an eine possierliche historie, die eine fille de qualité vom haus la Force hier erdacht. Sie ist lang bei hof gewest, war fräulein bei madame de Guise. Ein conseiller-sohn, so gar reich war und monsieur de Briou hieß, wurde verliebt von mademoiselle de la Force und heirate sie wider seines vaters willen. Der vater wollte den heirat brechen und verbot seinem sohn, die dame zu sehen, noch einig commerce mit seiner frau zu haben. Die bestach einen trompeter, sollte ihrem mann nur sagen, daß, wenn er bären sehen würde und der trompeter eine sonderliche fanfare blasen, sollte er geschwind herunter zu den bären gehen, so in seinem hof tanzen würden. Diese dame hatte sich in eine bärenhaut nähen lassen. Wie das zeichen geben ward, nahm monsieur de Briou urlaub, die bären tanzen zu sehen. Da kam der bär, so seine frau war, zu ihm und sprachen lange miteinander... So ein einfall, als dieser ist, habe ich in keinem roman gefunden.

St. Cloud, 9. Juni 1718. Herzallerliebe Luise, ich bin heute eine gute stund später aufgestanden als ordinari, weilen ich eine stund später nach bett bin. Denn ich bin gestern erst um zehn uhr nachts von Paris kommen, war um halb elf morgens hingefahren, um in einem kloster, so man l'Abbaye au bois heißt, ein gar langweilige und lange zeremonie zu verrichten, nämlich den ersten stein zu legen, eine kirche zu bauen. Habe mich recht geschämt, denn man empfing mich mit pauken, trompeten, schalmeien, trommeln und pfeifen und stück. Ich mußte eine gassen lang gehen, wo das fundament war, hatte alle das geras vor mir... Ihr könnt gedenken, wie daß ein pöbelvolk versammelt. Ich hatte erst vor dem schönen marsch die meß im kloster gehört mit einer schönen musik. Wo der stein war, sungen die pfaffen drei psalmen auf latein, sagten auch gebeter, wovon ich kein wort verstund. Es war ein erhobener ort, ganz mit teppichen vermacht, darauf eine chaise à bras unter einem himmel, da mußt ich sitzen. Man bracht mir den stein, worauf mein namen geschrieben und in der mitten meine medaille lag; darauf warf man kalk, das mußte ich ganz überschmieren. Hernach tat man einen andern stein drauf und mußte ich meinen segen drauf geben. Das machte mich lachen; denn es ist ein kräftig sache um meinen segen. Darnach schickte ich den ersten von meinem haus, nämlich den Chevalier d'honneur, monsieur de Mortagne, mit dem stein in den bodengrund, den stein zu placieren an mein platz; denn ich konnte die leiter nicht auf- und absteigen, wie Ihr wohl gedenken könnt, liebe Luise! Die zeremonie dauerte in allem anderthalb gute stund. Denn nachdem man den stein unter dem geras von pauken, trompeten, trommeln, hautbois und pfeifen, auch stückschuß, gelegt, sung man ein tedeum in musik, welches blutslang dauerte, endigte um ein uhr.

St. Cloud, 30. Juni 1718. Seit vergangen sonntag acht tag regnets alle morgen, aber nachmittags ist es schön wetter außer gestern, da es geregnet und geschloßt hat. Apropos vom hagel, er hat sieben dörfer in Lothringen ruiniert und alles zerschlagen, sollen noch in andern orten auch gewesen sein und schloßen von zwei pfund schwer gefallen sein. In Lothringen, wie mein tochter mir schreibt, kontribuieren sie es den hexen. Das ist eine alberne meinung, daß sich weiber und männer in den wolken verstecken können und hageln, um alles zu verderben. Zu Paris glaubt man an keine hexen und hört auch von keinen. Zu Rouen glauben sie, daß hexen sein, und dort hört man immer davon... Das ist nichts neues, daß ein mann nebenaus geht und maitressen hat; unter zehntausenden findt man nicht einen, so nicht was anderst als seine frau liebt. Sie seind noch zu loben, wenn sie ihre weiber gute worte geben und nicht übel mit ihnen leben ... Madame de Chasteautier sagt als, daß, wenn man jemand den heirat verleiden wolle, müsse man mich davon reden machen; worauf die Rotzenhäuserin antwortet, daß ich nie recht geheirat gewesen und nicht wüßte, was ein rechter heirat seie mit einem mann, von dem man verliebt ist und der einen wieder liebt, daß dies alles ändert und anders macht. Darauf accusiere ich sie, den beischlaf zu lieben, dann wird sie bös über mich und ich lache sie aus ... Mein sohn ist wohl eine geplagte seele; er hat so viel zu tun, daß er kaum essen noch schlafen kann, jammert mich oft so sehr, daß mir die tränen drüber in den augen kommen, tut hundert leuten guts, die es ihm doch gar kein dank wissen. Undankbarere leute, als hier im land sein, habe ich mein tag des lebens nicht gesehen ... Die falschheit ist gar zu arg hier im land ... Wenn ich alles hierauf sagen sollte, was zu sagen wäre, müßte ich ein buch anstatt eines briefs schreiben. Diese sachen machen mich oft recht traurig.

AN HERRN VON HARLING

St. Cloud, 3. Juli 1718. Ich habe gottlob noch einen guten teutschen magen, der alles wohl verdauet. Alle abend esse ich ein salatchen, so alle Franzosen sehr verwundert; sie verderben ihre magen, daß sie sie mittags und abends zu sehr überladen ... Ich finde, daß es eine rechte liebe ist, wenn man kinder scharf hält. Wenn man raisonnabel wird, erkennt man, aus welcher ursach es geschehen, und weiß denen am meisten dank, so mit solcher affection uns zum besten vor uns gesorgt haben. Denn von natur seind alle kinder zum bösen geneigt, drum muß man sie kurz halten. Wollte Gott, die gute frau von Harling wäre bei mir blieben, bis ich geheirat worden, so würde ich noch besser geworden sein; zu der jungfer Kolb hatte ich keine affection noch vertrauen. Monsieur de Polier aber, der hat die hofmeisterstelle redlich verricht. Wer mir aber noch mehr instruktionen geben, war der gute, ehrliche Webenheim, dem habe ichs auch all sein leben dank gewußt.

St. Cloud, 28. Juli 1718. Ich muß mich sehr eilen, denn das essen ist getragen, nur sagen, daß ich die mettwürst nicht empfangen habe. Aber um zu weisen, daß man sie hier gut findt, so hat man mir einmal ein ganz kistchen weggefressen, so unsere liebe selige Kurfürstin mir geschickt hatte ... Niemand ist hier verwundert, daß ich diese speisen gerne esse. Ich habe hier auch den rohen schinken in mode gebracht, und viel von unsern teutschen essen, als sauer- und süßkraut, salat mit speck, braunen kohl, auch wildbret, das man hier schier gar nicht ißt, das habe ich alles à la mode gebracht, und pfannenkuchen mit bücking. Dem guten seligen König hatte ich dies essen gelernt, er aß es herzlich gern. Ich hab mein teutsch maul noch so auf die teutschen speisen verleckert, daß ich keinen einzigen französischen ragout leiden noch essen kann; esse nur rindfleisch, kalbsbraten und hammelschlegel, gebratene hühner, selten feldhühner und nie fasanen. Ich werde fünf oder sechs wochen ohne capitaine des gardes sein, denn Harling muß possession von seinem gouvernement nehmen.[1]

[1] nach langjährigem Militärdienst war ihm die Verwaltung des Gouvernements Sommières übertragen worden

AN DIE RAUGRÄFIN LUISE

St. Cloud, 4. August 1718. Mein sohn verzählte mir gestern in der komödie, daß der Zar[1] eine maitresse vom Zarewitsch[2] bestochen hat; die hat ihm brief geben vom Zarewitsch, worinnen gestanden, daß er seinen herrn vater wolle assassinieren lassen. Der Zar hat einen großen rat versammelt, alle bischöfe und reichsräte. Wie sie alle versammelt waren, hat er seinen sohn kommen lassen, hat ihn embrassiert und zu ihm gesagt: «Ist es möglich, daß, nachdem ich dir dein leben verschont, daß du mich ermorden willst?» Der Zarewitsch hat alles geleugnet. Da hat er, der Zar, die brief dem rat übergeben und gesagt: «Ich kann meinen sohn nicht richten, richt Ihr ihn doch, doch daß es mit güte und sanftmut und nicht mit rigueur gehen möge!» und ist weggangen. Der ganze rat hat dem Prinzen das leben abgesprochen. Wie der Zarewitsch das gehört, ist er so erschrecklich erschrocken, daß ihn der schlag drüber soll gerührt haben; ist doch nur etliche stund ohne sprach gewesen. Sobald ihm die sprach wiederkommen, hat er seinen herrn vater begehrt noch einmal vor seinem end zu sehen. Der ist zu ihm; der Zarewitsch hat ihm alles gestanden und mit tränen um verzeihung gebeten; hat noch zwei tag gelebt und ist mit großer reu gestorben. Unter uns geredt, ich glaube, man hat ihn vergift, um die schand nicht zu haben, ihn in des schinders händen zu sehen. Das ist doch eine abscheuliche historie, kommt mir wie eine tragödie vor.

1 Peter der Große   *2* Peters Sohn Alexej

AN KAROLINE VON WALES

St. Cloud, 18. August 1718. Ich bin mein lebetage lieber mit degen und flinten umgegangen als mit puppen; wäre gar zu gern ein junge gewesen, und das hätte mir schier das leben gekostet, denn ich hatte erzählen hören, daß Maria Germain vom springen zum mannsmenschen geworden, das hat mich so erschrecklich springen machen, daß es ein mirakel ist, daß ich nicht hundertmal den hals gebrochen habe.

AN DIE RAUGRÄFIN LUISE

St. Cloud, 27. August 1718, um 9 uhr morgens. Herzallerliebe Luise, ich schreibe Euch heute, um die post nicht zu verfehlen; denn morgen werde ich nach Paris, allwo ein schrecklich lärmen ist. Mein sohn hat den König lit de justice halten machen, das ganze parlament holen lassen, ihnen des Königs wegen ernstlich befohlen, sich in nichts in der regierung zu mischen, nur in was ihnen zukommt, nämlich die prozesse auszuführen und recht zu sprechen... Weilen man gewiß weiß, daß der duc du Maine und seine gemahlin das parlament gegen den König und meinen sohn aufgesetzt, so hat man ihm des Königs aufsicht[1] benommen und monsieur le Duc[2] geben, ihn auch von dem rang, so er gehabt, als prince de sang tractiert zu werden, ihn und seine kinder degradiert. Hergegen aber seinen jüngsten bruder [3] befestiget man in alles vor sein leben, denn der hat sich wohl und treulich gehalten. Die leute im parlament und die duchesse du Maine seind so boshaft und verzweifelt, daß mir jetzt todangst ist, daß sie meinen sohn assassinieren werden. Denn ehe dies vorgangen, hat madame du Maine schon an öffentlicher tafel gar einen dollen discours geführt und gesagt: «On dit que je révolte le parlement contre le duc d'Orléans, mais je le méprise trop pour prendre une si noble vengeance de lui; je saurai bien m'en venger autrement, autrement.» [4] Hieraus seht Ihr, liebe Luise, was vor eine dolle hummel sie ist und ob ich nicht recht habe, in ängsten vor meinen sohn zu sein. Die leute seind gar zu verteufelt hier; es ist keine lust so zu leben ... Das österreichische haus hat das: sie seind nicht dankbar. Unser herzog von Lothringen und sein herr vater haben ja dem Kaiser wohl gedient. Zur danksagung nimmt der Kaiser, sobald der duc de Mantua tot ist, le Montferrat und gibts dem herzog von Savoyen, da es doch mit recht dem herzog von Lothringen gehört.

1 d. h. die Erziehung des Königs, des acht Jahre alten Ludwig XV.
2 dem Duc de Condé   *3* den Comte de Toulouse   *4* man sagt, daß ich das Parlament gegen den Herzog von Orléans aufhetze, aber ich verachte ihn zu sehr, um eine so noble Rache an ihm zu nehmen. Ich weiß mich schon anders zu rächen

AN KAROLINE VON WALES

St. Cloud, 30. August 1718. Das parlament hatte ein schön dessein vor; hätte mein sohn noch vierundzwanzig stunden gewartet, monsieur le duc du Maine vom König zu tun, so wäre es resolviert, den König itzt majorenn zu erklären, damit alles durch den monsieur du Maine gehen möchte. Aber mein sohn hat sie überrumpelt, indem er den duc du Maine vom König getan und degradiert hat. Man sagt, daß der Premier Président so erschrokken gewesen, daß er geblieben, als wenn er der Meduse kopf gesehen hätte, welche aber nicht furieuser gewesen als madame du

Maine, welche sehr drohet. Man soll öffentlich in ihrem hause gesagt haben, man wolle schon mittel finden, dem Regenten einen solchen croquignole zu geben, daß er ins gras beißen müsse. Man meint, die alte zott spielt auch unter dem hütchen mit ihrem pupil.

AN HERRN VON HARLING

St. Cloud, 21. September 1718. Was monsieur und madame du Maine betrifft, so erfährt man alle tag neue conspirations von ihnen gegen meinen sohn, so daß einem die haar zu berg stehen. Ich glaube nicht, daß der teufel in der höllen schlimmer sein kann als die alte Maintenon, ihr duc du Maine und seine gemahlin. Diese letzte hat überlaut gesagt, ihr mann, schwager und sohn wären lauter lâches, so kein herz hätten; sie wäre nur ein weib, aber sie wollte express eine audienz vom Regenten fordern, um ihm ein stilet ins herz zu stoßen. Da sieht monsieur Harling, welch einen sanftmütigen geist diese dame hat, und da seht Ihr, ob von solchen leuten nichts zu fürchten ist, insonderheit wenn sie einen solchen großen anhang haben. Denn ihre kabale ist sehr stark, seind mehr als zehn häupter und alle die reichsten und größten herren vom hof, und was noch ärger ist: die reichsten, so es alle mit der spanischen partei halten und also mit dem duc und der duchesse du Maine, und wollen den könig in Spanien hier haben. Mein sohn ist ihnen zu gelehrt; sie wollen einen haben, so sich ganz nach ihrem sinn regieren läßt, und da ist der könig in Spanien gut zu.

AN DIE RAUGRÄFIN LUISE

St. Cloud, 29. September 1718. Alle Franzosen lieben Paris über alles. Die Pariser habe ich lieb, aber ich bin nie gern in der stadt, alles ist mir zuwider drin. Die art von leben ... so man dort hat, alles was man hört und sieht, ist unerträglich, muß als dort tun, was man nicht will; man hat weder nacht noch tag ruhe dort und oft hört und sieht man gar verdrießliche sachen ... Es ist nur zu wahr, daß sich weiber blaue adern haben malen lassen, um glauben zu machen, daß sie so zarte häute haben, daß man die adern sieht. Es ist auch wahr, daß jetzt weniger leute schön sein, als vor diesem waren; ich glaube, sie veralten sich mit ihrem schmink.

St. Cloud, 3. November 1718. Es graust mir recht, wenn ich an alles gedenke, so monsieur de Louvois hat brennen lassen. Ich glaube, er brennt brav in jener welt davor; denn er ist so plötzlich gestorben, daß er nicht die geringste reu hat haben können. Er ist von seinem eigenen doktor vergift worden; den hat man hernach auch vergift; aber ehe er gestorben, hat er bekennt alles, und wer ihn das stück hat tun machen. Man hat es aber gedrehet, als wenn der doktor das hitzige fieber gehabt und gefabelt hätte, weilen er die alte zott accusiert hatte; aber mit solchen umständen, daß man nicht dran hat zweifeln können. Es ist diesem mann gangen, wie in der heiligen schrift stehet: «Mit welchem maß ihr messet, soll euch gemessen werden.»

AN KAROLINE VON WALES

St. Cloud, 4. November 1718. Warum man madame la Dauphine[1] so viele junge und tolle hummeln gegeben, war, daß sie schier alle der alten zott verwandten oder alliierte waren, daß sie selber suchten die Dauphine zu amüsieren und divertieren, damit sie aus langerweile nicht andere gesellschaft als die ihrige suchen möchte. — Darnach hatte sie die jungen bursche gern in ihrer kammer, den König zu amüsieren, der sich divertierte, sie rasen zu sehen. Man hat den König nur die unschuldigen zeitvertreibe sehen lassen, das übrige hat man ihm verhehlt, hat es erst nach ihrem tode erfahren. Es war eine art von plaisanterie, daß madame la Dauphine die alte zott ma tante hieß; die hoffräulein hießen alle ihre hofmeisterin, die maréchalle de la Motte, mama; aber hätte madame la Dauphine die zott mama geheißen, hätte man es für eine declaration von des Königs heirat genommen, also hat sie sich an «ma tante» gehalten.

[1] die zweite Dauphine, Duchesse de Bourgogne

AN DIE RAUGRÄFIN LUISE

St. Cloud, 24. November 1718. Das wäre schön, liebe Luise, daß man nur nach den leuten fragen sollte, wie sie einem nutz sein. So interessiert bin ich gottlob nicht, noch so à la mode, liebe Luise, und werde es auch mein leben nicht werden. Ich habe allezeit nach unsern guten alten maximen gelebt und werde auch so sterben... Es ist schad, daß man den garten weg getan; zudem in der lebendigen hecken, so längs dem graben war, waren eine große menge von nachtigallen, so die ganze nacht sungen im frühling. Wo ist aber das artige, klare bächelchen hinkommen, so durch den garten floß und bei welchem ich so oft auf einem umgeworfenen weidenbaum gesessen und gelesen? Die bauersleute von Schwetzingen und Oftersheim um mich herum und plauderten mit mir, das divertierte mich mehr als die duchesses im cercle. Aber wie bauet man so liederlich nun, daß ganze galerien abfallen? Das schwedische haus zu Mannheim war ja auch nur von holz, aber doch wohl gebauet... Ich glaube, wenn ich Mannheim, Schwetzingen oder Heidelberg wiedersehen sollte, glaube ich, daß ich es nicht würde ausstehen können und vor tränen vergehen müßte. Denn wie alle unglück dort geschehen, bin ich länger als sechs monat gewesen, daß, sobald ich die augen zugetan um zu schlafen, habe ich die örter in brand gesehen, bin mit schrecken aufgefahren und länger als ein stund geweint, daß ich geschluchzt habe. Was würde es denn sein, wenn ich mit meinen augen sehen sollte und gedenken, daß unser herr vater und bruder nicht mehr sein, wie auch meine frau mutter! Ich bitte, liebe Luise, kauft mir, wo es zu finden ist, eine landkart vom amt Heidelberg, laßt sie sauber auf ein tuch kleben, damit sie nicht zerreißt, und schickt sie mir und schreibt mir, was sie Euch kost!

Paris, 4. Dezember 1718. Jungfer Eltz von Quaadt ist meines bruders und meine erste hofmeisterin gewesen; sie war schon gar alt, wollte mir einstmals die rute geben, denn in meiner kindheit war ich ein wenig mutwillig. Wie sie mich wegtragen wollte, zappelte ich so stark und gab ihr so viel schläg in ihre alte bein mit meinen jungen füßen, daß sie mit mir dort naus fiel, und hätte sich schier zu tod gefallen, wollte derowegen nicht mehr bei mir sein; also gab man mir jungfer von Offeln zur hofmeisterin, die man Ufflen hieß und zu Hannover monsieur Harling geheiratet. Wie aber mein bruder zu den mannsleuten kommen, hat sich jungfer Quaadt in ihr haus zu ihrer schwester, jungfer Marie, und noch zwei alten jungfern, so ihre basen waren, in ihr haus retiriert in der vorstadt gegenüber dem herrengarten, wo man mein bruder selig und mich oft hingeführt, diese alte damen zu besuchen. Jungfer Marie war unserer lieben Kurfürstin hofmeisterin gewesen. Hieraus seht Ihr wohl, liebe Luise, daß ich den schönburgischen hof gar wohl gekannt habe. Diese alte jungfern waren noch nicht tot, wie Ihr geboren seid, aber Ihr habt sie nie gesehen. Sie seind alle vier erschrecklich alt worden, sie hielten ihr haus sehr proper und sauber, ihr tischzeug war wie in Holland, sie hatten auch viel porzellainen, so damals was rares waren. Aus diesem allen seht Ihr wohl, daß ich die jungfern von Quaadt gar wohl gekannt habe.

AN KAROLINE VON WALES

Paris, 9. Dezember 1718. Mein sohn hat sich obligiert befunden, den spanischen abgesandten, den prince de Cellamare, arretieren zu lassen, denn er, mein sohn, hat einen kurier, welches der abbé Portocarrero war, aufgreifen lassen, bei dem hat man briefe vom ambassadeur gefunden und eine conspiration wider den König und meinen sohn entdeckt. Man hat den ambassadeur durch zwei conseillers d'Etat arretieren lassen.

AN DIE RAUGRÄFIN LUISE

Paris, 15. Dezember 1718. Ich habe schon von dem ridiculen serail gehört, so der markgraf von Durlach hält. Wie ich jetzt von unsern teutschen, es seien fürsten oder ander herrn, höre, so seind sie alle so närrisch, als wenn sie aus dem dollhaus kämen; ich schäme mich recht davor. Was sagen aber die herrn pfarrer zu solchen leben? Ihr werdt mir sagen, eben was die beichtsväter hier sagen, und hierin habt Ihr recht. Allein was man nicht anklagt, kann man in der beicht nicht strafen. Solange leichtfertigkeit und interesse im schwang gehen, werden alle sachen in der welt überzwerch gehen. — Seit ich meine pause gemacht, habe ich erfahren, daß Sandrasqui und graf Schlieben haben sich in der conspiration gegen meinen sohn befunden. Die sach ist mir in allem leid, aber es verdrießt mich recht, daß sich Teutsche in diese abscheuliche sach gemischt finden, schäme mich recht davor.

AN HERRN VON HARLING

Paris, 22. Dezember 1718. Wie glücklich finde ich jetzt die, so nur diebe zu fürchten haben, denn zu denen findt man besser rat, als die so gegen ihr vaterland konspirieren und ihre rechtmäßigen herren assassinieren wollen. Bei dieser sach wird einem angst und bang. Man weiß nun, daß meine ganze familie hat sollen assassiniert werden, außer meiner eigenen person, weilen ich ganz unverdienter weis von dem pöbel geliebt bin, sagen, der pöbel würde sich gegen sie empören, wenn sie mir was leids täten; als wenn meinen sohn und seine kinder umzubringen mir nichts übles getan wäre ... In dieser welt habe ich mehr zu fürchten als zu hoffen, sehe also den tod ohne scheu an, denn ich vertraue auf meinen Gott und meinen erlöser, und wenn ich alleine bin, singe ich: Ich hab mein sach Gott heimgestellt ...

AN DIE RAUGRÄFIN LUISE

Paris, 29. Dezember 1718, um 10 Uhr morgens. Herzallerliebe Luise, ich habe Euch schon vor zwei stunden schreiben wollen, hab aber nicht gekönnt; denn ich bin so erschrecklich bestürzt, daß mir die hand zittert. Mein sohn ist mir sagen kommen, daß er endlich seiner gemahlin bruder, den duc du Maine und seine gemahlin hat müssen arretieren lassen; denn sie seind die häupter von der abscheulichen spanischen conspiration. Alles ist entdeckt, man hat es schriftlich von des spanischen abgesandten eigenen händen gefunden, und die gefangenen habens alles gestanden. Also ist es nur zu wahr, daß der duc du Maine le chef von der conspiration ist. Also ist mein sohn gezwungen worden, ihn, seine gemahlin und alle ihre leute zu arretieren. Die gemahlin als princesse de sang hat man durch einen von des Königs vier capitaines des gardes, ihr herr aber, so auf dem land war, hat man nur durch einen lieutenant des gardes arretieren lassen. Das macht einen großen unterschied zwischen beiden. Madame du Maine ist nach Dijon geführt worden in Bourgogne, in ihres neveu gouvernement. Ihren herrn hat man nach Doullens geführt, in eine kleine festung, und ihre bedienten, die von der conspiration sein, hat man alle in die Bastille geführt.

Paris, 31. Dezember 1718. Die letzten und ersten tag im jahre seind verdrießlich; wenn noch ein dritter tag so wär, man könnt es nicht ausstehen. Heute werde ich gewiß nicht zum schreiben gelangen können. Adieu denn bis auf morgen! Wenn es mir möglich sein wird, werde ich Euch ein glückseliges neues jahr wünschen.

Paris, 1. Januar 1719. Herzallerliebe Luise, ich wünsche Euch ein glückseliges, friede- und freudenreiches neues jahr, langes leben, gute gesundheit und alles, was Ihr Euch selbsten wünschen und begehren möget... Seid in keinen sorgen, liebe Luise, daß ich um sechs aufstehe! Ich gehe gar früh schlafen und am spätsten, daß ich zu bett gehe, ist um halb elf, gar oft um zehn bin ich in mein bett, also meistenteil acht stund im bett, so genung ist. All mein leben esse ich abends salat; mein magen ist gut und ganz dran gewohnt, tut mir, gottlob, nie wehe. Wenn ich nur nichts esse, wo fleischbrüh an ist; das allein kann ich nicht vertragen. Ich mag auch krank oder gesund sein, nehme ich mein leben keine fleischbrühe noch supp; denn es macht mich übergeben und gibt mir indigestion. Ihro Gnaden selig der Kurfürst, unser herr vater, hat mich schier einmal sterben machen, meinte, es wäre eine fantaisie, ließ mich aus gehorsam alle morgen ein monat lang bouillon nehmen und ich kotzte (met verlöff, met verlöff, wie die alte Wolzogin als pflegt zu sagen) alle morgen. Ich wurde schwach und dürr davon, wie ein scheit holz. Der gute ehrliche Polier erwies Ihro Gnaden, daß ich es nicht mehr ausstehen konnte; also gab man mir anstatt ein bouillon eine gute schüssel voll weinsupp, aber mehr supp mit essig, das hat mich wieder zurecht gebracht, sonst wäre ich krepiert. Wie ich anfangs herkam, meinte Monsieur selig und alle leute und die doktoren hier, man könnte nicht ohne bouillon leben. Monsieur bat mich, es zu versuchen. Ich verzählte Ihro Liebden, wie mirs zu Heidelberg mit gangen wäre. Das half nichts; ich müßte es versuchen. Ich kotzte bis aufs blut. Da schwur Monsieur, er wollte es mir sein leben nicht mehr zumuten. Aber was noch wunderlicher ist, liebe Luise, ist, daß mir, wenn ich so gekotzt habe, nichts den magen wieder zurecht bringt als roher schinken oder mettwürst. Suppen äße ich nicht ungern, aber sobald ichs gessen habe, geschwillt mir der magen, macht mich schwitzen, und bekomme eine indigestion, muß es also auch bleiben lassen ... Ich habe meinen sohn[1] sechs monat beweint, meinte närrisch drüber zu werden. Den schmerzen kann niemand wissen, so kein kind gehabt hat. Es tut, als wenn man einem das herz aus dem leib reißt. Ich weiß nicht, wie ich es habe ausstehen können; schaudert mich noch, wenn ich dran gedenke. Aber da schlägt es achte; ich muß wider meinen willen vor diesmal aufhören zu schreiben, nur noch in eil sagen, daß mein sohn kein wort teutsch kann. Aber ich will Euer mémoire übersetzen lassen. Die minister können auch kein teutsch, konnten also den rapport nicht tun.

1 ihren erstgeborenen Sohn, der im Alter von zwei Jahren starb

Paris, 5. Januar 1719. Ich habe Euch vor acht tagen bericht, wie daß es herauskommen, daß der duc und die duchesse du Maine die urheber von der conspiration sein. Seitdem hat man noch etwas erfahren, so den duc du Maine überweist. Man hat einen brief vom cardinal Alberoni an diesen Duc gefunden, so ihm mit diesen worten schreibt: «Dès que la guerre sera déclarée, mettez le feu a toutes vos mines!»[1] Nichts ist deutlicher. Es seind böse und verfluchte leute. Ach, da kommt man mir was sagen, so mich jammert, nämlich, daß der könig in Schweden[2] in einem sturm geblieben ist. Ich würde es mich doch getrösten, wenn mein vetter, der erbprinz von Kassel,[3] könig in Schweden werden sollte. Er hat gleich einen stillstand mit Dänemark gemacht... Habe wohl gedacht, daß Euch diese abscheuliche conspiration vom duc du Maine gegen meinen sohn ärgern würde. Es seind zwei teufelchen, so von zwei alten hexen[4] geführt werden und von zwei erzschelmen[5] unterhalten werden... Der Duc und die Duchesse haben in alle orte hinschreiben lassen, sich weiß und meinen sohn schwarz zu machen. Alles, was die sechs personen erdacht gegen meinen sohn, ist nicht auszusprechen, ist gar zu falsch und boshaft... Es ist nicht zu erdenken, was libelles sie in Paris und in den provinzen gegen meinen armen sohn ausgebreitet haben, auch in fremde länder geschickt haben... Die leute, so meines sohns feind sein... haben so einen großen anhang von allerhand leuten, daß ich mühe habe, nicht in ängsten zu sein.

1 sobald der Krieg erklärt sein wird, legt Feuer an alle Eure Minen
2 Karl XII.   3 Friedrich von Hessen-Kassel, Gemahl der Schwester und Erbin Karls XII.   4 Maintenon und Orsini   5 von Kardinal Alberoni und dem spanischen Gesandten Cellamare

Paris, 8. Januar 1719. Herzallerliebe Luise, wir haben abermal ein neu unglück. Das ganze schloß zu Lunéville[1] ist rein abgebrennt mit allen möbeln den dritten dieses monds um fünf uhr morgens. Eine baracke ging in brand; die leute im haus wolltens verhehlen, gruben unten nunter und meinten, den brand zu löschen. Allein es war nahe an einem holzhof; der wind führt die flamm ins holz, das brannt gleich an, fuhr ins ballhaus, vom ballhaus ins dach, und in einer stund zeit ist alles abgebrennt. Das ganze garde de meuble ist am ersten verbrennt. Man hat die archive und papiere salvieren wollen, aber hundert personen seind drüber verbrennt. Die schloßkapell auch, so ganz neu gebauet war und gar schön soll gewest sein, ist in aschen. Man rechnet den verlust von fünfzehn bis zwanzig millionen. Die kinder[2] hat man in decken nackend in bloßem hemd salviert und weggetragen. Meine tochter hat sich in chaise mit bloßen beinen wollen wegtragen lassen, allein ihre porteurs zitterten so erschrecklich, daß sie nicht tragen konnten; also mußte meine arme tochter den ganzen garten durch im schnee mit bloßen füßen gehen, und der schnee lag zwei schuh hoch... Den Sandrasqui habe ich besser traktiert als Schlieben, denn vor den habe ich mich interessiert und vor ihn gesprochen. Aber Schlieben hat viel verstand, verzählt possierlich, aber mein leben habe ich nicht vor ihn gesprochen. Er hat mich wohl drum ersucht; ich habe es aber nie tun wollen. Er sagte einmal zu mir: «Euer Königliche Hoheit sagen oft: ‹Schlieben redt gut teutsch, Schlieben hat verstand›, sie sagen aber nie: ‹Schlieben ist gar ein ehrlicher mensch, hat ein gut gemüte.›» Ich sagte: «Daß Ihr gut teutsch redet, höre ich, daß Ihr verstand habt, merke ich; aber daß Ihr die andern zwei qualitäten habt, müßt Ihr mir weisen, denn es steht nicht an der stirn geschrieben.»

1 Ort und Schloß unweit Nancy   *2* des Herzogs, Liselottes Enkel

AN KAROLINE VON WALES

Paris, 31. Januar 1719. Der brand zu Lunéville ist nicht ungefähr geschehen. Man weiß, daß leute einem weibe das maul verstopft haben, so rufen wollte, daß es brennt; dazu hat man einen rufen hören: «Ce n'est pas moi qui ait mis le feu!»¹ Meine tochter meint, es sei die alte zott, die hätte sie alle verbrennen wollen. Denn der so gerufen, hat in des duc de Noailles haus gedient. Ich glaube aber vielmehr, daß die junge zott, die Craon part daran hat, denn Lunéville ist meiner tochter habitation, wie man es hier heißt, und wittum.

1 ich habe das Feuer nicht angelegt

Paris, 16. Februar 1719. Daß Ihr keine schreiben aus England bekommt, ist nicht wunder, zu sehen, wie abscheuliche winde und sturm jetzt sein. Einer, so man vor acht oder zehn tagen hier gehabt, hat unglaubliche sachen hier angestellt; er hat blei von kirchentürmen über das wasser in einem dorf geführt, er hat zwei große schwere kirchentüren aus den angeln gehoben, hat sie ganz strack hundert schritt davon an eine mauer angelehnt und einen hahnen von dem kirchturm von Saint-Germain-l'Auxerrois ganz zum untersten oben gedrehet, er hat einen baum gespalten, unten zugespitzt, ihn ganz gerad so tief zwanzig schritt in die erde gesteckt, als wenn er drin gepflanzt wäre. Wenn das in der grafschaft Lippe geschehen wäre, hätten man es vor hexenwerk gehalten; aber zu Paris glaubt man an keine hexen und brennt sie nicht; ich habe auch keinen glauben dran... Graf von Degenfeld[1] hat gar wohl getan, meinem patchen meinen namen zu geben; ich hab ihm davor gedankt vor vierzehn tagen. Ich müßte wohl wunderlich sein, wenn ich übelnehmen wollte, daß ein kind, so mein paten ist, meinen namen führt; das geht ja von sich selber und wäre eine verachtung von meinem namen, wenns nicht geschehen wäre.

1 der Gemahl der jüngsten Tochter ihrer Stiefschwester Karoline

Paris, 26. Februar 1719. Ich habe von ihm wissen wollen, obs wahr ist, daß seine gemahlin ihn persuadieren wolle, nachts auszugehen und nunter zu den masken im ball.[1] Das hat er mir nicht allein gestanden, aber noch dazu, als er gesagt, daß er es tue, mich zu beruhigen, hat sie geantwortet, ihre tochter de Berry mache mir bang, um ihn allein zu gouvernieren, daß es tort an sein réputation täte, furcht des leben zu erweisen. Ich bitte, sagt mir, liebe Luise, ob der lebendige teufel in der hölle schlimmer sein kann als dieses weib!... Ihr könnt gedenken, was es eine angenehme sach vor mich ist, die diesen heirat all mein leben wie ein greuel angesehen, daß ich nun noch diese untreue finde... Mein beichtsvater hat seinen möglichsten fleiß angewendet, um mich zu persuadieren, daß nicht das geringste übel zwischen dem herzog von Lothringen und madame de Craon vorgeht und daß er sie sein leben nicht allein spreche. Ich lachte ihm ins gesicht und sagte: «Mon père, tenez ces discours dans votre couvent à vos moines, qui ne voient le monde que par le trou d'une bouteille... Ainsi, si vous croyez sauver vos pères Jésuites qui sont les confesseurs, vous vous trompez beaucoup, car tout le monde voit qu'ils tolèrent le double adultère.»² Père de Lignières schwieg still und hat seitdem nicht mehr davon gesprochen... Ich mag wohl leiden, wenn junge leute von qualität wohl studieren; sie sollten doch, ehe sie sich in gelehrtensachen mischen, ein wenig weisen, daß sie herz haben, sonsten kommt es gar zu doktorisch heraus... Ihro Gnaden selig, mein herr vater, ist wohl mit trabanten in die heilig-geist-kirch gefahren, aber sein leben nicht mit pauken und trompeten, das schickt sich nicht zu der kirch. Der König selig, der in allen kleinen und großen reisen pauken und trompeter gehabt, ist auch nie mit in die kirch.

1 Liselotte hatte ihren Sohn wiederholt gebeten, das nächtliche Herumstreunen in den Straßen von Paris aufzugeben, weil er dabei in Lebensgefahr käme   *2* halten Sie diese Rede Ihren Mönchen im Kloster, welche die Welt nur durch das Guckloch gesehen haben! Wenn Sie glauben, damit die Herren Jesuiten zu entschuldigen, die ihre Beichtväter sind, so täuschen Sie sich sehr; denn jedermann weiß, daß sie den doppelten Ehebruch dulden

Paris, 5. März 1719, um 7 morgens. Mein schlaf ist noch nicht wieder eingerichtet, aber ich glaube, ich glaube, ich könnte sagen wie Pickelhering, wenn er mutter Anneken spielt. «Das tut das liebe alter, das kommt nie ohne gebrechen.» Verdrießlichkeiten mögen auch wohl dazu helfen; deren hat man mehr als nötig wäre, alle tag was neues und selten was guts, wie das sprichwort sagt. Ich nehme abends als, wie ich den husten hatte, das eidotter in siedig wasser geschlagen, mit zucker und zimmet; das stillt den großen hunger... Der jetzige herzog von Zweibrücken ist ein schlechter potentat und wohl der unangenehmste mensch in allem, in figur, in humor, in allem so Gott geschaffen hat. Er bildt sich ein, er gleiche mir wie zwei tropfen wasser. Hübscher als ich ist er wohl. Ich flattiere mich, nicht so gar unangenehm zu sein und ein wenig mehr vernunft zu haben. Seine gemahlin ist nicht recht gescheit; es seind zwei häßliche, widerwärtige schätzchen zusammen. Ich bin froh, daß sie keine kinder haben; es müßten narren werden. Ich habe schon narren genung zu verwandten in dem rheinfeldischen geschlecht... Mein Gott, wie ist Schwetzingen¹ verändert! Ich kann nicht mehr draus kommen ... Die zwei schnecken mit dem gebau dazwischen, wo mein bruder selig logiert und man aß, war ja gar nicht gegenüber der avenue von Heidelberg, sondern mein appartement war es, das gerad gegenüber der brück war, und einig von der linken war das Heidelberger tor mit der avenue, so gerad gegen das wäldchen über war, und über dem sieht man das schloß zu Heidelberg. Auf der linken geht man nach der kirch, auch nach dem weg von Mannheim und auch dem wald von Ketsch, auf der rechten seiten aber geht man nach Oftersheim. So war alles zu meiner zeit. Ich sehe die drei offnen galerien oder balcons nicht mehr vor den gemächern, so zu meiner zeit da waren.

1 die Raugräfin hatte ihr einen Plan davon geschickt

AN KAROLINE VON WALES

Paris, 21. März 1719. Die Craon ist hoffräulein bei meiner tochter gewesen, da ist der Herzog verliebt in sie geworden. Craon war damals in des Herzogs ungnade, weil er ihn abscheulich im spiel betrogen; sollte als ein schelm weggejagt werden. Wie er aber ein schlauer gesell ist, merkte er bald, daß sein herr verliebt von mademoiselle de Ligniville geworden war, welches der Herzog doch abscheulich geheim hielt. In der zeit starb madame de Lenoncourt, meiner tochter dame d'atour; der Herzog wußte sich so zu drehen, daß sie dame d'atour wurde. Craon ist reich, sie blutarm, er proponierte, die dame zu heiraten. Der Herzog war froh, sie einem zu geben, der mit dieser schelmerei unter der decke spielen konnte; also wurde sie madame de Craon und hernach dame d'atour. Die alte hofmeisterin starb; meine tochter meinte ihrem herrn einen großen gefallen zu tun, und dem Craon auch, sie zur dame d'honneur zu machen; das hat sie eben zur déshonneur gebracht.

AN DIE RAUGRÄFIN LUISE

Paris, 2. April 1719. In die prozession werde ich nicht gehen; meine böse knie entheben mich, gottlob, aller der unnötigen ceremonien. Also kann man hierauf das französische sprichwort sagen: «À quelque chose malheur est bon.»¹ ... Ich werde so rêveuse in meinem alter, daß ich glaube, daß ich bald kindisch werde werden oder so rêveuse wie unsere tante, prinzess Elisabeth von Herford,² welche einen kammerpott vor eine maske forderte und sagte: «Diese maske hat keine augen und stinkt.» Und wenn Ihro Liebden selig trictrac spielten, spieen sie ins brett und wurfen die würfel auf den boden.

1 Unglück ist auch zu etwas gut   2 Äbtissin des evangelischen Stiftes Herford

Paris, 16. April 1719, um 7 uhr morgens. Zu meiner zeit sagte man in der Pfalz das sprichwort nicht wie jetzt und wie Ihr es schreibt, daß, wenns den leuten zu wohl geht, so fangen sie was an, sich zu verderben. Man sagt: «Wenns der geiß zu wohl geht, so geht sie aufs eis und bricht ein bein.» Man sagt hier, daß man verspürt hat, daß in allen régences man sich so mausig gemacht hat und allezeit rebelliert hat. Wo kein König regiert, bildt sich ein jeder ein, er müsse regieren ... Mein sohn tut sein bests, wie das sprichwort sagt: wie einer, der allein geigt ... Schwetzingen wäre besser den frühling und sommer zu bewohnen als Heidelberg, denn man kann besser dort spazieren im Ketscher wald, welches ja eine recht schöne promenade ist, wo er noch stehet, und bald wird man viel gute erdbeeren dort finden. Im kleinen wäldchen zwischen Schwetzingen und Heidelberg seind auch gar gute, aber zu Heidelberg am berg seind die heidelbeeren am besten. Bei Paris seind keine zu finden; man bringt mir alle aus Normandie, seind aber nicht so gut als bei uns, viel kleiner, trockener und saurer als in der Pfalz. Der Kurfürst sollte Friedrichsburg wieder bauen, das würde ihm ja alle seine leute wieder logieren können, wo nicht in der festung, doch in der stadt Mannheim ... P. S. In diesem morgen erfahre ich, daß die alte Maintenon verreckt ist, gestern zwischen vier und fünf abends. Es wäre ein groß glück gewesen, wenn es vor etlich und dreißig jahren geschehen wäre.

Paris, 22. April 1719. Mein Gott, liebe Luise, Ihr sagt: «Man wird nicht müde, die zwei pfarrer zu hören.» Aber ich muß es zu meiner schande gestehen, ich finde nichts langweiligeres als predigten hören, schlaf gleich drüber; kein opium wäre so sicher, mich schlafen zu machen als eine predigt, insonderheit nachmittags. Ich ginge auch nicht gern in die französische kirch zum heiligen abendmahl; denn es ist ja ganz anderst als bei den Teutschen und gefällt mir nicht. Erstlich so haben sie keine vorbereitung; zum andern so seind die psalmen, so man singt, zu alt französisch... Und ich konnte auch nicht leiden, daß man den kelch in gläsern gab und sie hernach spült, wie ich zu Mannheim gesehen; das fund ich nicht ehrbar genung vor eine so heilige sach, kam eher wie ein wirtshaus heraus als eine kirche und christliche gemein. Nichts wird mich nie hindern, meine teutsche bibel zu lesen. Ich habe drei recht schöne bibeln, die von Merian, so mir ma tante, die frau äbtissin von Maubuisson, hinterlassen, eine lüneburgische, so gar schön ist, und eine, so mir die fürstin von Oldenburg, der prinzess von Tarent tochter, vergangen jahr geschickt. Die ist von meiner taille, kurz, dick und rund. Der druck noch die kupferstiche seind nicht so schön als von den andern beiden großen, sehr confus. Wie ich in Frankreich kam, war es jedermann verboten, außer mir, die bibel zu lesen; hernach über ein paar jahr wurde es jedermann erlaubt. Die constitution, so so groß lärmen macht, hat es wieder verbieten wollen; das ist aber nicht angangen. Ich lachte, sagte: «Ich werde die constitution folgen und kann wohl versprechen, die bibel nicht auf französisch zu lesen; denn ich lese sie allezeit in teutsch.»

Paris, 27. April 1719. Die prinzess von Tarent selig, meine tante, hat mir verzählt, daß im Haag denselben tag und stund, daß ihr onkel, landgraf Fritz, umkommen, als sie im Haag im vorholz spazierte mit ma tante, der frau äbtissin, so damalen noch bei ihrer frau mutter, der königin von Böhmen[1] war; hatten einander unter dem arm, auf einmal ließ die prinzess von Tarent einen schrei und sagte, jemand drücke ihr den arm abscheulich. Man besah den arm, da sah man vier finger und einen daumen markiert ganz blau, blau. Sie schrieb gleich auf, was geschehen war, und sagte dabei: «Mein oncle, landgraf Fritz, muß tot sein, denn er mir versprochen, mir gar gewiß adieu zu sagen.» Man schrieb es auf; es fund sich hernach, daß er selbigen tag umkommen wäre.

1 Elisabeth Stuart, Gemahlin des «Winterkönigs», Liselottes Großmutter

St. Cloud, 30. April 1719. Was ich der lieben Prinzess[1] schicke, ist nichts rares, nur kleine lappereien nach proportion von meinem kurzen beutel. Könnte es sich weiter erstrecken, würde ich von herzen gern was schöneres schicken, aber wie das teutsche sprichwort gar recht sagt: Man muß sich strecken / nach seiner decken... Das Nürnberger pflaster, so den rücken jucken macht, wäre mir nicht zuwider; denn ich finde das den rücken kratzen eine solch große lust, daß viel sachen, so man vor lust hält, nicht dabei kommen.

1 Karoline von Wales

AN DEN FREIHERRN VON GÖRTZ

St. Cloud, 4. Mai 1719. Ich habe meinen sohn noch an den obersten Schwartz[1] erinnert. Er versichert mich, daß er alles unterschrieben und mit monsieur Le Blanc[2] ausgemacht hat mit diesen umständen, daß, wie monsieur Le Blanc ihn gefragt, wie der oberste hieße, dessen pension er augmentiere, so hat er geantwortet: «Il s'appelle en allemand le contraire de votre nom, car il s'appelle Schwartz, qui veut dire noir.»[3] ... Zu Paris habe ich ihm selbst die sache recommandiert, wünsche, daß er diese vermehrung der pension zu seinem vergnügen so lang genießen mag als eine frau, so zwei wochen vorher gestorben, wie ich von Paris bin, und hundertundsieben jahr alt worden ist. Wir haben zwei damen hier ordinari, so drei- und vierundachtzig jahre alt sein, also wenn die zwei, die frau von Rathsamhausen und ich beisammen in der kutsch sein, führt man wohl ein drei- oder vierhundert jahr. Aber was will man tun, man muß jung sterben oder alt werden.

1 der hannöversche Kammerpräsident Görtz hatte sich wegen einer Pensionserhöhung für den Obersten Schwartz an sie gewandt *2* Le Blanc, Kriegsminister *3* sein Name bedeutet auf deutsch das Gegenteil von Euerem Namen (blanc = weiß), denn er heißt Schwartz

AN HERRN VON HARLING

St. Cloud, 7. Mai 1719. Ich glaube nicht, daß Sein neveu Ihm heute wird schreiben können. Denn die große mode zu St. Cloud ist aderlassen. Gestern wars an frau von Ratsamhausen und an mir, heute ist es an Harling und Wendt; also ist viel teutsch blut vergossen worden in St. Cloud. Man hat mir das schönste blut von der welt gelassen, wie hühnerblut.

St. Cloud, 11. Mai 1719. Der Maintenon tod ist nicht so sehr zu bewundern, als daß sie wie ein jung mensch gestorben. Sollte man sich in jener welt kennen, so wird in jener welt, wo alles gleich ist und kein unterschied des stands, diese dame zu wählen haben, ob sie bei Louis XIV. oder dem lahmen Scarron wird bleiben wollen. Sollte der König dort wissen, was man ihm in dieser welt verhehlt, wird er sie dem Scarron gutwillig wiedergeben... Seid in keinen sorgen; ich werde kein wort in England schreiben von der prinzess von Ahlden;[1] ich verrate mein leben niemand.

[1] die wegen Untreue verbannte frühere Gemahlin des Königs von England, Tochter Georg Wilhelms von Celle und seiner Maitresse d'Olbreuse

AN DIE RAUGRÄFIN LUISE

St. Cloud, 13. Mai 1719. Was meinen sohn anbelangt, so ist es zwar gut, daß er die inclination hat, nicht gern zu strafen; aber wenn man obrigkeit ist, so führt man das schwert sowohl als die waag, und muß sowohl strafen können, um gerecht zu sein, als das gute zu rekompensieren... Ich meinte, ich hätte Euch schon geschrieben, liebe Luise, daß unsere nonne zu Chelles[1] äbtissin geworden. Man hat gestern einen courier deswegen nach Rom geschickt. Ich fürchte daß der Maintenon tod werden wird als wie der Gorgone Medusa ihr tod, daß es noch viele monstren produzieren wird.

[1] ihre Enkelin Luise Adelaide, die zweite Tochter ihres Sohnes

St. Cloud, 1. Juni 1719. Was ist das vor eine raserei, das man zu Heidelberg jetzt gegen den katechismus hat? Da steckt was pfäffisch unter gar, wollte wohl nicht davor schwören, daß es die jesuwitter nicht angestellt hätten; denn sie seind unbarmherzig gegen andere religionen . . . Aller zank und streit ist mir allezeit unleidlich; aber um frieden zu haben, sollte man die 80. frag auslassen.¹ Um die wahrheit zu bekennen, so ist es auch zu hart gesetzt, hätte wohl ausgelassen können werden. Denn es weist nur animosität ohne probe, und man sollte nicht so hart reden gegen etwas, so doch das gedächtnis des leiden und sterben Christi ist. Den zank und verbitterung, so dieses anstellt, ist ärger als die sach selber.

1 dieser Punkt des Heidelberger Katechismus nennt die Messe «eine Verleugnung des einigen Opfers und Leidens Jesu Christi und eine vermaledeite Abgötterei»

AN DEN FREIHERRN VON GÖRTZ

St. Cloud, 8. Juni 1719. Zu mittag esse ich von Seinen geräucherten gänsen. Man richt sie hier auch in einer purée zu; sie sind excellent und ohnvergleichlich besser als die, so man aus Gascogne schickt. Die würst sind auch gar gut. Vom lachs esse ich auch alle freitag; rohe habe ich von gänsen noch nicht versucht. Danke sehr vor alle die gute sachen. Ich habe aber eine bitte an Ihn, nämlich wie ich nicht zweifle, daß Er nun wieder nach Hannover wird, nun der könig in England wieder dort ist, so bitte ich Ihn, Ihro Majestät von meinetwegen demütigst zu danken vor den gnädigen gruß, so mir mademoiselle de la Lechière von Ihro Majestät gebracht, und ihm mein respect versichern . . . P. S. Ich muß noch sagen, daß ich ein wenig wie Jodelet¹ bin und nicht viel vom krieg halte. La paix et Dieu vous garde!² Ob zwar die Spanier noch nicht reuissiert haben, kann man doch nicht wissen, was noch geschehen kann. Il ne faut point se moquer des chiens qu'on ne soit hors du village³ — so denke ich auch.

1 Lustspiel von Corneille *2* der Friede und Gott behüte Euch
3 man muß sich nicht über die Hunde lustig machen, ehe man aus dem Dorfe heraus ist

St. Cloud, 8. Juni 1719. Schreiben ist meine größte occupation; denn ich kann und mag nicht arbeiten, finde nichts langweiligeres in der welt, als eine nähnadel einzustecken und wieder herauszuziehen. Ihr habt mich, liebe Luise, von herzen lachen machen, zu sagen, daß Euch meine briefe so wohl tun, als ein balsam auf Euerm haupt. Aufs wenigst wird dieser balsam nicht von Euerm haupt in Euern bart fließen, wie an Aaron... Unter uns geredt, ein kloster ist nichts anderst als ein übel regierter hof. Ma tante, die äbtissin von Maubuisson, hat nie keine aufwartung leiden wollen, sagte: «Ich bin aus der welt gangen, um keinen hof zu sehen»; schürzte sich und ging in ihrem ganzen kloster und garten allein herum, lachte über sich selber und über alles, war wohl recht possierlich, hatte ganz unsers herrn vaters, Ihro Gnaden des Kurfürsten, stimm, glich ihm auch mit den augen und mund und hatte viel von Ihro Gnaden selig manieren, konnte sich so zu fürchten und gehorchen machen... Madame d'Orléans... kann noch so bald nicht kommen. Gott verzeih mirs! es ist mir nicht leid; das seind gesellschaften, deren ich gar wohl entbehren kann, gehe nicht gern mit falschen leuten um. Ihre tochter de Berry und die nonne seind nicht falsch, noch ihr sohn gottlob auch nicht, aber die mutter und dritte tochter seind es meisterlich. Der teufel ist nicht schlimmer. Ich bin aller dieser leute so müde, als wenn ich sie mit löffeln gefressen hätte, wie das sprichwort sagt. Laßt uns von was anderst reden! Denn dieses kapitel macht mir die gall übergehen, ich kann nicht de sang-froid davon sprechen.

St. Cloud, 9. Juli 1719. Es ist ein elend, wenn man meint, dévot zu sein und nur zu glauben, was einem die pfaffen weis wollen machen. Unser seliger König war so; er wußte kein wort von der heiligen schrift; man hat es ihm nie lesen lassen; meinte, daß, wenn er nur seinen beichtvater anhörte und sein pater noster plappelte, wäre schon alles gut und er wäre ganz gottsfürchtig. Hat mich oft recht deswegen gejammert, denn seine intention ist allezeit aufrichtig und gut gewesen. Allein man hat ihm weisgemacht, die alte zott und die jesuwitter, daß wenn er die reformierten plagen würde, das würde bei Gott und menschen den skandal ersetzen, so er mit dem doppelten ehebruch mit der Montespan begangen. So haben sie den armen herrn betrogen. Ich habe diesen pfaffen meine meinung oft drüber gesagt. Zwei von meinen beichtsvätern, als père Jourdan und père de St. Pierre, gaben mir recht.

St. Cloud, 23. Juli 1719. Herzallerliebe Luise, was ich so sehr gefürcht, ist endlich um halb drei donnerstag nachts geschehen; die arme duchesse de Berry ist gestorben. Donnerstag bin ich bis ein viertel auf neun bei Ihro Liebden geblieben; wie mich gedeucht, daß sie mich nicht mehr kannte, bin ich weg. Mein armer sohn ist noch nach mir geblieben und hat ihr ein elixier einkommen lassen: davon ist sie wieder zu sich selber kommen und hat noch lang mit ihm gesprochen. Hernach hat man bei ihr bis um eins gebetet, da hat sie abermal den verstand verloren, ist aber doch erst um halb drei, wie schon gesagt, verschieden. Sie ist gar ruhig und getrost gestorben; sagte, weil sie sich mit dem lieben Gott wieder versöhnt hätte, begehre sie nicht, länger zu leben, denn in dieser welt könnte man sich doch nicht hüten, sich gegen Gott zu versündigen, wollte also lieber sterben als genesen, welches auch geschehen. Sie soll gar sanft gestorben und wie ein licht ausgangen sein, wie man einschläft. Man hat sie gestern geöffnet... Freitag nachmittags bin ich gleich nach dem essen nach Paris, habe meinen armen sohn in einer betrübnis gefunden, daß es einen stein erbarmen möchte. Denn er will nicht weinen und will sich stark machen und alle augenblick kommen ihm doch die tränen in den augen... Wir werden drei mond nur trauern. Man hätte sechs mond trauern sollen und schwarze kutschen und livrée nehmen, allein die neue regel von der trauer in Frankreich ist alle halb abgezogen. Man trauert vor vater und mutter; da man vor diesem ein jahr trauerte, trägt man jetzt nur sechs mond die trauer und drapiert; vor brüder und schwestern, so eine trauer von sechs mond war, nur drei mond und drapiert nicht; mit drapieren versehe ich die kammer, schwarz haben livrées und kutschen... Natürlicherweis sollte ich gar nicht trauern, weilen sie mein kind und enkel gewesen; weilen sie aber nach dem König das haupt vom ganzen königlichen haus war, also wie man hier sagt, l'ainée, so muß ich sie wie eine schwester betrauern. Das kommt mir ganz ungereimt vor, daß man in Frankreich seine kinder nicht betrauert; es ist einem ja nichts näher. Aber man hat dolle manieren in diesem land. — Woran ich mich auch nie gewöhnen kann, seind das kaufen und verkaufen von den chargen, und hernach, daß man nur drei mond von seinen leuten bedient wird und alle vierteljahr ändert. Was sie in den drei mond gelernt, verlernen sie wieder in den neun mond, was sie gewußt. Es macht auch untreue bediente; denn sie kaufen ihre chargen, um dran zu profitieren und zu gewinnen, wie sie können... also lehrt es brav stehlen. Und wie man nur die haben kann, so geld haben, um die chargen zu kaufen, so hat man andrer leute bediente. Denn ihre herren geben ihnen geld, die chargen zu kaufen. Das wird eine récompense; also kann man kein wort vor seinen eigenen sagen, so nicht gleich weltkundig wird. Ein jeder sagts seinem herrn wieder. Stirbt man, wie jetzt geschehen, verzweifeln alle die, so auf ihren chargen haben profitieren wollen.

St. Cloud, 27. Juli 1719. Ich weiß nicht, ob ich Euch gesagt habe, liebe Luise, daß der König[1] mir vergangen sonntag die ehre getan, mich hier zu besuchen und compliment zu machen. Bis samstag werde ich Ihro Majestät in grand habit danken gehen; er hat mir aber erlaubt, ohne voile zu Ihro Majestät zu gehen... Die Rhein und Mannheimer schnaken seind giftiger als die hiesigen. Ich habe einmal Carllutz selig die augen ganz zu davon gesehen. Courtines habe ich auch von gaze, aber seit mein atem kurz geworden, kann ichs nicht mehr vertragen, erstickt mich. Wenn herr Max[2] jemanden einschlafen sah, so macht er ihm die schnakenmusik; aber mit dem grünen von einer zwiebel machte er auch gar perfekt das gesang von den nachtigallen... Man hat gar viel exempel, daß kranke leute im fabeln und sterben prophezeit haben. Mein bruder selig soll im sterben das ganze unglück von der Pfalz in lateinischen versen rezitiert haben. Ihr habt die Wilder wohl gekannt und wißt wohl, liebe Luise, daß der älteste sohn sein jüngstes brüderchen unglücklicherweis erschossen hat. Eine von den schwestern bekam ein hitzig fieber und rief als: «Laßt bruder Carlchen nicht zu bruder Wilm! er wird ihn erschießen», welches etlich tag hernach geschehen... Es mortifiziert mich erschrecklich, nicht mehr zu nacht zu essen dürfen; allein es ist doch noch besser, nicht zu nacht zu essen, als krank zu sein und viel zu brauchen müssen.

1 der neunjährige König Ludwig XV.   *2* Freiherr von Degenfeld

St. Cloud, 20. August 1719, um 6 morgens. Gestern bin ich um halb zehn nach bett... Ich schrieb nur ein paar wort an einer dame zu Paris; schluckt mein ei, zog meine uhren auf, und dann zu bett, sagt jene braut, wie das sprichwort lautet. Nun sitz ich in meiner kammer gerad vor der tür von meinem balcon, so ich aufmachen lassen. Es geht nicht der geringste wind; der himmel ist ganz mit wolken überzogen, man sieht die sonne nicht. Es ist gar ein sanft wetter jetzt, weder kalt noch warm; ich hoffe, es wird noch regnen... Freilich ist Gottes weisheit und vorsehung in alles zu preisen, zu loben und zu danken; er weiß besser, was uns gut ist, als wir selber; kann die nicht begreifen, so ihr vertrauen nicht auf Gott setzen wollen... Große ambition, gar alt zu werden, habe ich gar nicht; ich wünsch noch scheue den tod nicht, aber ein großes alter, da man andern und sich selber zur last wird, da graust mir vor, das muß ich gestehen. Ohne sünde lebt kein mensch, doch eines mehr als das andere... Es ist nicht genung, wenn man regierender herr ist... daß man seinen untertanen selber nichts zuleid tut; man soll sie auch gegen böse pfaffen beschützen und ihnen nichts leids geschehen lassen. So meine ichs allzeit; insonderheit was kirchengefälle und gerechtigkeiten anbelangt. Weilen die badenischen auch teil an Kreuznach haben, müssen dort mehr pfaffen und mönchen sein als anderwärts, und von diesem zeug kommt sein leben nichts guts, und wie das teutsche sprichwort sagt: Wer will haben zu schaffen, / der nimm ein weib / und kauf eine uhr / und schlag einen pfaffen!

St. Cloud, 24. August 1719. Herzallerliebe Luise, gestern fuhr ich nach Paris, ich meinte, in das höllische feuer zu kommen; denn mein tag habe ich keine so abscheuliche hitze ausgestanden; die luft, so man einschnauft, war feuerig. Ich glaube, daß wenn dies dauert, werden menschen und vieh verschmachten. Man hat ochsen vom land nach Paris geführt, die seind tot niedergefallen, weilen sie in den dörfern, wo sie durchgangen, kein wasser gefunden haben... Wer nur einen einzigen sohn hat und ihn herzlich liebt, kann unmöglich ohne sorgen leben, insonderheit in diesem land, da es so abscheulich viel böse leute gibt und so wenig gute. Was ich meinem sohn sage, oder was ich pfeif, ist all eins; er folgt nicht, was ich ihm rate; denn seine verfluchte gottlose schmeichler kommen gleich und werfen alles um. Es seind böse kerl, die profession machen, weder an Gott noch sein wort zu glauben, débauchierte, gotteslästerliche kerls[1]... Sie machen ihn ein doll leben führen unter dem prétexte, daß er was haben muß, so ihn nach seiner schweren arbeit lustig mache, sonsten könnte er es nicht ausstehen, und hier in Frankreich hält man alles vor langeweil, was nicht fressen, saufen und huren ist. — Ach liebe Luise, Ihr flattiert mich zu sehr, zu sagen, daß meinesgleichen nicht mehr in der welt ist; das kann man wohl bei dutzenden finden.

1 die Saufkumpane des Regenten, die sich selbst die Roués nannten, d. h. die Geräderten, «die mit allen Hunden gehetzten»

St. Cloud, 31. August 1719. Seit diesen sechs tagen ist gar nichts neues vorgangen, als viel sachen in den finances, so ich nicht verzählen kann, denn ich begreife es nicht. Nur das weiß ich, daß mein sohn ein mittel gefunden mit einem Engländer so monsieur Law[1] heißt (aber die franzosen heißen ihn monsieur Las), dies jahr alle des Königs schulden zu zahlen... Ich habe gottlob noch eine gute natur, komme gleich wieder zurecht. Ich fürchte, ich werde nur zu lang leben, denn ich habe einen größern abscheu vor ein hohes alter als vor den tod selber... Wie ich nun bin, kann man gar nicht wohl aussehen; man sieht meine siebenundsechzig jahre gar wohl an. Vor den leuten scheine ich nicht traurig, liebe

Luise, aber in der tat bin ich es doch rechtschaffen... Wo logiert man jetzt zu Mannheim, nun keine zitadell noch schloß mehr vorhanden? Ich bilde mir ein, es seie im zollhaus an dem neckartor. Ich erinnere mich noch, daß ich vor einundsechzig jahren, daß ich einmal mit Ihro Gnaden dem Kurfürsten nach Mannheim fuhr. Es war noch keine zitadell damal dorten (Ihr und Caroline waret noch nicht geboren, aber Carllutz war schon geboren); da logierte man in dem zollhaus, hatte kleine kämmerchen. Das war meine zweite reis; ich war schon vorher zu Neustadt gewesen und ich erinnere mich, daß mein bruder selig und ich miteinander fuhren, unsere hofmeister und hofmeisterinnen, und ein baum schlug die impériale von der kutsch ein, da wollten wir uns krank lachen... Zu Mergenthal[2] bin ich auch einmal gewesen. Was ich am artigsten fand, ist ein gärtchen im zweiten stockwerk auf einer altan, das ganz voller blumen war, recht artlich.

1 John Law (1671–1729), der bedeutende Bank- und Finanzfachmann, sanierte die französische Wirtschaft nach modernen, freilich etwas waghalsigen Methoden   *2* Mergenthal = Mergentheim

St. Cloud, 3. September 1719. Lachen ist etwas rares bei uns worden; doch lacht die Rotzenhäuserin noch eher als ich. Mein sohn kam vergangen freitag her und machte mich reich; sagte, er fände, daß ich zu wenig einkommen hätte; hat es mir also von 150 000 franken vermehrt, und weilen ich gottlob keine schulden habe, kommt es mir apropos, um mich die übrige zeit, so ich noch zu leben habe, à l'aise, wie man hier sagt, zu setzen... Unsere liebe prinzess von Wales ist, wie mich deucht, allezeit in gutem humor und lustig. Gott erhalte! Aber ich verspüre, daß das alter die lust sehr vertreibt. Ich war auch vor diesem lustig von humor, aber der verlust der seinigen und sonsten verdrießliche sachen, meines sohns heirat und was noch drauf erfolgt, hat mir alle lust benommen... Die Mouchy[1] war wohl die unwürdigste favoritin, so man jemalen gesehen, hat ihre fürstin betrogen, belogen und bestohlen. Sie war auch von gar geringer geburt; ihr großvater von muttersseiten war meines herrn selig feldscherer... Die mutter ist auch nicht viel nutz, hat in ihrem witwenstand lang mit einem geheiraten mann haus gehalten. Man kann sagen, daß dieses alles zusammen stinkende butter und faule eier sein. Was diese Mouchy possierliches getan, ist, daß sie ihren eigenen amant, den comte de Rioms[2] bestohlen. Madame de Berry hatte diesem gar viel geben in edelgestein und bar geld. Das hat er alles in eine kist getan; diese kist hatte er zu Meudon gelassen, die hat ihm seine liebe Mouchy gestohlen und ist mit fortgangen. Das finde ich possierlich. Man kann hiezu sagen, was Ihro Gnaden unser herr vater selig als pflegte zu sagen in dergleichen fällen: «Accordez-vous, canaille!»[3] ... Meines sohns geschaften, mühe und arbeit bekommen dem jungen König wohl; denn wie mein sohn in die régence kommen, war der König in schulden von zweimal hunderttausend millionen und, wills Gott, übers jahr wird alles liquidiert sein. Mein sohn hat einen Engländer gefunden, so monsieur Law heißt und die finanzen auf ein end versteht; der hat ihm dazu geholfen.

1 Favoritin der Duchesse de Berry *2* Liebhaber der Duchesse de Berry *3* vertragt euch, Hundepack

St. Cloud, 17. September 1719. Wir kamen um halb zehn zu Chelles an;[1] mein enkel, der duc de Chartres, war schon ankommen. Ein halb viertelstund hernach kam mein sohn, ebenso lang hernach kam mademoiselle de Valois an. Madame la duchesse d'Orléans[2] hat sich express zur ader gelassen, um nicht dabei zu sein; denn sie und die äbtissin seind nicht allezeit die besten freunde. Aber wenns sie gleich gewesen wäre, so hätte ihrer frau mutter natürliche faulheit ihr nicht erlaubt, dabei zu sein, hätte zu früh aufstehen müssen, um nach Chelles zu fahren. Ein wenig nachdem es zehn geschlagen, gingen wir in die kirch... Nach dem Tedeum gingen wir wieder ins kloster. Um halb zwölf ging ich zur tafel, aß mit mein sohn, mein enkel, den duc de Chartres... Eine halb stund hernach ging unsere äbtissin an tafel in ihrem saal an einen tisch von vierzig couverts mit ihrer schwester, mademoiselle de Valois, und zwölf äbtissinnen... Es war possierlich zu sehen, alle diese tafeln mit dem schwarzen nonnenzeug umringt, und alles das bunte von der tafel; denn meins sohns leute hattens hübsch und magnifique gemacht. Alles obst hat man den pöbel plündern lassen, wie auch die konfitüren. Nach dem essen um drei viertel auf vier ist mein kutsch kommen und ich bin wieder weg und ein wenig nach sieben kam ich wieder hier an.

1 zur Weihe Luise Adelaides   *2* die Mutter der jungen Äbtissin

AN DEN FREIHERRN VON GÖRTZ

St. Cloud, 21. September 1719. Danke sehr vor die relationen von der braut zu Dresden einzug,[1] wie auch was hernach vorgangen, und auch die bestätigung des friedens zwischen die kron Engelland, Schweden und Preußen.[2] Die ersten haben mich recht divertiert, und das letzte ist mir sehr angenehm zu wissen... Gott gebe nicht allein den nordischen frieden, sondern daß er durch ganz Europa, also auch hierher kommen möge.

1 die Habsburgerin Maria Josepha zog als Gemahlin des Kurprinzen Friedrich August von Sachsen am 2. September feierlich in Dresden ein
2 England und Preußen beendigten den Krieg gegen Schweden

AN DIE RAUGRÄFIN LUISE

St. Cloud, 7. Oktober 1719. Es ist gar leicht zu begreifen, daß ich Euch lieber würde entreteniert haben, liebe Luise, als nach Chelles zu fahren. Erstlich so seind mir alle klöster und ihr leben zuwider, zum andern so ist es mir herzlich leid, daß mein enkel diese partei genommen und nonne und äbtissin geworden ist; habe also mehr leid als freude an diesem spectacle gehabt... Ich meinte, ich hätte Euch schon längst gesagt, daß mademoiselle de Chausseraye eine von meinen fräulein gewesen; habe lachen müssen, daß Ihr das[1] vor ein kloster genommen. Sie war vor diesem gar arm, hat aber all ihr habe und gut in die bank von Mississippi getan, so monsieur Law gemacht, der Engländer, von welchem Ihr gehört; damit sie eine million gewonnen; ist nun, anstatt arm, reich, wird auch erster tage ein schön und groß landgut kaufen.

1 das Schlößchen «Madrid» im Bois de Boulogne bei Paris

St. Cloud, 15. Oktober 1719. Ich habe Euch schon vergangenen donnerstag meine freude bezeuget, daß mein altes gesicht[1] endlich glücklich ankommen. Es ist nicht viel dankens wert! ich habe gedacht, liebe Luise, daß, weilen Ihr mich lieb habt, würde es Euch lieb sein zu sehen, wie ich nun aussehe, weilen Ihr doch eins habt, wie ich vor zwanzig jahren ausgesehen, woraus Ihr gar just urteilen werdet, wie daß ein häßlich mensch noch häßlicher kann werden im alter, so wohl als ein schön mensch häßlich. Ihr solltet mir Euer contrefait in einem brustbild schicken, um mit Eurem bruder selig, Carllutz, zu figurieren in meinem cabinet, da ich ihn sehr gleich habe... Heute werde ich nichts mehr sagen, als daß ich meine wurst nicht quittiere,[2] und Ihr werdet mir gefallen tun, wo etwas neues und wohlfeiles auf der meß ist von karten oder bücher, mir solches zu schicken, werde es mit dank annehmen und will nicht, daß Ihr die gute gewohnheit lassen sollt, mir die Frankfurter kirbe zu schicken, wie ich auch die St.-Cloud-meß nicht vergessen will; denn, wie das französische sprichwort sagt: «Les petits présents entretiennent l'amitié.»[3]

1 Bildnis   *2* d. h. etwa «jetzt ist – Wurst wider Wurst – ein Gegengeschenk fällig»   *3* kleine Geschenke erhalten die Freundschaft

St. Cloud, 26. Oktober 1719. Alle meine guten ehrlichen landsleute haben ... freien zutritt bei mir, es seie mit worten oder schriften... Ich höre allezeit gern, daß die gute, ehrliche Pfälzer mir noch affektioniert sein ... Die schweinsköpfe stellt man hier nicht auf, wie bei uns; sie legen sie ganz platt, wie verdrückt, in eine schüssel; sie salzen und würzen es nicht genung. Es ist kein vergleichung, wie man sie in Teutschland zubereitet oder hier; das fleisch ist auch schlapper als bei uns. Haselhühner esse ich viel lieber als feldhühner. Pfälzische hasen seind auch ohn vergleichung besser, als die hier im land... Ich wollte, daß ich bei Euch essen könnte. Es bedürft mir nicht mehr, als Ihr dargebt; es müßte aber auch sauerkraut dabei sein, welches ich herzlich gern esse; aber hier taugt das kraut nicht, sie könnens nicht recht zurichten und wollens nicht tun. Was sie aber nicht schlimm hier machen, das ist gefüllt weißkraut. — Freilich schmerzts mich, wenn ich weiß, daß man die armen alten einwohner zu Heidelberg so plagt, hätte schier auf gut pfälzisch gesagt «so geheit». Es ist eine elende sach, daß wir menschen allezeit glücklich leben wollen und doch allen möglichen fleiß anwenden, einander das leben sauer zu machen; so närrisch seind wir arme menschen. Die sich durch pfaffen regieren lassen, tun allezeit was überzwerchs. Ich hielte Kurpfalz[1] vor gescheiter, als sich von denen bursch zu führen lassen, und alle die sottise, so die pfaffen der Kaiserin, seiner frau schwester[2] tun machen, die sie ganz regieren, sollten ihm zur warnung gedient haben, nicht in selbige fehler zu fallen. Und ein kurfürst, der verstand hat, sollte gedenken, daß die wahre dévotion eines regenten ist, recht und gerechtigkeit und sein wort zu halten und wissen, daß wer ihm dagegen ratet, kein wahrer noch guter christ sein kann, also so bösem rat nicht folgen, sondern ferme widerreden... Der gute monsieur Law ist vor wenigen tagen recht krank geworden vor qual und verfolgung; man läßt ihm weder nacht noch tag ruhe, daß er krank drüber geworden. Nein, ich glaube nicht, daß in der ganzen welt ein interessierter volk kann gefunden werden als die Franzosen sein; sie machen einen doll und rasend mit betteln in briefen, in worten, in allerhand manieren machen sie mich so erschrecklich ungeduldig, daß ich um mich beiß wie ein eber. Man kann nicht mehr verstand haben als monsieur Law hat. Ich wollte aber nicht an seinem platz sein vor aller welt gut; denn er ist geplagt wie eine verdammte seel.

1 Kurfürst Karl Philipp   *2* Kaiserin Eleonore, Witwe Leopolds I.

St. Cloud, 29. Oktober 1719. Ich wollte gern, daß Ihr Euch an keine brill gewöhnt, es verdirbt gewiß die augen, aber wenn man geduld hat und die brill nicht braucht, kommt das gesicht gewiß wieder. Ich habe die probe davon, sehe nun besser als vor zwölf jahren, und brauche mein leben keine brill... Kein prozess wäre mein contrefait wert gewesen; ich hätte Euch ja gar leicht wieder ein anders schicken können, denn der maler, so das Euerige gemacht und Penel heißt, ist ein junger mann, der noch lang wird malen können ... Man spricht ganz anders bei hof als in der stadt. Also wenn man spricht, wie in der stadt, heißt man es bei hof «parler en bourgeois». Von niemand, der bei hof ist, werdet ihr viel mit façon reden hören, man pikiert sich bei hof, naturel zu sein. Die am allerfalschesten sein, stellen sich, als wenn sie naturel wären, aber, wie die taschenspieler sagen: «Wer die kunst kann, verrät den meister nicht.» Ich bin es in der tat, also merke ich die falschen natürlichen gar bald ordinari. Die nichts böses haben, haben viel guts; denn es ist just das gute, so das böse verhindert; denn von natur seind schier alle menschen zum bösen geneigt. Aber die sich von der raison regieren lassen und wohl erzogen worden, erwählen die tugend ... Zur tugend gehört kein stand; es findt sich oftmals mehr in einem niederigen als gar hohen stand. Denn die gar hohen ständ finden zu viel flatteurs und schmeichler, so sie verderben. Ich sehe auf keinen stand, wo ich etwas guts finde, da gehe ich gern mit um.

St. Cloud, 2. November 1719. Alvares[1] ist ein paar jahr nach Monsieurs selig tod mit juwelen nach Konstantinopel trafiquieren gangen; da hat er einen großen, dicken schnauzbart wachsen lassen und die türkische tracht angenommen; sieht so possierlich aus, daß ich ihm ins gesicht gelacht, wie ich ihn gesehen. Er versteht wohl raillerie; er hat mir ein schön präsent von der prinzess von Wales gebracht, ein schön golden messer, wohl gearbeit (das futteral ist auch von gold), und eine schachtel von seehundshaut, worinnen allerhand wohl gemachten mikroskopen sein, so mich zu Paris sehr amüsieren werden; ist ein recht präsent vor mich. Wenn Ihr gleich in Euerem vorigen schreiben «salva venia« gesetzt hättet, würde ich es nicht verstanden haben; denn, liebe Luise, ich verstehe kein wort latein; ich lasse latein in den kirchen plärren so viel man will, ich bete nur auf teutsch und etlichmal auf französisch. Das abendgebet ist hier und zu Versailles auf französisch, da gehe ich alle tage in; fängt das lateinisch an, so lese ich meine gebeter auf teutsch.

[1] ein Kaufmann, Sohn eines Amsterdamer Juden, aber christlich erzogen

AN KAROLINE VON WALES

St. Cloud, 17. November 1719. Mein Sohn, ob er zwar Regent ist, kommt nie zu mir und gehet nie von mir, ohne mir die hand zu küssen, ehe ich ihn embrassiere, nimmt auch keine chaise vor mir. Im übrigen ist er nicht scheu und plaudert brav mit mir; wir lachen und schwatzen miteinander wie gute freunde.

AN DIE RAUGRÄFIN LUISE

St. Cloud, 23. November 1719. Herzallerliebe Luise, der tag ist heute gar spät kommen; um acht habe ich erst die lichter wegtun lassen, denn es ist so ein erschrecklicher nebel, daß man nicht weiter als den hof vor sich sehen kann ... Chausseraye hat viel verstand und ist allezeit lustig und allezeit krank. Ich fuhr gestern zu ihr; sie ist gottlob viel besser als sie gewesen, geht nun im haus herum, sieht aus wie ein gespenst, hat weiße kappen auf, ist gar bleich geworden, hat einen weißen indianischen nachtsrock an, und wie sie gar lang und schwank ist, sieht sie recht aus wie man die gespenster beschreibt. Ich glaube, daß die weiße frau zu Berlin so aussieht ... Eine dame, so monsieur Law nicht sprechen wollte, erdachte eine wunderliche manier mit ihm zu sprechen; sie befahl ihrem kutscher, sie vor monsieur Laws tür umzuwerfen, rief: «Cocher, verse donc!»[1] Der kutscher wollte lang nicht dran, endlich folgte er seiner frauen befehl und wurf die kutsch vor monsieur Laws tür, daß er weder aus noch ein konnte. Er lief ganz erschrokken herzu, meinte, die dame hätte hals oder bein gebrochen, aber wie er an die kutsch kam, gestund ihm die dame, sie hätte es mit fleiß getan, um ihn zu sprechen können ... Dies alles geht noch wohl hin, aber was sechs andere damen von qualität getan haben, aus interesse,[2] ist gar zu unverschämt. Sie hatten monsieur Law im hof aufgepaßt, umringten ihn, und er bat, sie möchten ihn doch gehen lassen. Das wollten sie nicht tun; er sagte endlich zu ihnen: «Mesdames, je vous demande mille pardon, mais si vous ne me laissez pas aller, il faut que je crève, car j'ai une nécessité de pisser, qu'il m'est impossible de tenir davantage.»³ Die damen antworteten: «Hé bien, Monsieur, pissez, pourvu que vous nous écoutiez!»⁴ Er tat es und sie blieben bei ihm stehen; das ist abscheulich, er will sich selber krank drüber lachen. Da seht ihr, Luise, wie hoch der geiz und interesse hier im land gestiegen ist.

1 Kutscher, wirf um   *2* um Aktien der Compagnie des Indes zu bekommen   *3* meine Damen, ich bitte tausendmal um Entschuldigung, aber wenn Sie mich jetzt nicht gehen lassen, werde ich bersten; ich habe eine solche Notdurft zu pissen, daß ich mir's nicht mehr verhalten kann   *4* nun gut, pissen Sie doch, nur daß Sie uns anhören

St. Cloud, 26. November 1719. Prinz Eugenius hat groß recht, eine solche häßliche accusation¹ nicht zuzulassen, und den Nimptsch aufs ärgst zu verfolgen. Da glaube ich prinz Eugenius wohl unschuldig, denn er ist nicht interessiert, hat eine schöne tat getan. Hier hatte er viel schulden gelassen; sobald er in kaiserlichen diensten geraten und geld bekommen, hat er alles bezahlt bis auf den letzten heller; auch die, so keine zettel noch handschrift von ihm hatten, hat er bezahlt, die nicht mehr dran dachten. O, ein herr, der so aufrichtig handelt, kann gar unmöglich seinen herrn um geld verraten; halte ihn also gar unschuldig von des verräters Nimptsch seiner accusation...

1 der Hofrat Nimptsch hatte ihn angeklagt, er habe sich bestechen lassen

Paris, 7. Dezember 1719. Die unrichtigkeit der post macht einen oft recht ungeduldig. Aber es ist doch kein rat dazu; es geht seinen weg, wie es den herren postillionen gefällt. Aber Ihr sagt gar recht, liebe Luise, nach dem teutschen sprichwort: «Gegen wind und wetter kann man nicht.» ... Der marquise de Foix, die mein fräulein gewesen und Hinderson hieß, ist eine aventure begegnet ... Sie wurde krank zu Maastricht, fiel in eine so abscheulich lethargie, daß sie kein aug noch nichts mehr rühren konnte, so daß man sie ganz vor tot hielt. Sie konnte doch wohl hören und sehen, aber keine stimm von sich geben, auch, wie schon gesagt, nichts rühren, hörte und sah, wie man ihr lichter ums bett setzte, ein groß kruzifix vors bett mit zwei silbernen leuchtern stellte, wie es bei den katholischen bräuchlich ist. Man behung auch die ganze kammer mit schwarz tuch und schrieben auf ihrem bett selber; man befahl auch, daß man den sarg bringen sollte, wo man sie neinlegen wollte. Wie sie das hörte, tat sie einen so abscheulichen effort, daß ihr die zung gelöst wurde, und rief laut: «Tut mir dies alles weg und gebt mir zu essen und zu trinken!» Alles was in der kammer war, erschraken so unaussprechlich, daß alles vor schrekken über einen haufen fiel. Sie hat noch drei jahre hernach gelebt und lebte vielleicht noch, wenn sie nicht eine stiege heruntergefallen und viel löcher im kopf bekommen, woran sie gestorben... Das hirn schwächt mit der zeit und mit dem alter; so geht es Kurpfalz jetzt. Gott der allmächtige wolle ihm die augen öffnen, damit meine gute landsleute ruhe und frieden bekommen mögen, welches ich ihnen wohl vom grund der seelen wünsche, und alle böse pfaffen ihren verdienten lohn bekommen mögen! Der Kurfürst sollte alle pfaffen, so ihm so bösen rat geben, vor den teufel jagen; das würde andere raisonnabler machen und Kurpfalz einen religionskrieg versparen. Ich finde könig Hiskias gebet[1] gar gut, sage von herzen amen dazu... Gott verzeih mirs! man soll nicht judizieren, aber ich kann nicht lassen, zu zweifeln, daß die Montespan und die Maintenon selig sein werden; sie haben gar zu viel übels in der welt gestiftet; Gott wolle es ihnen vergeben!... Es ist etwas unbegreifliches, wie erschrecklich reichtum jetzt in Frankreich ist; man hört von nichts als millionen sprechen. Ich begreife nichts in der welt von der sach. Wenn ich von allem dem reichtum höre, denk ich, daß der gott Mammon jetzt zu Paris regiert.

[1] 2. Könige 19, Vers 15-19

Paris, 4. Januar 1720. Paris ist wohl das verdrießlichste leben, so in der welt kann gefunden werden, insonderheit vor mich. Ich habe hier nur qual und zwang und nie nichts angenehmes bis auf die komödien, so die einzige lust ist, so mir in meinem alter geblieben. Die können mir hier nicht gefallen; denn die leute seind so abgeschmackt hier, daß sie sich haufenweis auf das theater stellen und setzen, daß die komödianten keinen platz zu spielen haben; das ist recht unangenehm. Gestern hatten wir eine neue tragödie, so nicht uneben ist, aber die komödianten konnten nicht durchkommen wegen der menge leute.

AN DEN FREIHERRN VON GÖRTZ

Paris, 14. Januar 1720. Ich bedanke mich sehr vor die historie von der Zarin,[1] welche ich recht artlich geschrieben finde. Ihr leben ist eine gewisse probe des verhängnis, so einen jeden sein leben führet nach Gottes befehl. Vor alle Seine guten wünsche zum neuen jahr danke ich sehr und wünsche Ihm hergegen nächst langer gesundheit alles, was Sein eigen herz wünscht und begehrt. Ich habe das vergangene jahr übel geendet und nicht viel besser wieder angefangen, denn ich zu ende des jahrs so einen abscheulichen husten und schnupfen bekommen, daß man dreimal gemeint, daß ich ersticken würde. Bin ein gut vaterunser lang ganz ohne atem gewesen, schwarz und blau worden, habe selber gemeint, ich wäre an meinem letzten end, und habe meine seele Gott befohlen, aber der Allmächtige hat meiner noch nicht gewollt... Ich zitiere mein leben niemand, werde also nicht sagen, von wem ich die artige relation von der Zarin leben habe. Es tut ihr ehre an, denn ich hatte viel übler von dieser damen reden hören als in dieser beschreibung stehet; hat mich divertiert.

1 Katharina I. (1679–1727), zweite Gemahlin Peters des Großen

AN DIE RAUGRÄFIN LUISE

Paris, 28. Januar 1720. Alberoni geht nicht weiter als nach Genua, wo sich alles unkraut jetzt versammelt. Die princesse des Ursins ist auch dort; es ist schad, daß madame du Maine nicht auch hin kann. Ich glaub, ich habe Euch schon verzählt, wie daß Alberoni an meinen sohn geschrieben, um verzeihung gebeten und ihm offeriert, Spanien zu verraten. Das ist ein fein bürschchen. Er hat auch deklariert, daß alle libelles, so man gegen meinen sohn unter seinem namen ausgeben, alle von Paris gekommen sein.

Paris, 4. Februar 1720. Es ist wahr, daß Paris und Heidelberg in gleichem grad sind, auch demselben ascendent, nämlich der jungfrau. Allein ich glaube, daß meines sohns letztverstorbener doktor, so ein Teutscher und gelehrter mann war, den unterschied von diesen zwei örtern gefunden. Er hieß herr Humberg. Er sagte, daß er einmal in gedanken ging, warum die Heidelberger luft so gesund wäre und die Pariser luft so gar ungesund, kam eben an einen ort, wo man die stein aufhub, das pflaster zu ändern und neue pflasterstein einzusetzen. Er sah, daß, wo man die steine herauszog, war ein pechschwarzer kot drunter. Er nahm von selbigem kot, so ein schuh hoch unter dem stein war, tat es in ein papier, trug es nach haus und destilliert's und fand, daß es lauter nitre und salpeter war, judizierte daher, daß, wann die subtilité hiervon von der stärke der sonne in die luft gezogen, müßte es eine böse und scharfe luft machen und verursachen. Solcher nitre komme von so viel tausend menschen, so auf den gassen pissen. Dieses raisonnement von herrn Humberg habe ich gar apparentlich gefunden ... Hierbei schicke ich Euch, liebe Luise, was ich vor Euch an Kurpfalz alleweil geschrieben habe. Hieraus werdet Ihr sehen, daß es an meiner recommandation nicht liegen wird, daß Ihr nicht bezahlt werdet.

AN DEN KURFÜRSTEN KARL PHILIPP VON DER PFALZ

Paris, 4. Februar 1720. Darf ich wohl die freiheit nehmen, Euer Liebden gehorsamst zu bitten, sich der armen Raugräfin zu erbarmen? Die kammer zu Heidelberg ist ihr noch zwanzigtausend gulden schuldig, so ein gering objekt vor einen großen Kurfürsten ist, wie Euer Liebden sein, aber ein großer verlust vor eine arme Reichsgräfin ist, so ja nur das zum leben hat, was sie aus der Pfalz zieht. Euer Liebden seind zu généreux, um ihr das ihrige nicht zu folgen lassen; sie ist ja die einzige, so noch von allen den Raugrafen übrig ist. Ich würde Euer Liebden sehr verobligiert sein, wenn sie die charité vor sie haben wollten, ernstlich zu befehlen, daß sie bezahlt möchte werden.

AN DIE RAUGRÄFIN LUISE

Paris, 11. Februar 1720. Ich kenne keinen seelenmenschen in ganz Frankreich, so absolut desinterressiert ist, als meinen sohn und madame de Chasteautier. Die alle andere, niemand ausgenommen, seind es recht spöttlich, insonderheit die Fürsten und Fürstinnen vom geblüt; die haben sich in der bank mit den commis herumgeschlagen, und sonst allerhand schimpflich sachen. Geld regiert die welt, das ist wahr; aber ich glaub nicht, daß ein ort in der welt ist, wo das geld die leute mehr regiert, als eben hier.

AN HERRN VON HARLING

Paris, 29. Februar 1720. Überall hört man von schleunigem sterben, auch in Teutschland; die kaiserin Leonore und die pfalzgräfin von Sulzbach sind beide am schlag gestorben. Ob es zwar die mode bei den Pfalzgräfinnen ist, will ich doch mein bestes tun, dieser mode noch nicht so bald zu folgen. Jedoch wenn es Gottes will sein wird, wünsche ich mir viel eher einen geschwinden als langsamen tod. Unsere liebe selige Kurfürstin hat mir gar oft geschrieben, daß sie sich einen tod wünsche wie der war, so sie gehabt hat ... Der pfälzische sekretarius sagte mir vorgestern, daß sich die religionssachen akkommodieren; das ist schon ein effekt von der Kaiserin tod, des Kurfürsten frau schwester, worauf man das französische sprichwort sagen kann: «À quelque chose malheur est bon.»[1] Die zuneigung zu meinem vaterland ist mir dermaßen eingeprägt, daß es so lang als mein leben dauern wird.

[1] Unglück ist auch zu etwas gut

AN DIE RAUGRÄFIN LUISE

Paris, 7. März 1720. Wie sollte man ein mittel finden, daß die männer nicht auf der gassen pissen sollten? Es ist mehr zu verwundern, daß nicht ganze ströme mit pisse fließen, wegen der unerhörte menge leute, so zu Paris sein. Zu Heidelberg seind nicht so viel leute als in einem faubourg von Paris, und die luft zu Heidelberg ist über die maßen gut. Die zwei berge, der Königsstuhl und der Heiligenberg, hindern den zu kalten nordwind und heißen mittag; das macht eine gar temperierte luft, so gar gesund ist ... Ein mann hatte vor 14 000 livres billets de banque in ein porte-lettre im sack; er fühlt in einer presse, daß ihm ein filou sein porte-lettre aus dem sack zieht; er nimmt den kerl in acht, folgt ihm nach; der merkt, daß der, den er bestohlen, folgt, fängt an zu laufen und salviert sich in ein eng passage. Der andere aber, so auch wohl laufen konnte, folgt ihm nach, ertappt ihn bei dem arm und sagt: «Coquin, rends-moi mon porte-lettre que tu viens de me prendre, ou bien je te ferai pendre!»[1] Dem dieb wurd angst und bange, greift im sack und gibt dem mann ein porte-lettre; der geht vergnügt wieder nach haus. Andern tags, als er etwas zu zahlen hat, nimmt er das, befund es aber dicker, als das seine gewesen. Wie er es bei dem licht besieht, findet es sich, daß sich der dieb betrogen und anstatt des porte-lettre von 14 000 livres hatte er eines, so er auch gestohlen hatte, gegeben, worinnen vor millionen zettel waren. Im durchsuchen findt dieser mann, so gar ein ehrlicher mann war, daß dies porte-lettre einem seiner freunde zugehört. Er geht lustig zu ihm und sagt im lachen: «Que donneriez-vous pour ravoir votre porte-lettre, qu'on vous a volé?»[2] Der, so grittlig war über seinen verlust, sagte: «Eh, mon ami, quel plaisir prenez-vous à me plaisanter? La perte que j'ai faite est trop grande pour en pouvoir rire!»[3] Der freund sagte: «Non, je ne plaisante pas. Si vous me voulez rendre mes billets de quatorze mille francs, je vous rends vos billets que voici.»[4] Der kauf war geschwind gemacht. Ich finde possierlich, daß sich der dieb ungefähr selber bestohlen hat. Alle tag hört man dergleichen histörcher, doch mehr tragiques als possierlich.

[1] Spitzbube, gib mir meine Brieftasche, die du mir genommen hast, oder ich werde dich aufhängen lassen [2] was würden Sie geben, um Ihre gestohlene Brieftasche wieder zu bekommen? [3] wie mögen Sie über mich scherzen! Mein Verlust ist zu groß, als daß man darüber lachen könnte [4] nein, ich scherze nicht. Wenn Sie mir meine 14 000 Francs auszahlen wollen, gebe ich Ihnen Ihre Banknoten, welche ich hier habe

Paris, 14. März 1720. Da komme ich eben aus der oper und werde auf Eure gesundheit mein ei schlucken, denn ich habe heute morgen mit dem kleinen pfälzischen secretari gesprochen; der sagt, daß man den reformierten die heiliggeistkirch wieder ganz wird einräumen und alles nach dem friedensschluß richten. Der secretari hat mich gefragt, was mein sohn dazu sage; ich habe geantwortet: «Mein sohn wird gern hören, daß Kurpfalz sich nach dem friedensschluß richt; was vorgangen, hat er gar nicht approbiert und wäre in diesem stück gar nicht vor Kurpfalz gewesen; er hat mirs teutsch herausgesagt.» Mein Gott, das kleine männchen die augen gesperrt! Aber ich habe ihm nichts gesagt, als was ich von meinem sohn selber gehört, und man hat ihm groß unrecht getan, zu glauben, daß er eine solche gewalt approbieren sollte, so direkt gegen den friedensschluß geht; nein, das war gar nicht zu fürchten. Mein sohn hat gar keine so alberne religion, wie man meint, und ist nicht bigott, wird sich wohl sein leben von keine jesuwitter regieren lassen, da bin ich gut vor, noch mein Exzellenz auch nicht, das verspreche ich Euch.

AN HERRN VON HARLING

Paris, 31. März 1720. Ich glaube, der teufel ist dieses jahr ganz ausgelassen mit dem assassinieren; es geht seit einer zeit her keine nacht vorbei, daß man nicht leute assassiniert findt, um von den billets de banque zu stehlen. Leute von großer qualität haben sich in dies häßliche und abscheuliche handwerk gemischt, unter anderm ein junger schöner mensch von den flanderischen grafen von Hoorne... Der Graf war nur zweiundzwanzig jahr alt. Monsieur de Mortagne hat mir diesen Grafen vor drei oder vier wochen präsentiert, war mein chevalier d'honneur. Dieser ist vergangenen montag morgens in seinem bett gestorben und der Graf den andern tag abends um vier uhr gericht worden. Das gibt gar trauerreiche idée. Ganz Frankreich hat für den comte Hoorne sollicitiert, aber mein sohn sagt, daß vor eine so abscheuliche tat ein exempel müßte gestift werden, wie auch geschehen zur großen satisfaction von dem pöbel, so gerufen: «Notre régent est juste.»¹ ... Gestern hat man noch vier frisch getötete körper in der rue Quincampoix² in einem ziehbrunnen gefunden. Man hat vor acht tagen zwei kerl gebrennt, deren sünden so abscheulich und gottslästerlich gewesen seind, daß der greffier, so es hat schreiben müssen, übel darvon geworden.

1 unser Regent ist gerecht   *2* der Bank-Straße

AN DIE RAUGRÄFIN LUISE

Paris, 31. März 1720. Mein sohn hat mir heute etwas in der kutsch gesagt, so mich so touchiert hat, daß mir die tränen drüber in den augen kommen sein. Er hat gesagt: «Le peuple a dit quelque chose qui m'a tout à fait touché le cœur, j'y suis sensible.»¹ Ich fragte, was sie denn gesagt hätten, so sagte er, daß, wie man den comte de Hoorne gerädert hätte, hätten sie gesagt: «Quand on fait quelque chose personnellement contre notre régent, il pardonne tout et ne le punit; mais quand on fait quelque chose contre nous, il n'entend point raillerie et nous rend justice, comme vous voyez par ce comte de Hoorne.»² Das hat mein sohn so penetriert, daß mir, wie schon gesagt, die tränen drüber in den augen kommen sein. Daß monsieur Law keine böse intention hat, erscheint wohl daraus, daß er viele güter kauft und all sein groß geld in landgüter steckt, muß also wohl im land bleiben.

1 das Volk hat etwas gesagt, das mir das Herz gerührt hat   *2* wenn man unserem Regenten persönlich etwas antut, verzeiht er alles und straft nie; aber wenn man etwas gegen uns tut, versteht er keinen Spaß und schafft Gerechtigkeit, wie ihr an diesem Grafen Hoorne seht

AN DEN FREIHERRN VON GÖRTZ

Paris, 4. April 1720. Denselben tag, wie der comte Hoorne hier ist gerädert worden, hat man zu Nantes vier leuten von qualität den kopf abschlagen müssen, weilen sie alle stark conspiriert hatten. Mit einem von diesen cavaliers hat sich auch was gar wunderliches zugetragen. Er hieß monsieur de Pontcallec. Viele von den conspiranten haben sich zur see salviert und wollten Pontcallec mitnehmen. Er aber sagte, man hätte ihm prophezeit, qu'il ne pouvait mourir que par la mer,¹ könnte sich also nicht resolvieren, sich mit ihnen zu embarquieren. Wie er auf dem échafaud war, wo man ihn köpfen sollte, fragte er den maître des hautes œuvres:² «Comment vous appelez-vous?»³ Der antwortete: «Je m'appelle la Mer.»⁴ Darauf schrie Pontcallec: «Ah, je suis mort!»⁵ Dies ist doch eine wunderliche aventure.

1 daß er nicht anders sterben könnte als durch «la mer» (= das Meer) 2 Scharfrichter 3 wie heißt Ihr 4 ich heiße La Mer 5 oh, ich bin ein toter Mann

AN DIE RAUGRÄFIN LUISE

St. Cloud, 21. April 1720. Vor diesem ist es gar gewiß, daß unsere Teutschen tugendsam gewesen sein, aber nun höre ich daß sie allezeit viel laster aus Frankreich bringen, insonderheit die sodomie, die ist abscheulich zu Paris; das zieht alle andere laster nach sich ... Seit die Königin mit acht pferden gefahren, habe ich nicht weniger gehabt. Der erste, so es angefangen, war der letztverstorbene duc de la Feuillade. Wir habens vonnöten, weilen unsere kutschen gar schwer sein; da ist kein rang, fährt mit acht pferden, wer will. Aber, wie schon gesagt, es ist wohl vierzig jahr, daß ich mit acht pferden vor meinen kutschen fahre, aber in kaleschen fahre ich ordinari nur mit sechs pferden. Ich muß lachen, daß Ihr, liebe Luise, gemeint, daß ich so mit acht pferden fahre, weilen ich die erste bin. Ich bin nicht zu hoffärtig, aber ich halte doch meine dignität, wie es billig ist.

AN DEN FREIHERRN VON GÖRTZ

St. Cloud, 25. April 1720. Vergangenen montag habe ich Sein schreiben vom 12. dieses monats zu recht empfangen, danke Ihm sehr vor die erfreuliche zeitung, so er mir bericht, daß mein vetter, der erbprinz von Hessen-Kassel, endlich zur schwedischen kron gelangt und König geworden ist¹... Ich finde es recht löblich und schön von der königin in Schweden, ihren herrn zum König gemacht zu haben. Sie enthebet sich einer großen sorg und mühe, obligiert ihren herrn, ihr all sein leben verpflicht zu sein, und behält doch den königlichen stand und rang, hat also die ehre ohne mühe, wovon ich viel halte, wie auch, daß sie sich vorbehalten, regierende Königin wieder zu werden, wenn mein neveu sterben sollte. Finde, daß alles recht wohl überlegt ist.

1 die Königin von Schweden hatte ihren Gemahl, den Erbprinzen Friedrich von Hessen-Kassel, zum König gemacht

AN DIE RAUGRÄFIN LUISE

St. Cloud, 30. Mai 1720. Mein tochter hat mir durch die gestrige post ein mémoire geschickt, daß fünfundsiebzig familien aus der Pfalz nach Orléans gehen, um ins Mississippi zu reisen.[1] Der herzog von Lothringen hat sie durch Lothringen gehen sehen. Ihr werdet alle ihre tagreisen hierbei finden. Die tränen seind mir drüber in den augen kommen. Ich fürchte, daß unser Herrgott den Kurfürsten hart strafen wird. Wenn die strafe nur auf die verfluchte pfaffen könnte fallen, wäre es gut, aber ich fürchte, der Kurfürst es selber wird bezahlen. Gott gebe, daß ich mich betrüge.

1 es waren Reformierte, die wegen religiöser Bedrückung auswanderten

AN KAROLINE VON WALES

St. Cloud, 31. Mai 1720. Law, den die leute hier wie einen gott angebetet haben, den hat mein sohn von seiner charge absetzen müssen. Man muß ihn bewahren, er ist seines lebens nicht sicher, und ist erschrecklich, wie sich der mann fürchtet.

St. Cloud, 11. Juni 1720. Des königs in Engelland geburtstag erinnere ich mich, als wenns heute wäre. Ich war schon ein mutwillig vorwitzig kind. Man hatte eine puppe in einen rosmarinstrauch gelegt und mir weis machen wollen, es wäre das kind, wovon ma tante niedergekommen; in der zeit hörte ich sie abscheulich schreien, denn Ihro Liebden waren sehr übel; das wollte sich nicht zum kinde im rosmarinstrauch schicken. Ich tat als wenn ichs glaubte, aber ich versteckte mich, als wenn ich versteckens mit dem jungen Bülow und C. A. Haxthausen spielte, glitschte mich in ma tante präsenz, wo Ihro Liebden in kindsnöten waren, und versteckte mich hinter einem großen schirm, so man vor die tür bei dem kamin gestellt hatte. Man trug das kind gleich zum kamin, um es zu baden, da kroch ich heraus. Man sollte mich streichen, aber wegen des glücklichen tages ward ich nur gezürnt.

AN DIE RAUGRÄFIN LUISE

St. Cloud, 11. Juli 1720. Oft mit meinem sohn zu sprechen, ist etwas rares, jedoch habe ich ihn vergangenen sonntag abends und montag morgens ein augenblick gesehen. Ich spreche ihn mein leben von keinen staatssachen, noch gebe ich ihm keinen rat, denn was man selber nicht verstehet, ist es zu schwer, andern guten rat zu geben. Wie ich aber durch das gemeine geschrei vernehme, so geht alles noch bitter übel. Ich wollte, daß Law mit seiner kunst und system auf dem Blocksberg wäre und nie in Frankreich kommen. Man tut mir zu große ehre an, zu glauben wollen, daß durch meinen rat was besser geworden. Durch meinen rat kann nichts besser noch schlimmer werden; denn, wie schon gesagt, so gebe ich keinen rat in nichts, was den staat angeht. Aber die franzosen seind so gewohnt, daß weiber sich in alles mischen, daß es ihnen unmöglich vorkommt, daß ich mich in nichts mische, und die guten Pariser, bei welchen ich in gnaden bin, wollen mir alles guts zuschreiben. Ich bin den armen leuten recht verobligiert vor ihre affection, verdiene sie ganz und gar nicht. — Die mettwürst bekommen mir noch gar wohl, denn ich bin, Gott sei dank, in perfekter gesundheit, so lang es währen mag, denn bei alten weibern kann es nicht lang dauern. Ich wünsche noch fürchte gottlob den tod nicht, hab mich ganz in Gottes willen ergeben und singe, wie das lutherische lied sagt, liebe Luise: Ich hab mein sach Gott heimgestellt... Ich esse auch viel obst, aber vor den magen finde ich die mettwürst besser. Bratwürst esse ich auch gern; es deucht mir aber, daß man sie besser bei uns als hier macht ... Komplimentieren finde ich sehr unartig; aber politesse haben und höflich sein, da halte ich viel von.

AN HERRN VON HARLING

St. Cloud, 1. August 1720. Ich bin aller der banksachen, es seie Mississippi oder Südsee, so müde, als wenn ichs mit löffeln gefressen hätte. Ich kanns nicht begreifen, und anstatt geld und gold nur zettelchen von papier zu sehen, gefällt mir ganz und gar nicht. Ich kann mich nicht freuen, wenn Teutsche in den aktionen gewinnen, denn ich sehe, daß es nur lauter geiz verursacht, und ich möchte lieber was sehen, so die leute zur tugend anreizen möchte. Wenn die, so in dieser banque verlieren, mir ihren verlust klagen, haben sie wenig trost bei mir, denn ich antworte: «Voilà ce que c'est que d'être intéressé et de vouloir toujours gagner!»[1] ... Das glück habe ich all mein leben gehabt, daß ich mich gar wohl mit plaisirs innocents divertieren können; die sich damit nicht divertieren wollen oder können, müssen oft bitter langeweile haben.

1 das kommt davon, wenn man eigennützig ist und immer gewinnen will

AN DIE RAUGRÄFIN LUISE

St. Cloud, 4. August 1720. Ich wußte nicht, daß monsieur Rousseau, so die Orangerie gemalt hat, reformiert war. Er war auf einem échafaud oben, ich meinte, ich wäre ganz allein in der galerie, sang ganz laut den sechsten psalm: «In deinem großen zorn / darin ich bin verloren / ach Herr Gott, straf mich nicht / und deinen grimm dergleichen / laß wiederum erweichen / und mich in dem nicht richt.» Ich hatte kaum das erste gesetz ausgesungen, so höre ich in aller eil jemand vom échafaud herunterlaufen und mir zu füßen fallen; es war Rousseau selber. Ich dachte, der mann wäre närrisch worden, sagte: «Bon Dieu, monsieur Rousseau, qu'avez-vous?»[1] Er sagte: «Est-il possible, Madame, que vous vous souveniez encore de nos psaumes et que vous les chantiez? Le Bon Dieu vous bénisse et vous maintienne dans ces bons sentiments!»[2] Hatte die tränen in den augen. Etlich tag hernach ging er durch, weiß nicht, wo er hin ist. Aber wo er auch sein mag, wünsche ich ihm viel glück und vergnügen. Er ist ein excellenter maler en fresques, sehr estimiert ... Es seind wenig antike medaillen, so ich nicht schon habe; denn ich habe deren gar nahe bei neunhundert; habe nur mit 260 angefangen, so ich von madame Verrue gekauft, so sie dem damaligen herzog von Savoyen gestohlen. Ich schrieb es gleich an die jetzige königin von Sardinien und offerierte, sie dem König wieder zu schicken, aber die kist war schon verstümpelt, hatte die meisten verkauft. Die Königin schrieb, sie wäre herzlich froh, daß ich die wenige doch bekommen hätte, sollte sie behalten. Ich habe sie gar wohlfeil, nur nach dem gewicht, und es waren doch gar rare drunter. – Merians kupferstich finde ich gar schön, mich deucht aber, daß seine landschaften am besten sein. Ich habe gar viel kupferstich von seiner hand, alle häuser von Flandern, von Teutschland und von Frankreich, so er in kupfer gestochen hat, wie auch die ganze Schweiz. Ich habe mehr als neun bogen von ihm; ich habe auch seine teutsche bibel und die vier Monarchien.

1 du lieber Gott, was haben Sie? *2* ist es möglich, daß Sie sich noch unserer Psalmen erinnern und sie singen? Gott segne Sie und erhalte Sie in dieser guten Gesinnung

St. Cloud, 8. August 1720. Übers meer zu gehen ist eine wüste sach, wenn man betracht, daß man sowohl in Indien als in England kommen kann. Monsieur selig konnte so possierlich verzählen, daß er einmal zu Dünkirchen spazieren fahren wollte auf der see bei einem gar schönen wetter. Er setzte sich in der barque bei dem piloten, den fand er traurig, fragte ihn, was ihm fehle. Er antwortete: «Eine traurige erinnerung. Es ist heute just ein jahr, bei eben so einem schönen wetter, als wir nun haben, wollte ich meine frau und kinder spazieren führen, es kam aber ein sturm, der führte uns gerad nach Indien, wo meine frau und kinder gestorben sein.» Wie Monsieur selig das hörte, sagte er zum pilot: «Ramenez-moi au plus vite à bord!»[1]

1 fahren Sie mich so schnell wie möglich ans Ufer

LISELOTTE

St. Cloud, 10. August 1720. Ich habe mich ein wenig verschlafen, bin erst um sechs wacker worden und habe mein morgensgebet verricht; nun ist es eben sieben uhr, denn ich höre es schlagen. Es heißt, wie die Rotzenhäuserin als singt: «Tummel dich, mein Fränzel!» ... Es ist wahr, liebe Luise, es ist wahr, daß ich bei dem peuple ziemlich beliebt bin, weiß aber nicht, warum, tue ihnen weder guts noch bös. Aber auf peuplelieb ist nicht zu bauen, das ist eine gar zu unbeständige sache. Ich muß gestehen, daß mir monsieur Laws systeme nie gefallen und ich allezeit gewünscht, daß mein sohn es nicht folgen möchte; habe nie nichts drinnen begreifen können. Daß man das gold abgeschafft, hat mich choquiert und ist mir betrügerisch vorkommen, wenn ich die wahrheit sagen soll... Unser Herrgott hat nicht gewollt, daß unsere linie in der Pfalz regieren sollte, weilen von acht erwachsenen herren, so meine großfraumutter, die königin in Böhmen, gehabt, alle ohne erben gestorben, ja mein bruder selbst keine kinder bekommen... Daß Mannheim oder Friedrichsburg gebauet wird, ist mir lieb, aber ich wollte doch, daß Heidelberg nicht verlassen würde... Zu Heidelberg ... ist die luft excellent und das wasser auch.

St. Cloud, 24. August 1720. Was man zu Paris ausgebreitet, ist noch wohl tausendmal ärger als was in den zeitungen stehet. Heute morgen habe ich noch einen ohne unterschriebenen brief empfangen, worin stehet, daß man mich hier in St. Cloud zukünftigen mond mit ganz St. Cloud verbrennen wird und meinen sohn zu Paris, damit nichts in der welt von ihm übrig bleiben möge. Das seind lustige und artliche poulets, wie Ihr, liebe Luise, seht. Vor mir ist mir gar nicht angst, aber wohl vor meinen sohn; denn die leute seind hier gar zu boshaft und verflucht... Ihr werdet mir einen gefallen tun, Euch zu informieren, wo der gute, ehrliche und gar geschickte Rousseau hingekommen ist. Wo mir recht ist, so hat mir jemand gesagt, er wäre in der Schweiz. Er malt über die maßen wohl en fresques und designiert gar schön. Alle die, so die Orangerie hier sehen, admirieren es. Hiermit ist Euer zweites schreiben auch völlig beantwortet.

St. Cloud, 5. September 1720. Lustig tue ich längst nicht mehr, habe das lachen auch schier ganz verlernt. Wär vor etlichen jahren geschehen, was gestern in der komödie vorgangen, so hätte ich drei tag drüber gelacht. Mademoiselle de la Roche-sur-Yon hat einen possierlichen porzelbaum gemacht; die bank, worauf sie saß, brach auf einmal unter sie, sie versunk auf einen stutz, man konnte sie schier nicht wieder herausziehen. Sie ist groß und stark; an solchen leuten ist es noch possierlicher, zu fallen. Sie lachte selber von herzen drüber; ich war aber recht erschrocken, denn ihr kopf war so stark zurückgeschlagen, daß ich gemeint, daß sie sich wehe getan hätte, war aber getrost, wie ich sie von herzen lachen sah. Mich deucht, unsere ehrlichen Teutschen tun nicht alles so um geld wie die Franzosen und Engländer; seind gar gewiß weniger interessiert. Mein, Gott, wie finde ich den interesse eine häßliche sache! Es ist wohl nicht recht, dem gott Mammon dienen, wie in der heiligen schrift stehet; glaube, daß keine größere verdammnis ist, denn das ist der grund von alles übels. Unsere Teutschen können ihr leben ihre beutel nicht spicken wie die Engländer, denn wie sie nicht so interessiert sein, so gedenken sie nicht an allerhand fint und ränk, geld zu bekommen, halten das kaufmannshandwerken vor eine schande, und das finde ich estimabel.

AN HERRN VON HARLING

St. Cloud, 12. September 1720. Gestern fuhr ich nach Paris zu einer gasterei, welche mir eine jährliche rente geworden, nämlich zu der duchesse de Lude, welche madame la Dauphine (der letzt verstorbenen) hofmeisterin gewesen und meine gute freundin ist; ist wohl eine von den besten weibern, so man in der welt finden kann. Sie hat uns eine magnifique mahlzeit geben, viermal warm angericht und ein gericht von obst und konfitüren, aber ich esse keine konfitüren; es war also nur ein schauessen vor mich. Hernach fuhr ich zum König, nachdem wir ein paar stund hocca gespielt hatten; von da fuhr ich ins Palais Royal, und nachdem ich meinen sohn und seine gemahlin gesehen, ging ich mit meinen vier enkeln in die komödie ... Ich finde es recht artig an dem könig von Preußen, so poli mit den damen zu sein; nichts stehet den großen herren besser, und das erweist, daß sie wohl erzogen sein und keinen bauernstolz haben. Man kann keine größere politesse haben als unser seliger König gehabt hat; seine kinder und kindskinder haben Ihro Majestät hierin gar nicht geglichen. Ich bin all mein leben der meinung gewesen, daß die höchsten stellen nicht das glückseligste und angenehmste leben machen ... Alberoni hat dem könig in Spanien 198 bouteilles de vin de Champagne gestohlen, so man Ihro Majestät geschickt, und ihr nur zwei bouteilles geben wie auch ein stück käs, hat alles übrige verkauft und das geld behalten. Er hat eine rechnung gemacht, daß der krieg achtundzwanzig millionen gekostet; die hat er sich geben lassen; wie man es nachgerechnet, hat der krieg nur eine million gekostet, die siebenundzwanzig hat er in seinen beutel gesteckt. Das meritiert den galgen genung.

AN DIE RAUGRÄFIN LUISE

St. Cloud, 12. September 1720. Man sollte sich diese großen wahrheiten in den kopf setzen, daß man uns (ich mein unser Herrgott) nicht in diese welt gesetzt hat, nicht um unser caprice zu folgen und nichts zu tun als was zu unserm divertissement dienen kann, sondern was zu Gottes ehre dienen kann. Derowegen sollen wir allezeit bedacht sein so zu leben, daß wir unserm nächsten gut exempel und keine ärgernis geben, so viel möglich ist. Dazu gehört aber das kurze gebet aus einem psalm, so mir von kindheit an die gute frau von Harling, wie sie noch meine hofmeisterin war, mir morgens und abends beten machte: «Ach Herr, verlaß mich nicht, auf daß ich dich nicht verlasse!»

St. Cloud, 14. September 1720. Ich weiß nicht mehr, wer es war, aber es fragt mich letztmal einer, ob es zu meiner zeit so oft zu Heidelberg gedonnert hätte als nun, daß ich den donner so wenig fürchte. Ich lachte und sagte: «Ich bin zu sehr an starke wetter gewohnt, um die hiesigen zu fürchten, so gar nicht stark seind. Dabei ist wohl nichts anderes zu tun, als sich Gott ergeben und im übrigen ruhig sein und sich selber nicht durch unnötige ängste zu plagen.» Ich finde auch, daß es dies jahr viel öfter gedonnert hat als man in langen jahren gehört; vergangen jahr, da so eine abscheuliche hitz war, hat es gar selten gedonnert, nur den tag, wie die duchesse de Berry starb, war ein ziemlich stark wetter. Weiß nicht, ob man in jener welt auch stück löst, wenn große herren ankommen; glaube es nicht. Es ist unmöglich, daß der wein dies jahr gerät; der kochmonat, nämlich der august, ist zu feucht und kalt gewesen. Hier ist alles dreifach teurer geworden als vorm jahr. Es ist unglaublich, wie alles so teuer gestiegen ist; was dreißig franken gekost, kost nun hundert; alles ist außer preis... Ich begehre weder etwas vom König noch von meinem sohn, viel weniger noch von monsieur Law; aber ich habe gern, daß man mich richtig bezahlt, damit meine domestiken nicht not leiden. Bisher gottlob, bin ich weder den kaufleuten noch sonst niemand nichts schuldig; sollte mir gar leid sein und recht betrüben, wenn ich in schulden fallen müßte. Das erinnert mich an etwas, so mich wohl von herzen hat lachen machen. Wie der König selig noch lebte und die duchesse du Maine so erschrecklich dépenses machte mit festen, komödien, balletten, feuerwerk und dergleichen, ließen sie meinen intendanten holen, waren jaloux, daß ich meinen rang hielt, fragten den intendanten: «Dites-nous, comment fait Madame, de ne pas faire des dettes? Car elle n'est pas riche.» [1] Mein intendant antwortete froidement: «Madame ne fait jamais de folles dépenses, elle se règle selon son revenu, ainsi elle ne doit rien et ne fait point de dettes.» [2] Sie schwiegen mausstill und ließen ihn wieder fortgehen... Monsieur Laws töchterchen kann nicht fehlen, wohl geheirat zu werden; denn er wird ihr drei millionen zum heiratsgut geben ohne die haussteuer. Ich glaube, daß wenn ein duc oder prince hier ihn pressieren sollte, würde er wohl noch, glaube, noch ein milliönchen fahren lassen.

[1] sagen Sie uns, wie bringt es Madame fertig, keine Schulden zu machen? Denn sie ist nicht reich   [2] Madame macht niemals unnötige Ausgaben. Sie richtet sich nach ihren Einkünften, also braucht sie keine Schulden zu machen

AN HERRN VON HARLING

St. Cloud, 22. September 1720. Ich bin ganz Seiner meinung, daß le vieux langage mehr expressionen hat, als wie man nun spricht. Amadis könnte man nicht in jetzigem französisch leiden; man hat Don Quichote drin setzen wollen, es hat aber gar nicht reüssiert. Vor vierzig jahr habe ich Philippe de Comines gelesen, erinnere es mich gar wenig, funde damalen den stil sehr naiv... Nichts ist lügenhaftiger als die gazetten und zeitungen. Wenn man hier in Frankreich jemand ein stück antun will, läßt man auf ein zettelchen schreiben, was man zu wissen tun will, wickelt einen taler drin und macht die überschrift: «Au gazetier de la Hollande»,[1] so ist man gewiß, daß die post hernach alles, was in dem zettel gewesen, in den holländischen zeitungen steht. Ich habe es zwar nie getan, aber von anderen oft praktizieren sehen. Also können sie nicht gar glaublich sein, weil die partialité allezeit drinnen ihr spiel hat.

[1] an den holländischen Zeitungsschreiber

AN KAROLINE VON WALES

St. Cloud, 4. Oktober 1720. Mein sohn ist geliebt gewesen, aber seitdem der verfluchte Law gekommen ist, ist mein sohn je länger je mehr gehaßt. Es gehet keine woche vorbei, daß ich nicht durch die post abscheuliche drohschreiben bekomme, wo man meinen sohn als den boshaftigsten tyrannen traktiert.

AN DIE RAUGRÄFIN LUISE

St. Cloud, 2. November 1720. Weilen man den Bacharacher erst hier trinkt, wenn er sieben oder acht jahr alt ist, möchte ich wohl wenig part an dem Bacharacher haben, so dies jahr gemacht worden. Gott weiß, wo ich in acht jahren sein werde, und vor die lust, so ich in diesem leben jetzt habe, liebe Luise, könnte ich ohne schrecken hören, daß ich die acht jahre nicht erleben würde... Es ist mehr bosheit als vorwitz, daß die zwei bösen minister[1] meine briefe als lesen wollen. Wer will ihnen wehren oder wer kanns tun? Denn alle briefe gehen durch ihre hand. Sie werdens auch nicht gestehen; aber die probe doch, daß sie nicht allein meine brief lesen und nachsagen, ist, daß der maréchal de Villeroy und der von Tessé sich so sehr über mich beklagen, über was ich von ihnen an meine tochter geschrieben hatte. Die medaille von Messina hat mich erfreut, liebe; habe sie mit lust in mein medaillenkistchen plaziert. Ich hoffe, daß ich Euch nun bald wieder werde kirbe schicken können. Denn alles wird wieder wohlfeiler; man fängt auch wieder an, gold zu sehen; aber es ist noch gar hoch, ein louisdor gilt vierundfünfzig franken. Es wird aber alle monat abschlagen, also zu hoffen, daß mit der zeit alles wieder in den alten stand kommen wird. Gott gebe es! Denn ich bin der mississippibank und aktionen so müde, als wenn ich es mit löffeln gefressen hätte; werde Gott danken, wenn ich nichts mehr davon hören werde. Ihr habt wohl getan, mir keinen achat zu schicken; denn ich brauch es nicht; denn ich nehme mein leben kein tabak, und selbige dosen seind hier gar gemein. Seit wann lispelt Ihr, liebe Luise, daß Ihr «Außpürg» vor «Augsburg» sagt? Redt man nun so in Teutschland, oder ist es nur ungefähr geschehen? ... Vor den Zar[2] habe ich schon vorgestern gedankt, wie auch vor den prinz Eugenius, tue es gern noch einmal. Prinz Eugenius muß greulich geändert sein, wo er eine lange, spitze nas bekommen, denn die hatt er gewiß gar nicht in seiner jugend ... Die königin in Spanien,[3] die zu Bayonne ist, heißt mich allezeit «mama» oder «mamachen». Das embarrassiert mich als; denn auf solche gentillesses weiß ich nichts zu antworten, bin an so sachen nicht gewöhnt; die waren nicht der brauch an unserm hof, noch zu meiner zeit.

1 Torcy und Dubois; den letzteren, seinen früheren Erzieher, hatte der Regent in den Ministerrat geholt; er war ein bedeutender Politiker und sein redlicher Freund   *2* d. h. für eine Medaille mit seinem Bild   *3* Maria Anna von Pfalz-Neuburg

AN HERRN VON HARLING

St. Cloud, 14. November 1720. François premier hat sich sein leben vor keinen heiligen ausgegeben, hatte gar einen galanten hof.

Mademoiselle de la Force hat von diesem hof einen artigen roman geschrieben unter dem titel von der Reine Margueritte de Navarre; seind nur drei kleine tomes in oktav, gemächlich zu lesen. Die scene ist zu St. Germain und nicht zu Fontainebleau, also sollte François premier eher zu St. Germain nach seinem tod spazieren, als zu Fontainebleau in der galerie d'Ulisse. Die Reine-mère hatte ein appartement vor sich bei der galerie d'Ulisse zurecht machen lassen, ihre kammerweiber mußten nachts durch diese lange galerie gehen, die haben den roi François in grünen geblümten nachtsrock spazieren sehen. Mir aber hat er die ehre nicht tun wollen, sich zu weisen. Ich muß nicht in der geister gnaden stehen; ich hab zehn jahr in der kammer geschlafen, wo feue Madame gestorben, und mein leben nichts sehen können. Aber das erstemal, daß monsieur le Dauphin [1] drin geschlafen, ist ihm seine tante, feue Madame [2] erschienen. Er hat es mir selber verzählt. Es kam ihm eine not an, stund auf und setzte sich auf einen nachtsstuhl, so neben dem bett stund, und verrichtete, mit urlaub zu melden, seine notdurft. Wie er in voller arbeit war, hört er die tür, so nach dem salon ging, aufgehen (selbigen abend war ein großer ball im salon gewesen) und sah eine geputzte dame mit einem braunen kleid, einem schönen gelben unterrock und gar viel gelb band auf dem kopf, hereinkommen; die hat den kopf gegen die fenster gedrehet; monsieur le Dauphin meinte, es wäre die junge duchesse de Foix; er lachte und dachte in sich selber, wie diese dame erschrecken würde, wenn sie ihn da in der nische sollte im hemd sitzen sehen, fing derowegen an zu husten, um ihr den kopf und das gesicht auf seine seite drehen zu machen, welches diese dame auch tat. Aber anstatt der duchesse de Foix sieht er feue madame, so eben war, wie er sie das letztemal gesehen. Aber anstatt der damen bang zu machen, erschrak er selber so erschrecklich, daß er mit aller macht zu madame la Dauphine, so schlief, ins bett sprang. Die wurde über seinen sprung wacker, sagte: «Qu'avez-vous donc, Monseigneur, de sauter ainsi?» [3] Er sagte: «Dormez, je vous le dirai demain!» [4] Den andern tag, wie sie wacker werden, fragte sie ihn, was ihm denn nachts gefehlt hätte, daß er so erschrocken. Er verzählte ihr seine aventure. Madame la

Dauphine fragte mich, ob ich nie nichts in der kammer verspürt hätte? Ich sagte «nein». Ich ging zum Dauphin und fragte Ihro Liebden, der verzählt es mir von wort zu wort ebenso. Monsieur le Dauphin ist all sein leben drauf geblieben, daß diese historie wahr seie. Was ich davon geglaubt: daß monsieur le Dauphin, so die gewohnheit hatte, lang auf dem stuhl zu sitzen, auf dem stuhl entschlafen und diesen traum getan, so ihn so erschreckt hat. Es seind viel leute so abergläubisch, weilen man sie in ihrer jugend dazu erzogen hat und sie so von ihren säugammen von gespenstern gehört haben.

1 der erste Dauphin, Sohn Ludwigs XIV.   *2* die erste Gemahlin Monsieurs, Henriette von England   *3* was haben Sie denn, daß Sie so springen?   *4* schlafen Sie, ich werde es Ihnen morgen erzählen

AN DIE RAUGRÄFIN LUISE

St. Cloud, 21. November 1720.   Waren die trauben, so man Euch aus der Pfalz geschickt, von Schrießheim? Da seind sie ordinari gar gut, und ich finde sie besser als die von der seite von Rohrbach. Mich deucht, die Heidelberger trauben seind nicht ungesund. Ich erinnere mich, daß ich von den Schrießheimer trauben in dem weingarten so erschrecklich gefressen, daß mir der bauch so dick geworden, daß ich nicht mehr gehen konnte; hat mir aber gar nichts geschadt, sondern nur bessere lust zum mittagessen gemacht ... Ich sehe, wie es hier mit dem verfluchten Mississippi geht. Ich habe einen solchen widerwillen gegen all dies zeug, daß ich allen meinen leuten verboten, nie von dies noch von der constitution vor mich zu reden. Ich verstehe weder eines noch das ander, aber sie seind mir beide zuwider wie eine burgatz,[1] wie die frau von Rotzenhausen als pflegt zu sagen. Ich glaube, daß der teufel die sach inventiert hat, um so viel leute in verzweiflung zu stürzen. Ich weiß nicht, was steigen oder fallen in der sach ist, und will es auch nicht lernen.

1 Purganz (Abführmittel)

St. Cloud, 23. November 1720. Heute ... hat es zum erstenmal von diesem winter geschneit; der schnee ist aber gleich geschmolzen. Das macht mir glauben, daß es itzunder stark kalt in Teutschland ist und in der Pfalz. Da wünsche ich mich nun nicht mehr hin; ich müßte tag und nacht weinen, wenn ich da wäre; darf nicht recht an die alten zeiten gedenken, werde gleich nachdenkisch und traurig... Alle leute, so ich in meiner jugend gesehen, seind mir ganz und gar nicht aus dem sinn kommen; unsern ganzen alten hof könnte ich malen, jung und alt.

AN KAROLINE VON WALES

St. Cloud, 26. November 1720. Ma tante, unsere liebe Kurfürstin, ging in Haag nicht zur Princesse Royale,[1] aber die königin von Böhmen[2] ging hin und nahm mich mit. Ma tante sagte zu mir: «Habt acht, Lisette, daß Ihr es nicht wie ordinari macht und Euch so verlauft, daß man Euch nicht finden kann! Folgt der Königin auf dem fuße nach, damit sie nicht auf Euch warten darf!» Ich sagte: «Oh, ma tante wird es hören, ich werde es gar hübsch machen», hatte aber schon oft mit ihrem herrn sohn[3] gespielt, fand ihn bei seiner frau mutter, ich wußte aber nicht, daß es seine frau mutter war. Nachdem ich sie lange betrachtet, sah ich mich um, ob mir niemand sagen könnte, wer die frau wäre. Ich sah niemand als den prinz von Oranien, ging zu dem und sagte: «Dites-moi, je vous prie, qui est cette femme qui a un si furieux nez?»[4] Er lachte und antwortete: «C'est la princesse royale, ma mère.»[5] Da erschrak ich von herzen und blieb ganz stumm. Um mich zu trösten, führte mich mademoiselle Hyde mit dem Prinzen in der Prinzessin schlafkammer; da spielten wir allerhand spielchen. Ich hatte gebeten, man sollte mich rufen, wenn die Königin würde weggehen; wir rollten eben auf einem türkischen teppich herum, wie man mich rief. Ich sprung auf, lief in die präsenz, aber die Königin war schon in der vorkammer. Ich nicht faul, ziehe die princesse Royale bei dem rocke zurück, machte ihr einen hübschen reverenz, stelle mich vor sie und folge der Königin auf dem fuße nach, bis in die kutsche.

Alle menschen lachten, ich wußte nicht warum. Wie wir wieder nach hause kamen, ging die Königin zu ma tante, setzte sich auf ihr bette, lachte daß sie hötzelte und sagte: «Lisette a fait un beau voyage»,[6] erzählte ihr alles, was ich getan; da lachte unsere liebe selige Kurfürstin noch mehr als die Königin, rief mich und sagte: «Lisette, Ihr habts wohl gemacht, Ihr habt uns an der stolzen Princess gerochen.»

1 Marie von England, Witwe Wilhelms II. von Oranien *2* Liselottes Großmutter *3* dem Prinzen von Oranien, Wilhelm III. *4* sagt mir, ich bitte Euch, wer ist diese Dame, die eine so fürchterliche Nase hat? *5* das ist die Princesse Royale, meine Mutter *6* Lisette hat einen schönen Streich gemacht

AN DIE RAUGRÄFIN LUISE

St. Cloud, 28. November 1720. Ich bin in der Pariser gnaden; es würde sie betrüben, wenn ich gar nicht mehr dort wohnen sollte; muß also den guten leuten etliche monat aufopfern. Sie verdienen es wohl an mir, haben mich lieber als ihre geborene fürsten und fürstinnen; die verfluchen sie und mir geben sie lauter segen, wenn ich durch die stadt fahre. Ich habe auch die Pariser lieb; es seind gute leute. Es ist mir selber leid, daß ihre luft und wohnung mir so zuwider sein ... In einem gar heißen sommertag jagte ich den hirsch zu St. Leger mit monsieur le Dauphin, da kam ein stark wetter, donner, blitz und hagel; mein rock war so voller schloßen, daß es im schmelzen durchdrang, und meine bottines wurden voll von dem eiskalten wasser. Wir waren weit von den dörfern und drei gute französische meilen von den kutschen; die knie wurden mir also ganz verfroren, seind mir seitdem schwach und voller schmerzen worden. Ich habe hunderterlei gebraucht; alles hat im anfang wohl getan, aber doch wiederkommen. Nun brauch ich gar nichts mehr, bin doch nicht besser noch schlimmer als ich war. Ich bin jetzt so alt, daß es der mühe nicht mehr wert ist, an kurieren zu gedenken ... Es ist wahr, liebe Luise, daß wer jetzt was kaufen wollte, alles dreimal teurer finden würde als vorm jahr, insonderheit gold und edelgestein. Man hat mir offeriert, vor kleine ring, so ich habe, dreimal so viel zu geben als sie mir gekost haben; das hat mich aber ganz und gar nicht tentiert, denn ich bin gottlob nicht interessiert, liebe das geld nur, um es zu vertun ... Wenn man im erwachsen-sein lispelt, kommt es, daß man einen nicht in seiner kindheit korrigiert hat und wohl sprechen machen. Des duc de Luxembourg zweiter sohn ... spricht so wunderlich, daß man ihn kaum verstehen kann. Das kommt daher, wie mir sein vater selber verzählt, daß er verboten hatte, daß man seine sprache nicht korrigieren sollte, um zu sehen, was draus werden sollte.

St. Cloud, 30. November 1720. Die mode ist ganz vergangen, an Gott und sein wort zu gedenken und ein gewissen zu haben und sich darnach zu richten. Das seind einfalten von den vergangenen jahren und zeiten, da richt sich in jetzigen zeiten niemand mehr nach. Sie werdens erst erfahren, wenn sie Gott brav abstrafen wird ... Ist es nicht natürlich, daß man lieber in seinem vaterland ist, wo man geboren und erzogen? ... Ach, liebe Luise, man stirbt nicht von dieses noch von jenes; man stirbt, weilen die stund gekommen. Denn ich bin wohl persuadiert, daß ein jedes seine stund gezählt hat, die man nicht überschreiten kann. Also man mag das leben müd sein oder nicht, stirbt man doch keinen augenblick eher noch später.

St. Cloud, 5. Dezember 1720. Die pest, so zu Marseille ganz aufgehört hatte, hat ärger als nie wieder dort angefangen. In Polen soll sie auch abscheulich sein und auch in Schlesien eingerissen. Ich bin persuadiert, daß sie in kurzem in ganz Europa sein wird. Das erschreckt mich gar nicht; es wird mir nur begegnen, was Gott der allmächtige über mich vorsehen hat. Stirb ich von der pest, so werde ich nicht von was anderm sterben. Es wäre kein wunder, wenn die pest in Sachsen käme, weilen der könig in Polen und seine leute es wohl aus Polen bringen mögen.

Die Pest, die bis in den Sommer 1721 hinein Südfrankreich heimsuchte, forderte etwa 100 000 Todesopfer

Paris, 14. Dezember 1720. Man erzieht hier im land und insonderheit dans la maison royale die prinzessinnen so bitter übel, daß es ein schand ist. Wenn man sorg vor ihnen hat, werden sie anderst; denn Ihr seht ja wohl, daß die, vor welche ich gesorgt, nicht so sein; denn man kann nicht besser mit seinem herrn leben, als die königin von Sardinien [1] mit ihrem König, und meine tochter mit ihrem herrn lebt. Aber wenn man den kindern sein leben nichts sagt, sie von sieben bis zwanzig jahren ganz nach ihren fantasien leben läßt, da kann nichts raisonnables von kommen. Ich habe mein partei gefaßt; ich werde mich nicht mehr um meine hiesige enkel bekümmern, sie mögens machen wie sie wollen. Mein sohns heirat ist ohne meinen willen geschehen; ich wäre also wohl ein großer narr, wenn ich mich über dies alles quälen sollte. Ich werde so lang ich lebe mit ihnen allen wohl und höflich leben, um frieden zu behalten, aber damit getan; im übrigen lebe ich à part vor mich selber wie ein reichsstädtel... Ich vergesse nicht, liebe Luise, wenn ich was verspreche; denn ich erinnere mich als des teutschen sprichworts: «Ein schelm, der sein wort nicht hält», und wie ich nicht zum schelmen werden will... Man muß sich in kleinen sachen angewöhnen, wahr zu sagen, um nie in lügen gefunden zu werden; denn ich hüte mich sehr davor, finde nichts abscheulicheres... Monsieur Law hat sich retiriert. Wie es mit der südsee [2] geht, weiß ich noch nicht. Ich gönns denen so wohl, so sich mit vielem nicht vergnügen lassen, alles zu verlieren. Gott verzeihe mirs! Allein es ist mir eine rechte freude, wenn ich höre, daß karge leute in ihrem geiz betrogen werden.

1 ihre zweite Stieftochter 2 mit den Aktien der Südsee-Gesellschaft

Paris, 19. Dezember 1720. Wenn ich die wahrheit sagen soll, so bin ich, wie der apostel Paulus sagt, weder apollisch, noch paulisch, noch kephisch, weder reformiert, katholisch, noch lutherisch, sondern ich werde, soviel mir möglich ist, eine rechte christin sein und darauf leben und sterben. Das ist, liebe Luise, meine recht gedanken. Adieu! Ich embrassiere Euch von herzen und verbleibe allezeit auf meinen meinungen, also behalte ich Euch von herzen lieb.

AN KAROLINE VON WALES

Paris, 27. Dezember 1720. Bei seinem abschiede sagte er[1] zu meinem sohn: «Monseigneur, j'ai fait de grandes fautes, je les ai faites parce que je suis homme, mais vous ne trouverez ni malice ni friponnerie dans ma conduite.»[2] Seine frau will nicht aus Paris, bis alle seine schulden bezahlet sind.

1 John Law   *2* ich habe große Fehler gemacht, ich habe sie gemacht, weil ich ein Mensch bin, aber Sie werden weder Bosheit noch Schurkerei in meinem Verhalten finden

AN DEN FREIHERRN VON GÖRTZ

Paris, 29. Dezember 1720. Die posten gehen erschrecklich unrichtig seit einer zeit her. Man hat mir versichert, daß die ursache aus purer kargheit komme, und daß die, so die posten haben, sich nicht resolvieren können, den armen pferden habern zu fressen geben, weilen sie ihn zu teuer finden; geben ihnen nur heu. Das macht die armen tier so matt, daß sie nicht rennen können, insonderheit in jetzigen bösen wegen, und ob man die brief früh oder spät empfängt, das ist ihnen all eins. Sie seind glücklich, daß ich nichts auf der post zu sagen habe, denn ich würde nicht so geduldig sein als mein sohn ist, admiriere seine geduld, weiß nicht, wo er das her hat, denn Monsieur selig war gar nicht geduldig, und ich kann michs gar nicht berühmen leider. Man hat es doch in diesem land hoch von nöten.

AN DIE RAUGRÄFIN LUISE

Paris, 6. März 1721. Das gemeine volk seind gute, fromme leute zu Paris, aber alles, was man grandseigneurs heißt, als princes de sang, ducs, die taugen den teufel nicht, haben keine christliche sentimenten, weder ehre noch glauben, undankbar, haben keinen anderen Gott als den gott Mammon. Interesse, geld zu ziehen und zu gewinnen, ist ihre einzige occupation, auf welche art und weis es auch sein mag ... Ich muß gestehen, ich fürchte die interessierten leute, so gar nicht an Gott glauben; denn sie folgen nur ihren fantasien und das kann weit gehen in bosheit.

Paris, 29. März 1721. Mannheim ist ein warmer ort, ich erinnere mich, daß wir einmal in der Mühlau zu nacht aßen den ersten mai; alles war ganz grün, es kam so ein schrecklich donnerwetter, als wenn himmel und erden vergehen sollten. Euer frau mutter wurde bang, aber sie konnte doch das lachen nicht halten, wie sie die abscheuliche grimassen sah, so die furcht meiner hofmeisterin, der jungfer Kolbin, zuwege bracht; ich meinte mich krank zu lachen... Meines sohns ohnmäßliche sanftmut macht mich oft so ungeduldig, daß ich treppeln möchte. Denn die Franzosen haben das: um mit ihnen umzugehen können, müssen sie entweder große hoffnung haben oder fürchten. Dankbarkeit muß man nicht bei ihnen suchen, noch wahre affection. Ich habe meinem sohn oft gesagt, ich kenne seine nation besser als er; nun gesteht er mir, daß ich recht gehabt. Mit guten gemütern richt man mehr mit sanftmut aus als mit strengigkeit, aber die seind gar rar hier im land. Der abscheuliche geiz und interesse hält sie davon ab, und was ihren geiz vermehrt, das tut der luxe und das hohe spielen, denn da gehört viel geld zu. Das ist in general, aber hernach auch die débauche hilft viel dazu, denn maitressen und favoriten müssen bezahlt werden, das nimmt auch ein groß geld weg.

Paris, 17. April 1721. Ich beklage alle die, so ihre kinder verlieren; denn nichts ist schmerzlicher in der welt. Ein klein kind von etlichen monaten ist eher zu verschmerzen, als wenn sie gehen und reden können. Wie ich meinen ältesten sohn verloren, so noch nicht gar völlig drei jahr alt war, bin ich sechs monat gewesen, daß ich meinte, ich müßte närrisch vor betrübnis werden.

Paris, 19. April 1721. Ich rede vom Papst auf französisch-katholisch, und nicht auf teutsch-katholisch; man hält ihn in Frankreich nicht für infaillible, die ganze Sorbonne hat sich nicht anders deklariert, und wenn der Papst nicht raisonnabel ist, folgt man ihm in

Frankreich nicht, und es ist einem jeden frei, hiervon zu reden wie er will. Wir haben keine inquisition in Frankreich. Saint Père zu sagen, gilt hier nicht mehr, als wenn man Papst sagt, ist nur eine art von reden, man hält ihn nicht vor heilig hier; aber ein großer herr ist er doch. Ein bischof von Noyon, so ich gekannt und comte et pair war, hieß den Papst nicht anders als monsieur de Rome, hat mich oft mit lachen machen. Ich habe den verstorbenen Papst[1] nicht lieb gehabt, aber um die pure wahrheit muß ich sagen, daß es ohnmöglich sein kann, daß der Papst verliebt von des Prätendenten gemahlin gewesen;[2] denn erstlich, so war er ein mann von dreiundsiebzig jahren, zum andern so hatte er ein solchen abscheulichen nabelbruch, daß sein leib ganz offen war, und hatte eine silberne placke, so seinen ganzen bauch und eingeweid aufhalten mußte. Das ist kein stand, um verliebt zu sein, wie Ihr wohl gedenken könnt. Das er sich aber vor diese Princess interessiert hat, ist kein wunder; er hat sie aus der tauf gehoben, ihren heirat gemacht und geglaubt, daß wenn der Prätendent wieder auf seinen thron kommen könnte, daß ganz England unter seiner und der pfaffen gewalt wieder kommen würde; also hat er ja recht gehabt, sich vor diese Princess und ihren herrn zu interessieren. Ein dreiundsiebzigjähriger galant mit einer silbernen placke ist gar eine skandalöse galanterie. Kein französischer cardinal kann prätendieren, Papst zu werden, er müßte denn in Italien geboren sein. Die Franzosen haben recht, nicht hin zu begehren; es kost ihnen erschrecklich viel und können nichts dabei gewinnen, also ist es leicht zu glauben, daß es ihnen von herzen geht, wenn sie sagen, daß sie ungern ins konklave gehen.

1 Clemens XI. war am 19. März gestorben   *2* Jakob, Sohn des entthronten Jakob II. von England, war mit Maria Sobieska verheiratet

St. Cloud, 26. April 1721. Monsieur Teray[1] verstehet sein sach gar wohl, man sich auf ihn vertrauen, und im übrigen tue ich, was ich tun soll; aber ich bin durchaus persuadiert, daß meine stunde gezählt und daß ich keinen schritten drüber gehen werde. Solang ich leben soll, werden die doktoren alles finden, was mir nützlich sein kann; kommt aber die fatale stund, so mir der Allmächtige vorsehen, mich aus diesem leben zu führen, so wird eine verblendung kommen, so alles überzwerch wird gehen machen. Mir ist die sach sehr indifferent; ich weiß, daß ich nur bin geboren worden um zu sterben, also erwarte ich diese zeit ohne ungeduld und auch ohne sorgen, bitte nur den Allmächtigen, wenn meine stund wird kommen sein, mir ein seliges end zu verleihen ... Alles was man in der bibel liest, wie es vor der sündflut und zu Sodom und Gomorrha hergangen, kommt dem Pariser leben nicht bei. Von neun jungen leuten von qualität, so vor etlichen tagen mit meinem enkel, dem duc de Chartres, zu mittag aßen, waren sieben, so die franzosen[2] hatten. Ist das nicht abscheulich? ... Die meisten leute hier im land setzen ihren einzigen trost in débauches und divertissements; außer das wollen sie nichts wissen noch hören. An eine ewige glückseligkeit glauben sie nicht, meinen, daß nach dem tod gar nichts mehr seie, weder gutes noch böses.

1 der Leibarzt Liselottes *2* Syphilis

AN DEN FREIHERRN VON GÖRTZ

St. Cloud, 26. April 1721. Ich habe schon dreimal von Seinen geräucherten gänsen gessen, seind recht gut, danke nochmalen davor, wie auch vor die beschreibung von des königs in Dänemark dollem heirat,[1] worauf ich nicht alles sagen darf, was ich gedenke. Ich muß es doch sagen, denn es erstickt mich: das geht, wie das französische sprichwort sagt: C'est comme l'histoire de la cigogne, sottes gens font sotte besogne.[2] Vor den moskowitischen festins: die seind wohl wilde fressen. Ich, die ich abscheu vor café habe, würde hungers bei solchen festins sterben. Es hat mich recht lachen machen, denn wilder könnte mans nicht erdenken. Die Türken seind nicht so wild als die Reussen. Man findet noch immer was an mir zu quackeln. Morgen wird man mir medizin geben, drum schreibe ich heute. Es ist eine elende sach, wenn das alter herbei kommen ist, denn so findet sich allezeit was verdrießliches. Mein magen ist gottlob gut, kann allerhand essen, ohn daß es mir schadet. Die mettwürst seind noch nicht ankommen. Ich danke doch zum voraus. Wenn ich in Moskau wäre, müßte ich platt hungern, denn ich gewiß von allen diesen speisen nichts essen könnte als die rohen zwiebeln. Kein doller gefräß kann in der welt nicht sein.

1 König Friedrich IV. hatte wenige Tage nach der Beisetzung seiner Gemahlin seine Maitresse Anna Sophia von Reventlow geheiratet, die er in den Rang einer Fürstin von Schleswig erhoben hatte   *2* das ist die Geschichte vom Storch: dumme Leute machen dumme Sachen

AN DIE RAUGRÄFIN LUISE

St. Cloud, 3. Mai 1721. Ich bin in allem, auch im essen und trinken, noch ganz teutsch, wie ich all mein leben gewesen. Man kann hier keine gute pfannenkuchen machen, milch und butter seind nicht so gut als bei uns, haben keinen süßen geschmack, seind wie wasser. Die kräuter seind auch nicht so gut hier als bei uns; die erde ist nicht fett, sondern zu leicht und sandig; das macht die kräuter, auch das gras, ohne stärke, und das vieh, so es ißt, kann also keine gute milch geben, noch die butter gut werden, noch die pfannenkuchen. Auch haben die französischen köche den rechten griff nicht dazu. Wie gern wollte ich den pfannenkuchen von Euer kammermädchen essen! Das sollte mir besser schmecken als alles, was meine köche machen... Ich weiß noch alle psalmen und geistlichen lieder, so ich mein leben gewußt, und singe sie in meiner kammer, auch oft in der kutsch. Ich habe noch meine bibel, psalmbücher und lutherische liederbücher, kann also singen, soviel ich will. Ich habe hoch vonnöten, daß mir Gott das gedächtnis stärkt; denn ich fühle, daß mein gedächtnis abscheulich abnimmt; ich kann keinen namen behalten, glaube, daß ich bald meinen eigenen vergessen werde. Ich bitte täglich den Allmächtigen, meinen sinn und gedanken zu regieren, nichts zu tun noch zu gedenken, als was mir zu meiner seligkeit dienlich ist, und mich in meinem alter nicht zu verlassen. Auch ist das ende von meinem gebet, nach dem unservater: «Ach Herr, verlaß mich nicht, auf daß ich dich nicht verlasse!»

St. Cloud, 17. Mai 1721. Herzallerliebe Luise, ich fange früh an, Euch zu entretenieren, weilen ich um acht in die kirch muß, und gleich hernach wird man mir zur ader lassen, aus précaution, wie sie sagen. Ich lasse sie gewähren; weilen es ja sein mußte, hab ich nicht länger aufschieben wollen. Wenn ich unserm teutschen kalender glauben zustellen soll, so wird mir die aderlaß wohl bekommen; den es stehet drinnen, daß es heute der beste tag vom ganzen jahr ist, ader zu lassen. Diesen abend um sechs uhr werde ich Euch, liebe Luise, berichten. Ich glaube aber, daß es hergehen wird, wie die arme Hinderson als pflegt zu sagen, und daß ich gar schlappjes davon werde werden ... Die Rotzenhäuserin hat mich doch gestern lachen machen, fürcht sich brav vor die arme Marquise,[1] hat sich gestern eingebildet, sie wäre kommen und hätte ihr die decke gezogen und bei ihrem bett gerauscht und geschnauft, und wie ich gestern mit ihr in meiner kleinen garderobe war, hat sie sich eingebildet, die Marquise fliege wie etwas ganz weiß um sie herum. Ich aber habe nichts gesehen noch gehört, glaube doch, daß wenn die arme Marquise wieder zu kommen hätte, daß sie eher zu mir als zu Lenor kommen würde. Ihre angst hat mich doch lachen machen; sie sagt, ich könne keine geister sehen, weilen ich nicht glauben will, daß sie kommen können; das verdrieße die geister und wollen deswegen nicht zu mir kommen ... Wenn der herzog von Mömpelgard nicht wäre, so wäre gewiß der herzog von Stuttgart der größte narr von ganz Schwaben mit seinem serail. Er macht den könig Salomo zum lügner, der sagt, daß nichts neues unter der sonnen seie, so nicht schon geschehen; aber weibsleute als heiducken zu folgen machen, das ist etwas neues, wie auch, kammerdiener aus ihnen zu machen, sich durch sie aus- und anzukleiden lassen, das ist gewiß gar was neues und unerhörtes.

1 der verstorbenen Marquise d'Alluye

St. Cloud, 24. Mai 1721. Ich habe mich doch ein wenig amüsiert, denn ich habe eine neue medaille placiert in meine medaillenkist, einen Nero. Seit zehn jahr, daß ich die medaillen sammle habe ich nun 957; wo mir Gott das leben noch ein paar jahr läßt, hoffe ich, es über tausend zu bringen und meinem sohn nach des Königs medaillier eines von den schönsten und rarsten nach mir zu lassen, so in Europa ist. Denn alle meine medaillen seind nicht verschlissen, sondern gar wohl konserviert.

St. Cloud, 14. Juni 1721. Herzallerliebe Luise, vergangnen donnerstag hab ich Euer liebes schreiben vom 4.... zu recht empfangen, aber wie ich eben damals an Euch schrieb, glaube ich, liebe Luise, daß ich es Euch schon bericht habe. Aber was will man tun! Alte weiber müssen als repetieren. Meine mattigkeit vergeht noch nicht und meine armen knie seind schmerzhafter als nie; das gibt ein reimen ungefähr, ich bin doch wohl gar kein poet... Alle menschen denken nicht wie Ihr und ich, daß die stund gezählt sein. Aber der mensch ist ordinari so hoffärtig, daß er meint, alles durch seinen verstand zu ergründen, und das ist noch mehr in der französischen nation als andere; ich muß oft innerlich drüber lachen. Ohne nachzugrübeln, wann unsere stund sein wird, ist es keine große kunst, zu erraten, daß man bald fort muß, wenn man alt wird; denn wie in einem psalm stehet: unser leben währt siebzig jahr und wenns hoch kommt so seinds achtzig jahr. Also sieht man wohl, daß an kein längeres leben in dieser welt zu gedenken ist; wäre also wohl unnötig, sich viel drum zu plagen. Da fehle ich wohl gar nicht an, Gott dem allmächtigen dreimal des tages leib, seel und leben zu befehlen.

St. Cloud, 19. Juni 1721. Nichts in der welt ist schmerzlicher, als sein vaterland zu verlassen und seine verwandten und freund, um in ein ganz fremdes land zu ziehen, da man die sprach nicht von kennt ... Ich weiß nicht, was vor lust monsieur de Torcy nimmt, die posten so übel zu reglieren, denn der abbé Dubois hat mir sagen lassen, daß er gar nichts mit den posten zu tun hat, daß es allein der marquis de Torcy hat. Das ist aber stinkende eier und faule butter, denn einer taugt ebensoviel als der ander, wären beide besser an dem galgen als an diesem hof, denn sie taugen den teufel nicht und falscher als wie galgenholz, wie Leonor als pflegt zu sagen. Wenn er die curiosité hat, diesen brief zu lesen, wird er sein lob drinnen finden, wie das teutsche sprichwort sagt: Der lausterer an der wand / Der hört sein eigen schand.

St. Cloud, 10. Juli 1721. In Italien ist es gar ein gezwungenes wesen vor fürstinnen; wer die teutsche freiheit gewohnt ist, hat mühe, sich drin zu schicken, und, wie man in der oper von Isis singt: «S'il est quelque bien au monde, c'est la liberté.» [1] ... Was mich hat glauben machen, daß Eure zwei nièces kein teutsch könnten, ist, daß der duc de Schomberg, ihr herr vater, sich nicht viel darum bekümmert hatte. Französisch-teutsch, wie sie hier sprechen, ist etwas abscheuliches, höre lieber wie die Engländer übel teutsch sprechen als die Franzosen. Ich kann doch ganz sprechen wie sie. Man führt mir oft kinder her, um zu examinieren, ob sie wohl sprechen; aber ordinari sagen sie so: «Ick hab ein-nen teut-schen kammer-diener, ick habe teutsch gelern-net.» Wenn ich so reden höre, macht es mir alle geduld verlieren; der Engländer akzent kommt doch näher auf das teutsche aus. Wenn Eure nièce ihr teutsch von Euch gelernt hat, ist es kein wunder, daß sie ein wenig pfälzisch spricht. Der herr Benterider [2] sagt, ich rede pfälzisch und hannoverisch durcheinander; recht braunschweigisch kann ich noch wohl «köhren», habe es doch viel vergessen, könnte mich aber wohl bald wieder drin finden, wenn ich ein paar tag sprechen sollte ... Ein glas wasser trink ich seit zwei mond alle morgen, esse aber kirschen drauf, bald sauer bald süße. Schwarz brot ist unmöglich hier zu essen, es taugt ganz und gar nicht; wer an gut schwarz brot gewohnt, wie wir vor diesem zu Bruchhausen gessen, kann ohnmöglich das schwarz brot hier leiden.

1 ist etwas auf der Welt gut, so ist's die Freiheit   *2* der kaiserliche Gesandte

St. Cloud, 24. Juli 1721. Nach meinen gedanken kann ich niemand vor dévot halten, in dem ich den haß gegen den nächsten sehe. Denn unser herr Christus hat uns die christliche und brüderliche liebe zu sehr anbefohlen, um hieran zu zweifeln können. Schwachheiten seind zu entschuldigen, aber bosheit nicht ... Wie ich noch jung war, bin ich lange jahre gewesen, daß mir gar nichts gefehlt hat; das habe ich der jagd zu danken gehabt; nächst Gott hat es mich bei so langen jahren gesund erhalten. Exerzitien ist eine gesunde sach; ich habe dreißig jahr zu pferd und zehn jahr in kaleschen gejagt. So lang Monsieur selig gelebt, habe ich geritten, und seit des Königs tod alles, was jagden heißt, abgesagt; aber seitdem drei gar große krankheiten ausgestanden. Das hat mich glauben machen, daß mich das jagen in gesundheit in meinen jungen jahren erhalten hatte ... Es ist aber gar rar, daß lothringische mannsleute verstand haben; der verstand ist dort in kunkellehen[1] gefallen, denn alle lothringische weiber haben mehr verstand als die männer. Lothringer und Franzosen, alles ist falsch wie galgenholz, wie die Rotzenhäuserin als pflegt zu sagen. Man hat mir schon gesagt, daß unsere guten Teutschen sich greulich verdorben und dem guten alten teutschen glauben ganz absagen samt allen tugenden, so die alten Teutschen besessen, und sich allen lastern der fremden nationen ergeben. Das kann mich recht verdrießen. Einem Teutschen steht es viel übler an, falsch, boshaft und débauchiert zu sein, denn sie seind nicht dazu geboren, es geht ihnen zu grob ab; täten also besser, sich bei dem guten alten teutschen brauch zu halten, ehrlich und aufrichtig zu sein, wie sie vor diesem gewesen ... Ich bin wohl Eurer meinung, daß sobald man die religion auf politik gründet oder mischt, wie der lutherische pfarrer tut, der mit Euch gesprochen, liebe Luise, daß, die solches tun, keine gute religion haben und bald ohne religion sein werden ... Holland ist angenehm in meinem sinn; Amsterdam ist auch der mühe wohl wert, daß man es sieht. Von Utrecht gingen wir nach Nimwegen, von Nimwegen nach Cleve, von Cleve nach Xanten, von Xanten nach Köln, von Köln nach Bacherach, wo mich Ihro Gnaden selig, unser herr vater und bruder abholten, blieben ein paar tag zu Bacherach, besahen Ober-Wesel und fuhren den Rhein herunter bis nach Bingen und hernach nach Frankenthal, wo wir lang blieben. Ich weiß nicht, ob ichs mich noch recht erinnere, denn in acht-, in neunundfünfzig jahren kann man wohl was vergessen. Utrecht ist mir noch allezeit lieb, denn ich mich gar wohl dort divertiert habe. Das ist gewiß, daß wer Holland gesehen, findt Teutschland schmutzig; aber um Teutschland sauber und angenehm zu finden, müßte man durch Frankreich; denn nichts ist stinkender noch sauischer als man zu Paris ist ... Apropos von Fontainebleau ... wer das jagen nicht gewohnt ist, kann brav purzelbäume dort machen, doch bin ich weniger dort gefallen, als in diesen gegenden. Ich glaube, daß es ist, weilen ich den ort so herzlich lieb hatte, daß mir nie nichts übels noch widerliches dort begegnet ist, sondern habe mich besser dort divertiert als an keinem andern ort in ganz Frankreich. Fontainebleau, das schloß, sieht ganz teutsch aus mit seinen großen galerien, sälen und erkern. Aber hiermit genung hiervon, es macht mir das herz schwer.

1 d. h. in die weibliche Linie

St. Cloud, 7. August 1721. Was der postmeister von Bern geschrieben, ist ein österreichischer stil, der mir gar nicht gefällt, denn ich verstehe die hälft nicht. Was geht mich die französische post an? Da habe ich gar nichts mit zu tun, habe ihm also nicht antworten lassen. Daß leute sein, so übel und widerlich schreiben, wundert mich nicht; aber daß man die art von schreiben jetzt in Teutschland schön findt und admiriert, das ist mir unleidlich und macht mich glauben, daß meine armen landsleute ganz zu narren werden. Ich wills einmal versuchen mit diesem brief und «franco» drauf setzen.

St. Cloud, 25. September 1721. Wir seind hier alle heute en grand habit, denn ich habe eine zeremonie um drei uhr, nämlich die réception von dem verfluchten cardinal Dubois, dem der Papst seine barrette[1] geschickt hat. Den muß ich saluieren, sitzen machen und eine zeitlang entretenieren, welches nicht ohne mühe geschehen wird; aber mühe und verdrießlichkeit ist das tägliche brot hier. Aber da kommt unser cardinal angestochen, ich muß also eine pause machen. — Der cardinal hat mich gebeten, all das vergangene zu vergessen; er hat mir die schönsten harangue gemacht, so man hören kann. Viel verstand hat der mann, das ist gewiß; wäre er so gut als er verständig ist, wäre nichts an ihm zu wünschen. Aber dieses stück fehlt teufels-ding bei ihm und kann man sagen, wie unser graf von Wittgenstein als zu sagen pflegte: «Da liegt der has im pfeffer.»

1 den Kardinalshut

AN HERRN VON HARLING

St. Cloud, 2. Oktober 1721. Ich muß diesen morgen nach Paris, mich mit meinem sohn und seiner gemahlin zu erfreuen über die fröhliche botschaft, so sie vergangen montag empfangen, nämlich ein courier vom könig in Spanien, welcher von meinem sohn seine tochter begehrt vor seinen ältesten sohn, den prinzen von Asturien. Es wird zwei junge eheleute geben, denn der Prinz ist den 25. august erst vierzehn jahr alt worden und mademoiselle de Montpensier wird den zukünftigen 11. dezember erst zwölf jahr alt werden. Dies alles find ich gut und schön, wenn es nur nicht zu viel visiten und complimenten nach sich zög, des man sich nicht mehr zu behelfen weiß. Es geht aber hierin, wie das französisch sprichwort sagt: «Il faut avoir les charges avec les bénéfices.» [1] Unsere junge braut hat noch keinen namen, sie ist zwar getauft, aber die zeremonie, wo man den namen gibt, ist noch nicht geschehen. Der König und ich werden diese zeremonie halten. Ehe mademoiselle de Montpensier ihre reise anfängt, wird sie also mit drei sakramenten versehen werden: der tauf, kommunion und konfirmation; das ist doch etwas rares ... Ich befinde mich nun gottlob gar wohl, aber große stärke finden sich in meinem alter nicht mehr; kann doch noch wohl ein stündchen spazieren ... Monsieur Law wird wohl in Holland gehen, aber ich glaube nicht, daß er nach England darf, ist dort zu schwarz angeschrieben.

1 wer den Gewinn haben will, muß auch die Last tragen

AN DIE RAUGRÄFIN LUISE

St. Cloud, 23. Oktober 1721. Herzallerliebe Luise, es geht mir heute, wie das französische sprichwort sagt: «Comme un âne entre deux prés qui ne sait auquel aller»;[1] denn ich habe heute so viel zu sagen, daß ich nicht weiß, woran ich anfangen soll ... Wenn ich zu etwas guts noch anwenden könnte, und die, so mir lieb sein, dienste leisten könnte, wollte ich wohl noch länger gern leben. Aber ich bin leider zu nichts mehr nutz, fürchte bald kindisch zu werden, verliere das gedächtnis, kann kein einzigen namen mehr behalten. Das ist der rechte weg, um zu radotieren und kindisch zu werden, werde bald mit puppen spielen, und wenn das ist, so ist man wahrlich besser tot als lebendig. Ach, liebe Luise, die freundschaft verblendet Euch; ich habe leider nichts an mir, so zu admirieren ist, nichts ist ordinarier und gemeiner als mein ganzes leben ... Alle verlust, so ich getan, fallen mir als wieder ein und versalzen mir alle freuden durch raison. Muß mich wohl in Gottes willen ergeben, aber man kann nicht verhindern, daß wenn einem alles fehlt, was einen erfreuet hat, alles verleidt ist.

1 wie ein Esel zwischen zwei Wiesen, der nicht weiß, bei welcher anfangen

St. Cloud, 6. November 1721. Ich bin gestern gar frühe schlafen gangen, habe neun uhr im bett gezählt und bin gleich drauf entschlafen, um halb fünf erst wacker worden, hab geschellt, feuer machen lassen, die kammer zurecht stellen. Unterdessen habe ich mein morgengebet verricht, nach halb sechs bin ich aufgestanden, habe mich angezogen, ein paar gute strümpf von Castor angetan, einen tuchenen unterrock und über dies alles einen langen, guten, wattenen nachtsrock, welchen ich mit einem großen, breiten gürtel fest mache. Wie das geschehen, laß ich zwei lichter anzünden und setze mich an meine tafel. Da wißt Ihr nun, liebe Luise, meine morgensarbeit wie ich selber. Ich schreibe bis halb elf, dann laß ich mein honigwasser bringen, wasche mich so sauber als ich kann, reibe meine schmerzhafte knie und schenkel mit eau vulnéraire, so mir mein doktor geraten, schell hernach, laß alle meine kammerweiber kommen, setze mich à ma toilette, wo alle leute, manns- und weibspersonen hereinkommen, unterdessen, daß man mich kämmt und coiffiert. Wenn ich coiffiert bin, gehen alle mannsleute außer meine doktor und balbierer und apotheker hinaus, ich ziehe schuhe, strümpf und caleçons an, wasche die händ. In der zeit kommen meine damen, mich zu bedienen, geben mir die händ zu waschen, und das hemd; alsdann geht alles doktorgeschirr fort und kommt mein schneider herein mit meinem kleid; das ziehe ich gleich an, sobald ich mein hemd angetan. Wenn ich wieder geschnürt bin, kommen alle mannsleute wieder herein; denn mein manteau ist so gemacht, daß, wenn ich geschnürt bin, so bin ich ganz fertig, denn alle meine unterröck seind mit nesteln an mein leibstück gebunden und le manteau ist auf mein leibstück genähet, das find ich sehr gemächlich. Nachdem ich ganz angezogen, welches ordinari um dreiviertel auf zwölf ist, gehe ich in die kapell. Die meß währt aufs längst anderhalb viertelstund, gleich hernach kommt junker Wendt als erster haushofmeister und ruft mich zur tafel. Unser essen währt eine gute stund. Alle montag, mittwoch und samstag fahr ich um halb zwei zu Chausseraye nach «Madrid»; hab ich aber zu Paris zu tun, fahr ich mittwochs oder samstags hin in Karmeliten, wo wir die meß hören, fahren hernach zum König, von da au Palais Royal zur madame la duchesse d'Orléans,[1] wo ordinari mein sohn auch hinkommt, gehe hernach mit allen seinen kindern und meinen damen an tafel. Mein sohn speist gar selten zu mittag; denn er kann nicht mit seinem kopf arbeiten, wenn er gessen und trunken hat. Nachdem, gegen drei, fahr ich aus, tue meine visiten zu den princesses de sang oder zu unsrer herzogin von Hannover,[2] hernach fahr ich wieder ins Palais Royal. Mittwochs gehe ich in die französische und samstags in die italienische komödie; wenn die zu end, geh ich wieder in kutsch und fahr wieder her und «denn zu bett, sagt jene braut». Donnerstags und sonntags, ehe man in kirch geht, fahre ich im garten spazieren in dieser zeit, und im sommer nach der kirch. Freitag und dienstag gehe ich gar nicht aus; habe die zwei tage zu viel in England und Lothringen zu schreiben. Sonntag, mittwoch und samstag lese ich morgens in der bibel. Da wißt Ihr nun, liebe Luise, unser ganzes leben, als wenn Ihr hier bei uns wäret... Man hat oft gespürt, nicht allein in krankheiten, sondern in allerhand begebenheiten, daß, was wir menschen oft tun, ein unglück zu verhüten, das macht es geschehen. Das erweist wohl, daß der menschen vorsorg wenig hilft; jedoch so ist unser schuldigkeit, alles zu tun, was wir vor uns wissen und ersinnen können zu unserm besten.

1 ihrer Schwiegertochter   *2* Benedikte, die wieder in Paris lebte

St. Cloud, 22. November 1721. Monsieur le cardinal Dubois soll alles in den posten ändern und wieder ersetzen, was des Torcy kargheit und interesse hat übel gemacht. Als zum exempel die lothringische post: um einen courier zu sparen, ließ er die malle in die erste chaise werfen, so nach Nancy ging; also wer curieux war, konnte alle briefe lesen. Viel dergleichen kargheiten hat er getan, solang er die posten gehabt, ist ein rechter heuchler; denn unter dem prétexte von beten und devotsein tut er alles übel, wo er kann und hat keine größere freude, als wenn er jemand was übles antun kann. Bin also froh, daß er die posten nicht mehr hat. Obzwar das kleine cardinälchen nicht viel besser ist als der böse Torcy, so will er seinen geiz besser verbergen und fällt nicht zu sehr mit der tür zur stuben nein, sondern will gelobt sein... Ich habe meinen sohn recht herzlich lieb, er lebt auch gar wohl mit mir, habe mich nichts über ihn zu klagen. Aber je mehr ich content von ihm bin, je mehr ist es mir schmerzlich, ihn so wenig zu sehen und allezeit rechtmäßige ursachen zu haben, vor ihn in ängsten zu sein. Ein königreich regieren ist eine große sach, ich gestehe es. Aber, liebe Luise, wieviel haß und neid zieht es nicht nach sich! Man müßte göttlich sein, um jedermann zu contentieren können; die man nicht contentiert, werden feinde deklariert; summa: es hat mehr böses als gutes an sich, auch habe ich mich mein tag keinen augenblick über meines sohnes régence erfreuen können.

AN DEN FREIHERRN VON GÖRTZ

St. Cloud, 23. November 1721. Unsere liebe prinzessin von Wales hat mir eine aventure vom Zar geschrieben, so sehr an eine audience von der italienischen comédie gleicht, wo Harlequin ein fürst ist und eine audience empfängt. Der ambassadeur macht so erschrecklich grimassen, denn es war Spezzafer,[1] daß Harlequin bang dabei wird. Er springt über den ambassadeur und wirft alles über einen haufen; so hats der Zar schier auch gemacht, denn wie der kaiserliche ambassadeur[2] zu ihm kam, saß er geputzt auf einem silbern thron und hatte eine goldene tafel vor sich. Wie die audience aus war und der abgesandte wieder an der tür war, sprang der Zar über den goldenen tisch und thron herab und lief dem abgesandten außer der tür nach. Das heiß ich eine harlequinade. Es ist doch schad, daß dieser herr so quintes hat, denn er hat viel gutes an sich; aber was ich ihm nicht vergeben kann, ist der tod seines sohns und die manier, wie er ihn hat vergiften lassen. Damit hat er bei mir ganz ausgekocht.

[1] Figur des Maulhelden in der italienischen Komödie   [2] Graf Kinsky; Antrittsaudienz bei Peter dem Großen

AN DIE RAUGRÄFIN LUISE

St. Cloud, 6. Dezember 1721. Mademoiselle de Montpensier kann man nicht häßlich heißen, sie hat eine glatte haut, hübsche augen, die nas ging auch wohl hin, wenn sie nicht zu eng wäre, der mund ist gar klein. Aber mit diesem allem ist es das unangenehmste kind, so ich mein leben gesehen, in allem, in manieren, in reden, in essen und trinken; es macht einen recht ungeduldig, wenn man sie sieht. Habe wohl keine tränen vergossen, noch sie auch nicht, wie wir uns adieu gesagt haben. Ich habe in Spanien ein stieftochter, ein stiefenkel und jetzt ein enkel, so königinnen in Spanien gewesen und sein werden. Die liebste von allen war die stieftochter, die habe ich von herzen geliebt, als wenn sie meine schwester wäre; denn meine tochter konnte sie nicht sein, ich hatte nur neun jahr mehr als sie. Ich war noch gar kindisch, wie ich herkam, wir haben miteinander gespielt und gerast; Carllutz selig und der kleine prinz von Eisenach, wir haben oft ein solch geras gemacht, daß man nicht bei uns hat dauern können. Es war eine alte dame hier, so madame de Fiennes hieß, die haben wir erschrecklich geplagt; sie hörte nicht gerne schießen und wir warfen ihr immer pétards in den rock, welches sie verzweifelte, lief uns nach, um uns zu schlagen, das war der größte spaß.

Paris, 20. Dezember 1721. Ich trage viel lieber den großen habit als den manteau, aber ich muß es nun tragen, weil ich krank bin, sonst lacht man mich aus. Man sieht zu kammermägdisch in dem manteau aus, um es zu lieben können. Die weite röck, so man überall trägt, seind meine adversion, stehet insolent, als wenn man aus dem bett kommt. Der manteau, wie ich ihn trage, ist nichts neues, madame la Dauphine hat es getragen. Die mode von den wüsten röcken kommt am ersten von madame de Montespan, so es trug, wenn sie schwanger war, um sich zu verbergen. Nach des Königs tod hat es madame d'Orléans wieder auf die bahn gebracht.

Paris, 26. März 1722. Mit dem König stehe ich auch nicht übel. Ich habe gestern seinen hofmeistern einen possen getan, so mich recht divertiert hat. Sie seind so jaloux vom König, meinen als, man sage etwas gegen ihnen, habe sie brav ertappt. Vorgestern hat der König eine windcolique gehabt; gestern kam ich ganz ernstlich zum König, steckt ihm ein zettelchen in der hand; der maréchal de Villeroy wurde ganz embarrassiert, fragte mich gar ernstlich: «Quel billet donnez-vous au roi?»[1] Ich antwortete ebenso sérieux: «C'est un remède contre la colique des vents»;[2] der maréchal: «Il n'y a que le premier médecin du roi qui lui propose des remèdes.»[3] Ich antwortet: «Pour celui-ci je suis sure que monsieur Dodart l'approuvera; il est même écrit en vers et en chansons.»[4] Der König, ganz embarrassiert, las es heimlich, fing gleich an zu lachen. Der maréchal sagte: «Peut-on le voir?»[5] Ich sagte: «O oui, il n'y a point de secret.»[6] Er fand drin diese folgenden wörter: Vous qui dans le mésentère / Avez des vents impétueux / Ils sont dangereux / Et pour vous en défaire / Pétez! / Pétez, vous ne sauriez mieux faire / Pétez! / Trop heureux de vous défaire d'eux! / A ces malheureux / Pour donner liberté toute entière / Pétez! / Pétez, vous ne sauriez mieux faire / Pétez / Trop heureux / De vous délivrer d'eux![7] — Es wurde ein solch gelächter im cabinet, daß ich mirs schier gereut hätte, den possen angestellt zu haben; denn der maréchal de Villeroy wurde ganz bedudelt drüber. Dies ist noch ein alter streich von meiner jugend.

1 was für einen Zettel gebt Ihr dem König? *2* es ist ein Mittel gegen die Wind-Kolik *2* nur der erste Leibarzt des Königs darf ihm Mittel vorschlagen *4* mit diesem Mittel wird Monsieur Dodart sicher einverstanden sein. Es ist sogar in Versen als Lied geschrieben. *5* kann man es sehen? *6* o ja, es ist kein Geheimnis dabei

7 Ihr, die Ihr im Gekröse / habt Winde gar so schlimme / gebt diesen Winden Stimme / laßt gehn sie mit Getöse / laßt fliegen / Könnt bessres nicht erfinden / laßt fliegen! / Und froh, Euch ganz zu lösen / von diesen bitterbösen / gebt Freiheit Euern Winden / laßt fliegen!

St. Cloud, 13. Juni 1722. Es ist eine gute stund, daß wir von tafel sein. Um meine digestion zu verrichten, habe ich meine neugebornen kanarienvögel essen sehen. Ich habe bei dreißig neugeborne von sechs alten paaren, so ich habe; als eines schöner als das ander. Aber da sagt man mir, daß meine kutschen kommen sein, aber ich muß doch noch dieses blatt vollschreiben. Meine kräfte seind mir noch nicht wiederkommen; ich kann keine kammers-lang gehen, ohne zu schnaufen als wenn ich einen hasen erlaufen hätte. ... Goldpulver habe ich, aber konfekt von hyazinthen könnte ich ohnmöglich schlucken. In meinen kinderblattern hat man mirs geben, ich wäre aber schier davon gestorben, es gab mir ein so abscheulich erbrechen, daß ich meinte, davon zu bersten. Wie ist es möglich, daß Ihr, liebe Luise, das abscheuliche zeug schlucken könnt? Es ist mir ein recht émétique, macht mich über sich und unter sich gehen mit solcher gewalt, als wenn einem die seel aus dem leib treiben sollte. Ich habe wohl resolviert, es mein leben nicht mehr zu nehmen, ist ärger als eine krankheit. Ma tante hatte mir zwei goldene schachteln mit goldpulver geschickt, aber ich habe es nicht probiert; denn die wahrheit zu gestehen, so brauch ich nicht gern was, was es auch sein mag, habe lieber geduld.

St. Cloud, 8. August 1722. Man sagt mirs nicht, aber ich sehe wohl, daß man fürcht, daß aus der geschwulst von meinen beinen eine wassersucht werden wird, welches auch wohl geschehen könnte, weilen Ihro Gnaden selig meine frau mutter dran gestorben. Stirb ich an der wassersucht, so stirb ich an keine andere krankheit. Es mag gehen, wie Gott will ... Man ist allezeit ohne façon zu Hannover gewesen, ob unsere liebe Kurfürstin zwar es lieber anders gesehen hätte. Aber oncle selig war so particulier; sehe, daß der König, sein herr sohn[1] es nicht besser macht ... Niemand in der welt hat mehr und schönere gemälde als mein sohn; er hat der königin Christine[2] ganz cabinet gekauft, so sie zu Rom gehabt und welches sehr estimiert gewesen, wie Ihr wohl werdt gehört haben. Ich habe oft gehört, daß Merians kupferstiche mehr estimiert sein als seine gemälde.

1 Georg I. von England *2* Christine von Schweden

St. Cloud, 5. September 1722. Ich ergebe mich oft des tags in den willen Gottes mit leib und seel, bin im übrigen ohne sorgen und erwarte, was Gott mit mir machen will ... Die plan von Mannheim und Schwetzingen werden mich sehr amüsieren, aber auch manchen seufzer kosten, indem es mich an die guten alten zeiten erinnern wird. Aber der kurfürst zu Pfalz ist gar zu demütig, sich zu meinen armen geschwollenen füßen zu legen!

St. Cloud, 1. Oktober 1722. Herzallerliebe Luise, vorgestern ziemlich spät habe ich Euer paket und zwei liebe schreiben ... zu recht empfangen mit der pfälzischen kart, wie auch die kleine illuminierte kart und die von der chiromancie. Alles hat mich sehr amüsiert, danke Euch, liebe Luise, wohl von herzen davor. Ich möchte Euch gar gern eine exacte antwort auf Euer schreiben machen, aber, liebe Luise, ich bin noch gar nicht wohl, der appetit ist mir ganz wieder vergangen, der atem ist kurz und die füß und bein sehr geschwollen. Drum will man mir nicht erlauben, nach zehn uhr nach bett zu gehen. Muß doch noch sagen, daß ich alle bagatellen, so ich Euch geschickt, vor lappereien halte gegen die schöne karte, worinnen ich schon viel spaziert habe; bin schon von Heidelberg bis nach Frankfurt, von Mannheim nach Frankenthal, von dar nach Worms ... ich bin auch in der Neustadt gewesen. Mein Gott, wie macht einen dieses an die alten guten zeiten gedenken, die leider nur vorbei sein! Aber Euer karte, liebe Luise, wird mich all mein leben erfreuen. Aber da ruft man mich, um schlafen zu gehen. Ich embrassiere Euch von herzen und behalte Euch von herzen lieb.

AN HERRN VON HARLING

St. Cloud, 3. Oktober 1722. Monsieur von Harling. Seit vorgestern, daß ich Ihm geschrieben, ist gar keine veränderung bei mir vorgangen; es mag gehen, wie Gott will, so präpariere ich mich zu meiner reis nach Reims;[1] was draus werden wird, «sal de tid lehren». Ich schicke Ihm hierbei einen brief von Seinem neveu und versichere, daß in welchem stand ich auch sein mag, ich allezeit sein und bleiben werde monsieur von Harlings wahre freundin.

1 am 25. Oktober fand zu Reims die Krönung König Ludwigs XV. statt

AN DIE RAUGRÄFIN LUISE

St. Cloud, 5. November 1722. Antworten habe ich ohnmöglich gekonnt, sowohl wegen meiner schwachheit, als auch wegen kontinuierlichen getuns, sowohl wegen der zeremonien, als auch alles meiner kinder getuns, so ich immer um mich gehabt habe, als auch sonsten unerhört viel leute, fürsten, herrn, grafen und bischöfe, erzbischöfe und cardinäls. Aber ich glaube nicht, daß in der weiten welt was schöneres kann gesehen und erdacht werden, als des Königs krönung. Man hat mir die beschreibung davon vor bis samstag versprochen. Läßt mir Gott leben und gesundheit bis übermorgen, so werde ich Euch, liebe Luise, eine ganze beschreibung davon schicken. Meine tochter ist ein wenig verwundert gewesen, wie sie mich gesehen; denn sie hat mir nicht glauben wollen, hat als gemeint, meine krankheit wäre nur eine ausred. Wie sie mich aber zu Reims gesehen, ist sie so erschrocken, daß ihr die tränen in den augen kommen seind, hat mich gejammert. Sie hat wohlgeschaffene kinder, ich fürchte aber, der älteste wird ein ries werden, denn er ist schon sechs schuh hoch und doch nur fünfzehn jahr alt.[1] Die vier andern kinder seind weder groß noch klein vor ihrem alter. Der jüngste, prinz Karl[2] ist, was Ihro Gnaden selig, unser herr vater, als pflegte zu sagen, ein wunderlicher heiliger; das maul geht ihm nicht zu und ist allezeit lustig, räsonniert immer mit seinen schwestern und recht possierlich; er ist weder hübsch noch häßlich. Der hübscheste in meinem sinn von den drei buben ist der mittelste;[3] von den mädcher ist die jüngste zwar die hübscheste, allein die älteste ist so wohlgeschaffen, daß man sie doch auch nicht vor häßlich halten kann.

[1] er starb mit sechzehn Jahren   [2] Karl Alexander von Lothringen, später österreichischer General und Gouverneur der Niederlande
[3] Franz Stephan, später Gemahl der Kaiserin Maria Theresia

St. Cloud, 3. Dezember 1722. Herzallerliebe Luise, die zeitung, so ich Euch heut von meiner gesundheit zu sagen habe, werden Euch wohl gar nicht gefallen. Ich werde täglich elender, möchte wohl ein schlimm end nehmen, aber ich bin gottlob zu allem bereit, bitte nur den Allmächtigen, mir geduld zu verleihen in meinen großen schmerzen, so ich nacht und tag ausstehen muß, sowohl durch meine erschreckliche schwachheit, als auch sonsten mein elender leben. Ob ich noch davon kommen werde, mag Gott wissen; die zeit wirds lehren; aber ich bin noch nicht so übel gewesen als nun. Hier haben wir kein häßlich wetter, fängt doch heute ein wenig an zu regnen, mit einem kleinen regen. Ich glaube nicht, daß einig wetter mehr gesund vor mich sein wird. Die zeit, liebe Luise, wird bald erweisen, was aus diesem allen werden wird. Komme ich davon, so werdet Ihr mich allezeit finden, wie ich bisher gewesen. Nimmt mich Gott zu sich, müßt Ihr Euch in dem getrösten, daß ich ohne reu noch leid sterb, die welt gern verlasse in der hoffnung, daß mein Erlöser, so vor mich gestorben und auferstanden ist, mich nicht verlassen wird, und wie ich ihm treu geblieben, daß er sich auch meiner an meinem letzten end erbarmen wird. Auf dies vertrauen lebe und sterbe ich, liebe Luise! Es mag im übrigen gehen, wie Gott will. Es seind viel leute, so sich nun über husten und schnupfen beklagen; ich bin kränker als dies und werde täglich ärger. Ich wünsche, daß, ich wünsche, liebe Luise, daß Eure neue gesellschafterin dem von Solmß ... Da bringt man mir noch ein liebes schreiben von Euch vom 21. november, nr. 83, kann aber ohnmöglich drauf antworten, bin gar zu krank diesen ... Aber, aber erhält mir Gott das leben bis übermorgen, werde ich antworten, nun aber nur sagen, daß ich Euch bis an mein end von herzen lieb behalte. Elisabeth Charlotte.

Dies ist der letzte Brief der Liselotte. Sie starb am 8. Dezember 1722.

BILDERVERZEICHNIS

gegenüber Seite 32   Kurfürst Karl Ludwig von der Pfalz, Liselottes Vater. Gemälde von J. B. Ruel im Kurpfälzischen Museum Heidelberg.
gegenüber Seite 64   Liselotte 1675. Gemälde von Hyacinthe Rigaud im Kestner-Museum Hannover.
gegenüber Seite 112   Herzog Philipp von Orléans, Monsieur. Gemälde von Pierre Mignard im Schloß von Mouchy (Oise).
gegenüber Seite 160   Kurfürstin Sophie von Hannover. Schabkunstblatt von J. Smith nach einem anonymen Gemälde aus Hannover. Bild vom Historischen Bildarchiv Handke, Bad Berneck.
gegenüber Seite 208   König Ludwig XIV. Kopie nach Antoine Pesne im Schloß Moritzburg. Bild von der Ullstein-Fotothek Dresden.
gegenüber Seite 240   Françoise d'Aubigné, Marquise de Maintenon. Gemälde von Pierre Mignard im Schloß Versailles. Bild von den Archives Photographiques Paris.
gegenüber Seite 288   Herzog Philipp von Orléans, Liselottes Sohn. Gemälde von Hyacinthe Rigaud im Kurpfälzischen Museum Heidelberg.
gegenüber Seite 336   Liselotte 1713. Gemälde von Hyacinthe Rigaud im Herzog-Anton-Ulrich-Museum Braunschweig.

BENUTZTE LITERATUR

Briefe der Herzogin Elisabeth Charlotte von Orléans. Herausgegeben von Wilhelm Ludwig Holland. Stuttgart und Tübingen 1867–1881 (Bde. 88, 107, 122, 132, 144, 157 der Bibliothek des Litterarischen Vereins in Stuttgart).
Aus den Briefen der Herzogin Elisabeth Charlotte von Orléans an die Kurfürstin Sophie von Hannover. Herausgegeben von Eduard Bodemann. Hannover 1891.
Briefe der Herzogin Elisabeth Charlotte von Orléans an ihre frühere Hofmeisterin A. K. v. Harling, geb. v. Uffeln, und deren Gemahl, Geh. Rath Fr. v. Harling zu Hannover. Herausgegeben von Eduard Bodemann. Hannover und Leipzig 1895.
Briefe der Herzogin Elisabeth Charlotte von Orleans. In Auswahl herausgegeben durch Hans F. Helmolt. Leipzig 1908.
Briefe der Herzogin Elisabeth Charlotte von Orleans an den Freiherrn Friedrich Wilhelm von Schlitz gen. von Görtz. Mitgeteilt von Mathilde Knoop in den Mitteilungen des Oberhessischen Geschichtsvereins. (42. Band der Neuen Folge.) Gießen 1957.
Madame Liselotte von der Pfalz. Ein Lebensbild von Mathilde Knoop. Stuttgart 1956 (K. F. Koehler Verlag).

WÖRTERVERZEICHNIS

Das folgende Wörterverzeichnis ist nicht zum Vokabellernen bestimmt; es soll das Verständnis französischer oder aus dem Französischen entlehnter Wörter erleichtern. Deshalb sind alle grammatikalischen Angaben weggelassen: die Substantive sind ohne Genus und ohne Artikel aufgeführt, die Endung des Femininum bei den Adjektiven ist nur dann angegeben, wenn sie im Text auftritt. Die deutsche Übersetzung entspricht dem Zusammenhang an den verschiedenen Stellen des Buches; so fehlt bei manchen Wörtern die Hauptbedeutung, während eine seltene oder veraltete Übersetzung angegeben ist, wie z. B. in den Fällen *en défaut, mouche, poulet*. Soweit die Identität ohne weiteres zu erkennen ist, steht für Fremdwörter die ursprüngliche, französische Form (z. B. *augmenter* statt »augmentieren«), in den anderen Fällen ist die Schreibweise des Fremdworts aufgenommen worden (z. B. *konsiderieren*).

abbaye au bois Waldkloster
abbé Pfarrer, Abt
abjuration Abschwörung
académie des sciences Akademie der Wissenschaften
accabler bedrücken, belasten
accès Anfall
accusation Anklage, Beschuldigung
accuser beschuldigen
à charge zur Last
admirer bewundern
adoucir mildern
adroit geschickt
affaires d'Etat Staatsangelegenheiten
affection Liebe, Zuneigung
affront Beleidigung, Schande
agrément Gutbefinden, Vorzug, Annehmlichkeit
ainé, -e der, die Älteste
akkablieren (von accabler) bedrücken
akkordieren, sich (von s'accorder)
   sich aufeinander einstellen, einig sein
à l'aise bequem, zufrieden
à livre ouvert vom Blatt
alléguer anführen, vorbringen
altesse royale königliche Hoheit
amant Liebhaber

ambassadeur Gesandter
ambition Ehrgeiz, Anspruch
amitié Freundschaft
animer beleben
antichambre Vorzimmer
à part getrennt, gesondert
apparence Anschein, Aussehen
application Fleiß, Bemühung
approbation Billigung
approbieren (von approuver) billigen
ardeur Schwung, Ungestüm
arrière-garde Nachhut
ascendant Sternbild
assassinat Mord
assassiner ermorden
assemblée Versammlung
attaché à qch., être an etwas hängen
attachement Anhänglichkeit
attendrir betrüben, rühren
attirant anziehend
attrapé erwischt, betroffen
attraper erwischen, übertölpeln
au contraire im Gegenteil
augmenter erhöhen, vergrößern
avantageux vorteilhaft
aventure Abenteuer
avis Hinweis, Mitteilung
bassesse Erniedrigung, Unterwürfigkeit
baume blanc weißer Balsam
bénéfice Gewinn, Pfründe
billet de banque Banknote
billet de monnaie Schuldschein
bottines Stiefelchen
bouquet Strauß
boutique Laden
boutonnière Knopfloch
braver Trotz bieten
brocards Schmuckgehänge
broder verzieren
brouiller entzweien
cabinet Arbeitszimmer
cabrer sich aufbäumen

caisse Kiste, Kasten
caleçons Unterhosen
campagne Feldzug
caprice Laune
carcan Pranger
carte blanche Blankovollmacht
casaque Mantel, Überwurf
cendré, -e hellblond
cervelas Schlackwurst
chagrin Kummer
chagriner betrüben
chaise Stuhl, Sänfte
chaise à bras Armstuhl
chaise à dos Lehnstuhl
chaise à porteurs Sänfte
chapelain Kaplan
charge Amt, Stellung
charité Barmherzigkeit
chèvrefeuille Geißblatt
chimère Wahn, Trug
chiromancie Wahrsagerei
choquer bestürzen, bestürzt machen
circonstance Umstand
civilité Anstand, Höflichkeit
coiffure Haartracht, Frisur
collation Imbiß
combat Kampf
commerce Handel, Umgang, Verkehr
complaisant gefällig, entgegenkommend
condition Stand, Lage
confident Vertrauter, enger Freund
confondre durcheinander bringen
conjuration Verschwörung
conseiller d'Etat Staatsrat
consentement Zustimmung
consentir einwilligen
considération Achtung
conspiration Verschwörung
content zufrieden
contentement Zufriedenheit
contrainte Zwang, Gezwungenheit
contraire Gegenteil

contrari (von au contraire) im Gegenteil
contrefait Konterfei, Portrait
contrition Reue
conversion Veränderung, Besserung
courtisan Höfling
Cordelier Franziskaner
cordelles Schnüre (im Theater)
cornette Haube
coupable schuldig
cour Hof, Aufwartung
couronne impériale Kaiserkrone
courtines Bettvorhänge
crépon Krepp
crime Verbrechen
croquignole Nasenstüber
cruel grausam
curieux neugierig, der Neugierige
curiosité Neugier
dame d'atour Verwalterin des Putzes
dame d'honneur Ehrendame
débauche Ausschweifung, Laster
débaucher verführen, verderben
dédommagement Entschädigung
dégout Widerwillen, Abscheu
de haute lutte mit aller Gewalt
délicat zart, empfindlich, zimperlich
dépendre abhängen
dépense Ausgabe, Aufwand
descontenanciert (von décontenancé) außer Fassung
désespéré verzweifelt
déshonneur Unehre
designieren (von dessiner) zeichnen
désintéressé uneigennützig
désintéressement Uneigennützigkeit
désordre Unordnung
dessein Plan, Absicht
dessin Zeichnung
dévotion Frömmigkeit
dezidieren (von décider) beschließen
diminuer verringern
discours Rede
discrétion Takt

disputer streitig machen
dissiper verjagen, zerstreuen
distraction Zerstreuung
distrahieren (von distraire) zerstreuen
divertissant kurzweilig, unterhaltsam
divertissement Vergnügung
divin göttlich
divorce Ehescheidung
docile gelehrig, folgsam
drôle Spaßmacher, Witzbold
échafaud Gerüst, Schafott
échantillon Probe, Muster
échapper entkommen, fortlaufen
écharpe Umhangtuch
éclat Lärm, Aufsehen; Prunk, Glanz
écolier Schüler
écuyer Knappe, Stallmeister
effort Anstrengung
effronté unverschämt, frech
éloquent redegewandt
embarquer, s' sich einschiffen
embarras Verlegenheit, mißliche Lage, Beschwerlichkeit
embarrasser verwirren, bestürzen
embrasser umarmen, küssen
émétique Brechmittel
employer benutzen, anwenden
emporter, s' sich hinreißen lassen
empressement Eile
en commun gemeinsam
en défaut auf falscher Fährte
en faveur zugunsten
ennuier, s' sich langweilen
entretenir unterhalten
envie Neid
envoyé Gesandter
esprit de vin Weingeist
essuyer ertragen, abbekommen
estime Wertschätzung
établir einrichten
étonner erstaunen, überraschen
exiler verbannen
expérience Erfahrung, Experiment

exposer ausstellen
extraordinaire außerordentlich
extrême onction letzte Ölung
faible schwach
faiblesse Schwäche
fait, jemanden sein f. geben
   jemanden den Marsch blasen, «sein Fett geben»
fameux, -se berühmt
farce Scherz, Posse
fatigué müde, ermüdet
faubourg Vorstadt
faute Fehler
fauteuil Sessel
faveur Gunst
favorable günstig
fer à cheval Hufeisen
ferme fest
fermeté Festigkeit
festin Festessen, Schmaus
fête de Ste. Geneviève
   Fest der heiligen Genoveva (Schutzpatronin von Paris)
feu, -e verstorben
fille Mädchen
filou Gauner
flatter (se) (sich) schmeicheln
force d'esprit Kraft des Geistes
foule Volksmenge
fresque Fresko, Wandmalerei
froidement kühl (Adv.)
frontière Grenze
galérien Galeerensträfling
gazon Rasen
general vgl. in general
généreux, -se großzügig
générosité Freigebigkeit, Großzügigkeit
Genève Genf
gentilhomme Edelmann
gentillesse Freundlichkeit, Artigkeit
gouttes d'Angleterre englische Tropfen
grâce Gnade, Grazie
grain Korn
grand d'Espagne spanischer Grande

grandeur Größe
grappe Weintraube
gravité Ernsthaftigkeit
greffier Gerichtsschreiber
harangue Mahnrede, Ansprache
harangueur Redner
historique geschichtlich
huguenot hugenottisch
hypocrite Heuchler
ignorance Unwissenheit
impériale Wagenverdeck
importuner ungelegen kommen, belästigen
imprimer einprägen
incapable unfähig
inclination Neigung
incommoder belästigen
incommodité Unbequemlichkeit
indigestion Verdauungsstörung
infaillible unfehlbar
in general (von en général) überhaupt, im allgemeinen
innocent unschuldig
inquiet unruhig
inquiétude Unruhe
insolence Unverschämtheit, Anmaßung
insolent unverschämt
interesse (von intérêt) Eigennutz, Gewinnsucht
interessé auf seinen Vorteil bedacht, eigennützig
introduzieren (von introduire) einführen
irréprochable untadelig
ivrogne Trunkenbold
jalousie Eifersucht
jaloux, -se eifersüchtig
jour d'appartement Empfangstag in den Gemächern
juste gerecht
justice Gerechtigkeit
kondamnieren (von condamner) verurteilen, verdammen
kongedieren (von congédier) Urlaub geben, wegschicken
konsentieren (von consentir) einwilligen
konsiderieren (von considérer) beachten, berücksichtigen
konsumiert (von consumé) vollzogen
kontentieren, sich (von se contenter) sich begnügen
korrumpieren (von corrompre) bestechen, verderben

lâche Feigling
lettre de cachet Haftbefehl
libelle Schmähschrift
limbes Vorhimmel
lit Bett
lit de justice feierliche Thronsitzung
magnificence Pracht
magnifique großartig
maison royale Königshaus
maître d'hôtel Haushofmeister
mal à propos ungelegen
malcontent unzufrieden
malle Felleisen
manquer fehlen
marbre Marmor
marque Zeichen, Beweis
médaillier Münzensammlung
médisance Schmähung
mêlée Handgemenge
ménagement Schonung
mépris Verachtung
méprisant hochmütig
mériter verdienen
merveilleux wunderbar
messe de minuit Mitternachtsmesse
modestie Bescheidenheit
monstrueux gewaltig, unförmig
mortifier, se sich härmen
motif Beweggrund
mouche Schönheitspflästerchen
mouvement Bewegung, Antrieb
naturel Veranlagung, Naturell
négliger verachten, außer acht lassen
négociation Verhandlung
neveu Neffe
nièce Nichte
nitre Salpeter
noblesse Adel
obliger qn. jemanden verpflichten
obstacle Hindernis
occasion Gelegenheit
occupation Beschäftigung

odieux verhaßt
office Gottesdienst
offices Dienste
officier de la bouche Leibkoch
okkupieren, sich (von s'occuper) sich beschäftigen
opiniâtrer, s' sich versteifen
opinion Ansicht, Meinung, Gutdünken
opposition Hindernis
ordinari (von à l'ordinaire) für gewöhnlich
ordre Ordnung, Anordnung, Befehl
oreille Ohr, Gehör
palais Palast, Gerichtsgebäude in Paris
pantalon Hose
Pantocrate der, die Allmächtige
par force mit Gewalt
paroisse Pfarrei
part Teil, Anteil
partager teilen
parterre Blumenbeet
partialité Parteilichkeit
particularité Einzelheit, Besonderheit
particulier besonders, eigen
parure Schmuck
pasquille (eigentlich pasquin) Schmähschrift
passion Leidenschaft
patienter, se Geduld haben
patron Schnittmuster
pêches au caramel gezuckerte Pfirsiche
pêle-mêle durcheinander
pénétrer betroffen machen
pelouse Rasen
pente Hang, Neigung
persuader überzeugen
pétard Knallfrosch
peuple Volk
pilot Lotse, Steuermann
plate-bande breites Beet
ployer nachgeben, weichen
polichinel Hanswurst, Possenreißer
politesse Höflichkeit
poltron grober Kerl
pomme Apfel

porte Tür, Tor
porte-lettre Brieftasche
porteur Träger
posé gesetzt, ruhig
possession Besitz
posture Haltung
poulet Liebesbrief
präservieren (von préserver) schützen, bewahren
précaution Vorsicht
précieux, -se kostbar
préférablement vordringlich, bevorrechtigt (Adv.)
presse Gedränge
pressentiment Vorahnung
prétention Anspruch
prétexte Vorwand
preuve Beweis
prie-Dieu Betstuhl
prince, -sse du sang Prinz, -essin von Geblüt
prisonnier de guerre Kriegsgefangener
prononcer aussprechen
proposer vorschlagen
proposition Vorschlag
pupil (für Pupille) Mündel, Zögling
querelle Streit
question Frage
quinte Grille, Schrulle
quitter verlassen
raccomodement Versöhnung
radoter dummes Zeug faseln
rage Wut
ragoût Würze, Gewürz
raillerie Scherz, Spaß
raison Vernunft
raisonnable vernünftig
ratine krauser Wollstoff
réception Empfang
récit Bericht
recommander empfehlen
récompense Belohnung
récompenser entschädigen, belohnen
reconnaissant dankbar
redoublement starker Anfall

régence Regentschaft
regret Bedauern, Mitleid
regretter bedauern, vermissen
reine-mère Königinmutter
rekompensieren (von récompenser) belohnen, entschädigen
relation Bericht
reliquaire Reliquienschrein
remarquer bemerken
remède Heilmittel
rencontre Begegnung
renoncer verzichten, im Spiel «passen»
repos Ruhe
réputation Ansehen, Ruf
resolviert (von résolu) entschlossen
respectueux rücksichtsvoll, anständig
ressource Hilfsmittel
restituer zurückgeben
retranchement Befestigung
retrancher abstreichen, kürzen
réussir Erfolg haben
rêveur, -se träumerisch, verträumt
ridicule lächerlich
rigueur Strenge
rime Reim
rivière Fluß
robe de chambre Morgenrock
roche Rasse, «Schlag»
saluer begrüßen
salut Salve (in der Messe)
sang-froid Kaltblütigkeit
saucisse Wurst
secret Geheimnis, Verschwiegenheit
secrétaire du roi königlicher Sekretär
seigneurs de la cour Hofleute
sentiment Gefühl
sérieux, -se ernst, ernsthaft
sincérité Aufrichtigkeit, Ernst
sœur pacifique friedliebende Schwester
solitaire einsam, allein
solliciter fordern, einen Prozeß anstrengen
sot dumm
sottise Dummheit

soulager erleichtern, behilflich sein
soumis ergeben, unterworfen
soumission Ehrerbietung
sous-gouvernante zweite Pflegerin
soutenir behaupten
spectacle Schauspiel
stilet Stilett, kleiner Dolch
subtilité Schärfe, Duft
suite Gefolge, Fortsetzung
suppuration Eiterung
surprenieren (von surprendre) überraschen
suspect verdächtig
taille Wuchs, Größe
tendre zart, zärtlich
tendresse Zärtlichkeit
tentant verlockend
tentation Versuchung
tenter verführen, reizen
timide schüchtern
tome Band
tort Unrecht, Schaden
touché gerührt
toucher rühren, bewegen
trafiquer handeln, schachern
traitement Behandlung
utile nützlich
val Tal
valetaille Bedientenpack
vanité Eitelkeit
vexer ärgern, verdrießen
victime Opfer
Vierge Hl. Jungfrau
vieux langage alte Sprache
violon Geige
vivacité Lebhaftigkeit
vœu Wunsch, Gelübde, Schwur
voile Schleier
voyelle Vokal
zèle Eifer, Beflissenheit